3D 프린팅 수업을 위한

틴커캐드 디자인 7

이송하 · 안진영 지음

도서 출판 | 메카피아

3D 프린팅 수업을 위한
틴커캐드 디자인 ☆

인　　쇄	2021년 7월 1일 초판 1쇄 인쇄
발　　행	2021년 7월 6일 초판 1쇄 발행
저　　자	이송하 · 안진영 지음
발 행 처	도서출판 메카피아
발 행 인	노수황
대표전화	1544-1605
주　　소	서울특별시 금천구 서부샛길 606
	대성디폴리스지식산업센터 B동 제5층 제502호
전자우편	mechapia@mechapia.com
교육문의	02-861-9042
영 업 부	02-861-9044
팩　　스	02-861-9040, 02-6008-9111
제작관리	조성준
기　　획	메카피아 편집부
마 케 팅	이예진
표지 · 편집	포인기획
등록번호	제2014-000036호
등록일자	2010년 02월 01일
I S B N	979-11-6248-126-4 13000
정　　가	12,000원

- 이 책은 저작권법에 의해 보호를 받는 저작물로 무단 전재나 복제를 금지하며,
  이 책 내용의 전부 또는 일부를 이용하려면 반드시 저작권자나 발행인의 서면동의를 받아야 합니다.
- 파본 및 낙장은 구입하신 서점에서 교환하여 드립니다.

저자 소개 | about Author

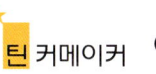 

틴 커메이커 이 송 하

산업디자인과를 전공하고 디자인 설계, 모델링 일을 하다
현재 메이커 강사로 활동 중이며, 더욱 즐거운 메이커 수업을 만들어가기 위해
메이커 교육 커리큘럼을 연구·개발 중이다.

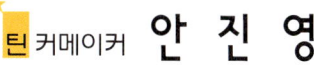 

틴 커메이커 안 진 영

설계회사와 글로벌 IT회사에서 근무하다가
현재는 메이커 강사로 활동하고 있다.
메이커 교육이 아이부터 성인까지 누구나 쉽고 흥미로운 교육이 되도록
다양한 커리큘럼을 연구·개발 중이다.

| Preface 시리즈 소개

3D프린팅 수업을 위한
틴커캐드 디자인 1

4·6배판 | 144쪽
고성민·이지윤 공저
정가 10,000원

3D프린팅 수업을 위한
틴커캐드 디자인 2

4·6배판 | 176쪽
고성민·이송하·이지윤 공저
정가 10,000원

3D프린팅 수업을 위한
틴커캐드 디자인 3

4·6배판 | 220쪽
고성민·이송하 공저
정가 12,000원

3D프린팅 수업을 위한
틴커캐드 디자인 4

4·6배판 | 228쪽
고성민·이송하 공저
정가 12,000원

3D프린팅 수업을 위한
틴커캐드 디자인 5

4·6배판 | 208쪽
고성민·이송하·안진영 공저
정가 12,000원

3D프린팅 수업을 위한
틴커캐드 디자인 6

4·6배판 | 244쪽
고성민·이송하·안진영 공저
정가 12,000원

 | Contents

목 차

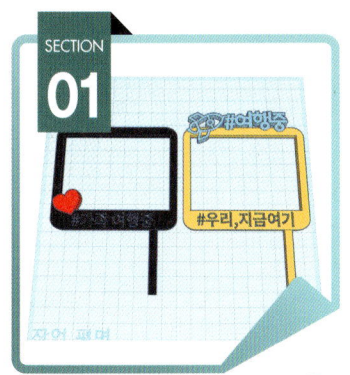
SECTION 01
토퍼 만들기 — 14

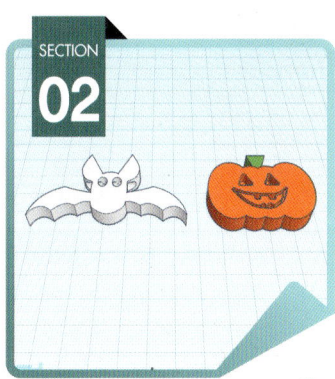
SECTION 02
할로윈 팔찌 만들기 — 25

SECTION 03
실내화 악세사리 — 50

SECTION 04
파티 안경 만들기 — 67

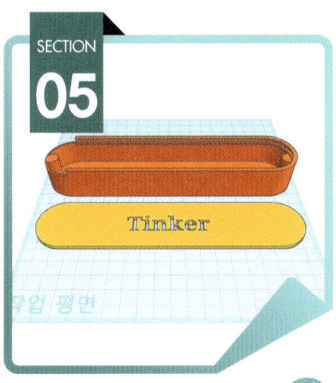
SECTION 05
펜 케이스 — 89

SECTION 06
시계 만들기 — 110

| Contents

목 차

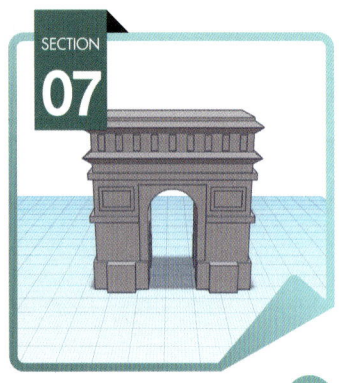

SECTION 07
개선문　127

SECTION 08
사진 액자 만들기　153

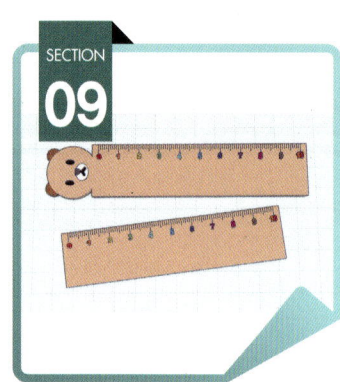

SECTION 09
눈금자 만들기　175

SECTION 10
폰 거치 키링 만들기　189

SECTION 11
LED 눈사람 만들기　208

SECTION 12
틴커캐드 코드블럭 활용하기　229

| 3D Printing Curriculum

3D 프린팅 과정

1. 모델링 파일 준비

틴커캐드는 Autodesk사에서 개발된
3차원 형상을 만드는 프로그램입니다.
https://www.tinkercad.com

※그 외 3D 모델링 프로그램
: Fusion 360, SketchUp, OpeNSCAD, Blender, Sculptris 등

2. G-Code 파일 변환

CURA는 Ultimaker의 슬라이싱 프로그램으로
3D 모델링 파일을 G-Code로 변환합니다.
https://ultimaker.com/en/products/ultimaker-cura-software

※그 외 슬라이서 프로그램
: Slic3r, KISSlicer, Mattercontrol, Simplify3D 등

3. 3D 프린터 출력

출력재료에 따라 FDM(필라멘트), SLS(파우더),
DLP(광경화성 수지) 등의 3D 프린터가 있습니다.
FDM 3D 프린터는 직교형과 델타형 등이 있으며,
재료인 필라멘트는 ABS와 PLA 등이 있습니다.

※주로 교육용으로 많이 사용하는 프린터는 PLA 재료를 사용하는 FDM 3D 프린터입니다.

| TINKERCAD

팅커캐드

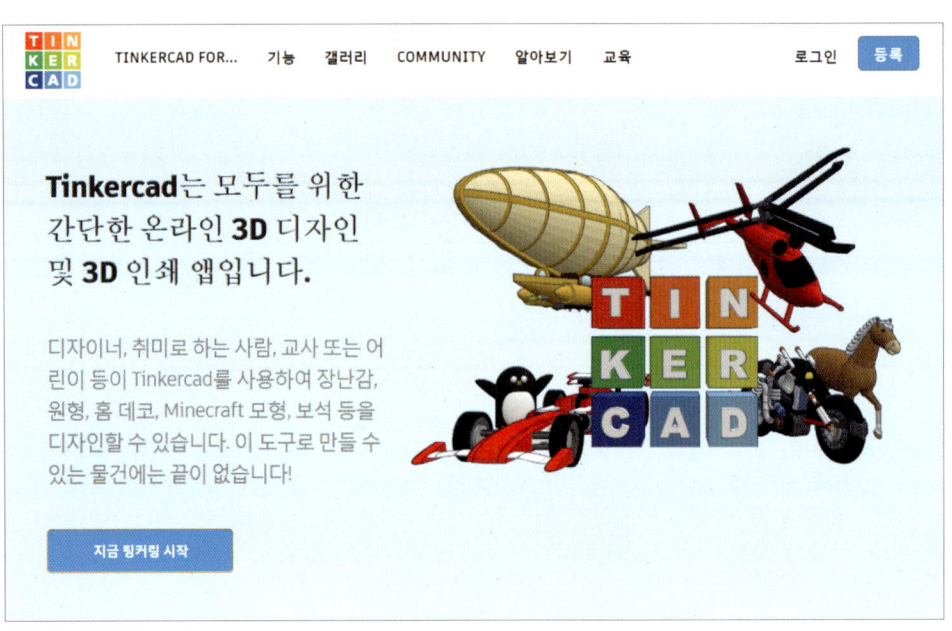

구글크롬의 주소창에 'www.tinkercad.com'를 입력합니다.

팅커캐드는 미국 Autodesk사에서 만든 무료 프로그램입니다.
프로그램을 다운받아 설치하지 않고, 인터넷에 접속하여 프로그램을 실행하여 사용합니다.
작업파일도 클라우드 기반의 저장 공간에 자동으로 저장해 줍니다.

지금 팅커링 시작 을 클릭합니다.

계정 작성 창에 가입자 정보를 입력합니다.

가입 당시 만 13세 미만인 경우
부모님의 메일주소를 입력하고 계정을 만들 수 있습니다.

만 13세 미만인 경우 [초대 코드 입력 창]에서 선생님 또는 부모님의 초대 코드를 입력합니다.

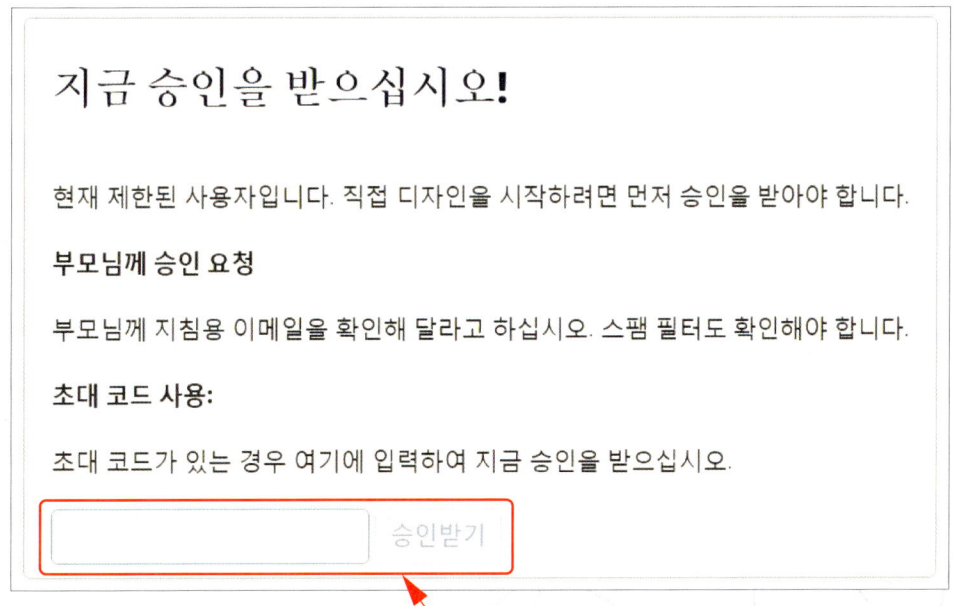

만 13세 이상의 일반인 사용자가 초대코드를 생성하기 위해서는
상단의 '교육'을 클릭하면 8자리의 코드가 생성됩니다.

가입 후 로그인을 다시 하면 아래와 같은 대시보드가 나옵니다.

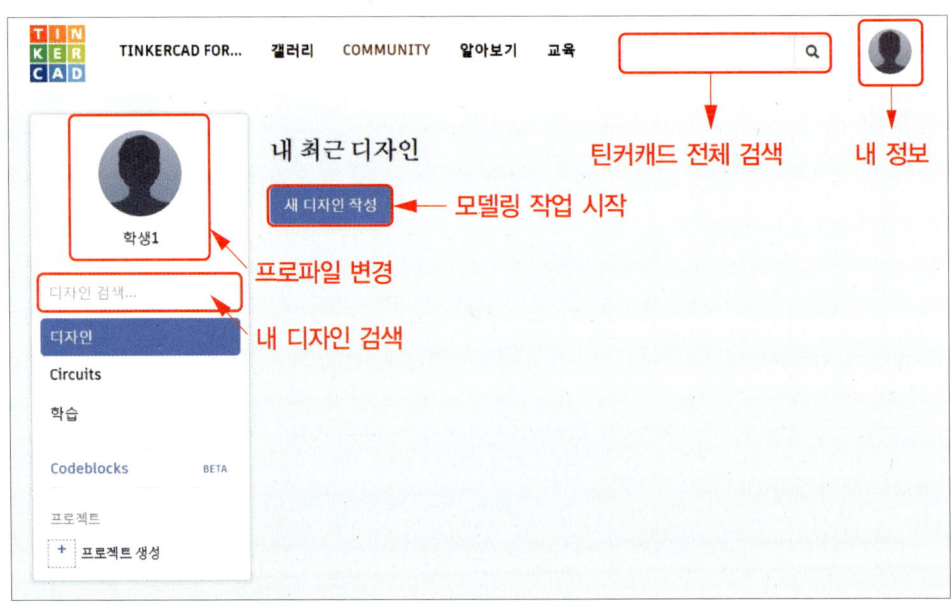

팅커캐드 작업화면 구성!

팅커캐드 화면 조작!

❶ **작업 평면 이동** : 작업 평면 위에서 마우스 휠 버튼을 누른 채 드래그하면 작업 평면이 화면의 원하는 곳으로 이동합니다.
Shift 를 누른 채 드래그하여도 화면이 똑같이 이동합니다.

❷ **작업 평면 회전** : 작업 평면 위에서 마우스 오른쪽 버튼을 누른 채 드래그하면 작업 평면이 360도 원하는대로 회전합니다.

❸ **작업 평면 맞춤** : F 키를 누르면 선택도형 맞춤 또는 모든 도형맞춤으로 뷰전환을 합니다.

❹ **작업 평면 확대/축소** : 작업 평면 위에서 마우스 휠 버튼을 돌리면 작업 평면이 확대 또는 축소됩니다.

모델링 파일 내보내기!

3D 프린팅을 하기 위해서는 모델링 파일을 내보내기 해야 합니다.
팅커캐드 작업 화면의 오른쪽 상단 내보내기 버튼을 클릭합니다.

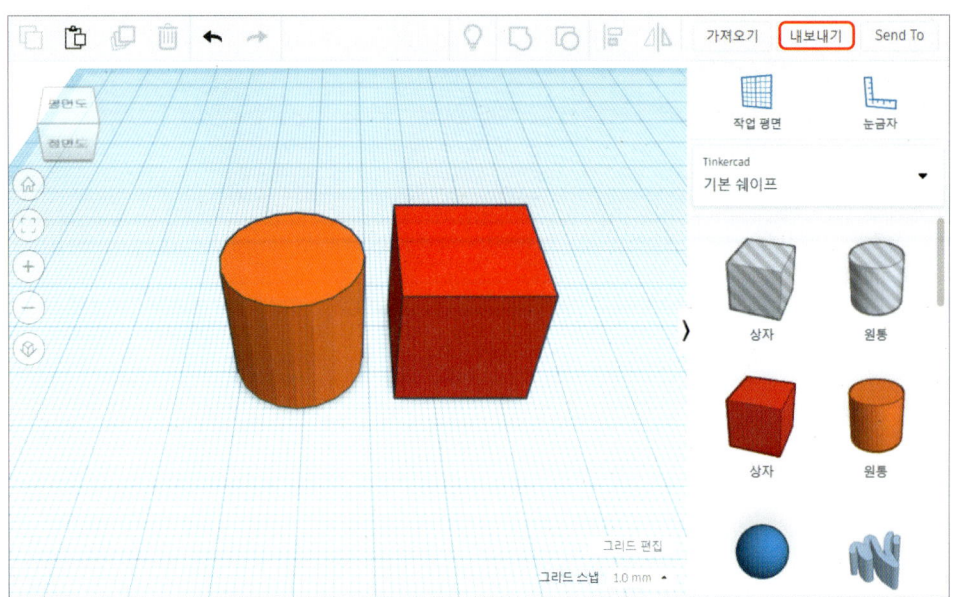

디자인에 있는 모든 것을 선택하고 ".STL" 버튼을 누릅니다.

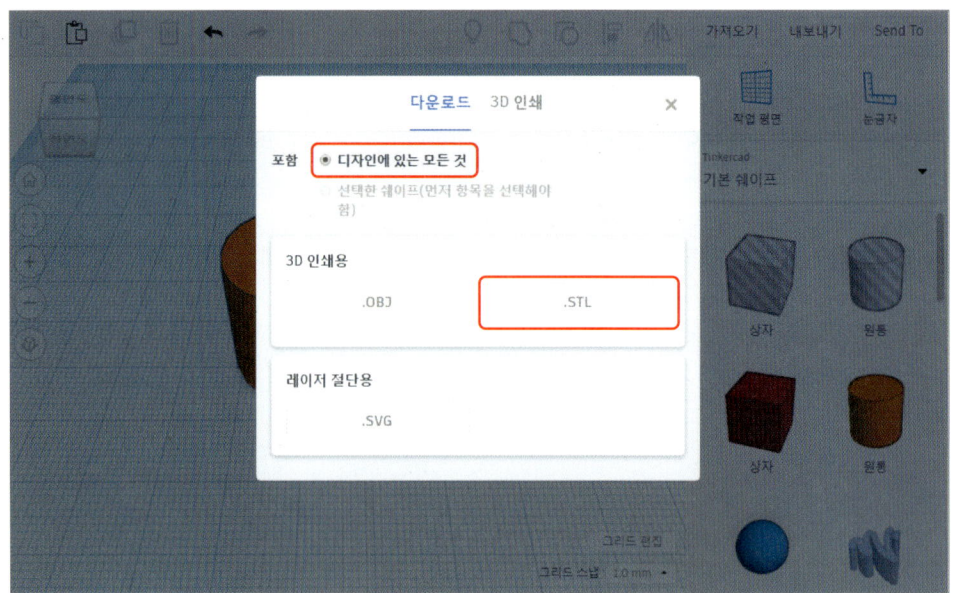

내보내기 한 파일은 "내컴퓨터"의 **다운로드** 폴더 안에서 확인합니다.
(슬라이싱 프로그램을 열고 저장된 stl 파일을 불러오기 할 수 있습니다.)

만약, ".OBJ" 버튼을 누르면 색상정보가 포함된 모델링 도형이 압축된 파일형태로 저장이 됩니다. 압축파일을 풀면 "obj.mtl" 파일과 "tinker.obj" 파일이 함께 저장되어 있습니다.

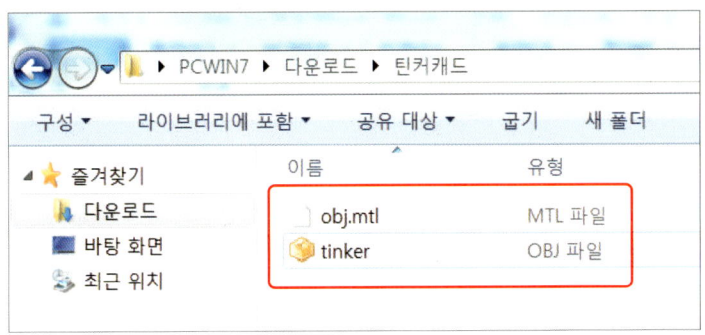

".SVG" 버튼을 누르면 그림처럼 가장 아래면의 선만 내보내기 됩니다.

SECTION 01 토퍼 만들기

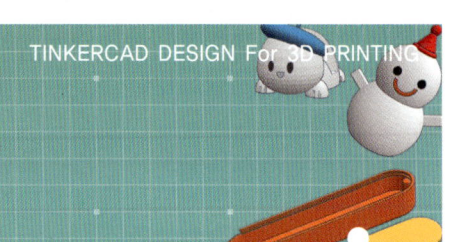

 **토퍼 만들기**

여행과 기념일에 사용할 수 있는 토퍼를 모델링해 봅시다.
나만의 문구와 다양한 도형을 활용해 봅시다.

TINKERCAD DESIGN For 3D PRINTING _____ SECTION 01

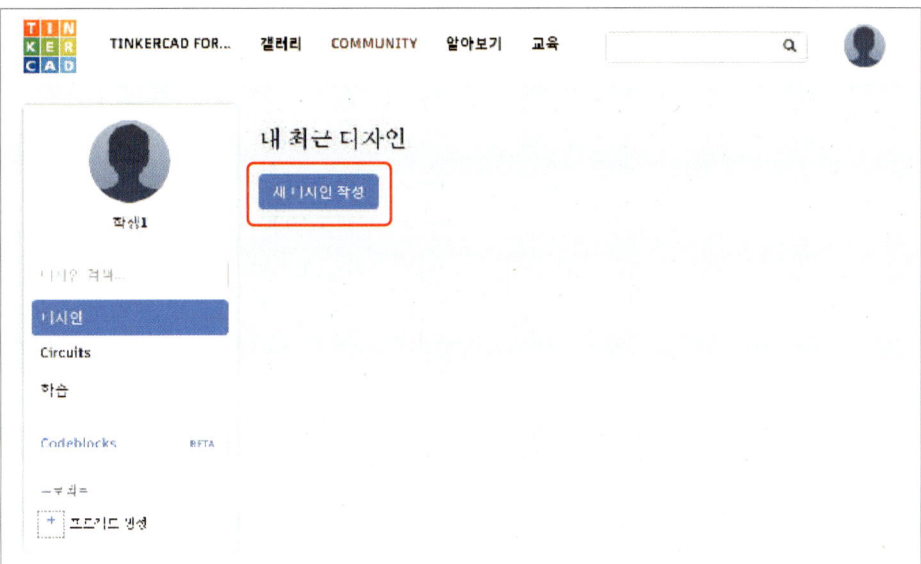

구글크롬 에서 틴커캐드 웹사이트(www.tinkercad.com)에 접속합니다.
로그인 후 대시보드의 `새 디자인 작성` 을 클릭합니다.

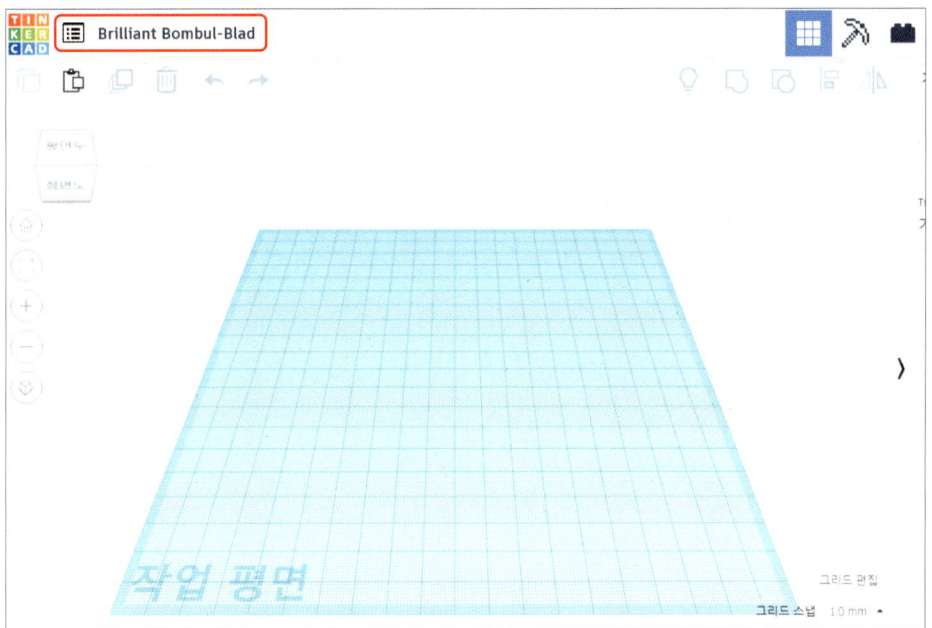

틴커캐드는 저장 버튼이 따로 없으며 웹에서 작업하고 모델링 작업파일 역시 인터넷 저장 공간에 자동으로 저장됩니다. 임의로 주어진 영어이름을 클릭하면 파일명을 수정할 수 있습니다.

TINKERCAD DESIGN For 3D PRINTING

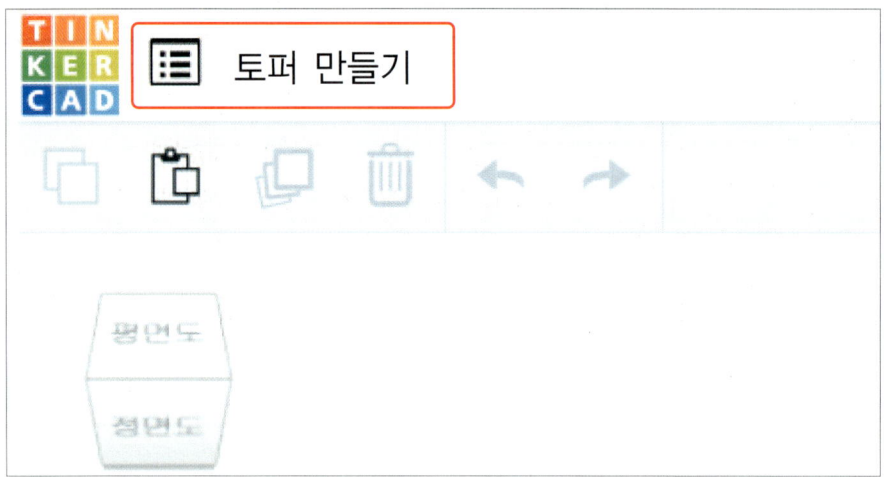

파일명을 "토퍼 만들기"로 수정하고 엔터키 또는 화면의 빈 공간 아무 곳이나 클릭합니다.

토퍼 틀 만들기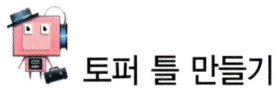

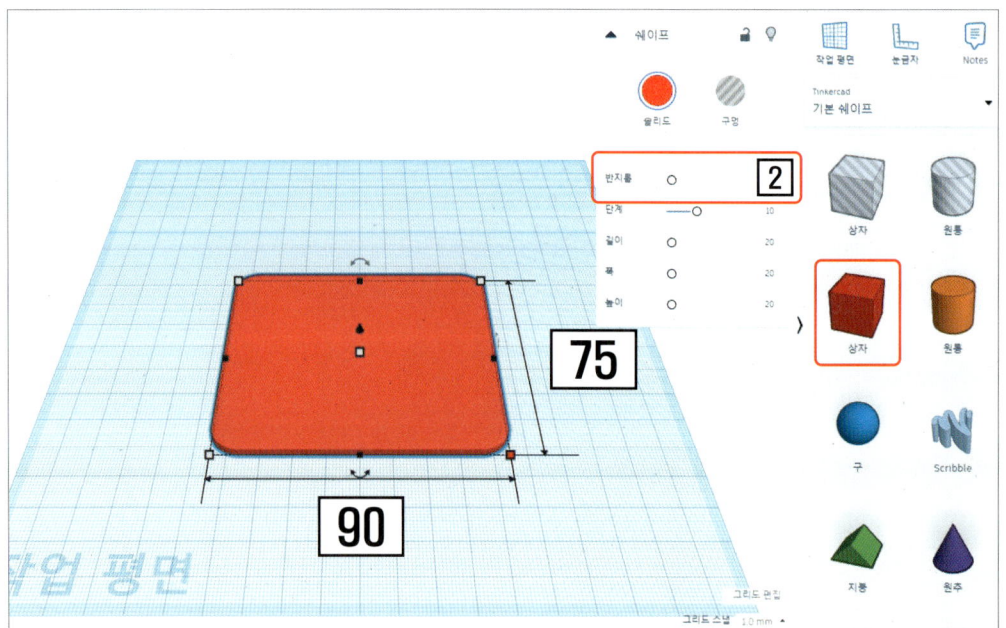

기본 쉐이프에서 상자를 선택하여 작업 평면에 놓은 후 치수를 조절합니다.
예) 가로 90, 세로 75, 높이 4, 반지름 2

TINKERCAD DESIGN For 3D PRINTING   SECTION 01

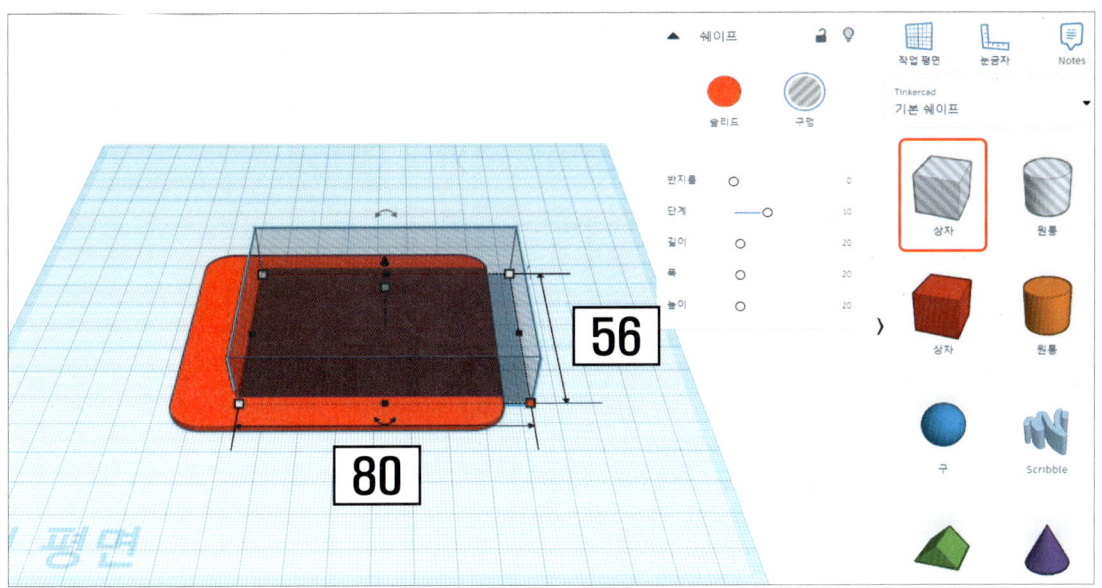

기본 쉐이프에서 구멍 상자를 선택하여 작업 평면에 놓은 후 치수를 조절합니다.
예 가로 80, 세로 56

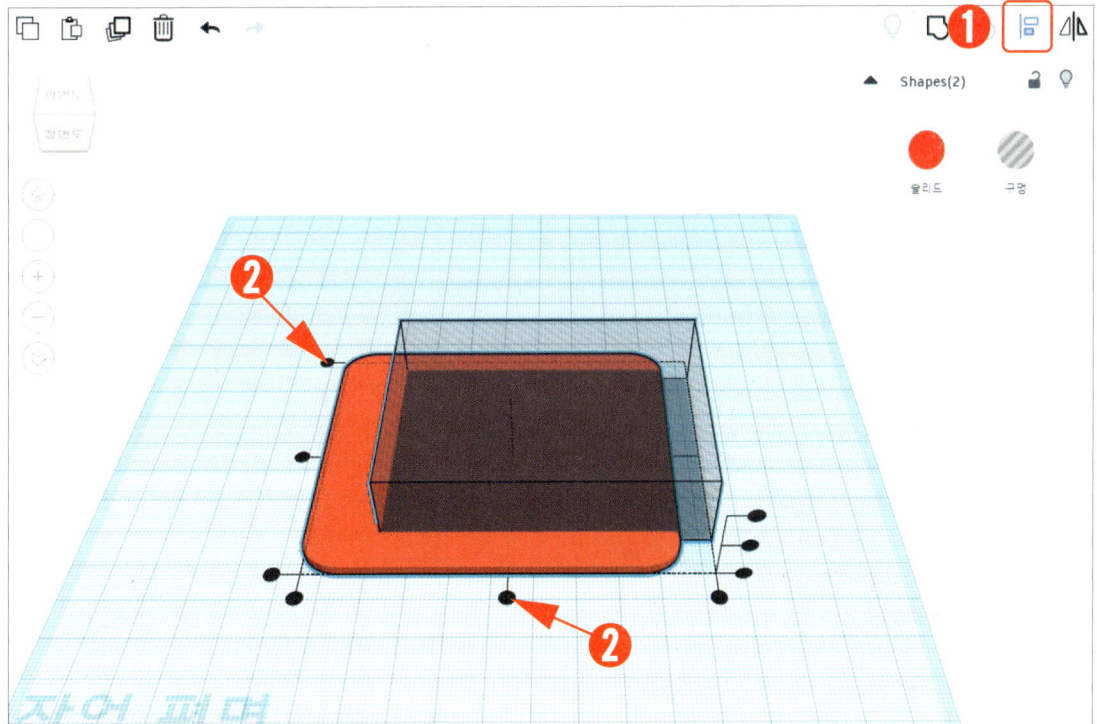

도형을 모두 선택하여 ❶ 정렬 버튼을 클릭한 후 ❷를 클릭하여 정렬합니다.

TINKERCAD DESIGN For 3D PRINTING   SECTION 01

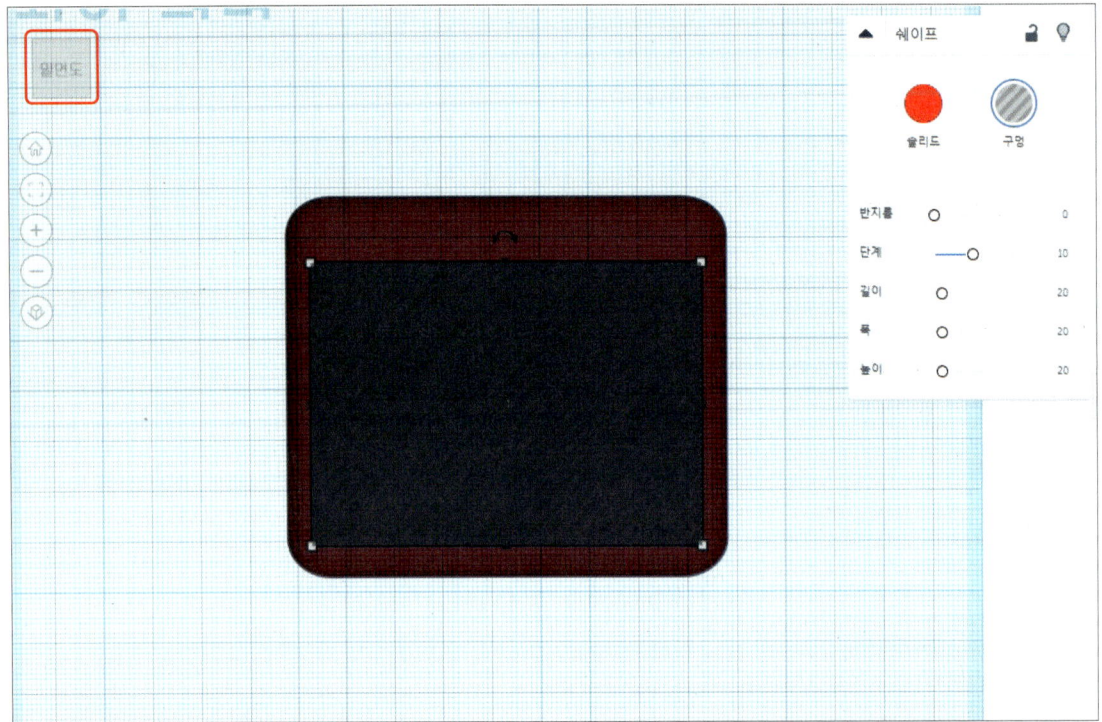

뷰박스를 밑면도로 선택합니다.
키보드 방향키 를 6번 눌러 그림과 배치합니다.

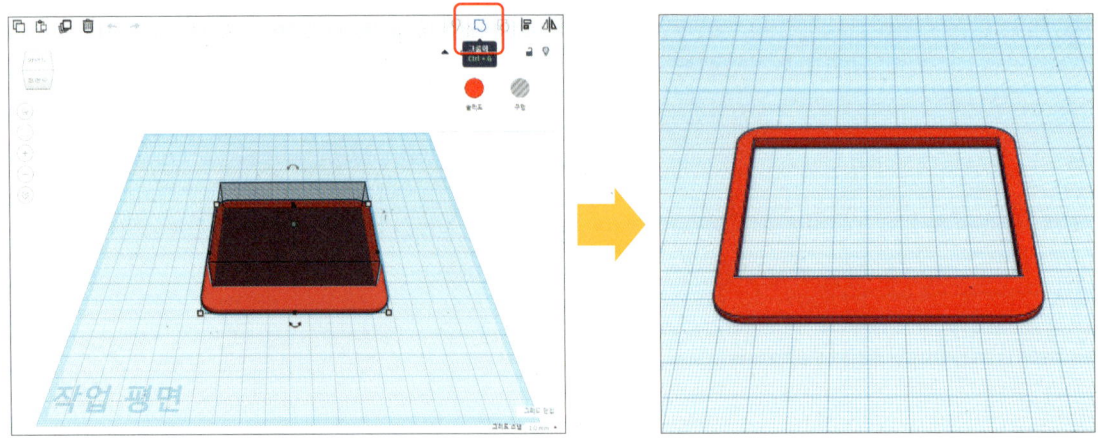

도형을 전체 선택한 후 그룹화합니다.

TINKERCAD DESIGN For 3D PRINTING   SECTION 01

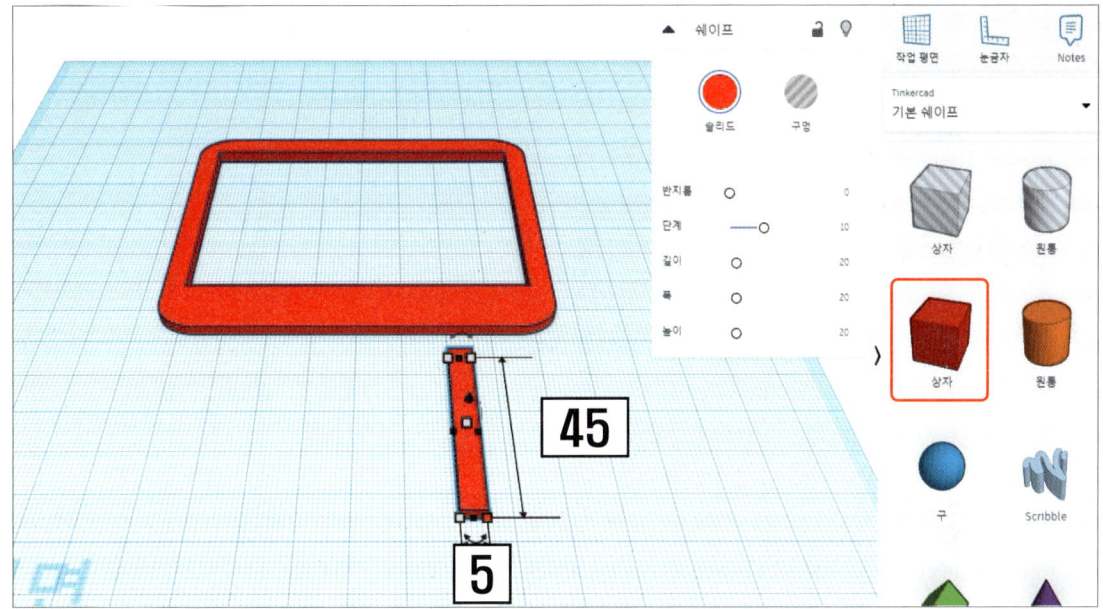

기본 쉐이프에서 상자를 선택하여 작업 평면에 놓은 후 치수를 조절합니다.
예 가로 5, 세로 45, 높이 3

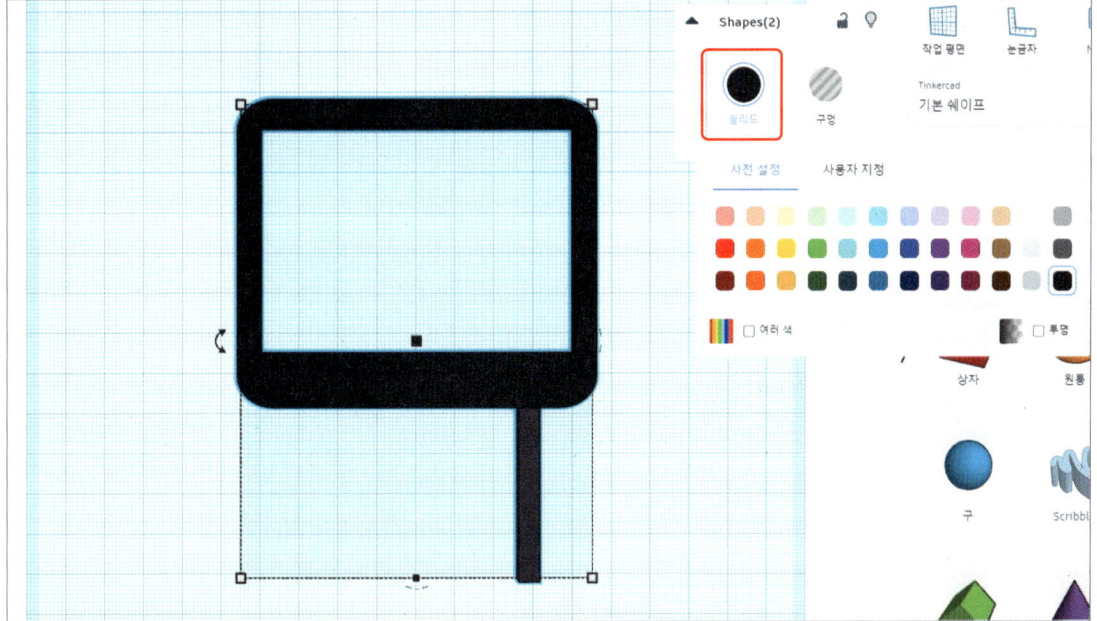

손잡이 상자를 마우스로 움직이거나 키보드 방향키 ←↑↓→ 로 그림과 같이 배치합니다.
솔리드로 색상을 바꿔줍니다.

토퍼 문구 만들기

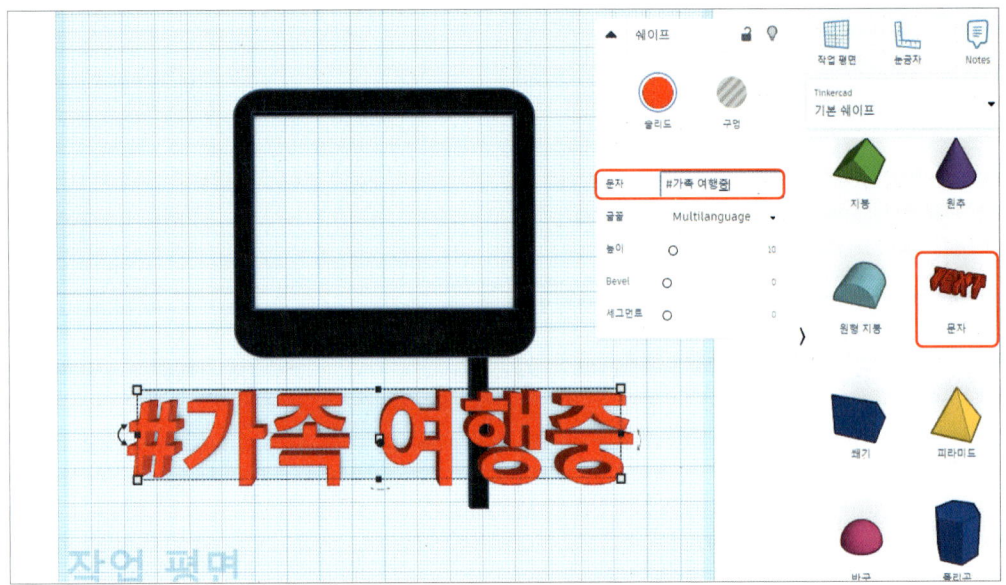

기본 쉐이프에서 문자를 선택하여 작업 평면에 놓은 후 문자를 수정합니다.
(원하는 문구를 자유롭게 작성하세요.)

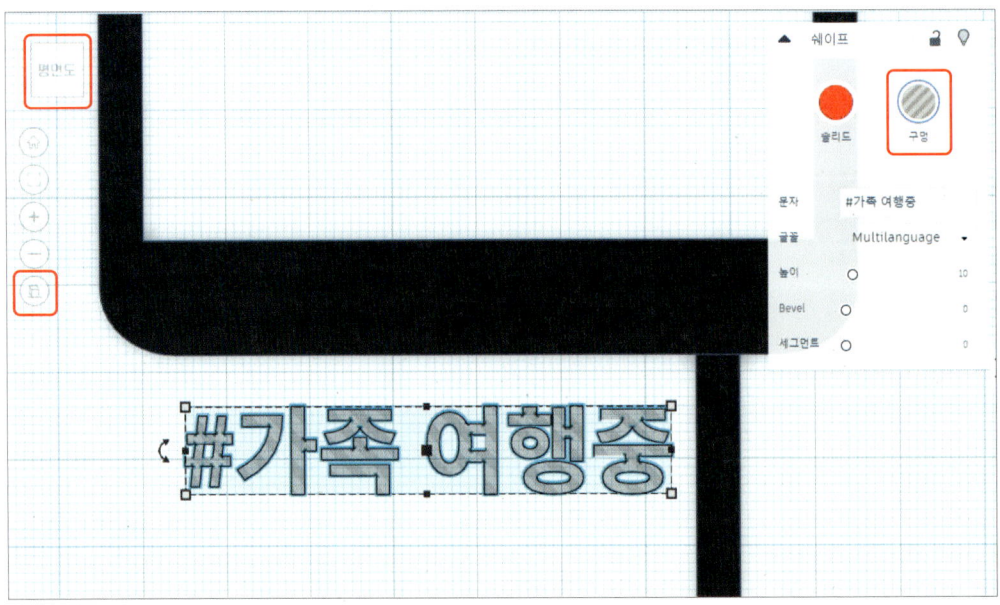

뷰박스를 평면도 · 직교뷰로 선택합니다.
문자를 구멍 문자로 바꾼 후 사이즈를 적당하게 조절합니다.

TINKERCAD DESIGN For 3D PRINTING SECTION 01

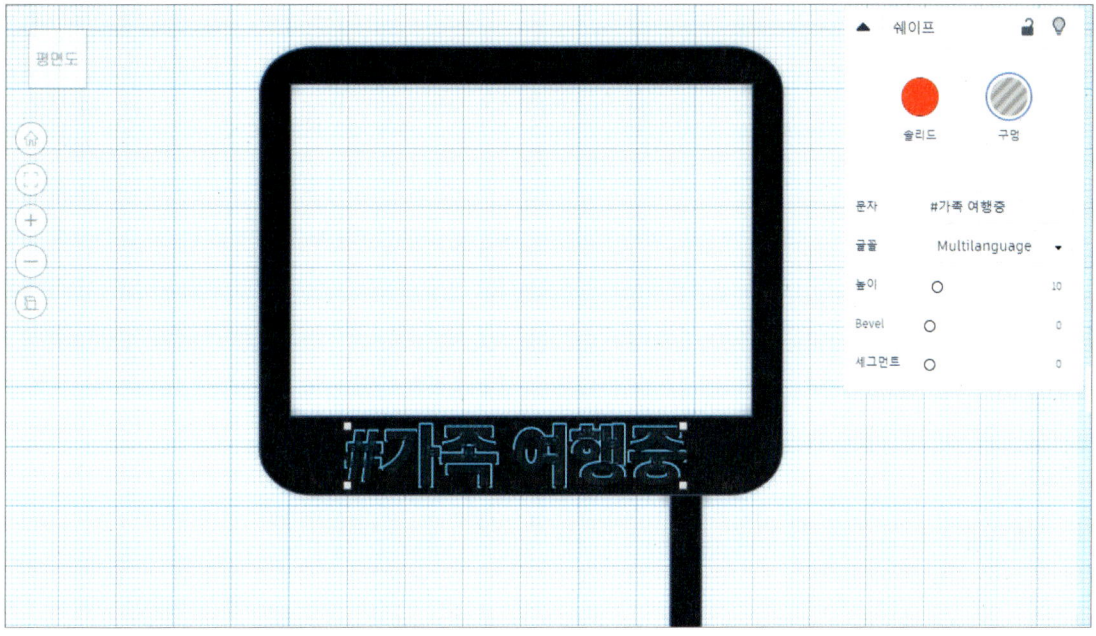

문자를 키보드 방향키 로 그림과 같이 배치합니다.

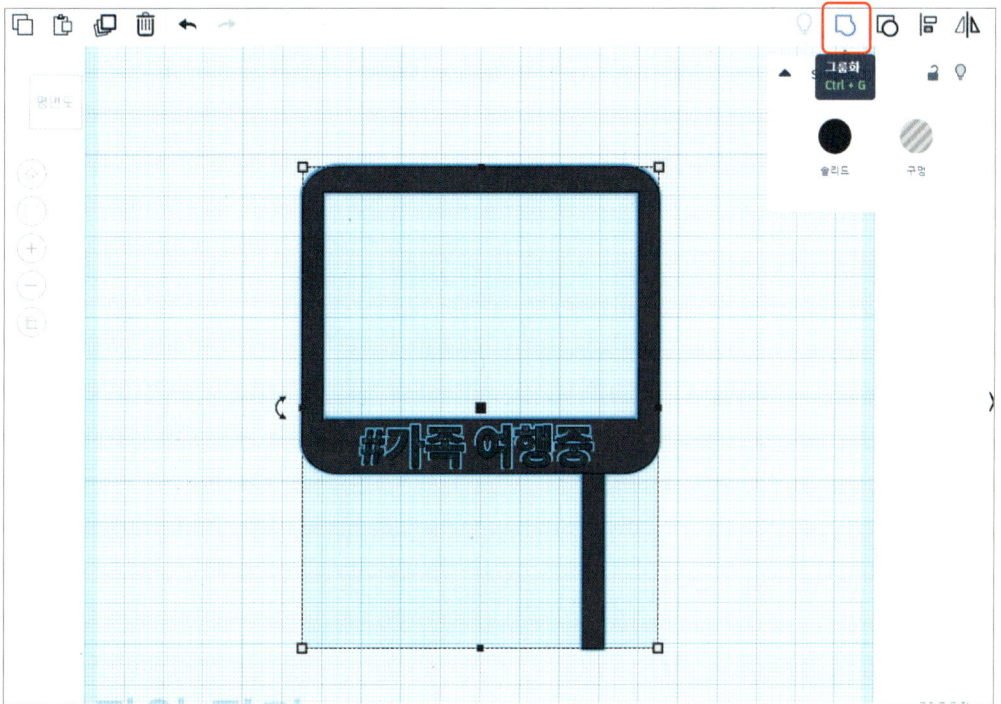

도형을 모두 선택한 후 그룹화합니다.

TINKERCAD DESIGN For 3D PRINTING   SECTION 01

 음각작품 출력 시 주의사항

음각작품 출력 시 ⌐ ¬ 부분은 따로 출력이 됩니다.
             └ ┘
글자 모두가 연결되어 출력될 수 있도록 상자 도형을 이용하여 글자 부분을 연결해줍니다.

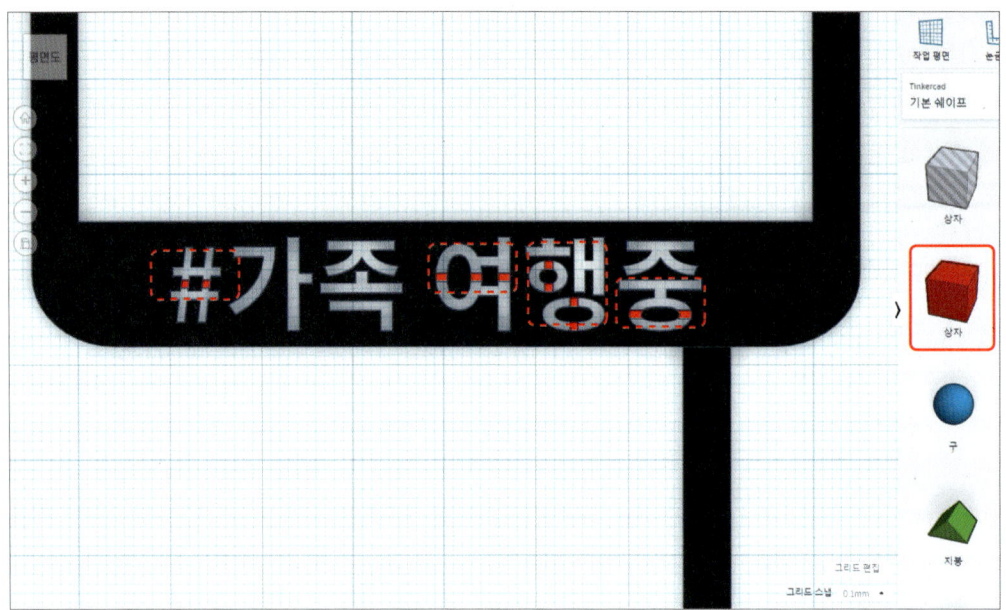

기본 쉐이프에서 상자를 선택하여 작업 평면에 놓은 후 치수를 조절합니다.
예 세로 0.8~1, 높이 3 (가로는 글자 모양에 맞게 조절)

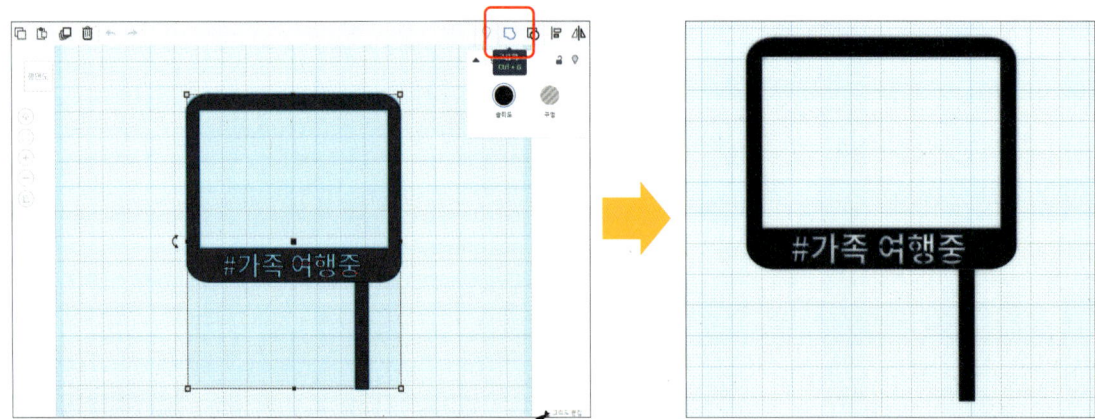

도형을 모두 선택한 후 그룹화합니다.

TINKERCAD DESIGN For 3D PRINTING — SECTION·01

토퍼 꾸미기

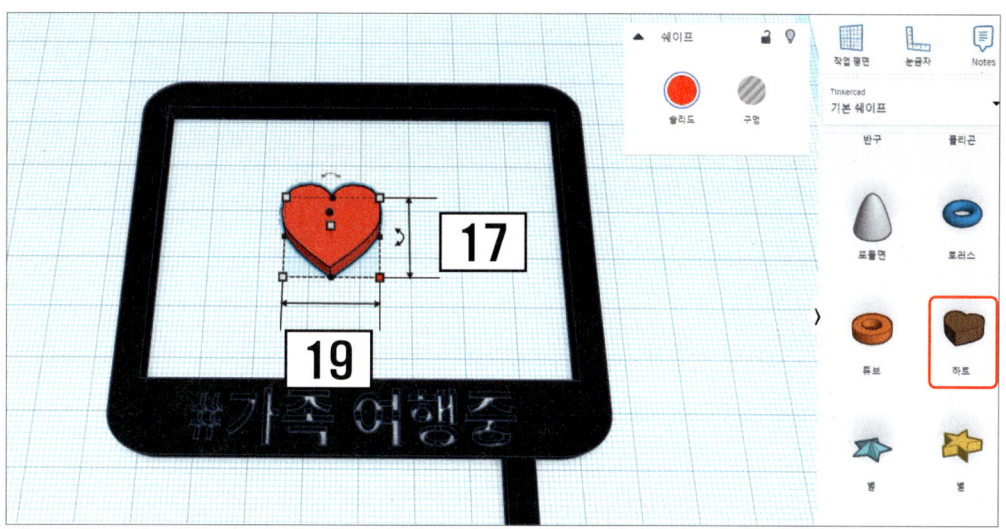

기본 쉐이프에서 하트를 선택하여 작업 평면에 놓은 후 치수를 조절합니다.
예 가로 19, 세로 17, 높이 5

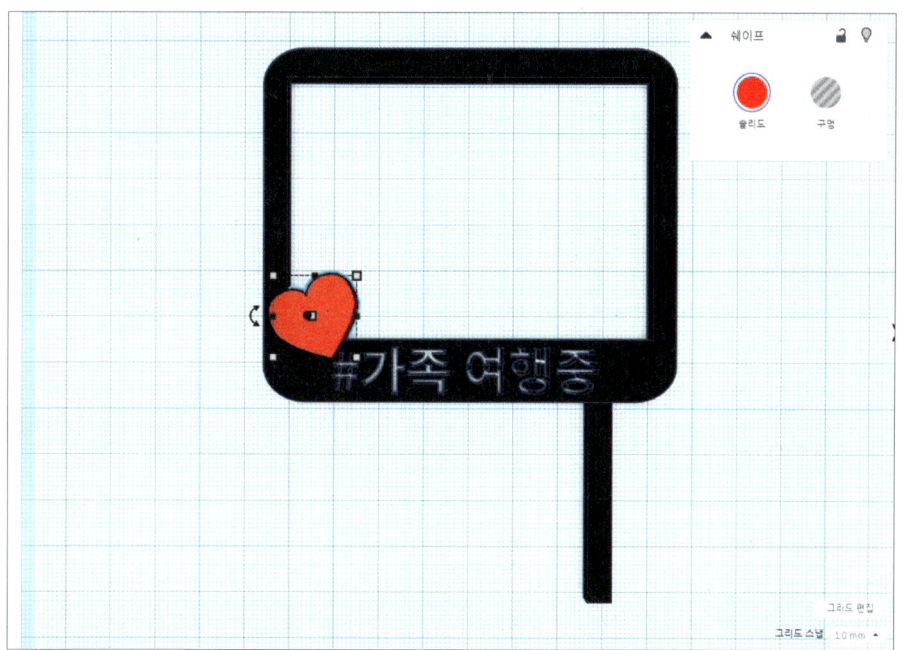

그림과 같이 꾸미기 도형을 적절한 위치에 배치합니다.
토퍼 만들기 완성!

TINKERCAD DESIGN For 3D PRINTING   SECTION 01

도|전|과|제

• 다양한 디자인의 토퍼를 모델링해 봅시다.

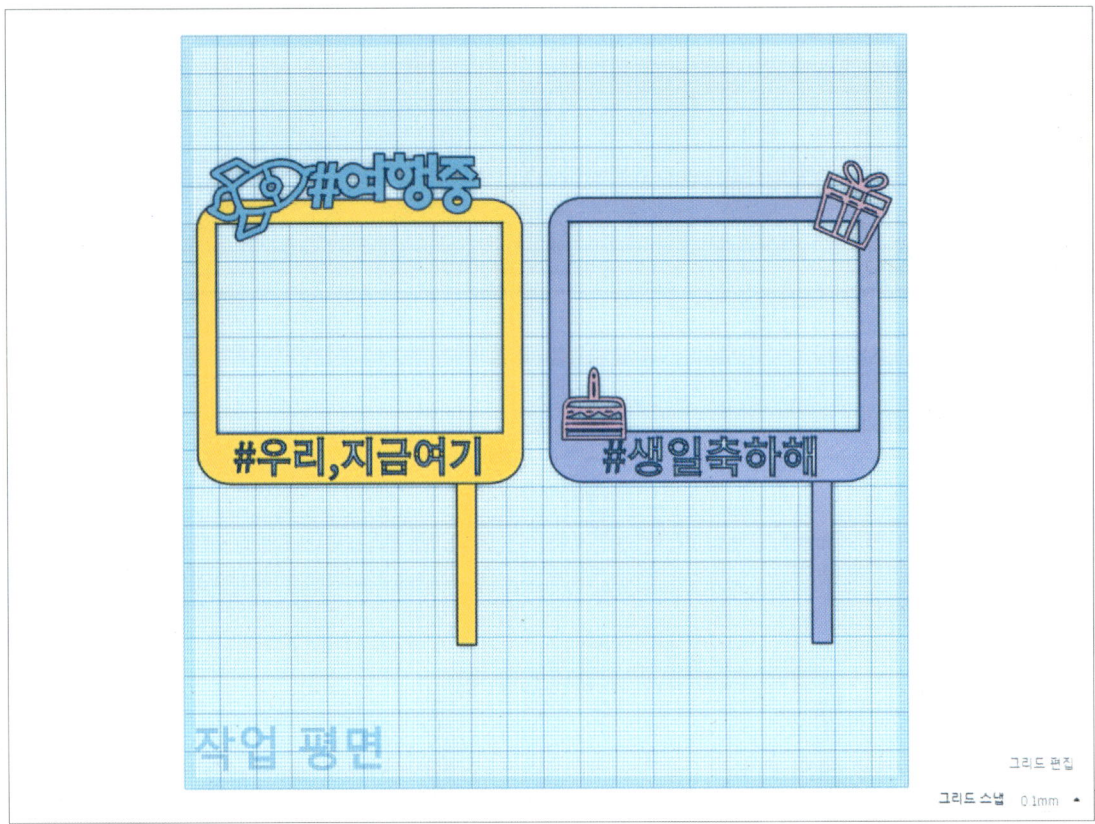

SECTION 02

할로윈 팔찌 만들기

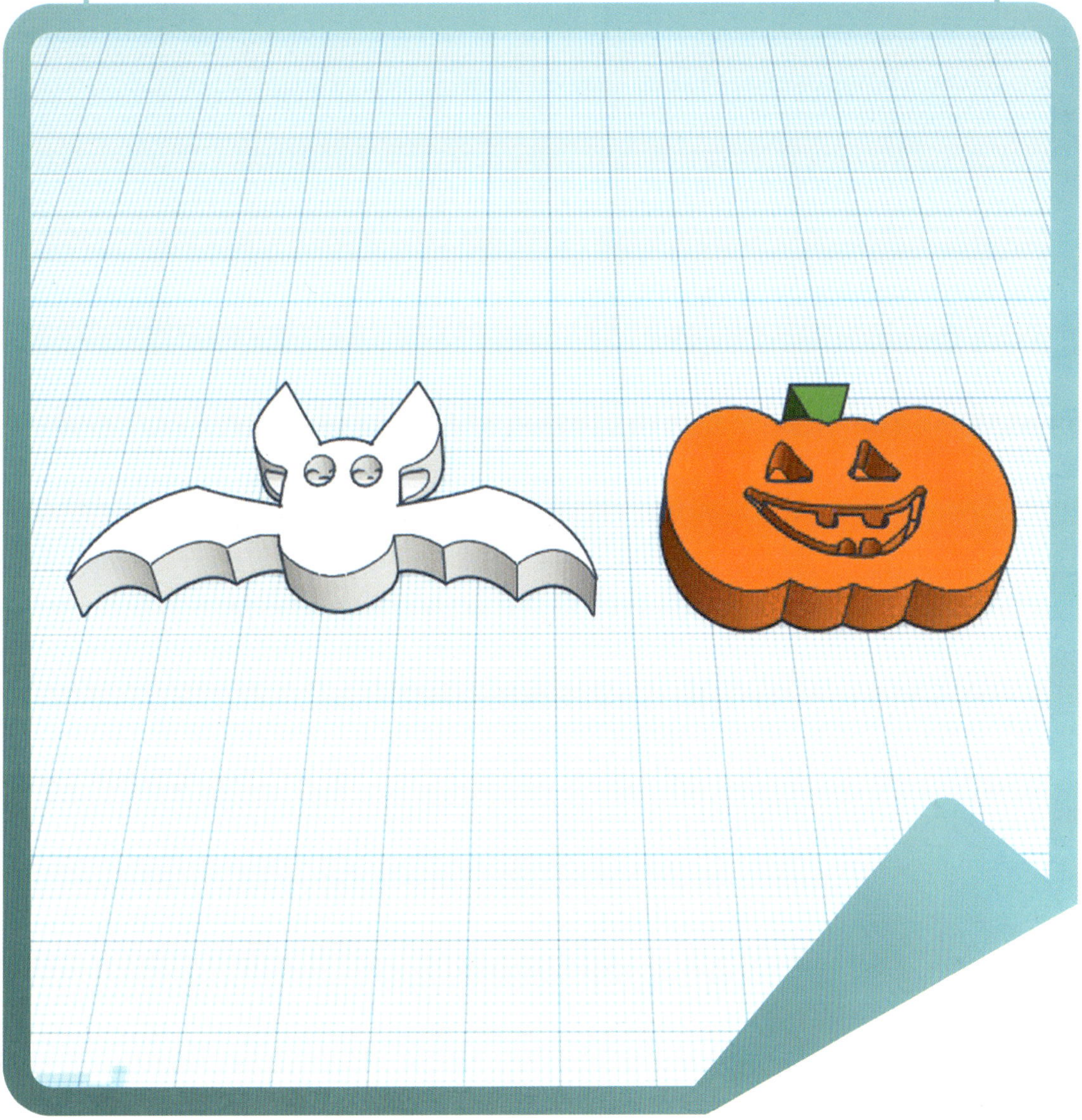

● 할로윈 팔찌 만들기

할로윈을 기념하여 할로윈 팔찌 팬던트 모양을 모델링해 봅시다.
다양한 디자인을 모델링하여 팔찌로 활용해 봅시다.

TINKERCAD DESIGN For 3D PRINTING

SECTION 02

01

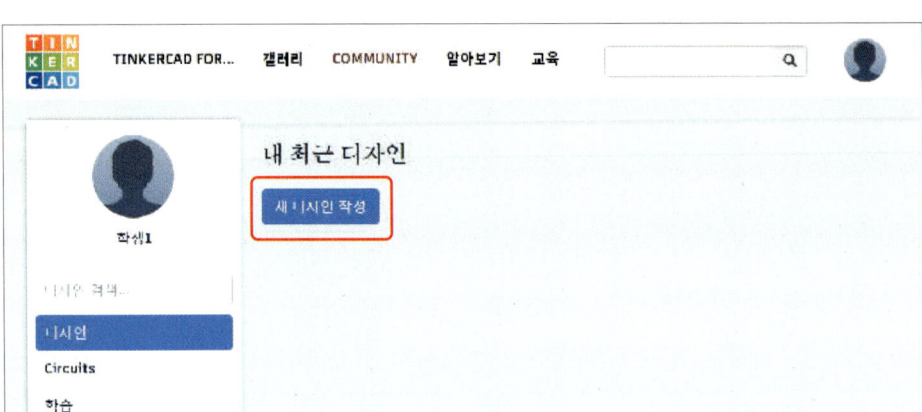

구글크롬  에서 틴커캐드 웹사이트(www.tinkercad.com)에 접속합니다.
로그인 후 대시보드의 [새 디자인 작성] 을 클릭합니다.

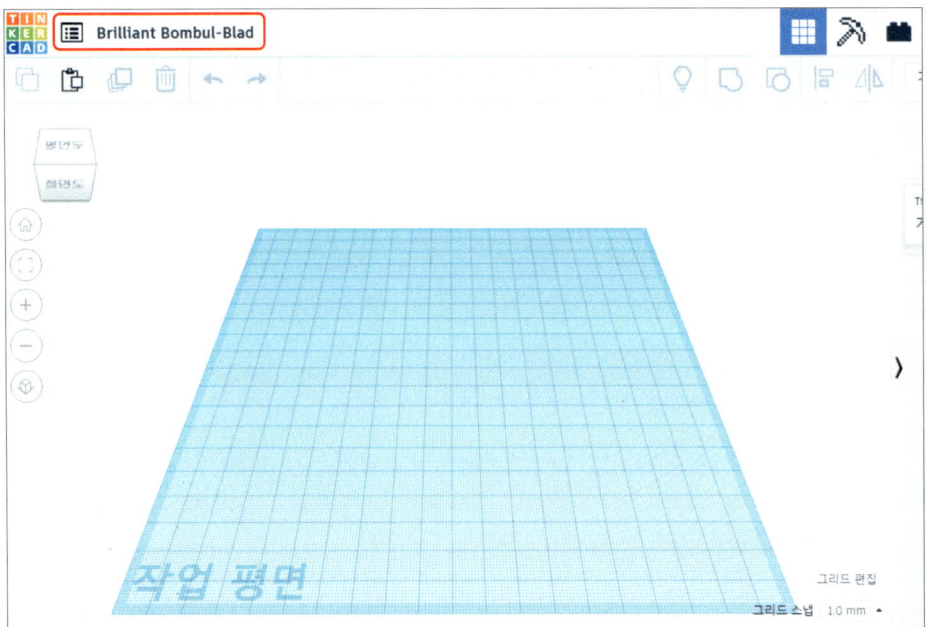

틴커캐드는 저장 버튼이 따로 없으며 웹에서 작업하고 모델링 작업파일 역시 인터넷 저장 공간에 자동으로 저장됩니다. 임의로 주어진 영어이름을 클릭하면 파일명을 수정할 수 있습니다.

TINKERCAD DESIGN For 3D PRINTING

SECTION 02

파일명을 "**할로윈 팔찌 만들기**"로 수정하고 엔터키 또는 화면의 빈 공간 아무 곳이나 클릭합니다.

호박 모양 만들기

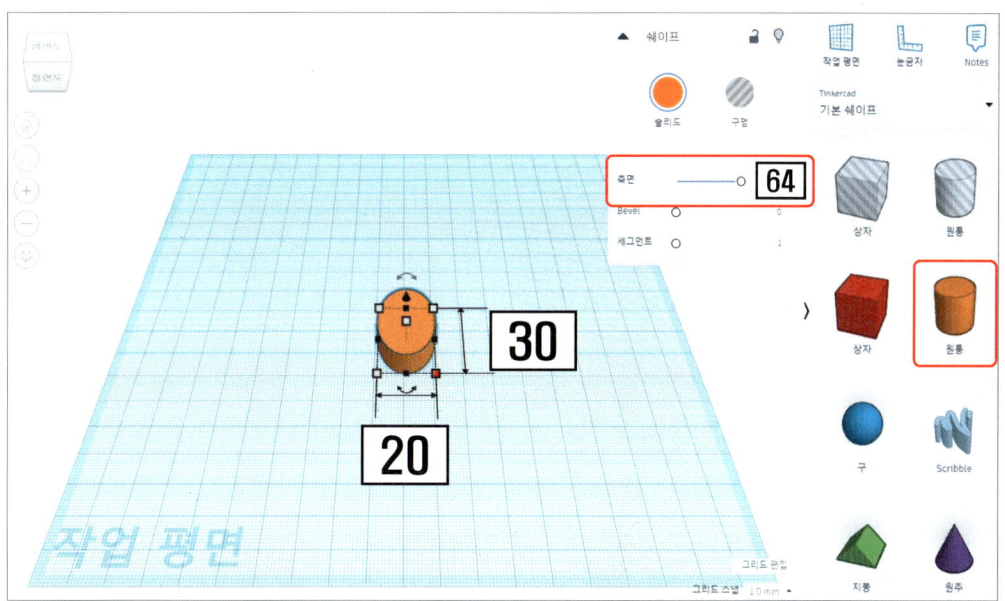

기본 쉐이프에서 원통을 선택하여 작업 평면에 놓은 후 치수를 조절합니다.
예) 가로 20, 세로 30, 높이 8, 측면 64

TINKERCAD DESIGN For 3D PRINTING

SECTION 02

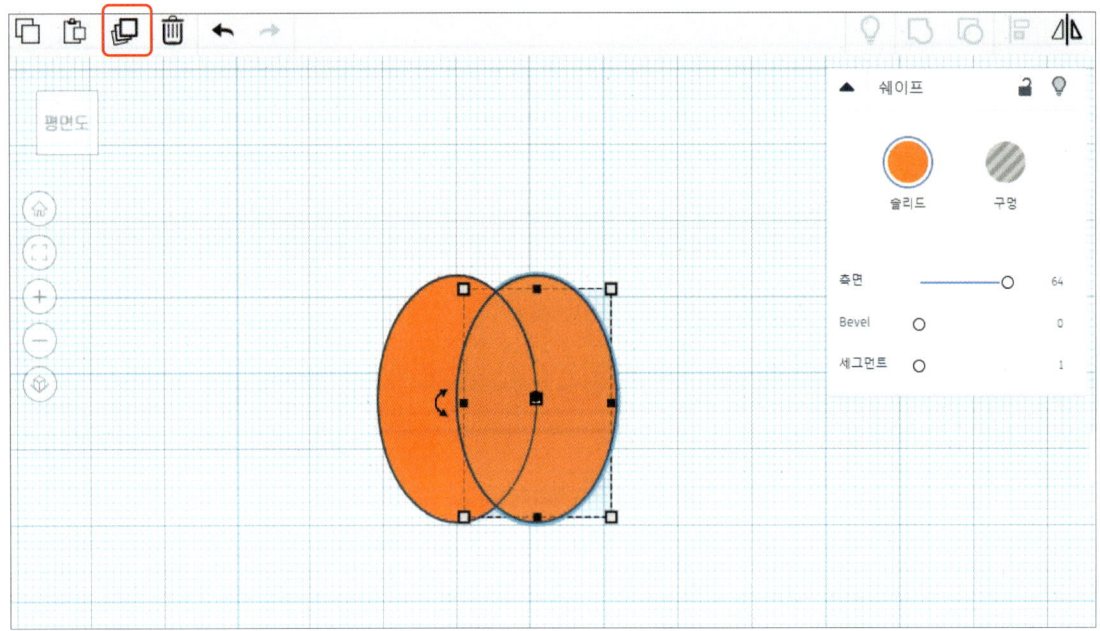

원통을 복제한 후 그림과 같이 옆으로 이동합니다.

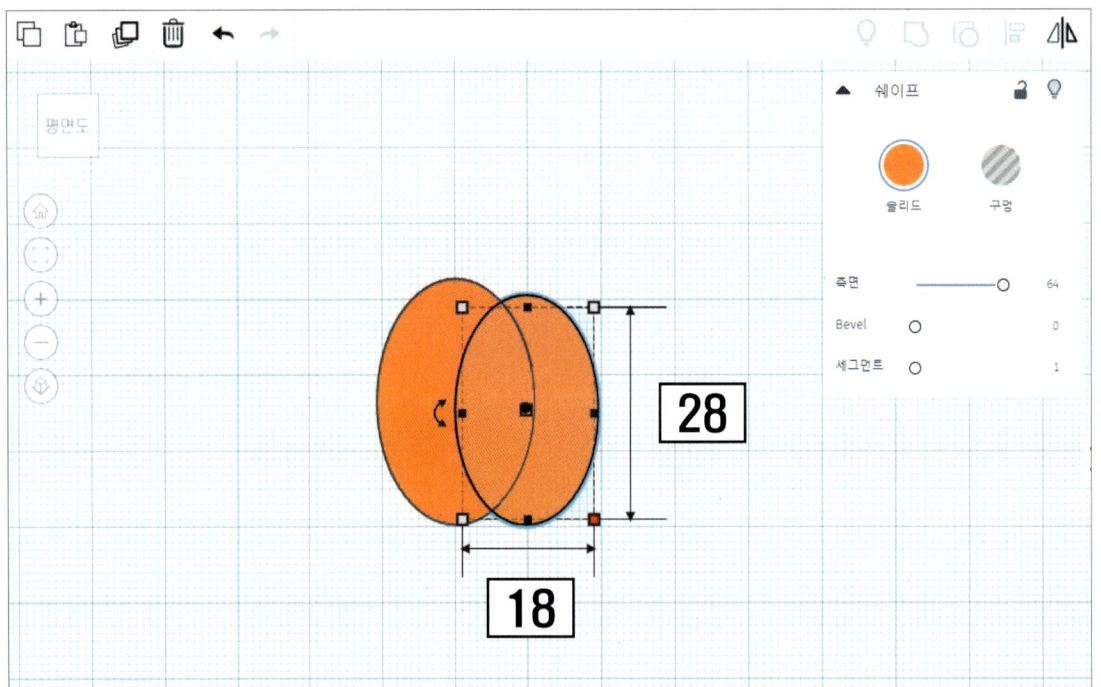

복제된 도형의 치수를 수정합니다.
예 가로 18, 세로 28

TINKERCAD DESIGN For 3D PRINTING　　　　　　　　　　SECTION 02

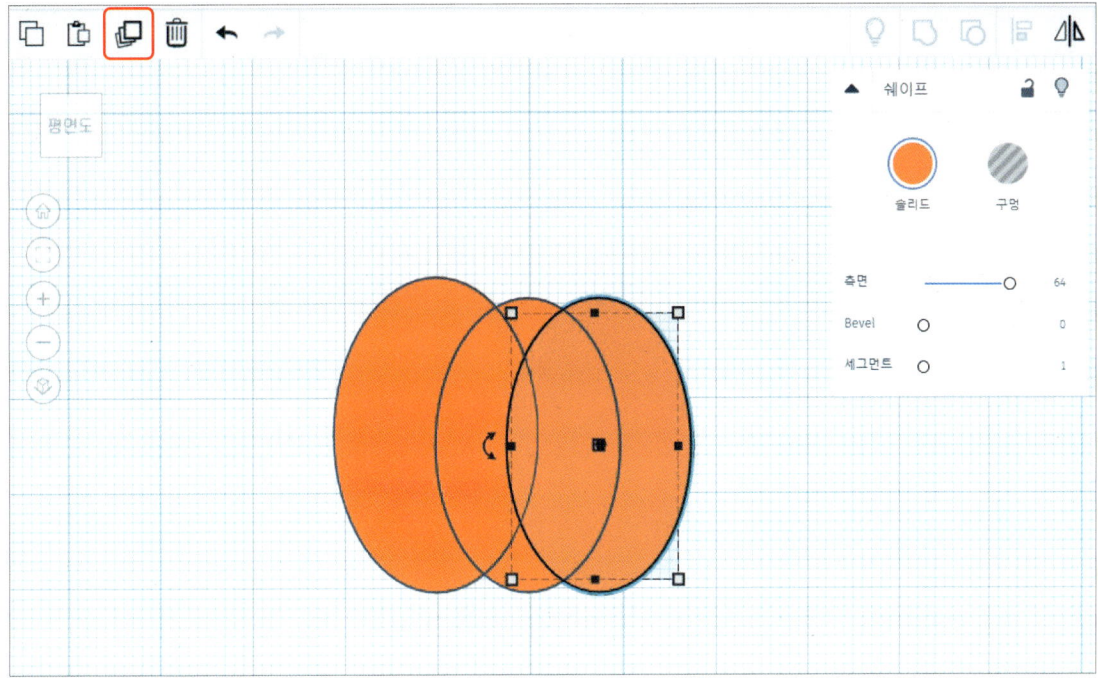

치수를 수정한 원통을 복제한 후 그림과 같이 옆으로 이동합니다.

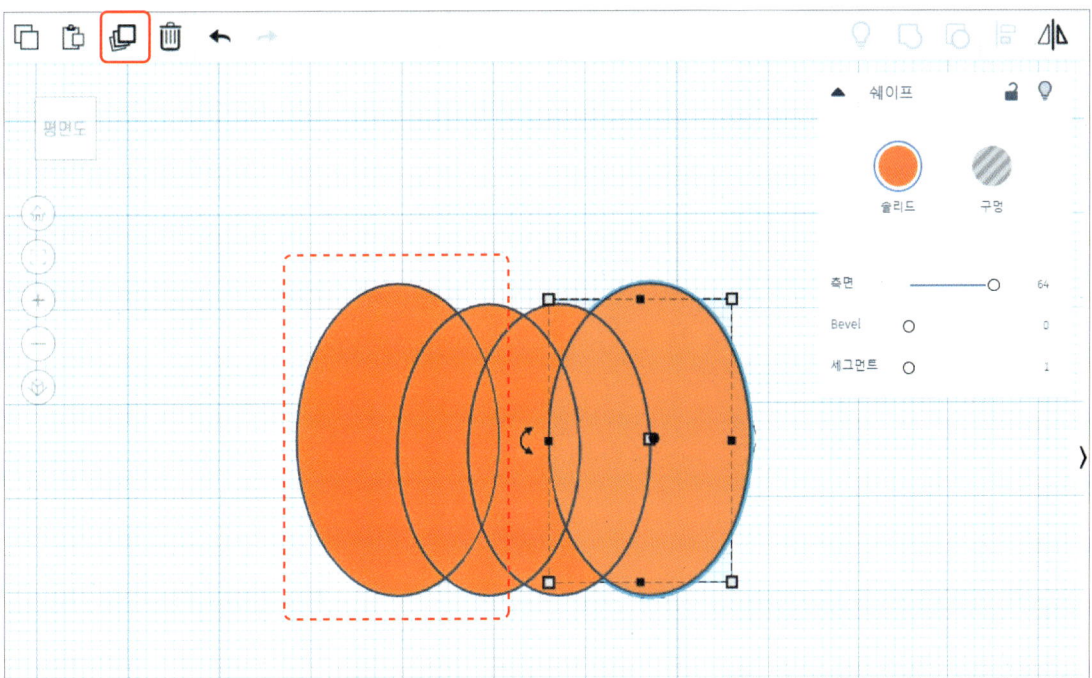

첫 번째 원통을 복제한 후 그림과 같이 옆으로 이동합니다.

TINKERCAD DESIGN For 3D PRINTING SECTION 02

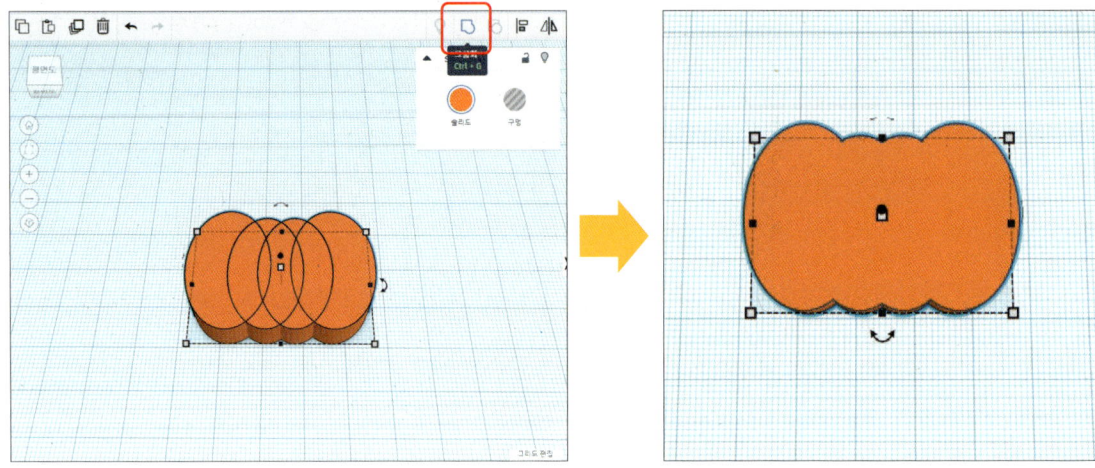

도형을 모두 선택한 후 그룹화합니다.

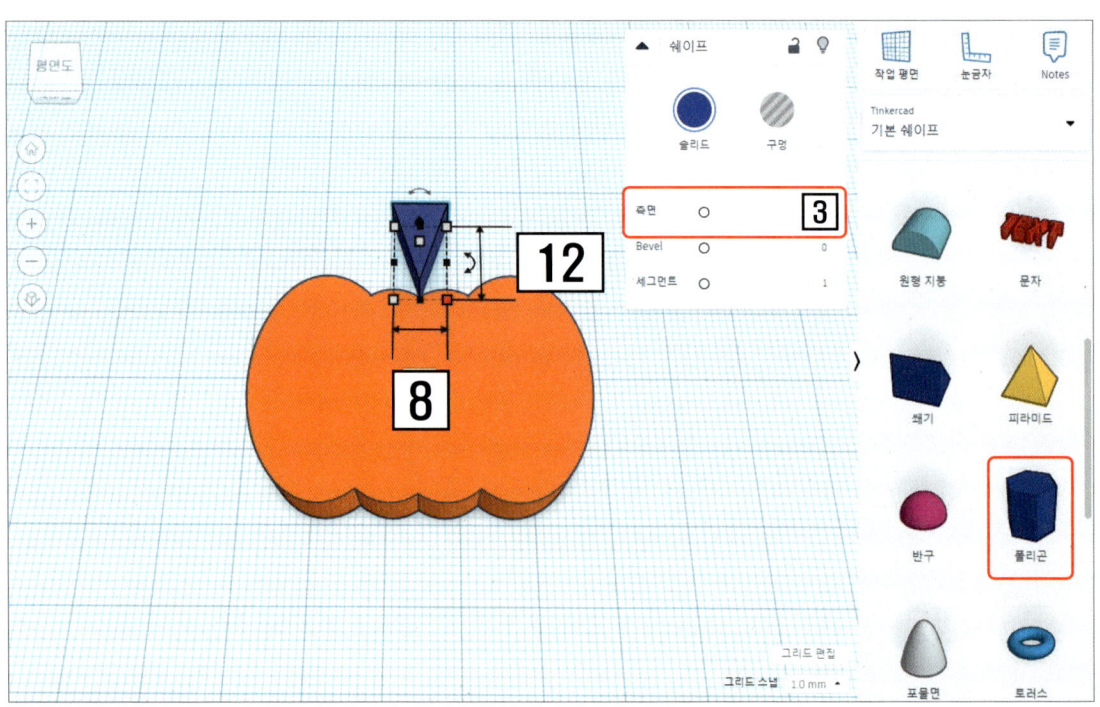

기본 쉐이프에서 폴리곤을 선택하여 작업 평면에 놓은 후 치수를 조절합니다.
예 가로 8, 세로 12, 높이 7, 측면 3

TINKERCAD DESIGN For 3D PRINTING _____ SECTION 02

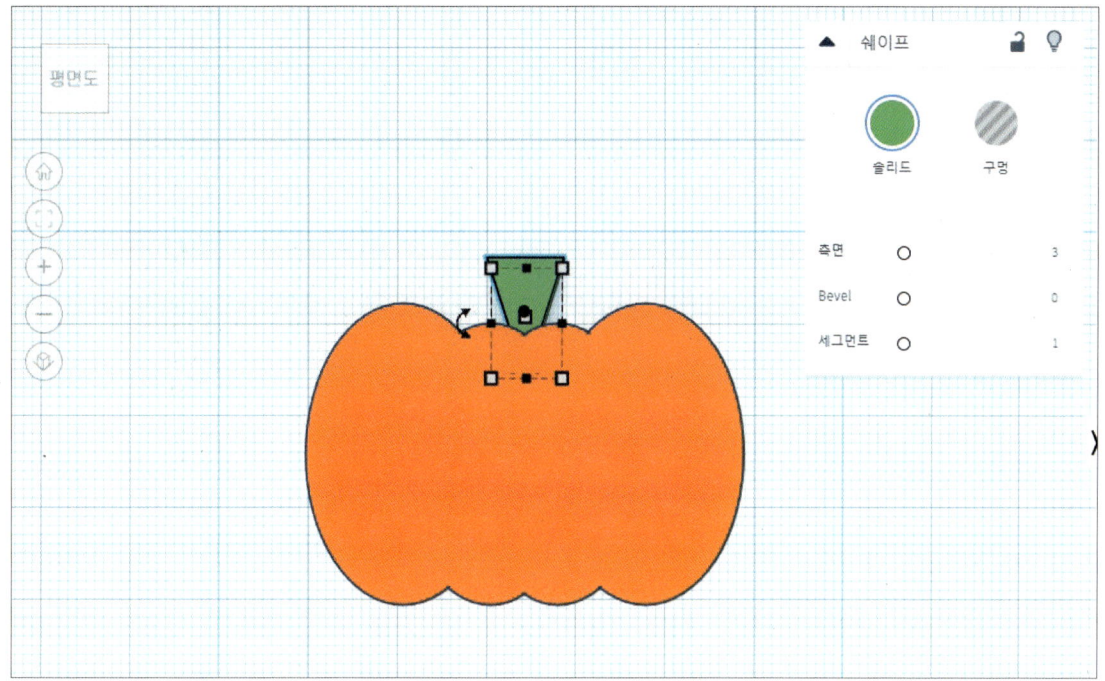

그림과 같이 호박 꼭지 모양을 배치합니다.

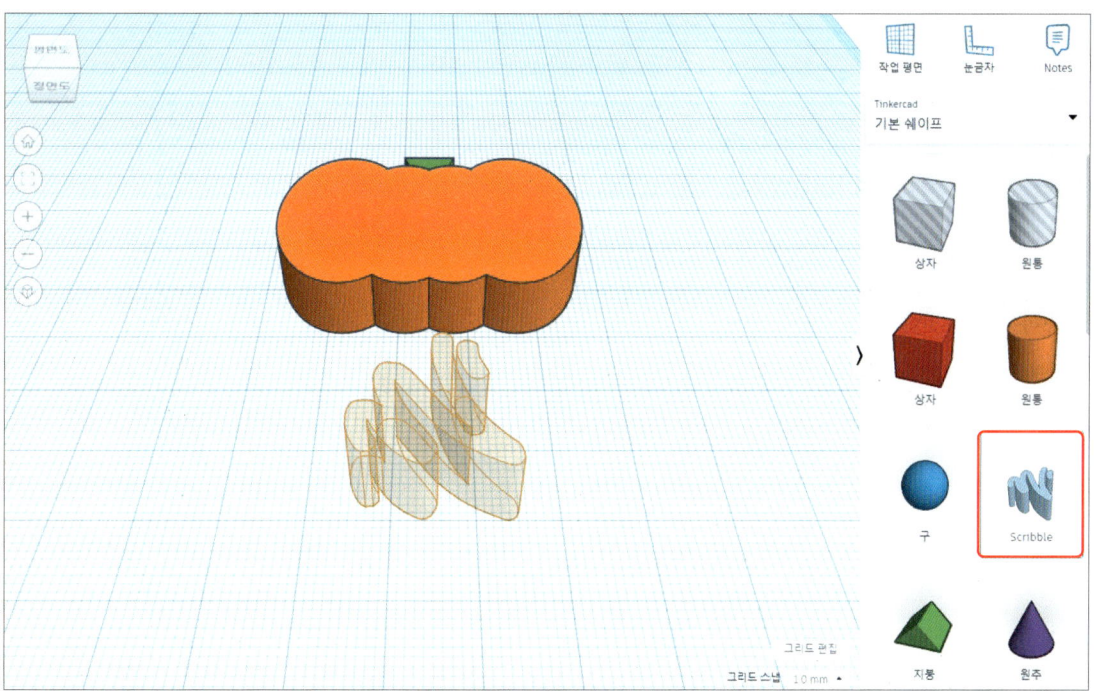

기본 쉐이프에서 Scribble을 선택하여 작업 평면에 놓습니다.

TINKERCAD DESIGN For 3D PRINTING   SECTION 02

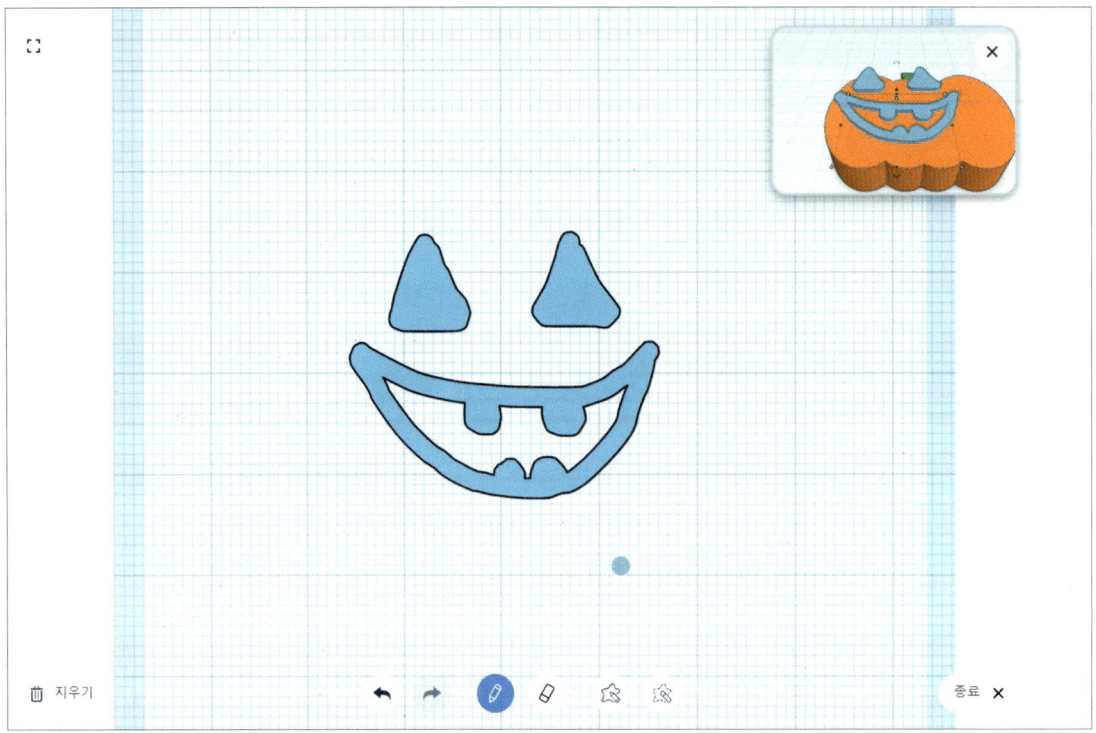

Scribble을 활용하여 호박 모양을 자유롭게 꾸며봅시다.

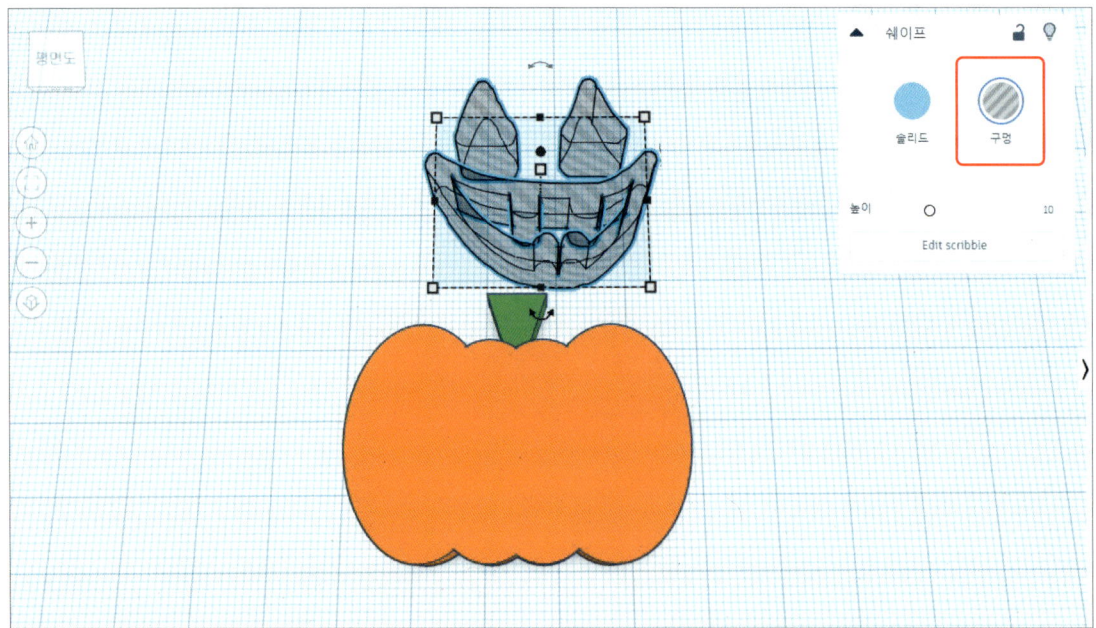

Scribble을 활용하여 꾸민 도형을 구멍 도형으로 바꿔줍니다.

TINKERCAD DESIGN For 3D PRINTING _____ SECTION 02

사이즈를 자유롭게 줄인 후 호박 모양을 꾸며봅시다.

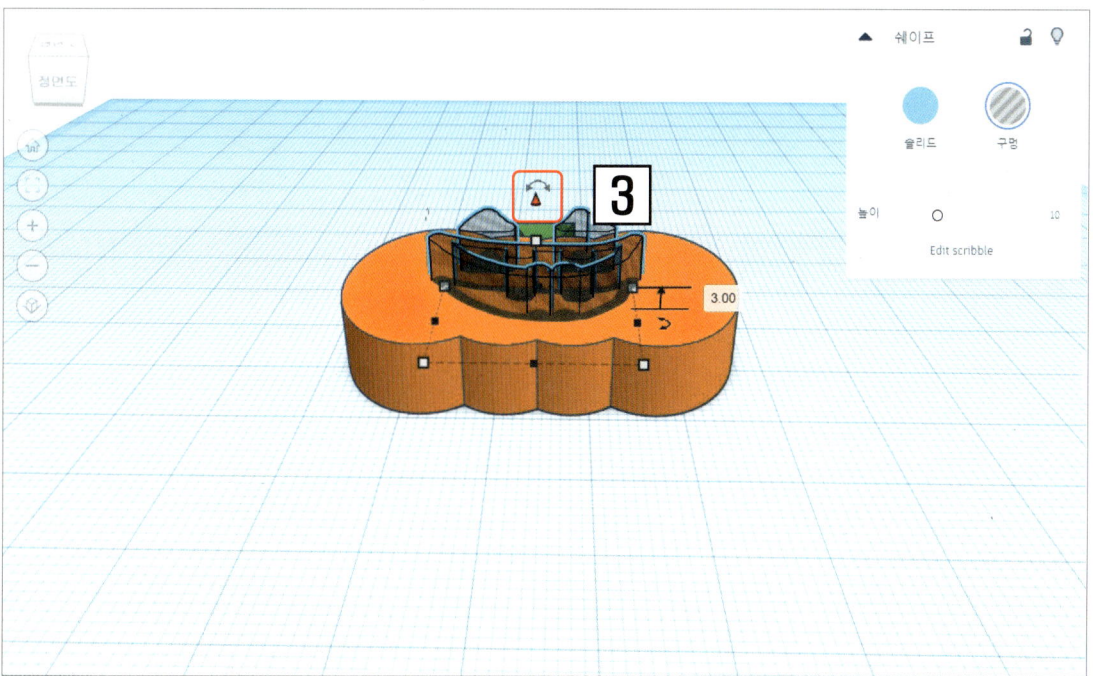

Scribble로 꾸민 도형을 위로 "3"만큼 올려줍니다.

TINKERCAD DESIGN For 3D PRINTING SECTION 02

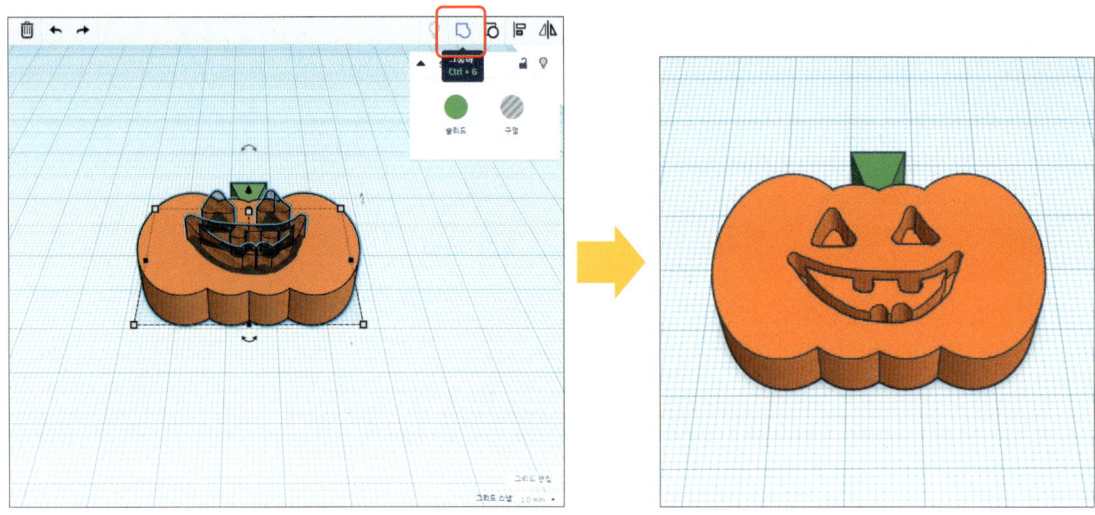

도형을 모두 선택한 후 그룹화합니다.

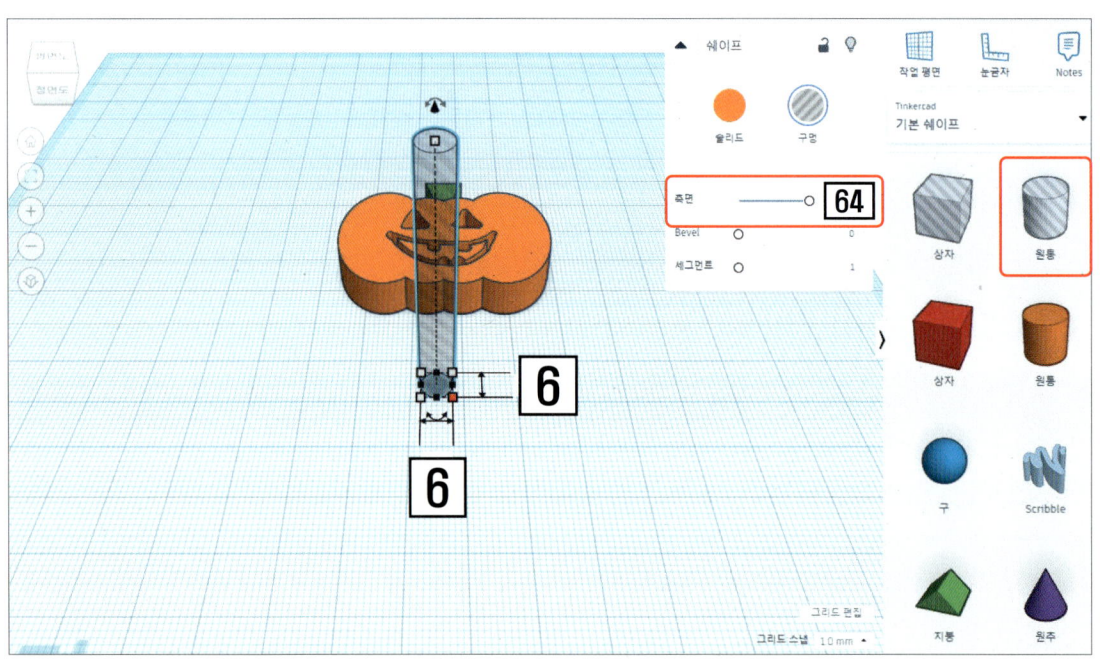

기본 쉐이프에서 구멍 원통을 선택하여 작업 평면에 놓은 후 치수를 조절합니다.
예 가로 6, 세로 6, 높이 50, 측면 64

TINKERCAD DESIGN For 3D PRINTING _____ SECTION 02

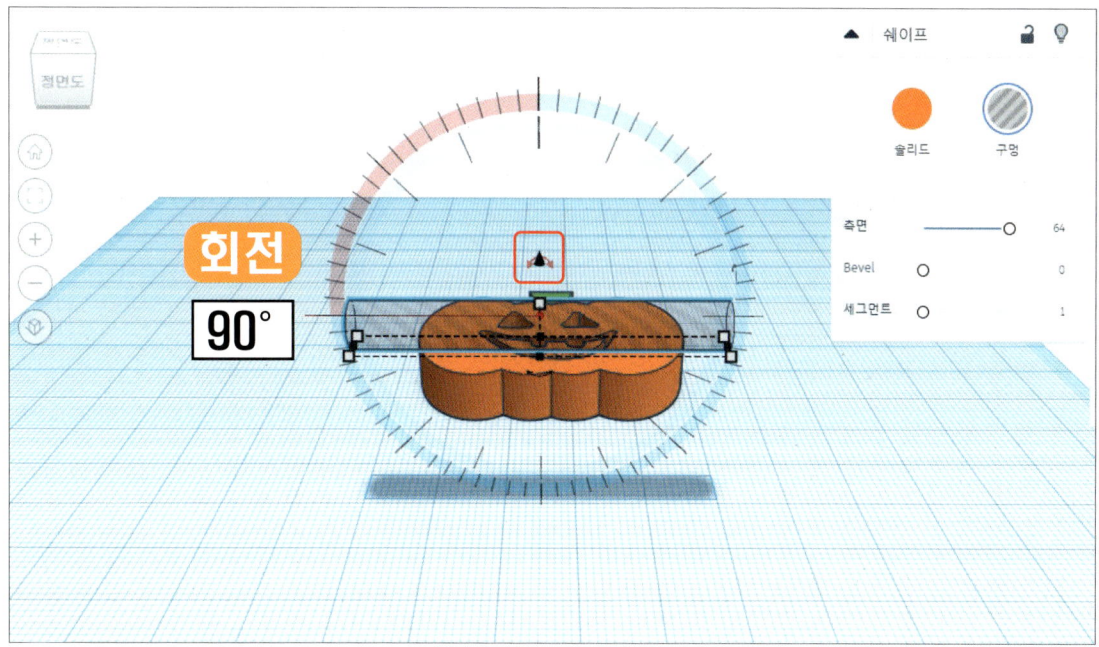

구멍 원통을 90° 회전합니다.

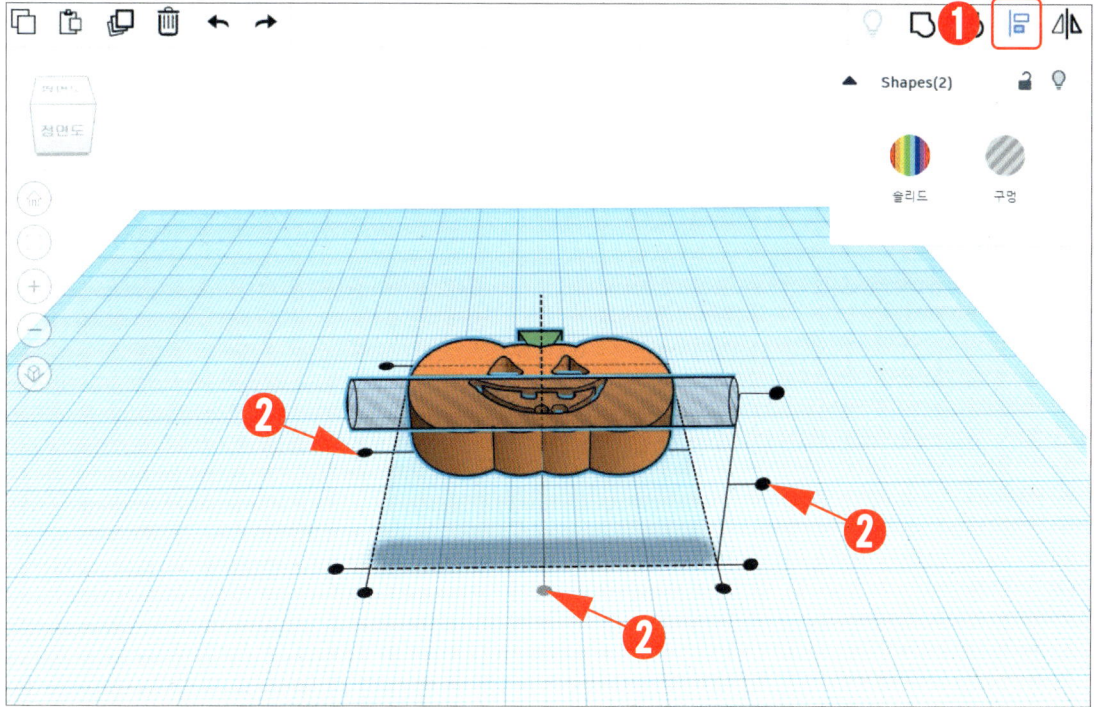

도형을 모두 선택한 후 ❶ 정렬 버튼을 클릭한 후 ❷ 세군데 정렬합니다.

SECTION 02_ 할로윈 팔찌 만들기

TINKERCAD DESIGN For 3D PRINTING _____ SECTION 02

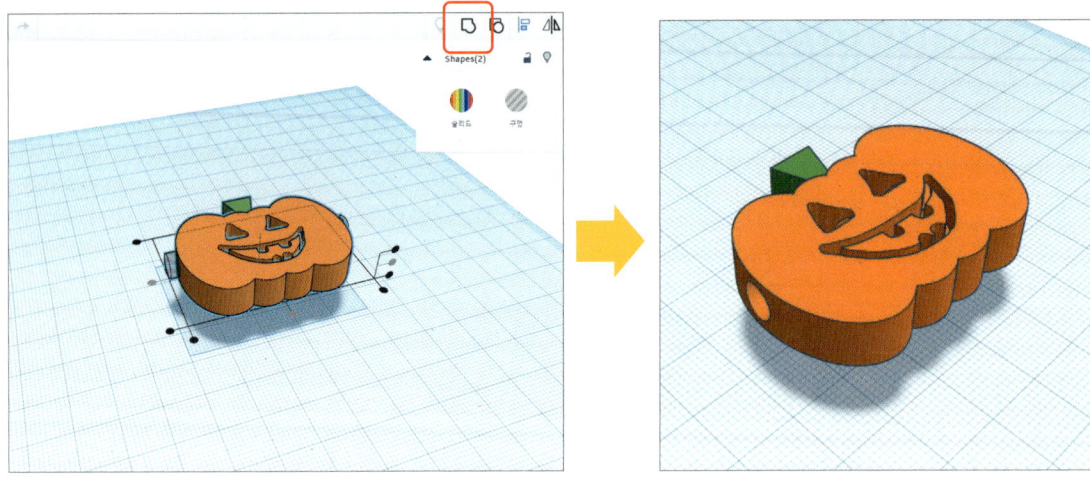

도형을 전체 선택한 후 그룹화합니다.   호박 팔찌 완성!

박쥐 모양 만들기

03

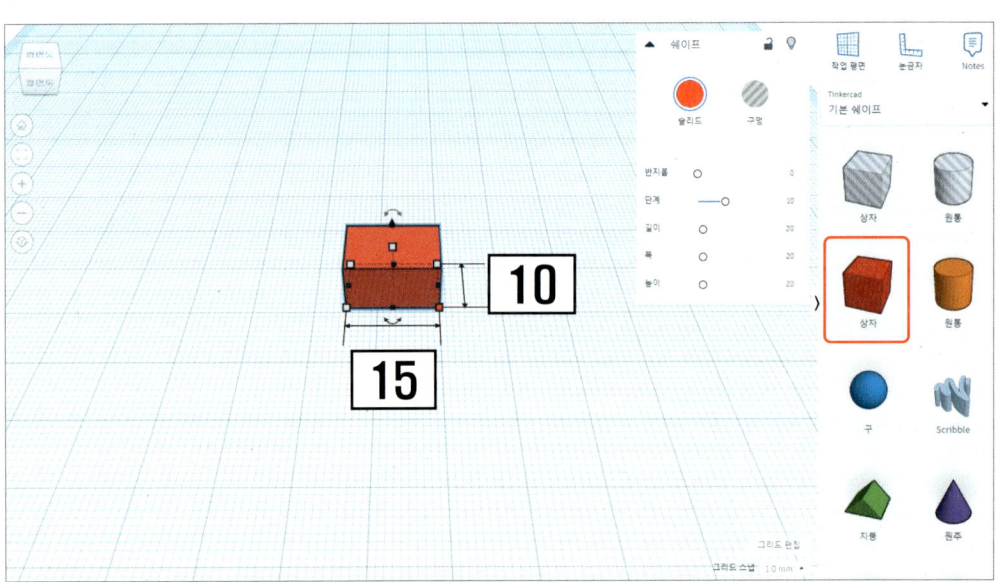

기본 쉐이프에서 상자를 선택하여 작업 평면에 놓은 후 치수를 조절합니다.
예 가로 15, 세로 10, 높이 8

36　3D 프린팅 수업을 위한 **틴커캐드 디자인**

TINKERCAD DESIGN For 3D PRINTING SECTION 02

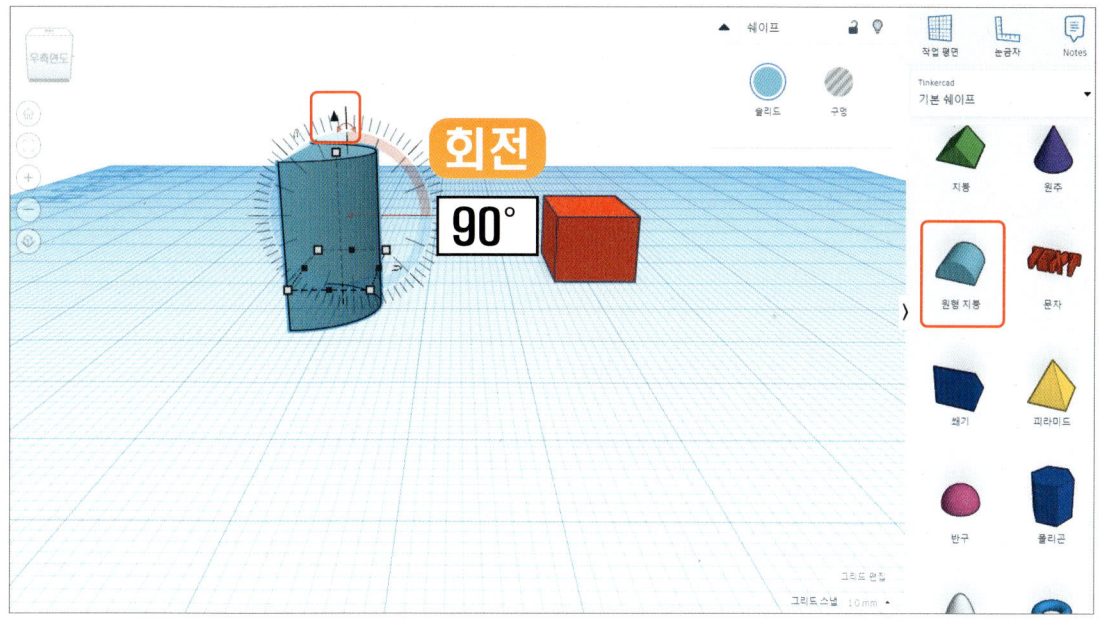

뷰박스를 측면도로 선택합니다.
기본 쉐이프에서 원형 지붕을 선택하여 작업 평면에 놓은 후 90˚ 회전합니다.

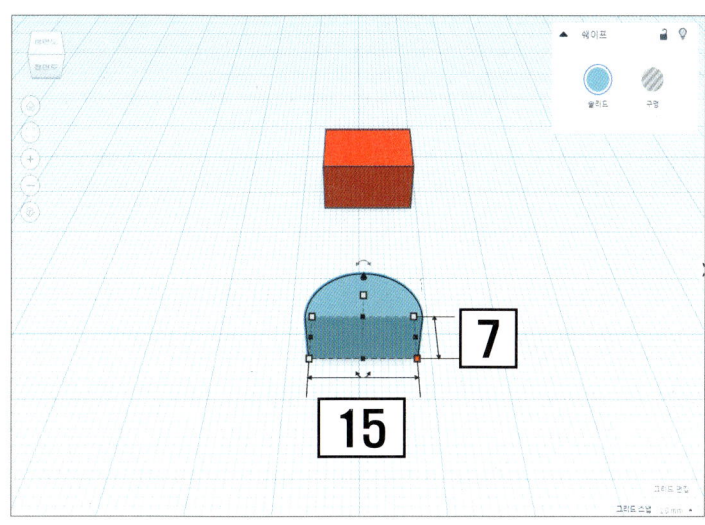

원통 도형의 치수를 수정합니다.
예 가로 15, 세로 7, 높이 8
"D"키를 눌러 바닥면에 붙여줍니다.

키보드 방향키 로 그림과 같이 이동합니다.

TINKERCAD DESIGN For 3D PRINTING   SECTION 02

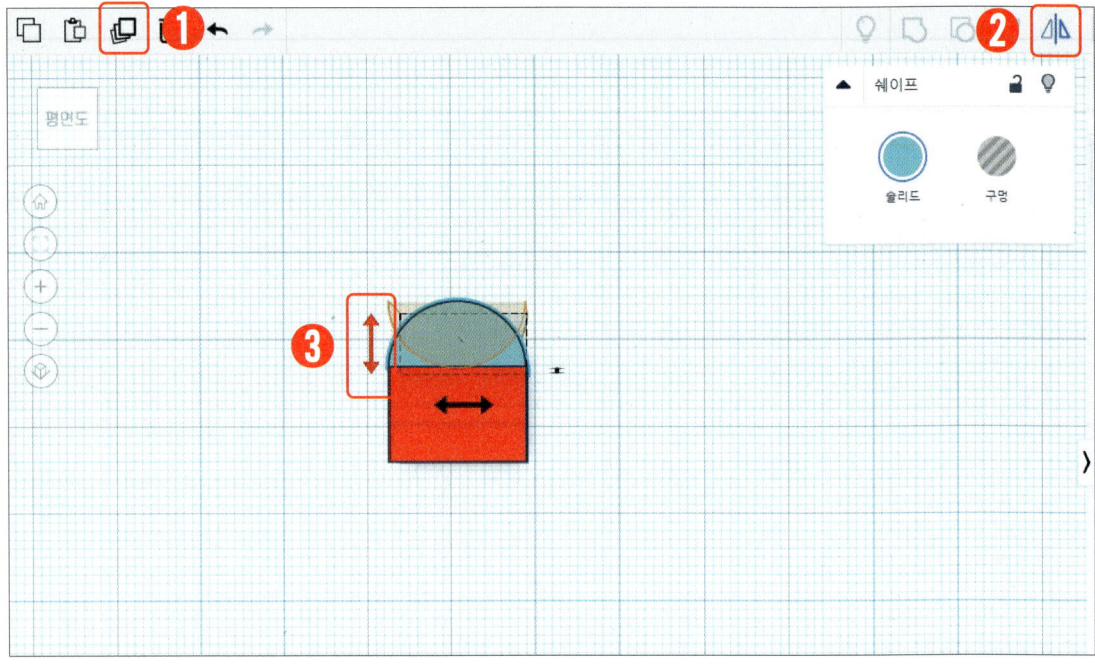

원통을 ❶ 복제한 후 ❷ 대칭 버튼으로 ❸ 상하 대칭합니다.

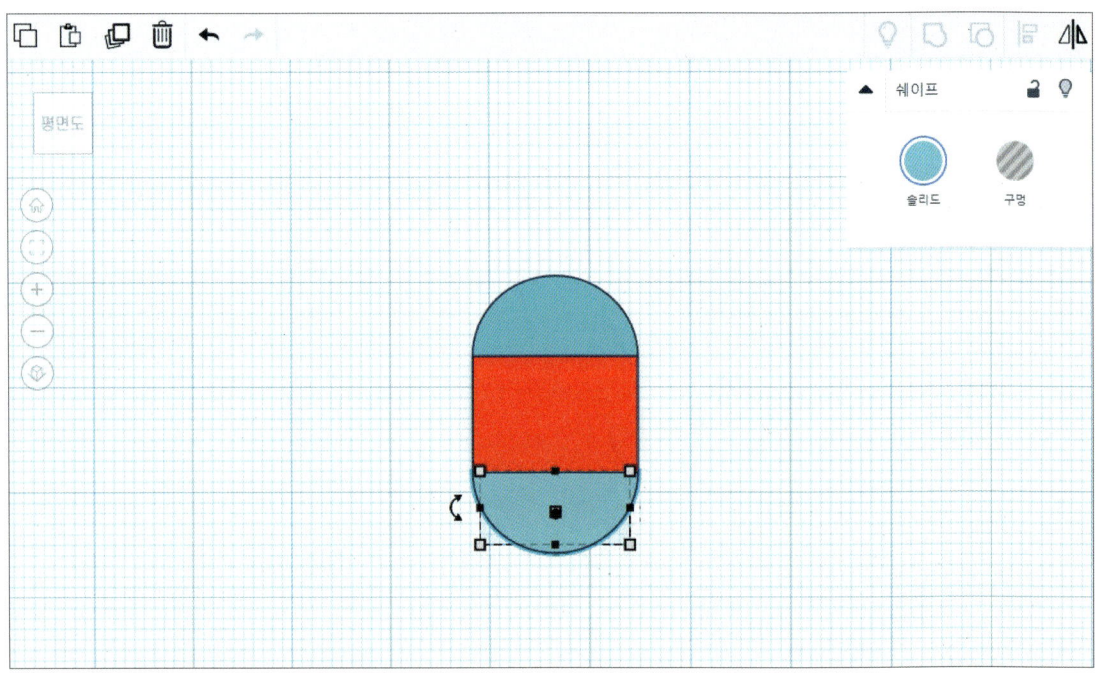

복제된 원통을 키보드 방향키 ←↑↓→ 로 그림과 같이 배치합니다.

TINKERCAD DESIGN For 3D PRINTING SECTION 02

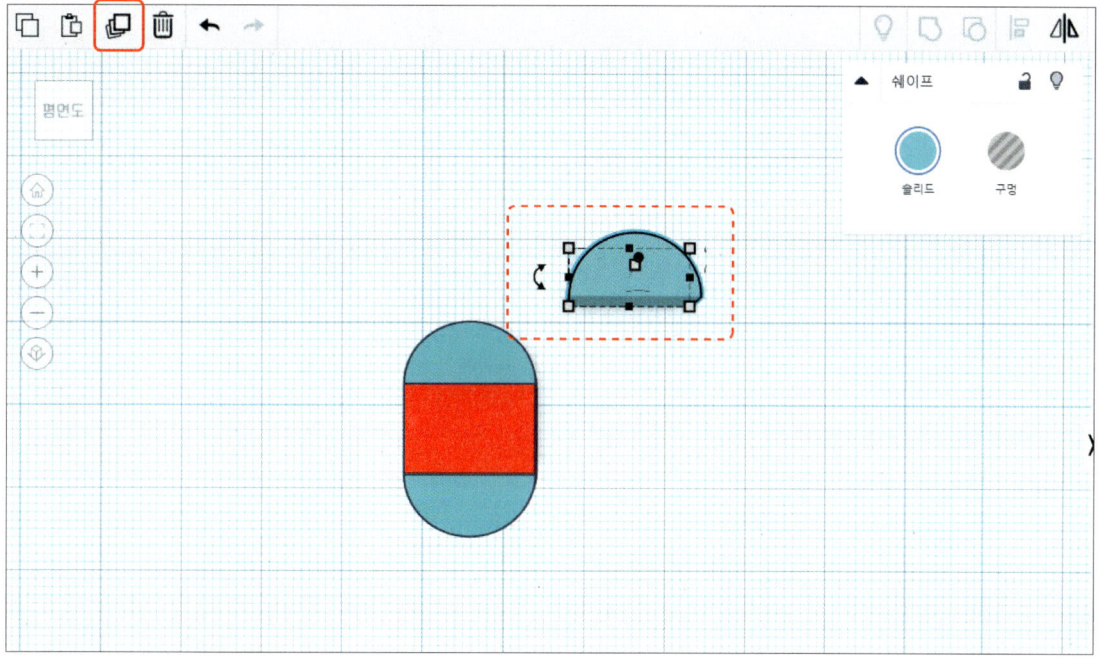

박쥐 귀 모양을 만들기 위해 원형 지붕을 하나 복제해 둡니다.

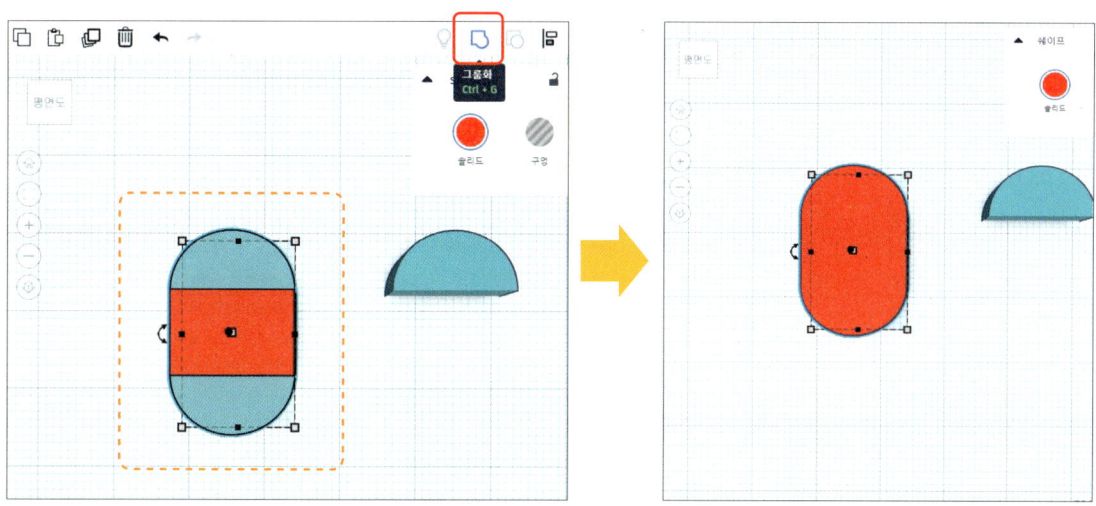

박쥐 몸통 모양을 전체 선택한 후 그룹화합니다.

TINKERCAD DESIGN For 3D PRINTING

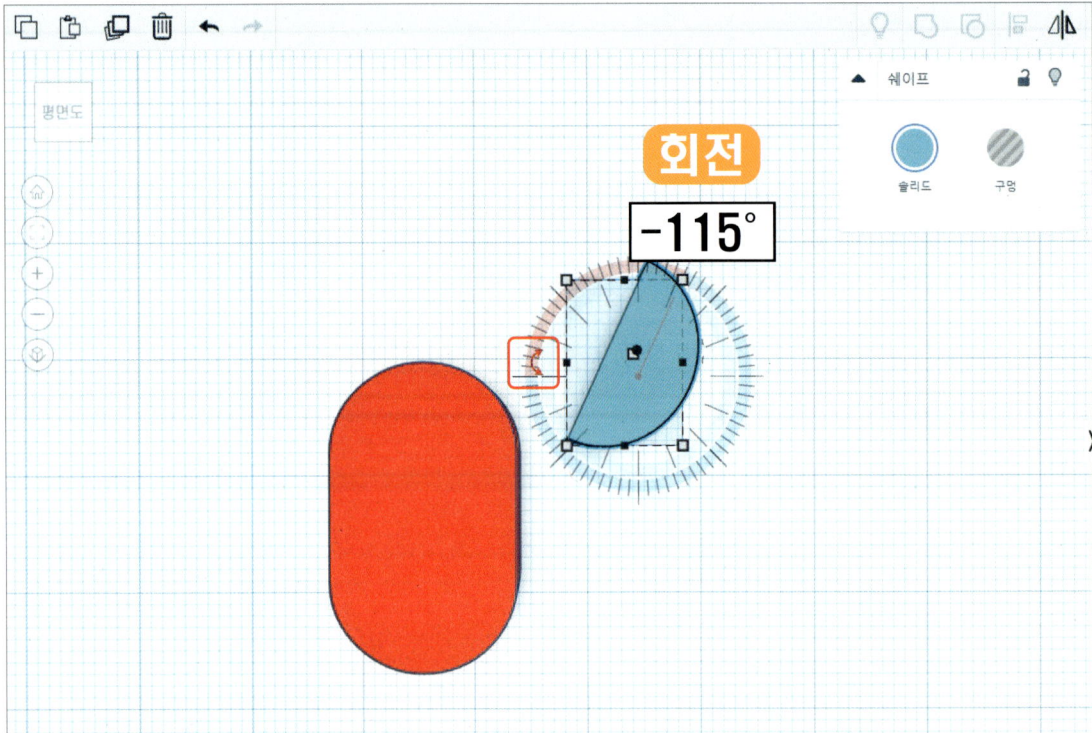

복제된 원형 지붕을 –115° 회전합니다.

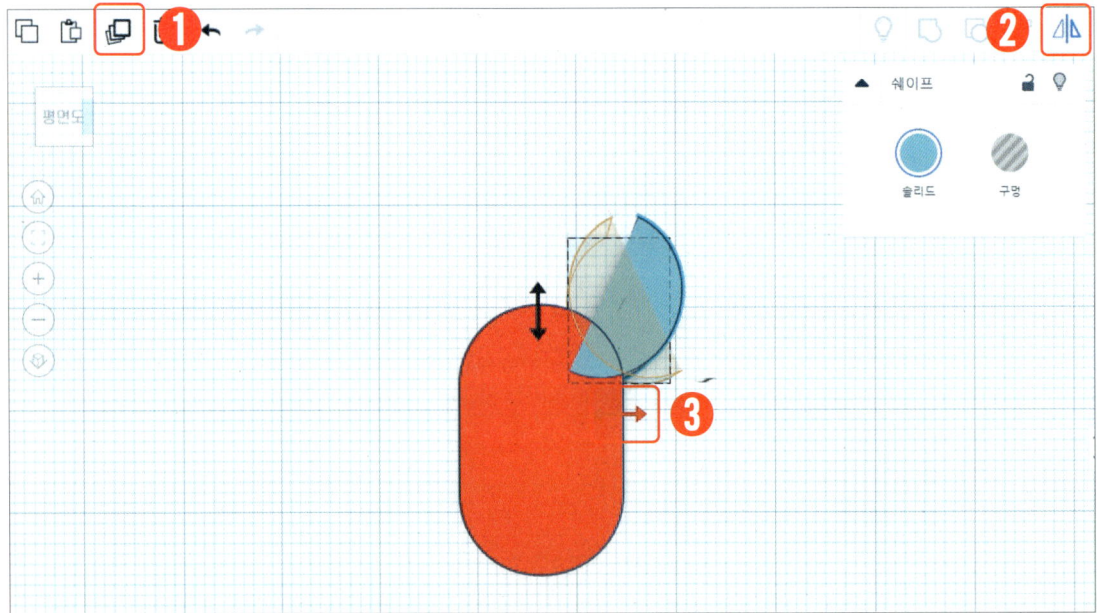

원통을 ❶ 복제한 후 ❷ 대칭 버튼으로 ❸ 좌우 대칭합니다.

TINKERCAD DESIGN For 3D PRINTING SECTION 02

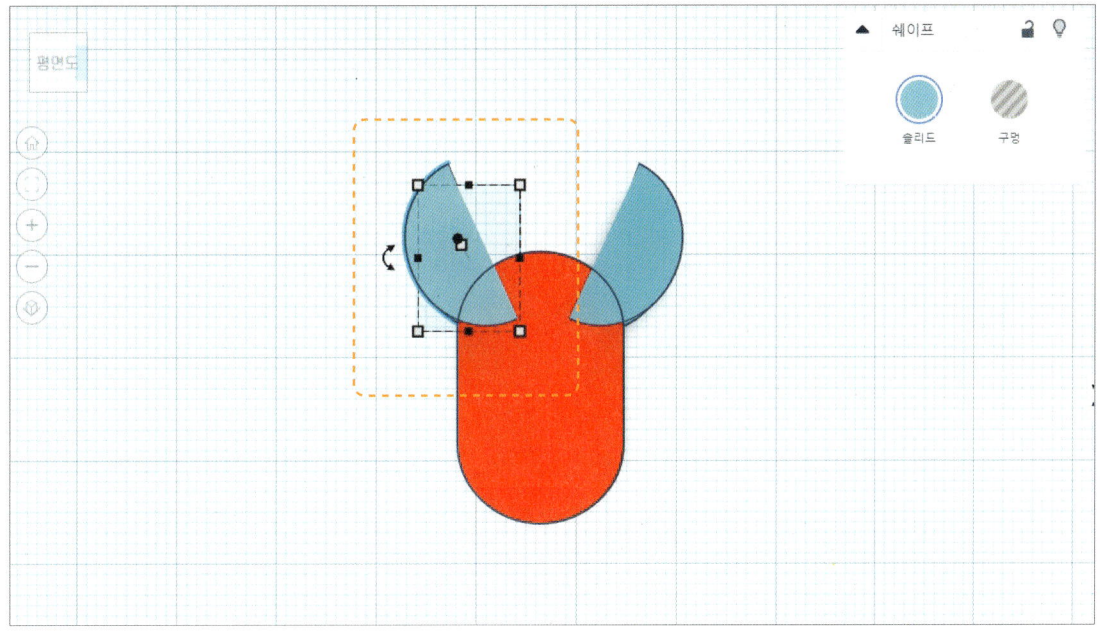

복제된 지붕 원형을 키보드 방향키 로 그림과 같이 배치합니다.

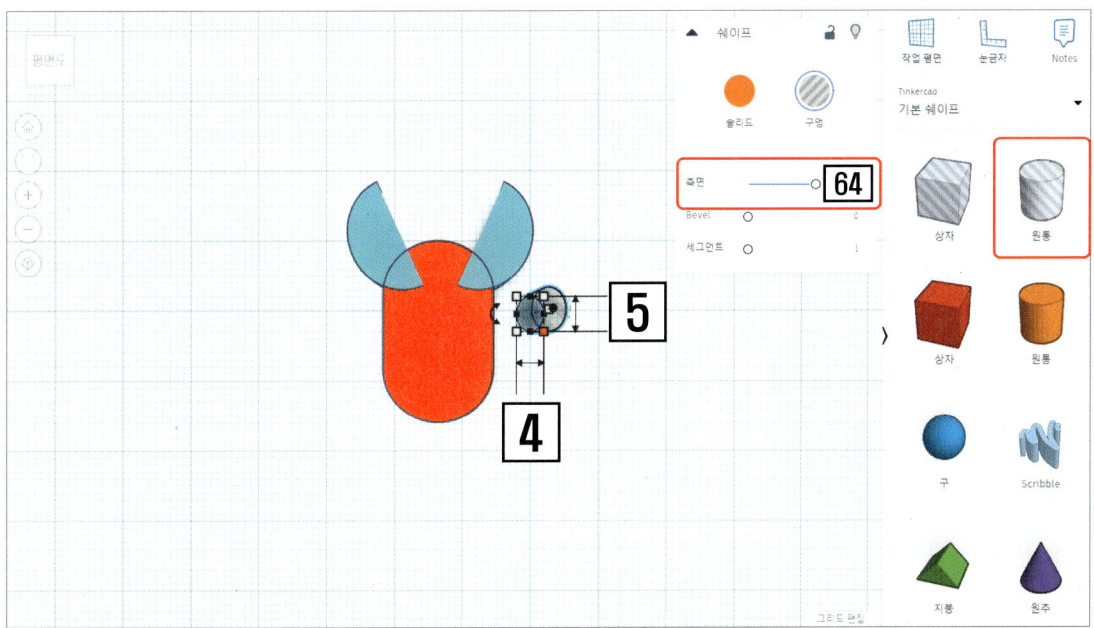

기본 쉐이프에서 구멍 원통을 선택하여 작업 평면에 놓은 후 치수를 조절합니다.
예 가로 4, 세로 5, 측면 64

TINKERCAD DESIGN For 3D PRINTING SECTION 02

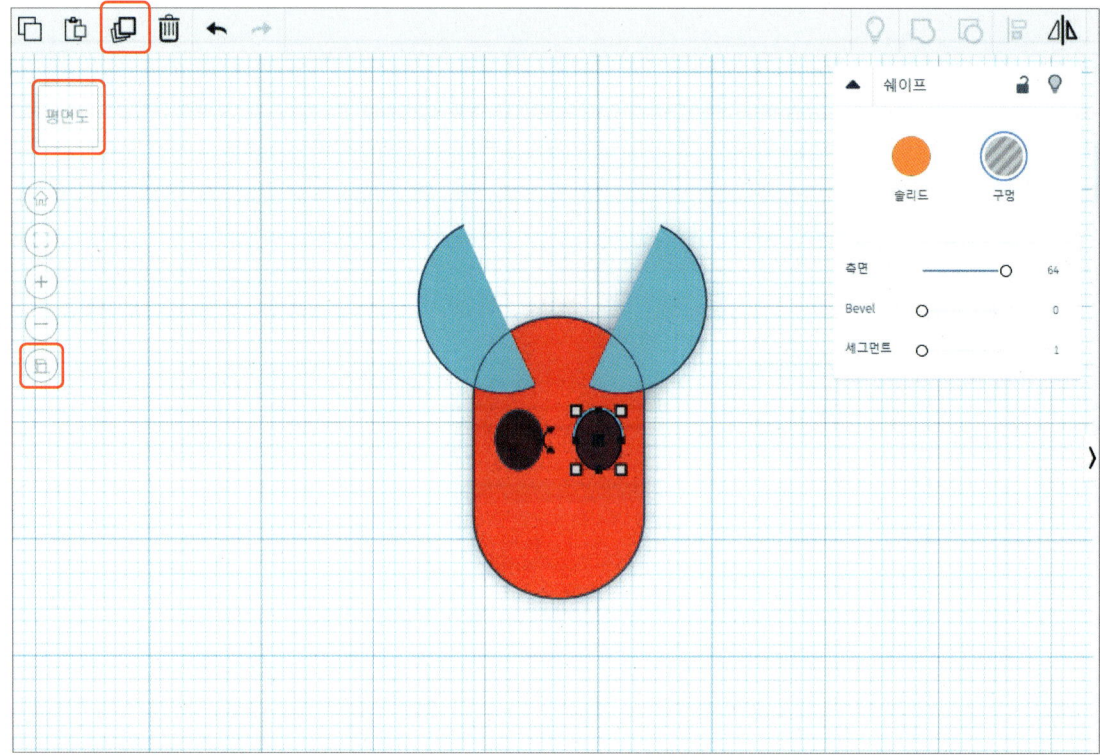

뷰박스를 평면도 · 직교뷰로 선택합니다.
구멍 원통을 하나 더 복제한 후 그림과 같이 배치합니다.

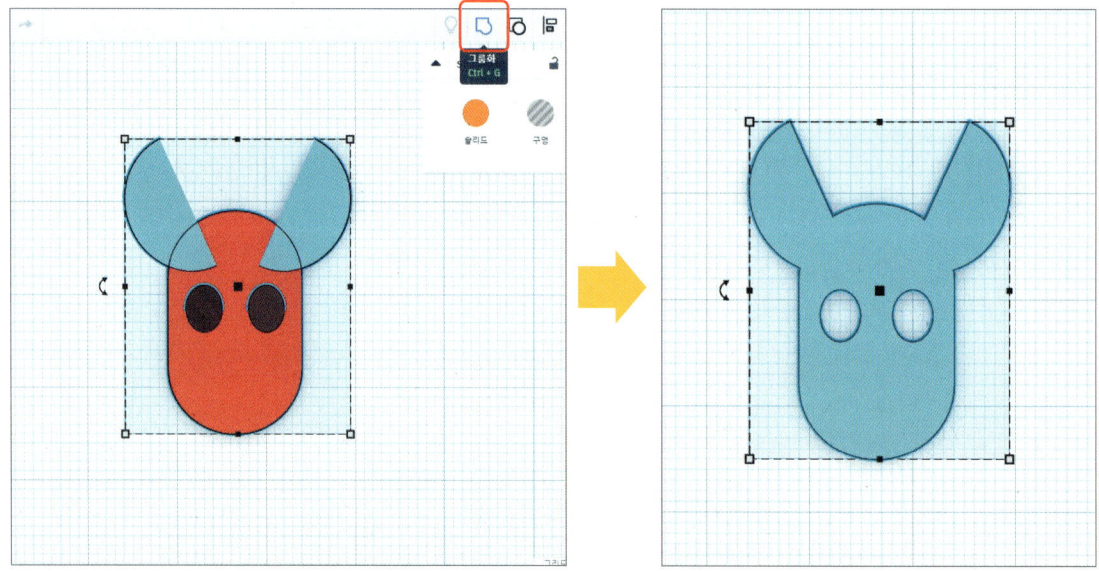

도형을 모두 선택한 후 그룹화합니다.

TINKERCAD DESIGN For 3D PRINTING SECTION 02

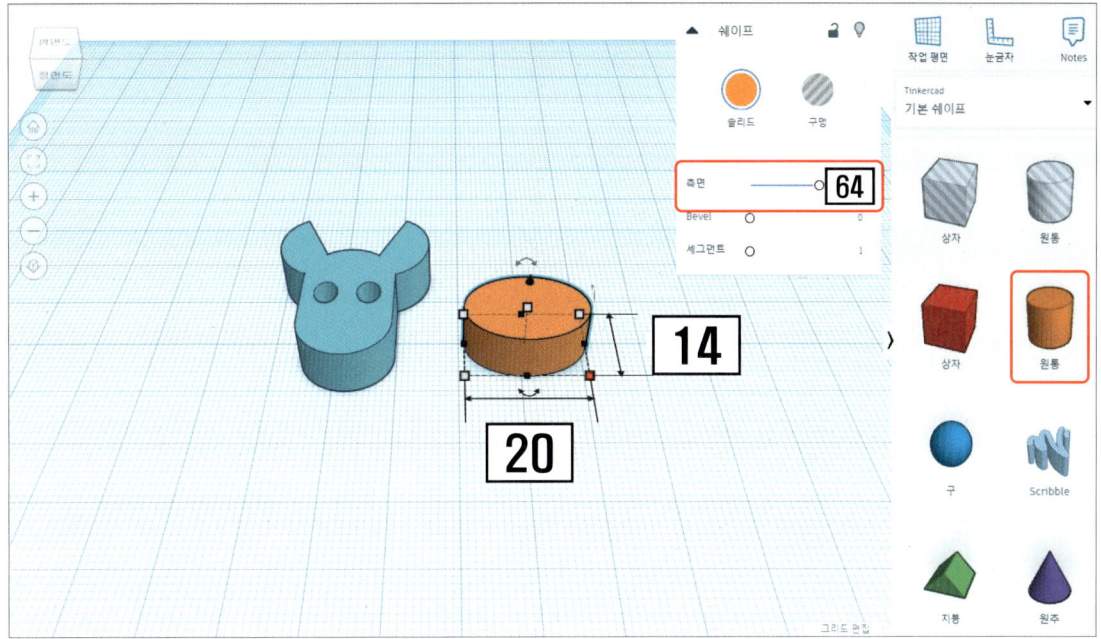

기본 쉐이프에서 원통을 선택하여 작업 평면에 놓은 후 치수를 조절합니다.
예 가로 20, 세로 14, 높이 5, 측면 64

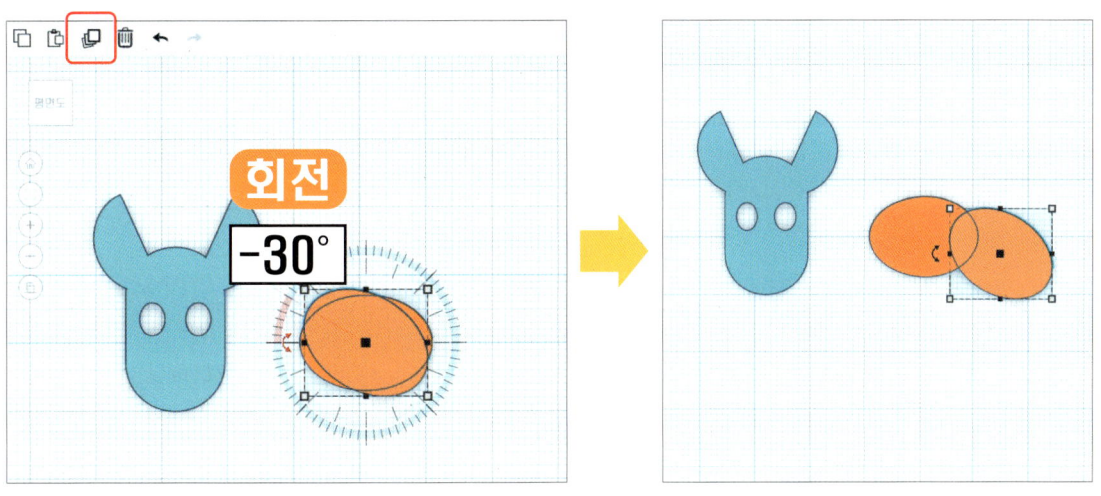

원통을 복제한 후 -30° 회전합니다.

날개 모양을 만들기 위해 복제된 원통을 키보드 방향키 로 그림과 같이 배치합니다.

SECTION 02_ 할로윈 팔찌 만들기

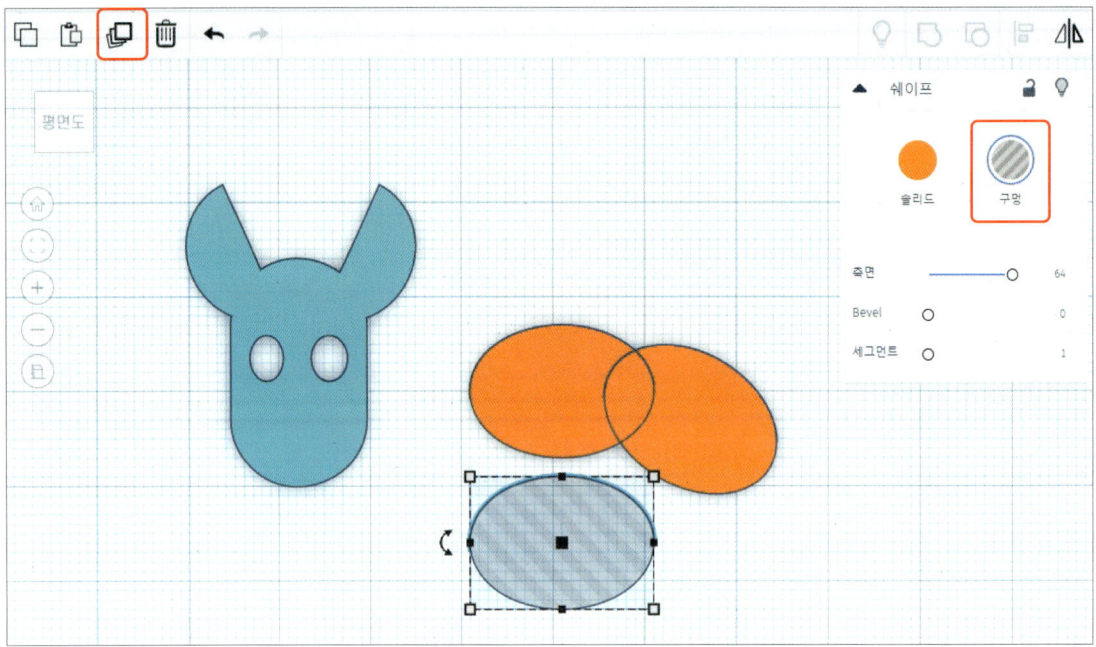

원통 도형을 복제한 후 구멍 도형으로 바꿔줍니다.

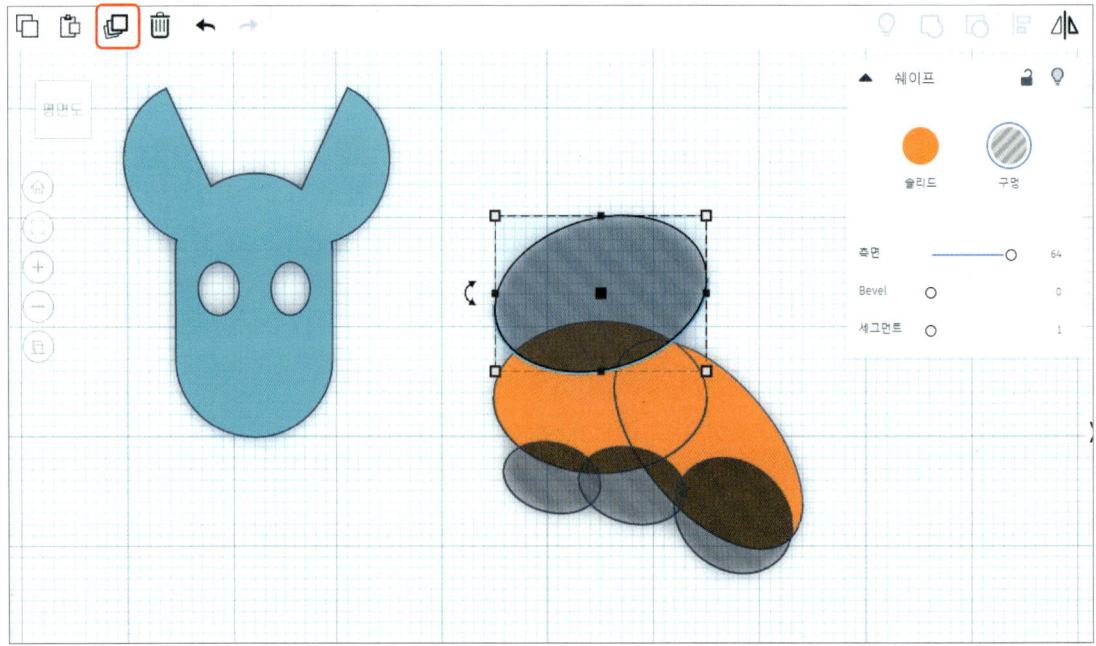

구멍 원통을 여러개 복제한 후 박쥐 날개 모양을 만들기 위해 사이즈를 자유롭게 조절하여 그림과 같이 배치합니다.

TINKERCAD DESIGN For 3D PRINTING _____ SECTION 02

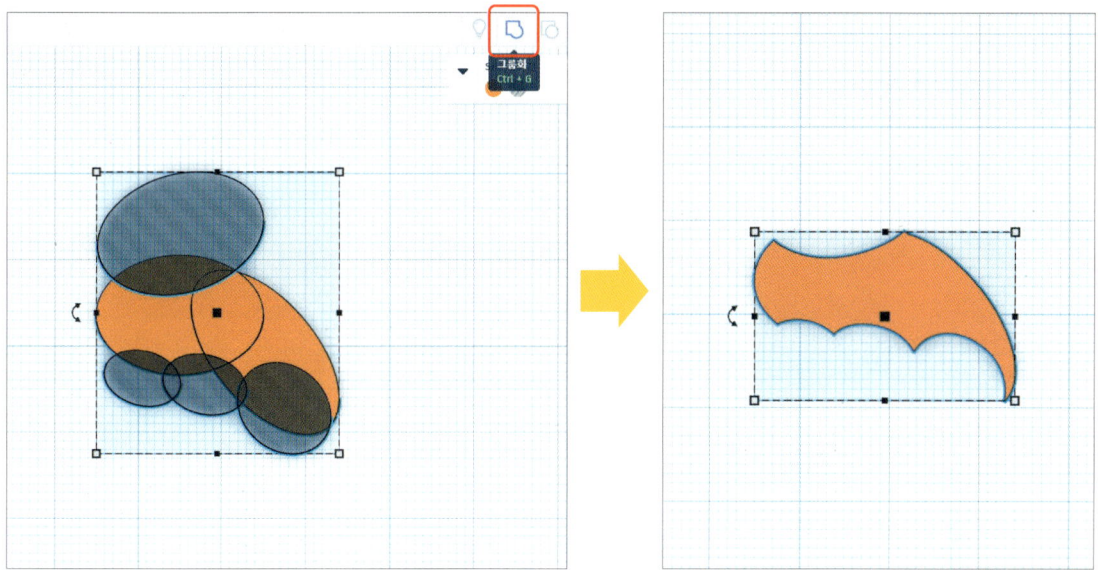

날개 모양 도형을 모두 선택한 후 그룹화합니다.

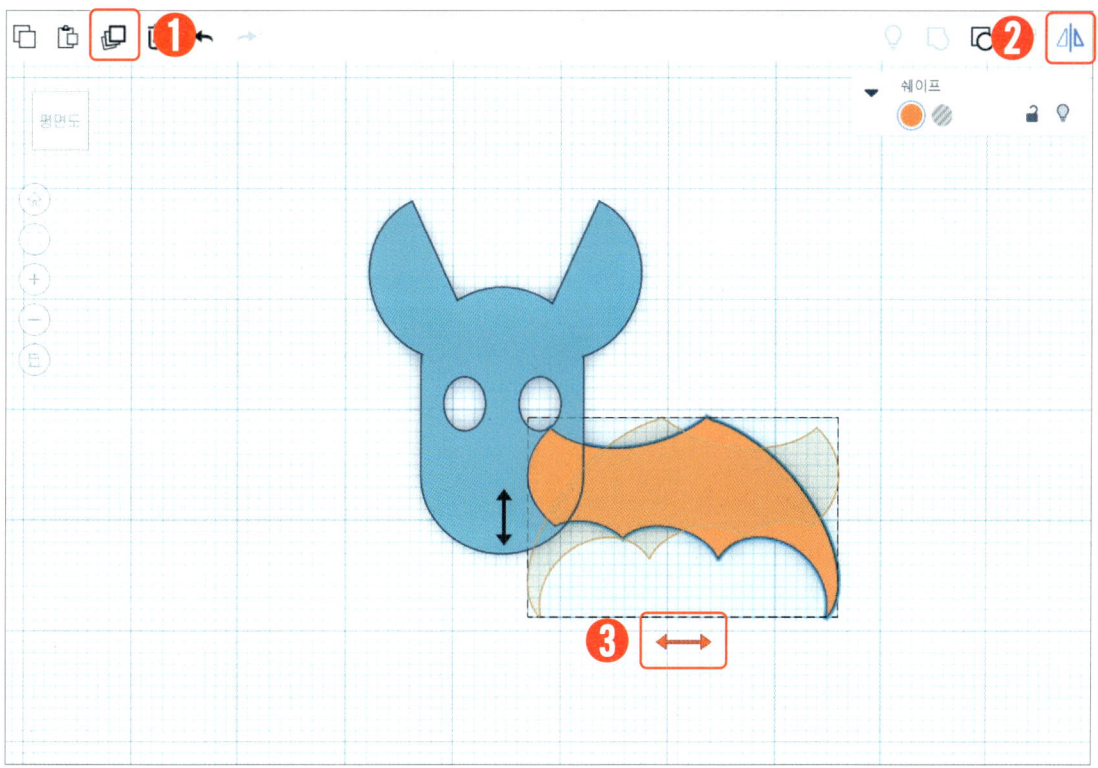

원통을 ❶ 복제한 후 ❷ 대칭 버튼으로 ❸ 좌우 대칭합니다.

TINKERCAD DESIGN For 3D PRINTING

SECTION 02

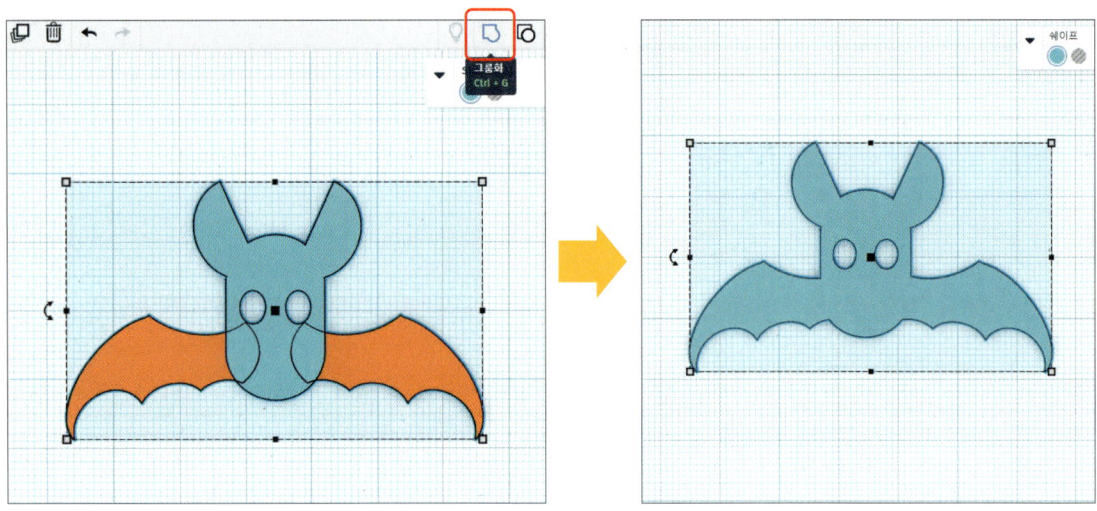

그림과 같이 날개 모양을 배치한 후 그룹화합니다.

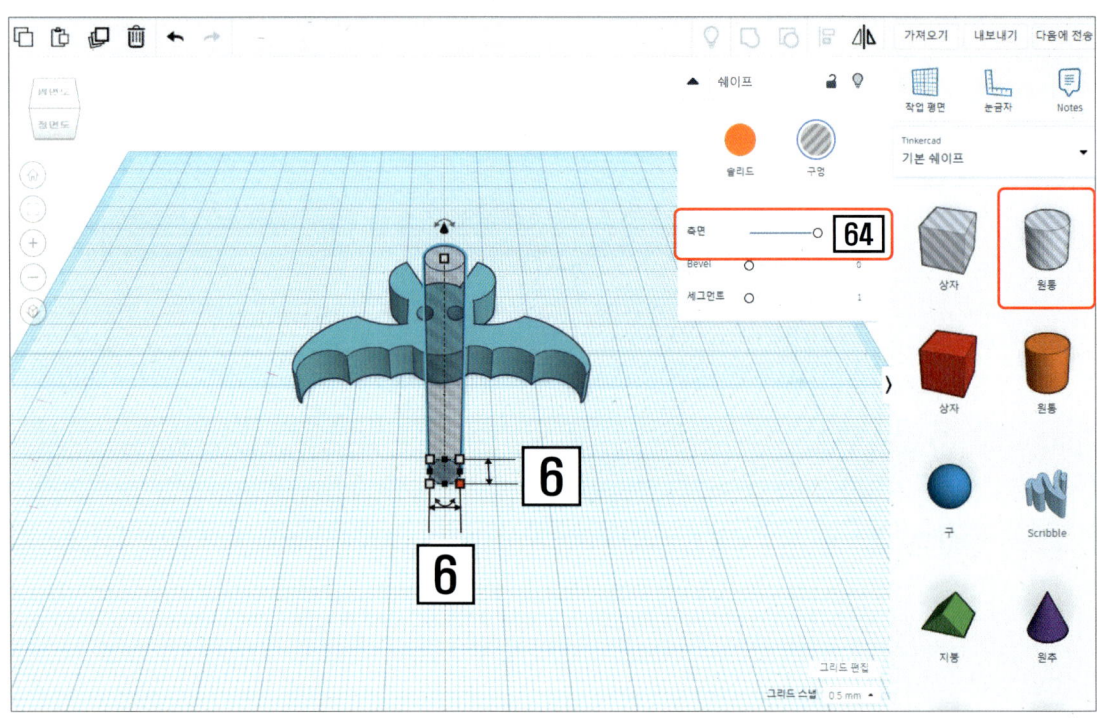

기본 쉐이프에서 구멍 원통을 선택하여 작업 평면에 놓은 후 치수를 조절합니다.
예 가로 6, 세로 6, 높이 50, 측면 64

TINKERCAD DESIGN For 3D PRINTING — SECTION 02

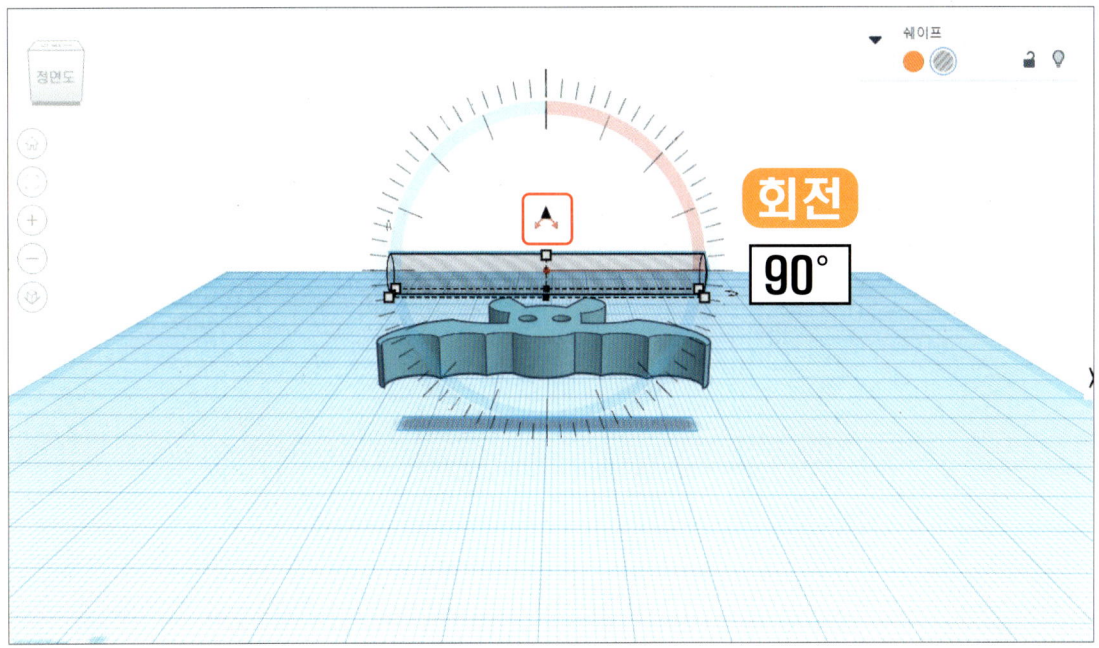

구멍 원통을 90° 회전합니다.

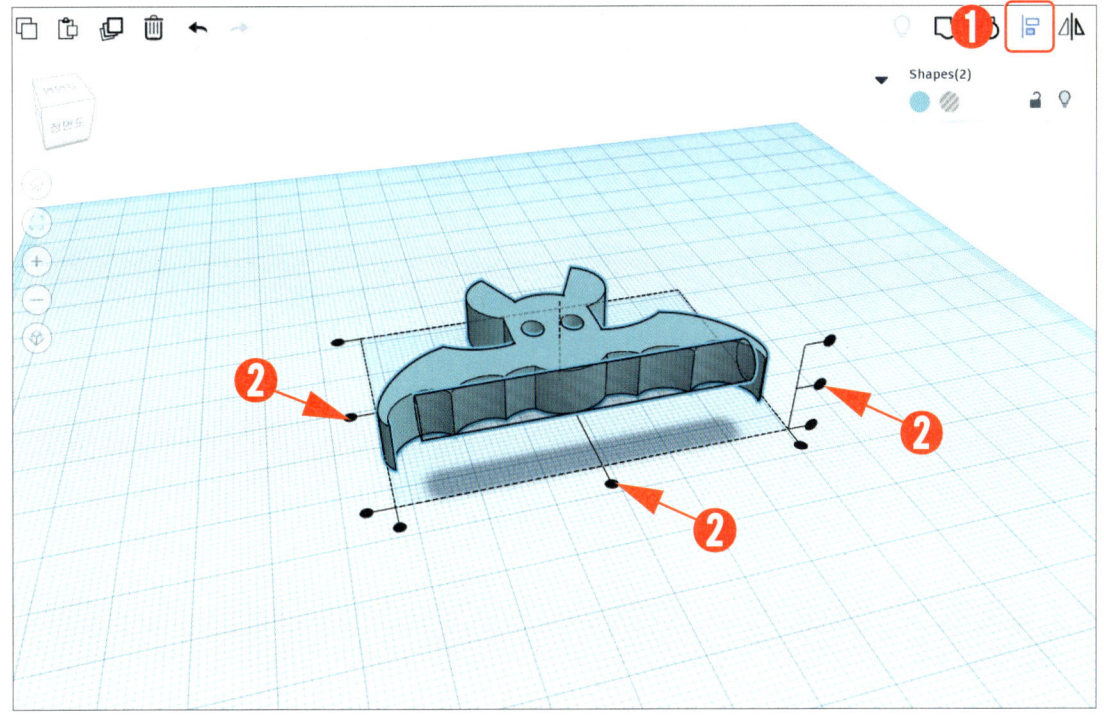

도형을 모두 선택한 후 ❶ 정렬 버튼을 클릭한 후 ❷ 세군데 정렬합니다.

TINKERCAD DESIGN For 3D PRINTING

SECTION 02

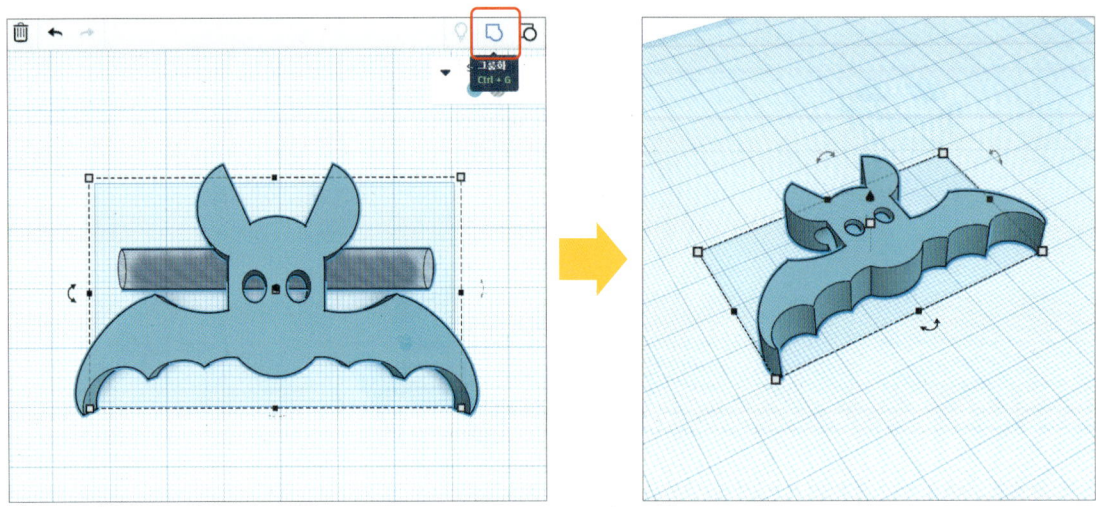

구멍 도형이 날개 부분과 겹치지 않도록 배치한 후 그룹화합니다.

박쥐 모양 팔찌 완성!

※ 야광 팔찌(5mm)를 구매하여 팔찌 구멍에 결합하여 활용해 봅시다.

TINKERCAD DESIGN For 3D PRINTING   SECTION 02

도|전|과|제

- 다양한 디자인의 할로윈 팔찌를 모델링해 봅시다.

SECTION 03
실내화 악세사리

● 실내화 악세사리 만들기

나만의 실내화 악세사리를 만들어보고, 실내화에 활용해 봅시다.

TINKERCAD DESIGN For 3D PRINTING

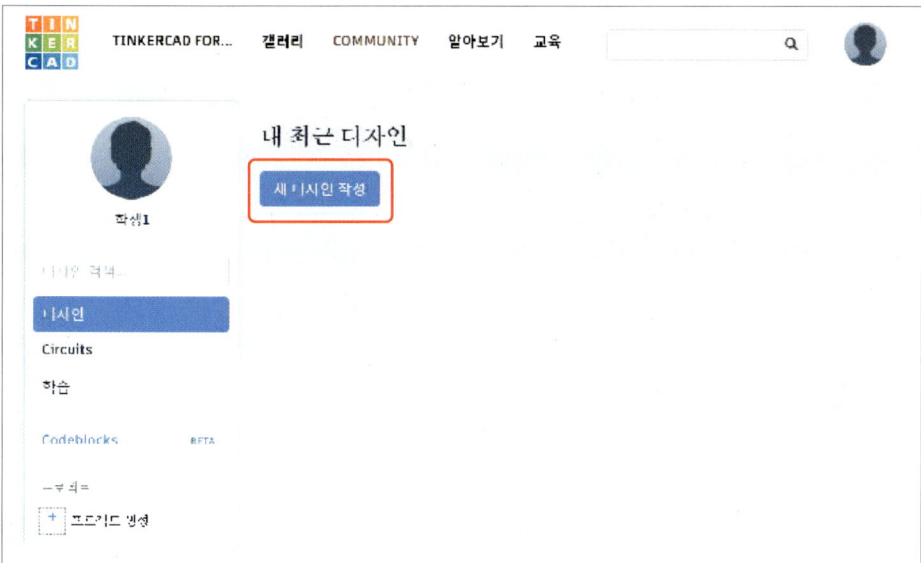

구글크롬 에서 틴커캐드 웹사이트(www.tinkercad.com)에 접속합니다.
로그인 후 대시보드의 새 디자인 작성 을 클릭합니다.

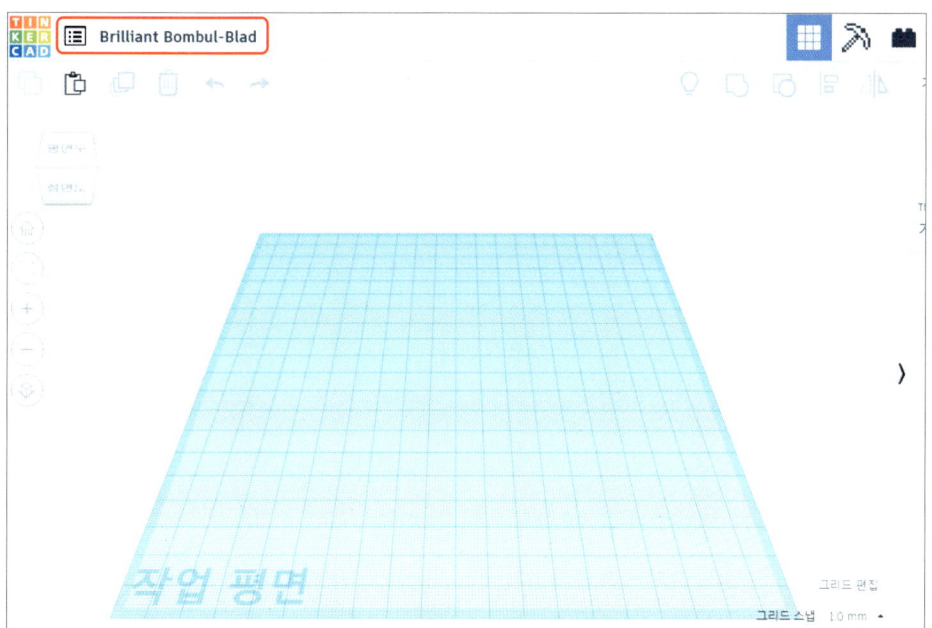

틴커캐드는 저장 버튼이 따로 없으며 웹에서 작업하고 모델링 작업파일 역시 인터넷 저장 공간에
자동으로 저장됩니다. 임의로 주어진 영어이름을 클릭하면 파일명을 수정할 수 있습니다.

TINKERCAD DESIGN For 3D PRINTING

파일명을 "**실내화 악세사리**"로 수정하고 엔터키 또는 화면의 빈 공간 아무 곳이나 클릭합니다.

 악세사리 몸통 만들기
02

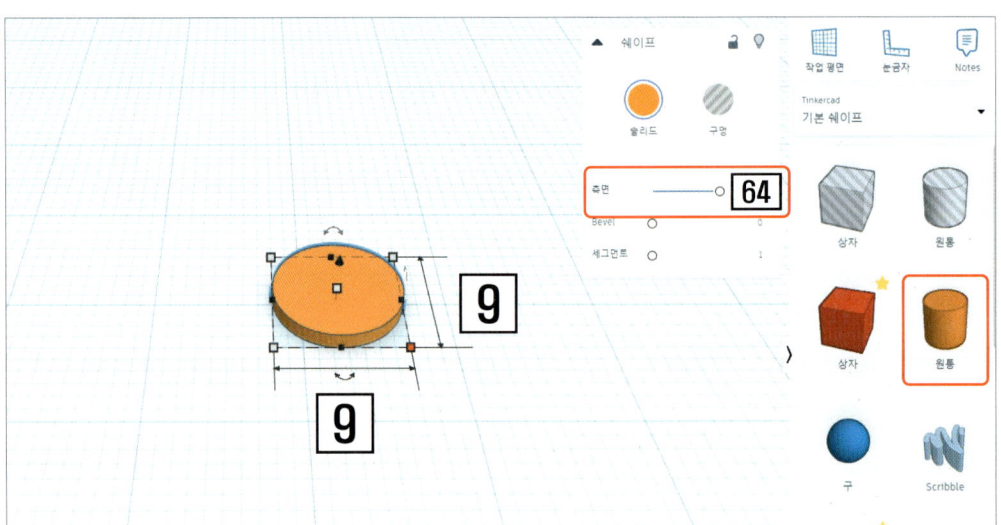

기본 쉐이프에서 원통을 선택하여 작업 평면에 놓은 후 치수를 조절합니다.
예 가로 9, 세로 9, 높이 1, 측면 64

TINKERCAD DESIGN For 3D PRINTING

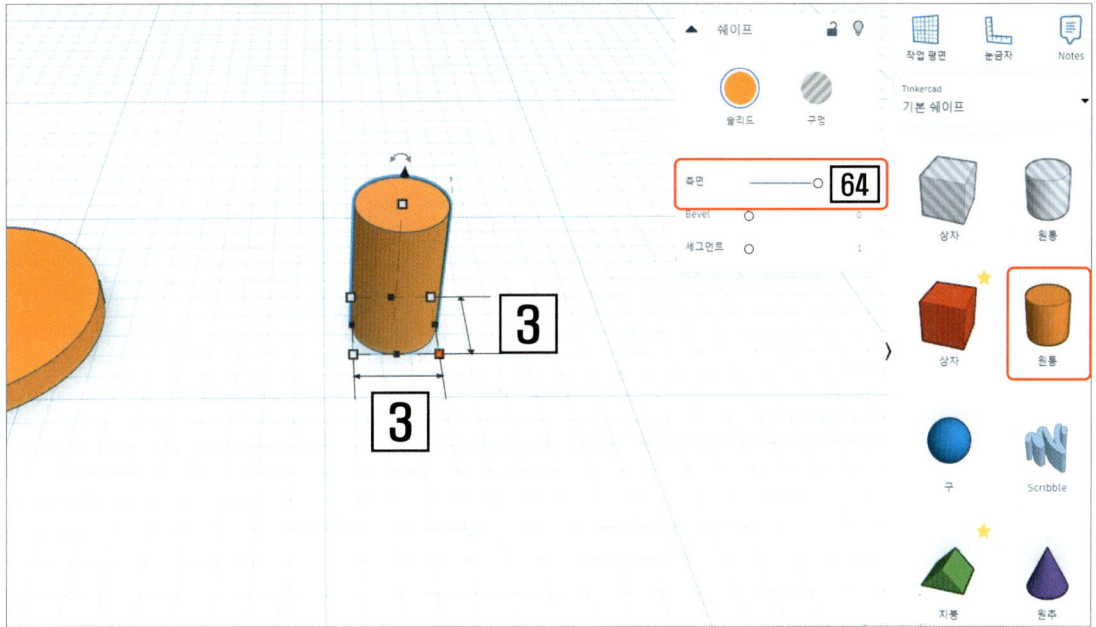

기본 쉐이프에서 원통을 선택하여 작업 평면에 놓은 후 치수를 조절합니다.
예 원통 : 가로 3, 세로 3, 높이 5, 측면 64

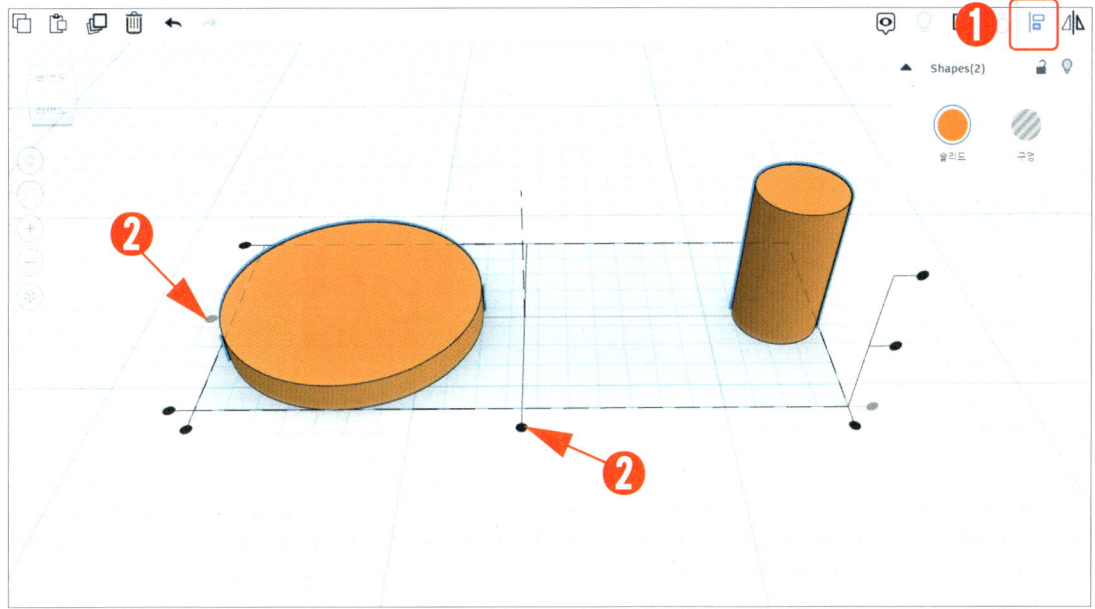

도형을 모두 선택하여 ❶ 정렬 버튼을 클릭한 후 ❷를 클릭하여 정렬합니다.

TINKERCAD DESIGN For 3D PRINTING   SECTION 03

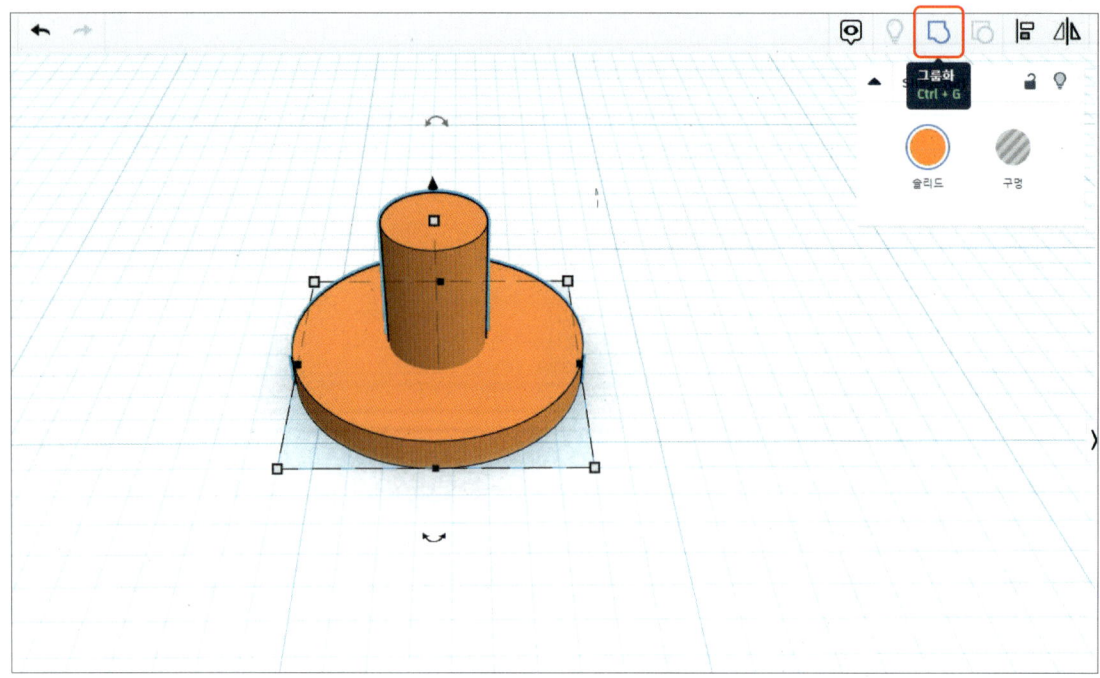

도형을 모두 선택한 후 그룹화합니다.

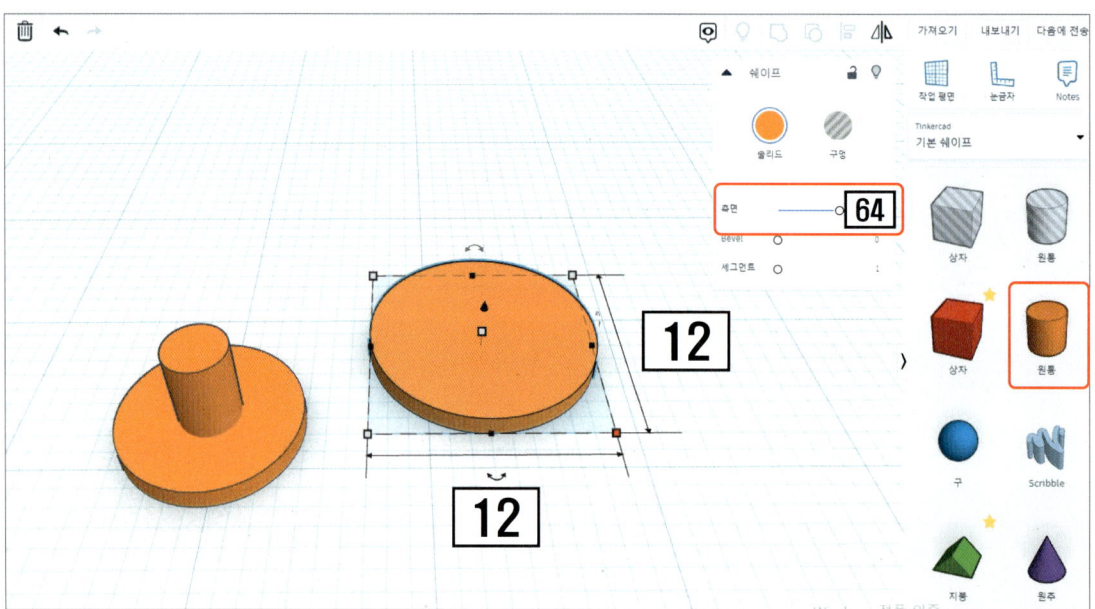

기본 쉐이프에서 원통을 선택하여 작업 평면에 놓은 후 치수를 조절합니다.
예 가로 12, 세로 12, 높이 1, 측면 64

TINKERCAD DESIGN For 3D PRINTING SECTION 03

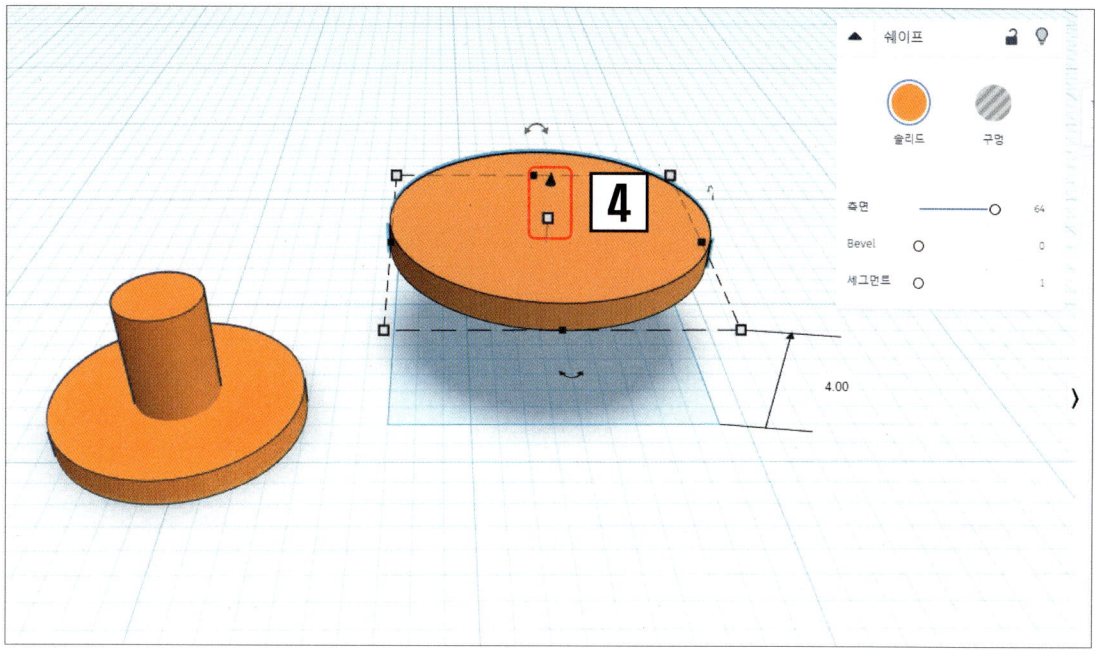

원통을 위로 "4(mm)"만큼 올려줍니다.

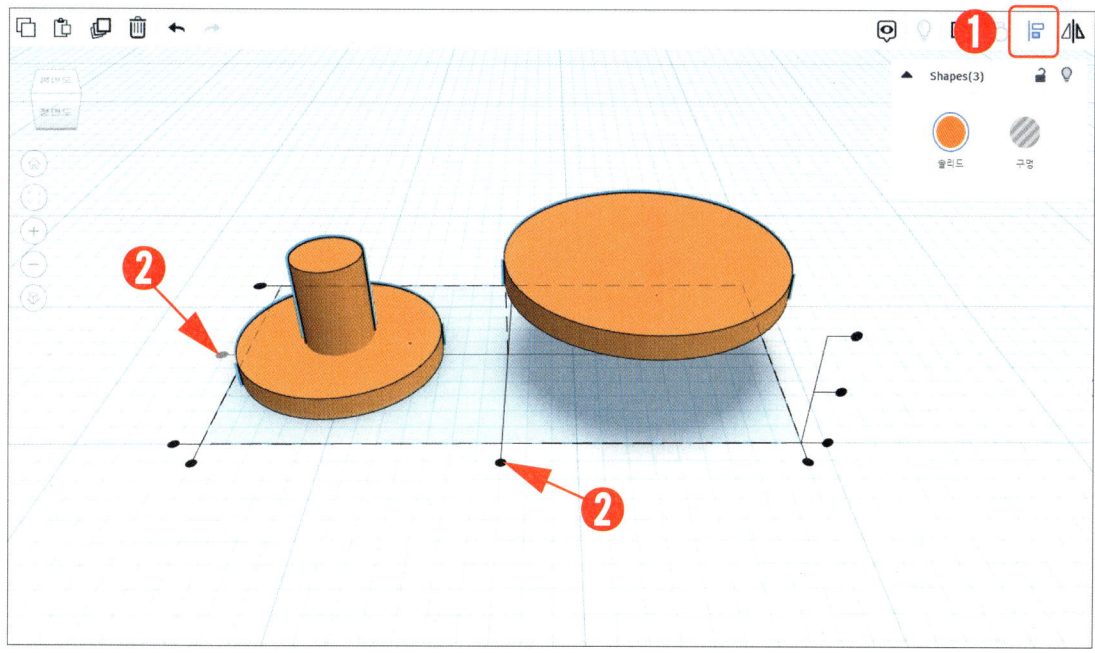

도형을 모두 선택하여 ❶ 정렬 버튼을 클릭한 후 ❷를 클릭하여 가운데 정렬합니다.

TINKERCAD DESIGN For 3D PRINTING

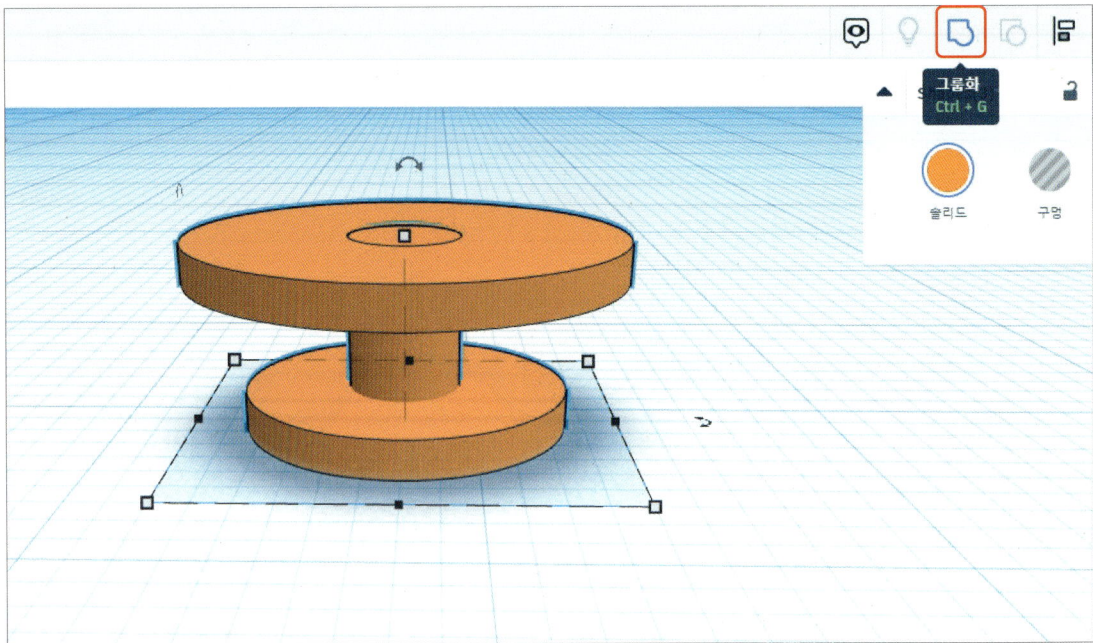

도형을 모두 선택한 후 그룹화합니다.
악세사리 몸통 완성!

악세사리 꾸미기(네잎 클로버)

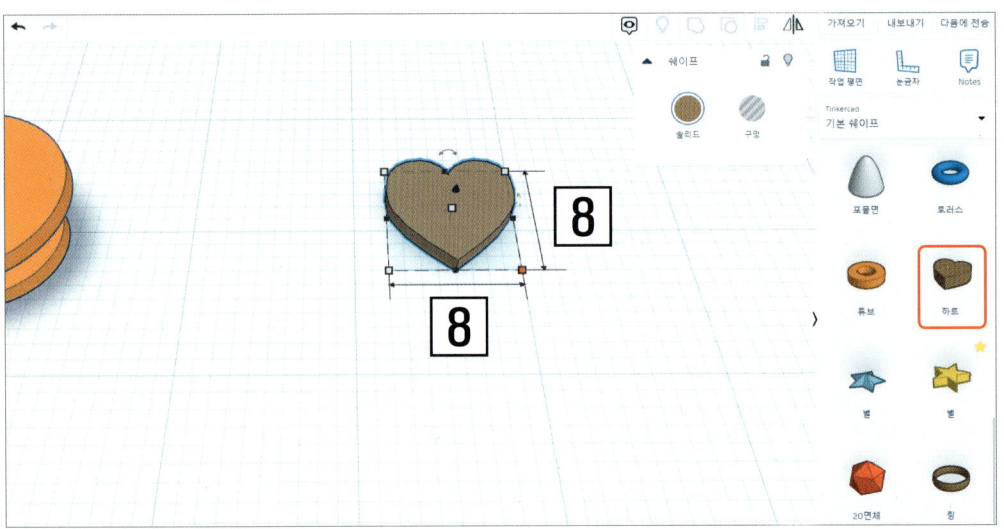

기본 쉐이프에서 하트를 선택하여 작업 평면에 놓은 후 치수를 조절합니다.
 가로 8, 세로 8, 높이 1

TINKERCAD DESIGN For 3D PRINTING

❶ 하트 도형을 복제하기를 선택하고 ❷ 복제한 도형을 그림과 같이 90° 회전합니다.

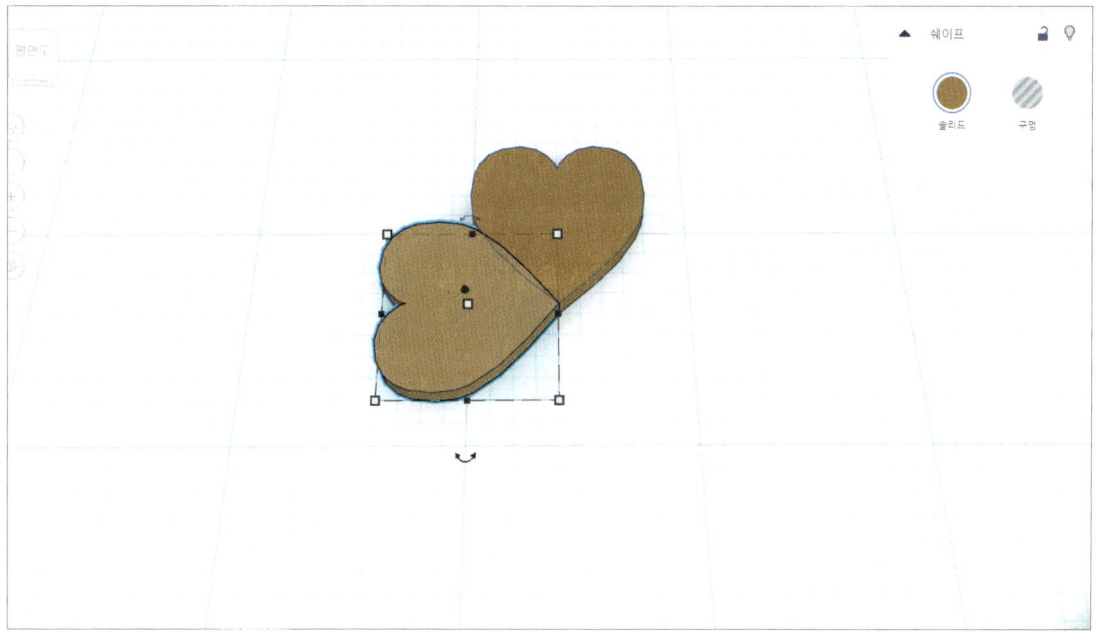

복제한 하트 도형을 키보드 방향키 ←↑↓→ 를 사용하여 그림과 같이 이동합니다.

TINKERCAD DESIGN For 3D PRINTING

SECTION 03

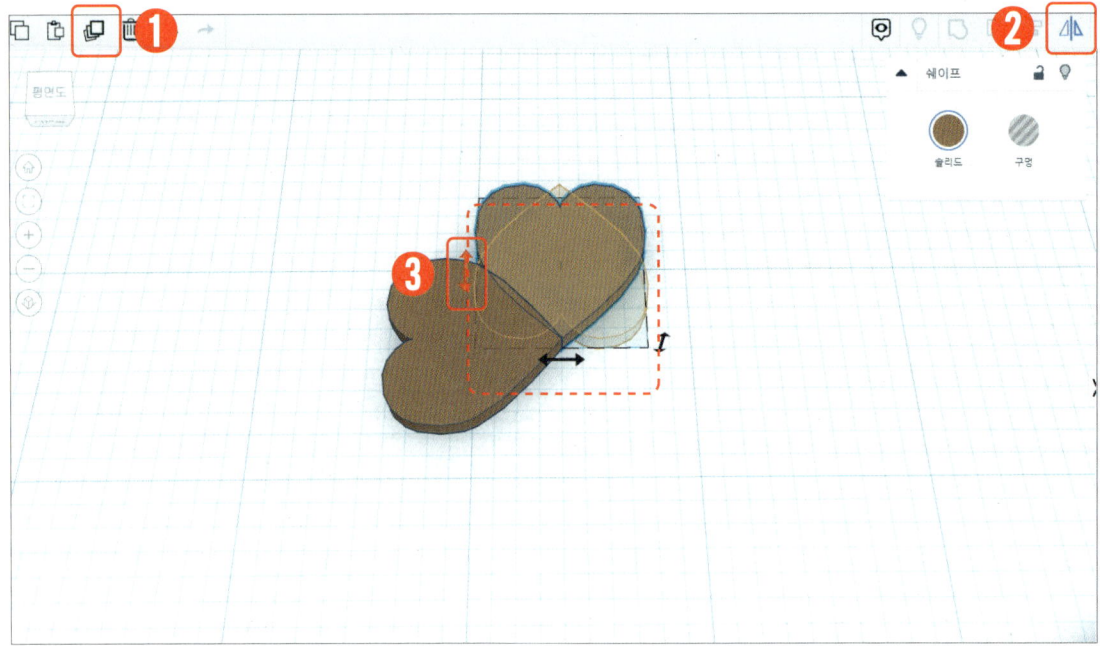

처음 만든 하트 도형을 ❶ 복제하고, ❷ 대칭 버튼을 클릭하여 그림과 같이 ❸ 상하 대칭화살표를 클릭합니다.

복제한 하트 도형을 키보드 방향키 ↑↓←→ 로 그림과 같이 이동합니다.

TINKERCAD DESIGN For 3D PRINTING SECTION 03

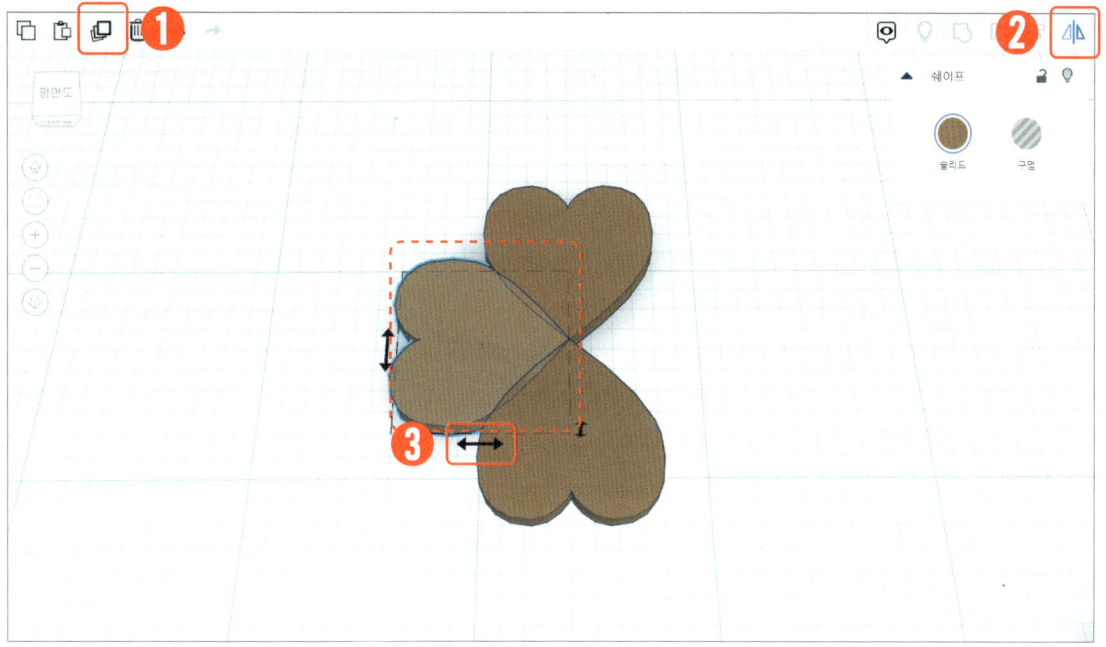

처음 만든 하트 도형을 ❶ 복제하고, ❷ 대칭 버튼을 클릭하여 그림과 같이 ❸ 좌우 대칭화살표를 클릭합니다.

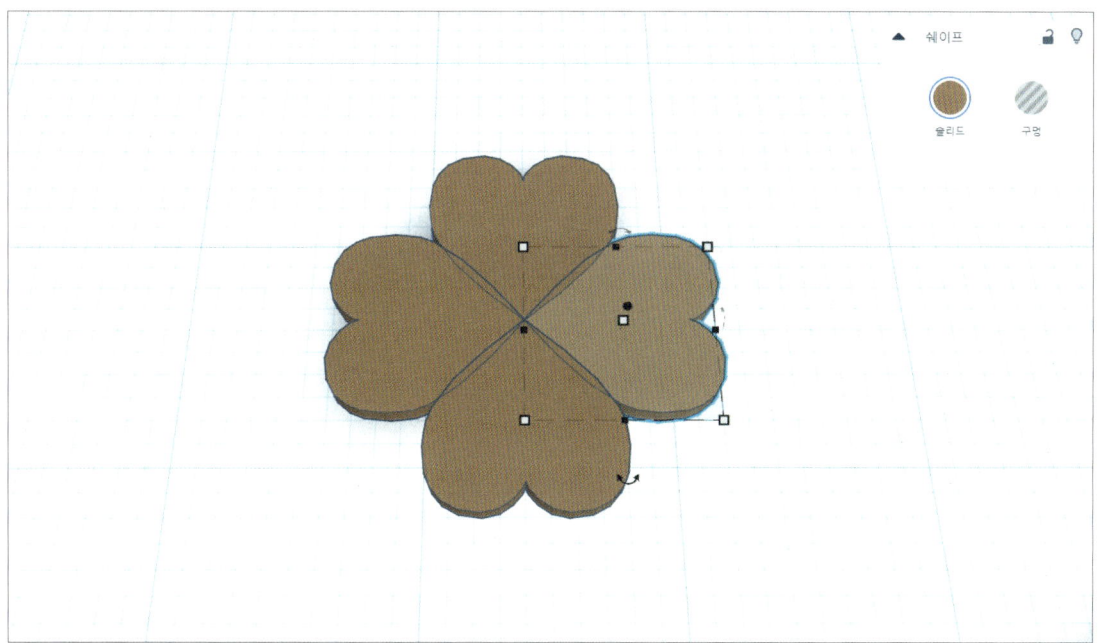

복제한 하트 도형을 키보드 방향키 ←↑↓→ 로 그림과 같이 이동하여 네잎 클로버 모양을 만들어 줍니다.

SECTION 03_ 실내화 악세사리

TINKERCAD DESIGN For 3D PRINTING   SECTION 03

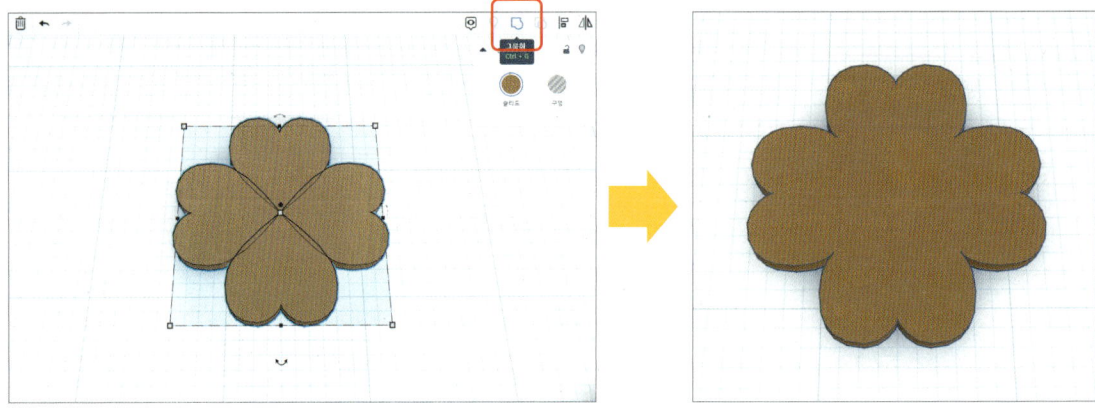

도형을 모두 선택하여 그룹화합니다.   네잎 클로버 밑바탕 완성!

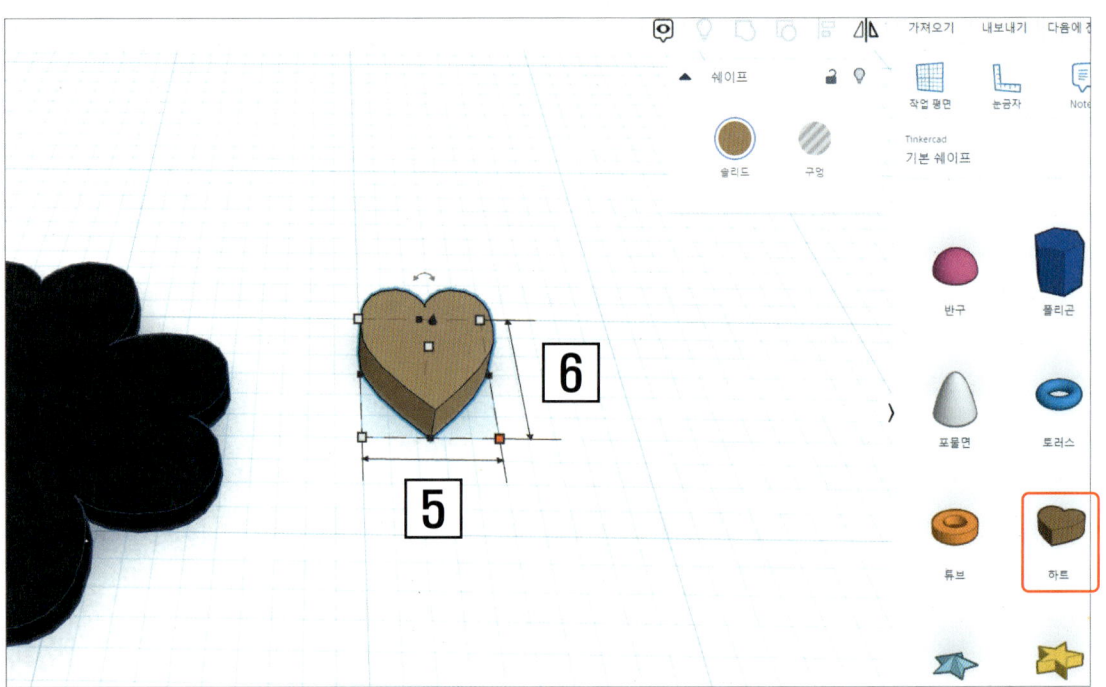

기본 쉐이프에서 하트를 선택하여 작업 평면에 놓은 후 치수를 조절합니다.
예 가로 5, 세로 6, 높이 1.5

TINKERCAD DESIGN For 3D PRINTING

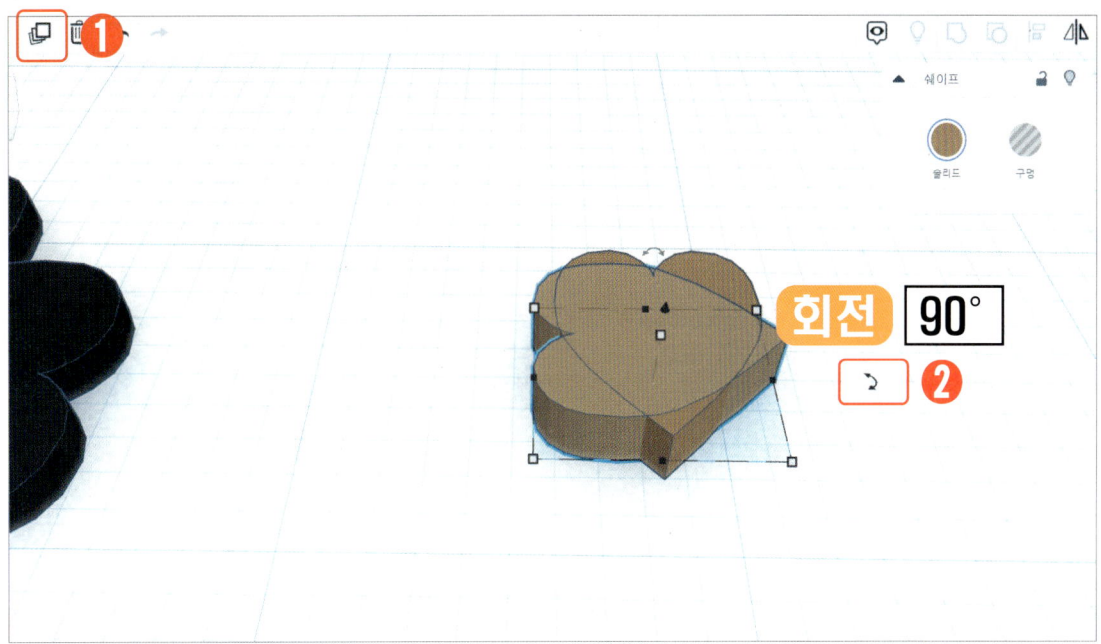

❶ 하트 도형을 복제하기를 선택하고 ❷ 복제한 도형을 그림과 같이 90˚ 회전합니다.

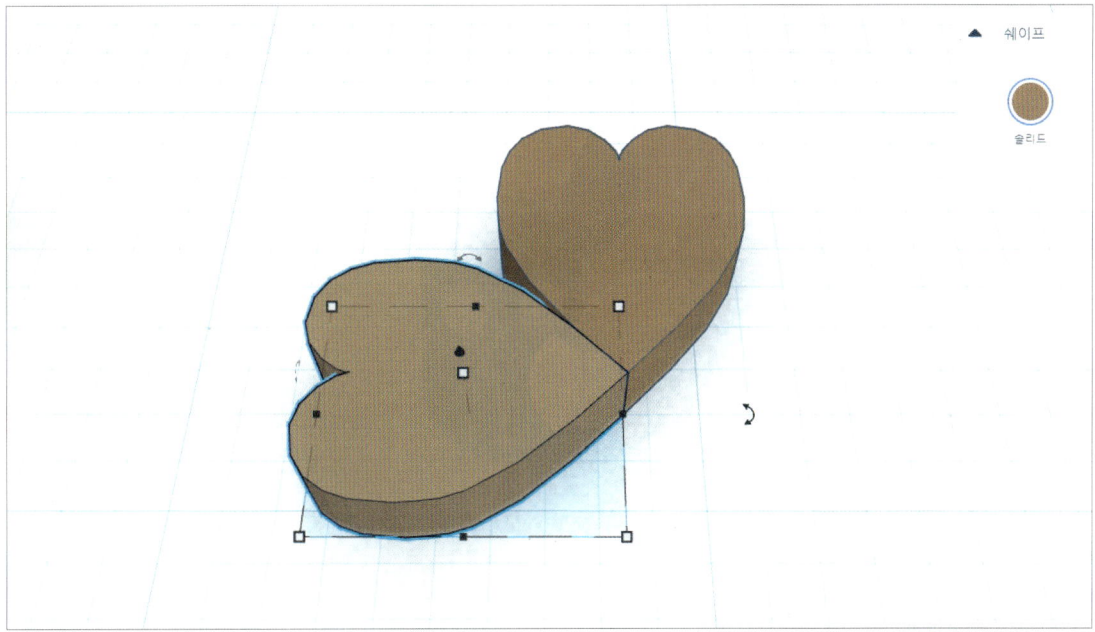

복제한 하트 도형을 키보드 방향키를 사용하여 그림과 같이 이동합니다.

TINKERCAD DESIGN For 3D PRINTING

SECTION 03

이전과 같은 방법으로 네잎 클로버 모양을 그림과 같이 완성해 줍니다.

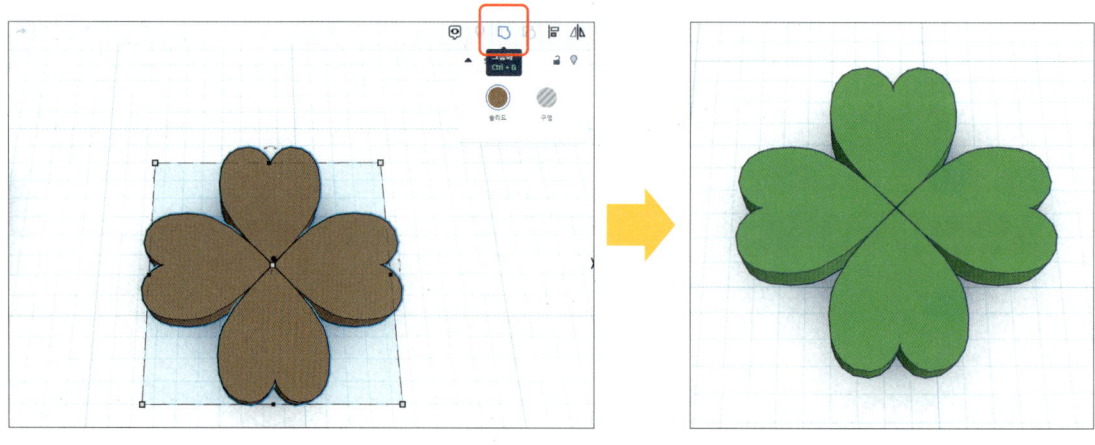

도형을 모두 선택하여 그룹화합니다.

미니 네잎 클로버 완성!

 TINKERCAD DESIGN For 3D PRINTING SECTION 03

네잎 클로버 도형들을 모두 선택하여 ❶ 정렬 버튼을 클릭한 후 ❷를 클릭하여 가운데 정렬합니다.

네잎 클로버 모양 완성!

TINKERCAD DESIGN For 3D PRINTING — SECTION 03

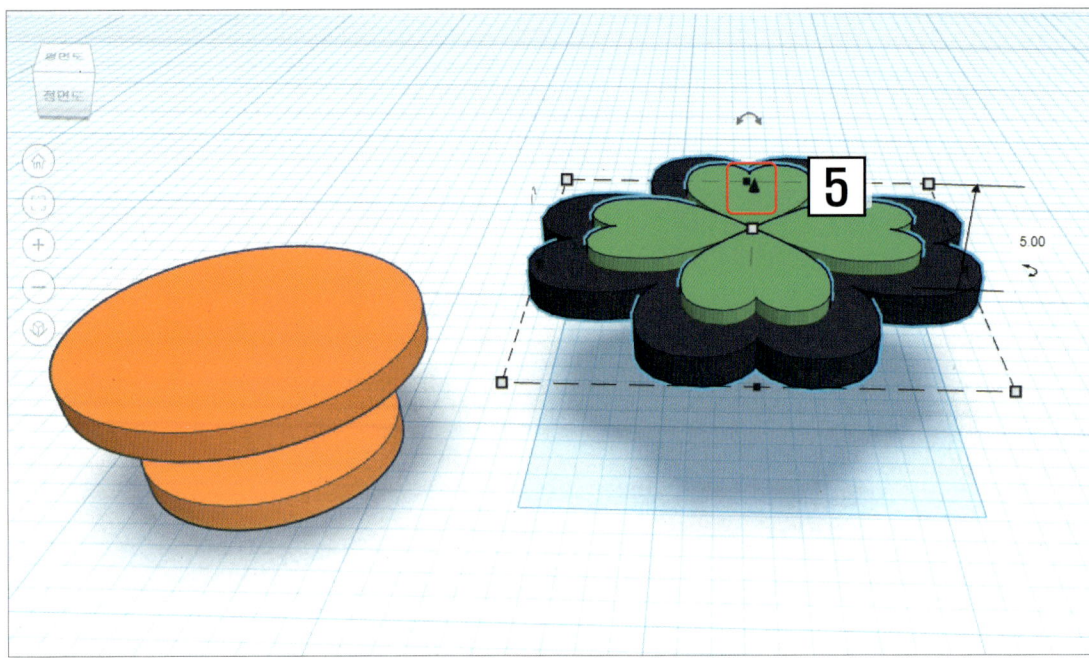

네잎 클로버 도형을 모두 선택하고 위로 "5"만큼 올려줍니다.

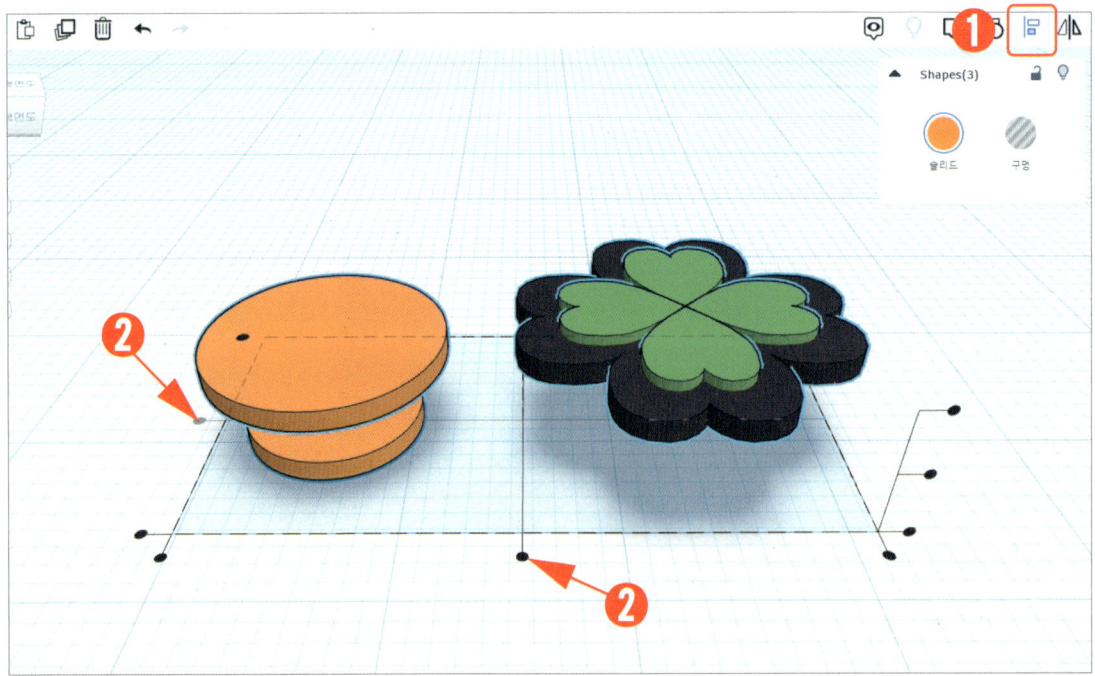

도형들을 모두 선택하여 ❶ 정렬 버튼을 클릭한 후 ❷를 클릭하여 가운데 정렬합니다.

TINKERCAD DESIGN For 3D PRINTING   SECTION 03

네잎 클로버 실내화 악세사리 완성!

TINKERCAD DESIGN For 3D PRINTING

도전과제

- 다양한 디자인의 실내화 악세사리를 모델링해 봅시다.

SECTION 04 파티 안경 만들기

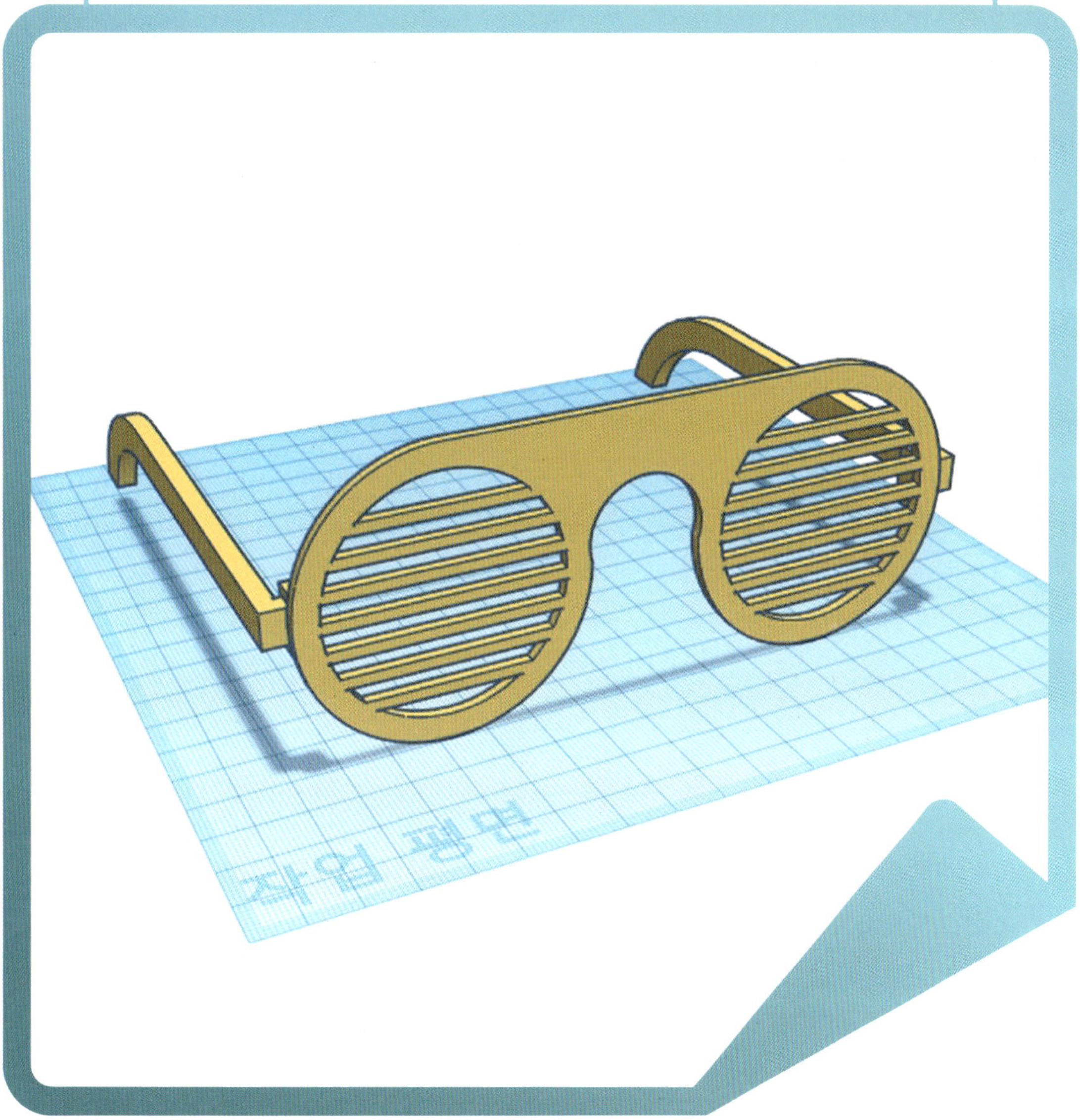

● **파티 안경 만들기**

기념일에 활용할 수 있는 파티 안경을 모델링해 봅시다.
나만의 디자인으로 다양한 도형을 활용하여 꾸며봅시다.

TINKERCAD DESIGN For 3D PRINTING   SECTION 04

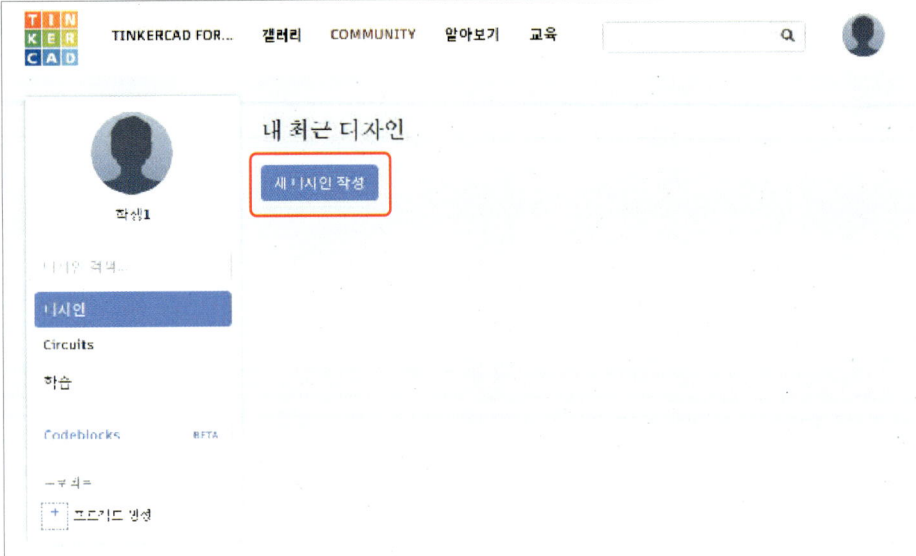

구글크롬 에서 틴커캐드 웹사이트(www.tinkercad.com)에 접속합니다.
로그인 후 대시보드의 새 디자인 작성 을 클릭합니다.

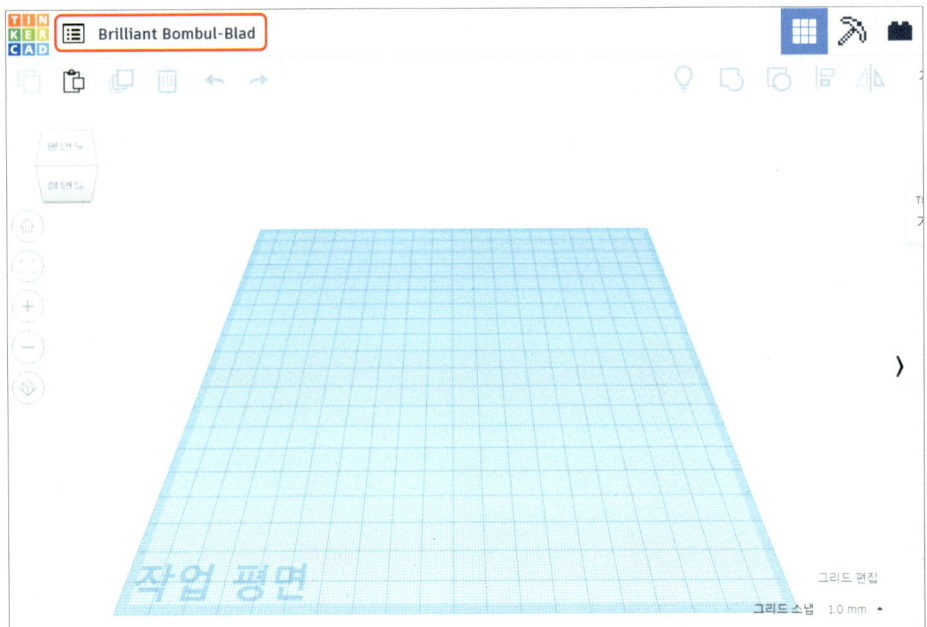

틴커캐드는 저장 버튼이 따로 없으며 웹에서 작업하고 모델링 작업파일 역시 인터넷 저장 공간에
자동으로 저장됩니다. 임의로 주어진 영어이름을 클릭하면 파일명을 수정할 수 있습니다.

TINKERCAD DESIGN For 3D PRINTING

파일명을 "**파티 안경 만들기**"로 수정하고 엔터키 또는 화면의 빈 공간 아무 곳이나 클릭합니다.

안경테 만들기

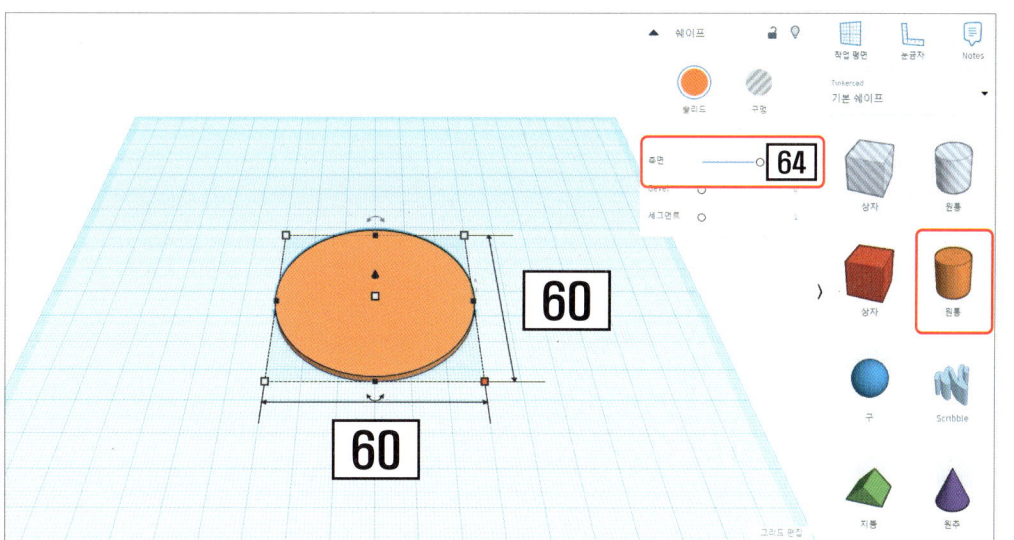

기본 쉐이프에서 원통을 선택하여 작업 평면에 놓은 후 치수를 조절합니다.
예) 가로 60, 세로 60, 높이 2, 측면 64

TINKERCAD DESIGN For 3D PRINTING

SECTION 04

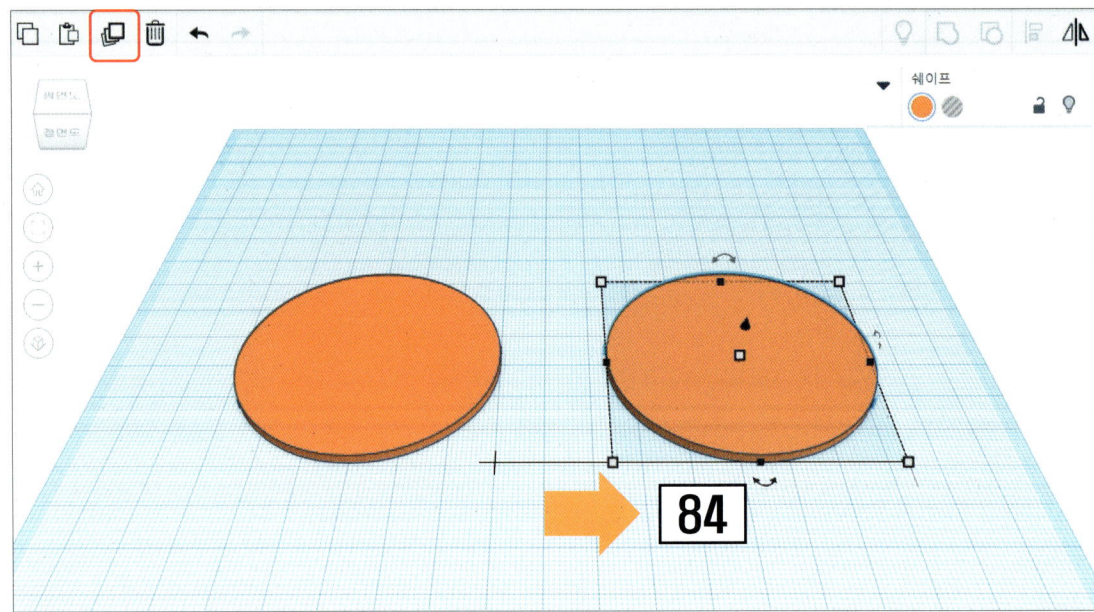

원통을 복제한 후 Shift 키를 누른 채로 옆으로 "84"만큼 이동합니다.
(Shift 키를 누른 채로 이동하면 일정한 방향으로 이동됩니다.)

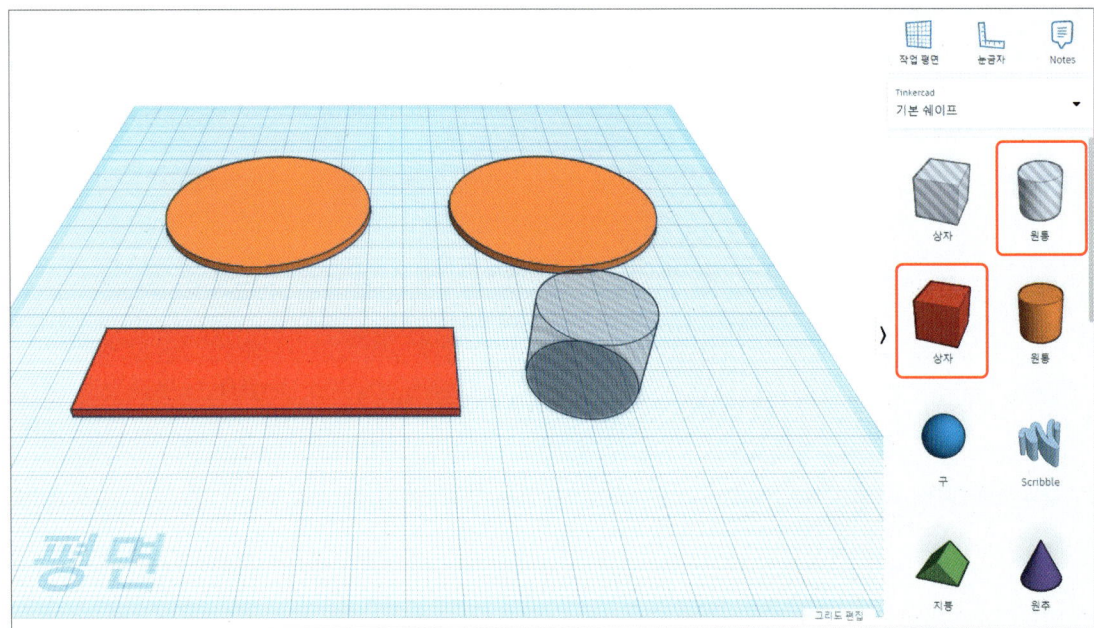

기본 쉐이프에서 상자와 구멍 원통을 선택하여 작업 평면에 놓은 후 치수를 조절합니다.

상자 : 가로 84, 세로 26, 높이 2
구멍 원통 : 가로 25, 세로 25, 높이 20

TINKERCAD DESIGN For 3D PRINTING SECTION 04

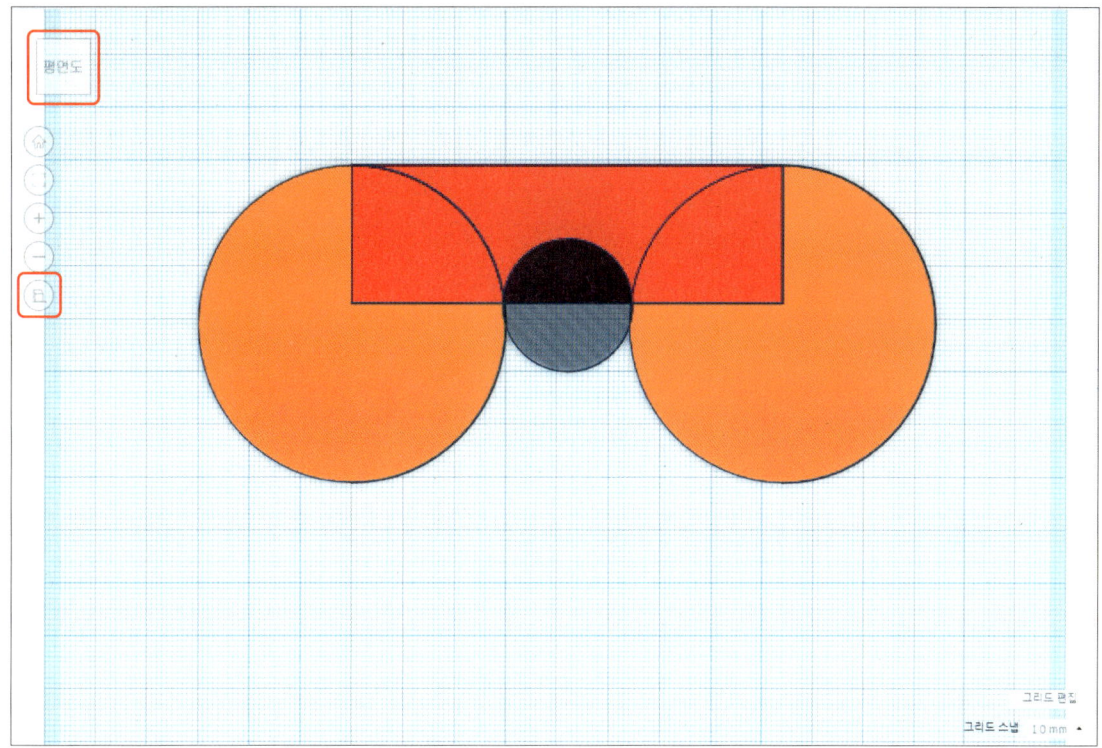

뷰박스를 평면도 · 직교뷰로 선택합니다. 상자와 구멍 원통을 그림과 같이 배치합니다.
(원통과 상자가 서로 중심에 맞게 배치하세요.)

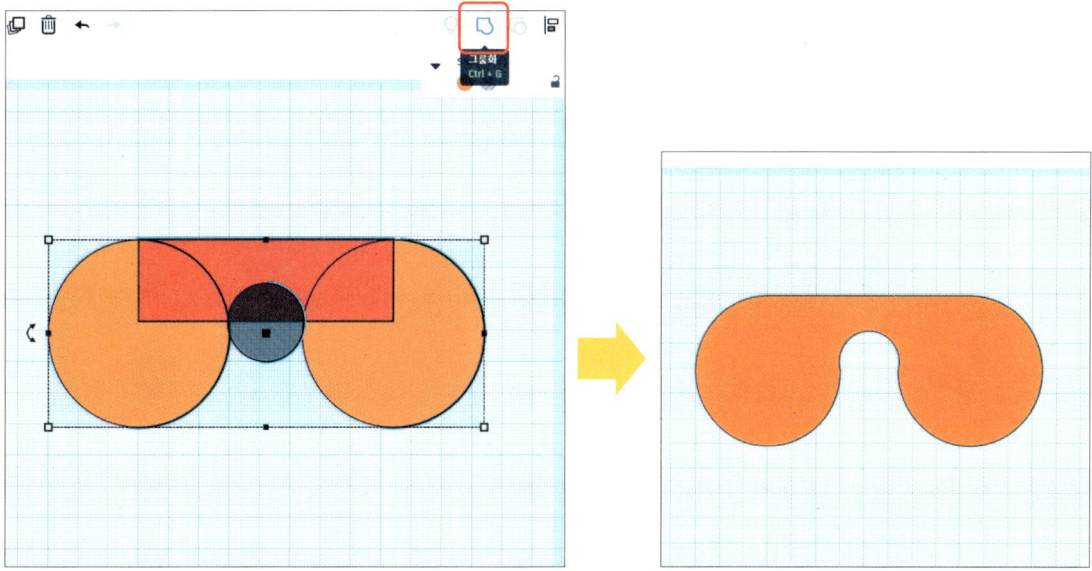

도형을 모두 선택한 후 그룹화합니다.

TINKERCAD DESIGN For 3D PRINTING　　　　　　　　　　　　　　　　　SECTION 04

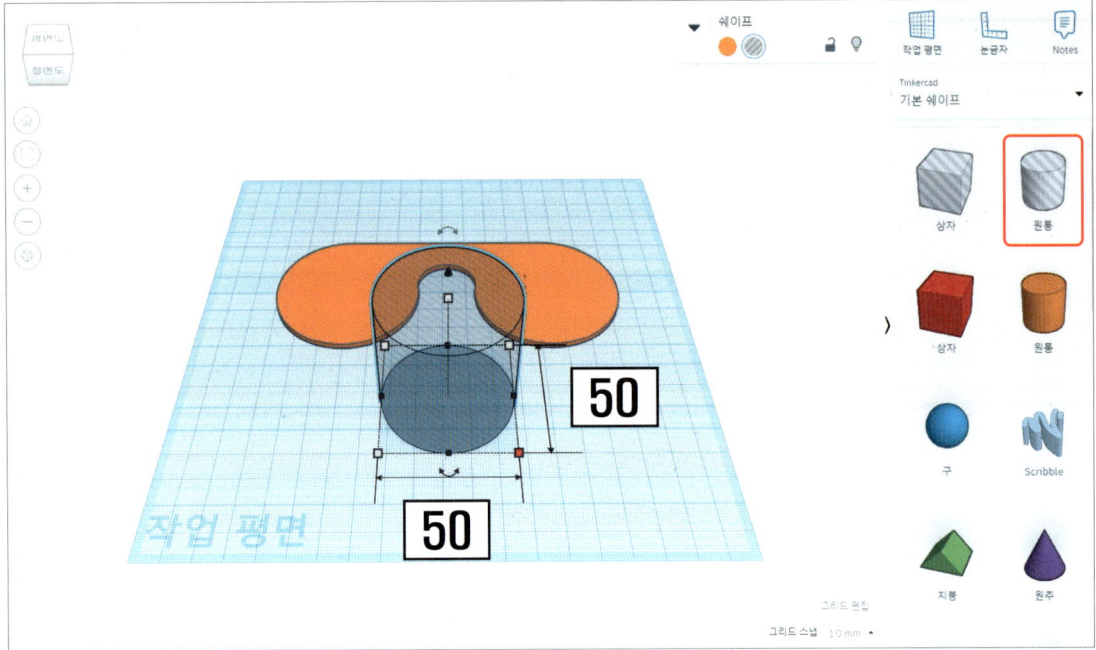

기본 쉐이프에서 구멍 원통을 선택하여 작업 평면에 놓은 후 치수를 조절합니다.
예 가로 50, 세로 50

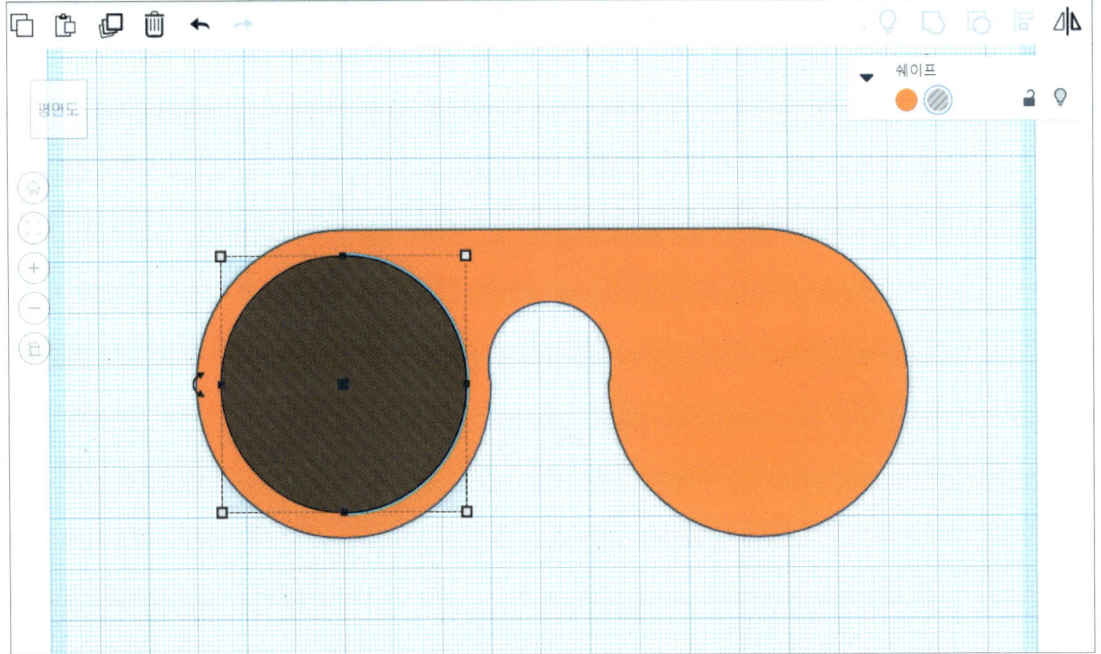

구멍 원통을 그림과 같이 원의 중심에 맞게 배치합니다.

TINKERCAD DESIGN For 3D PRINTING _____ SECTION **04**

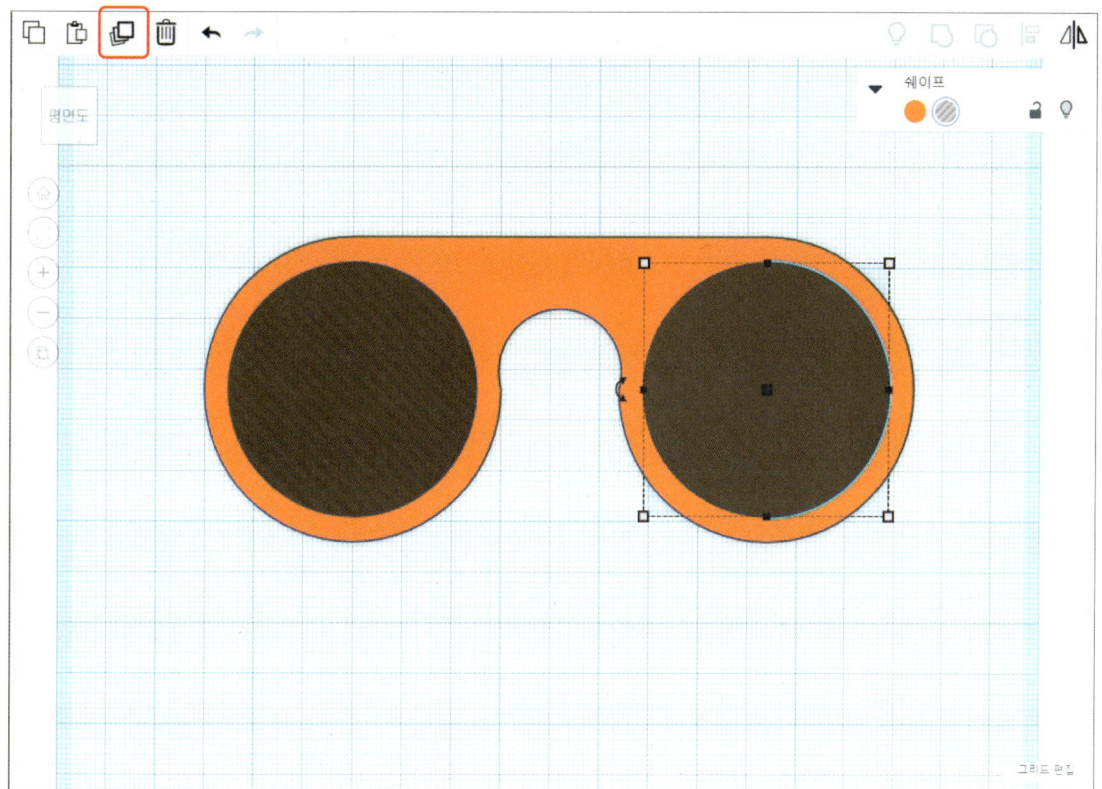

구멍 원통을 복제한 후 그림과 같이 배치합니다.

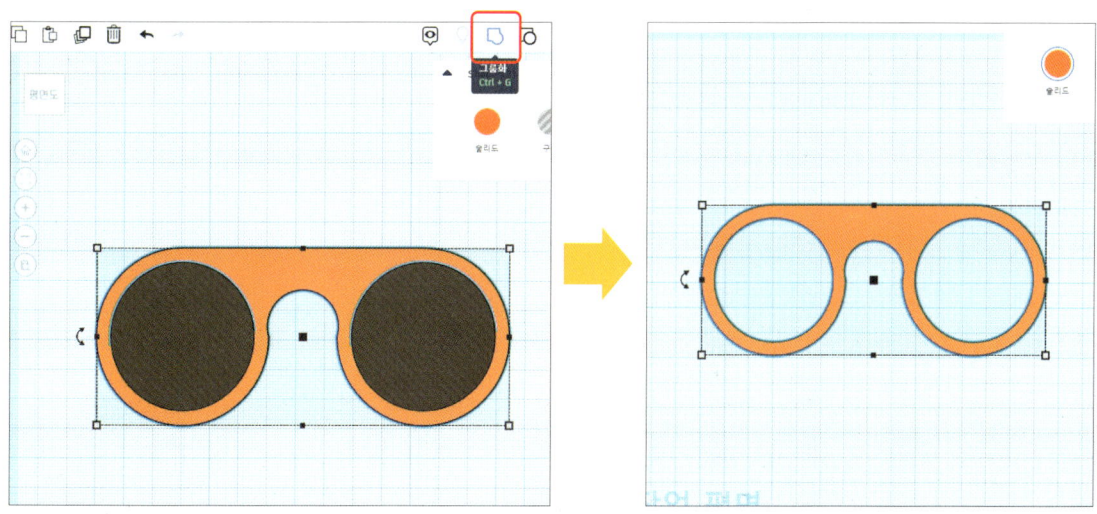

도형을 모두 선택한 후 그룹화합니다.

TINKERCAD DESIGN For 3D PRINTING

SECTION 04

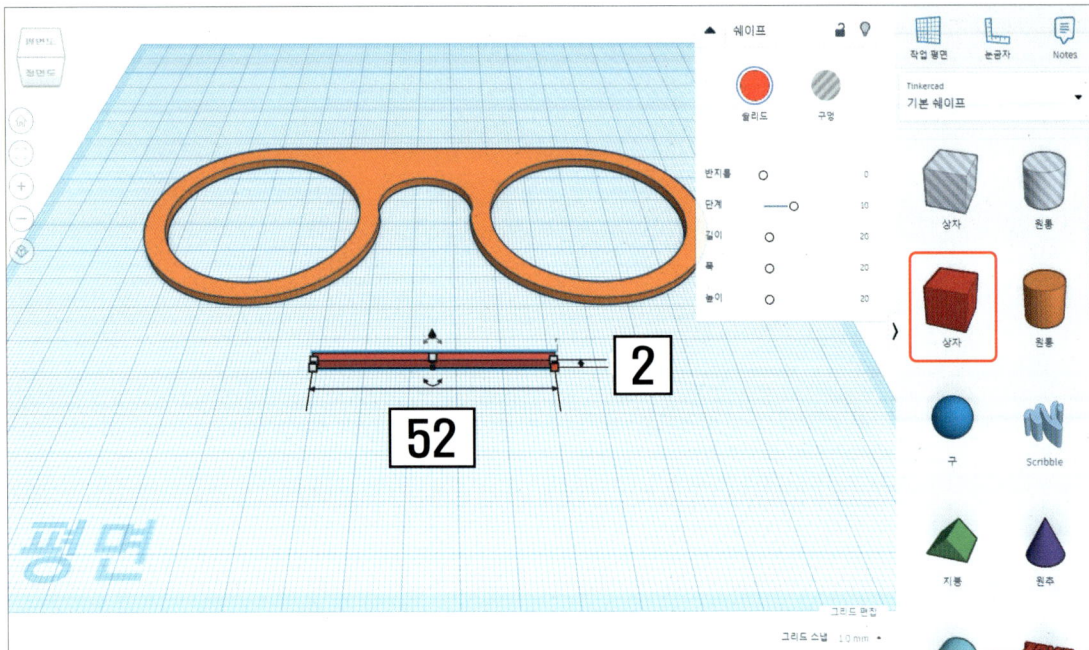

기본 쉐이프에서 상자를 선택하여 작업 평면에 놓은 후 치수를 조절합니다.

예 가로 52, 세로 2, 높이 2

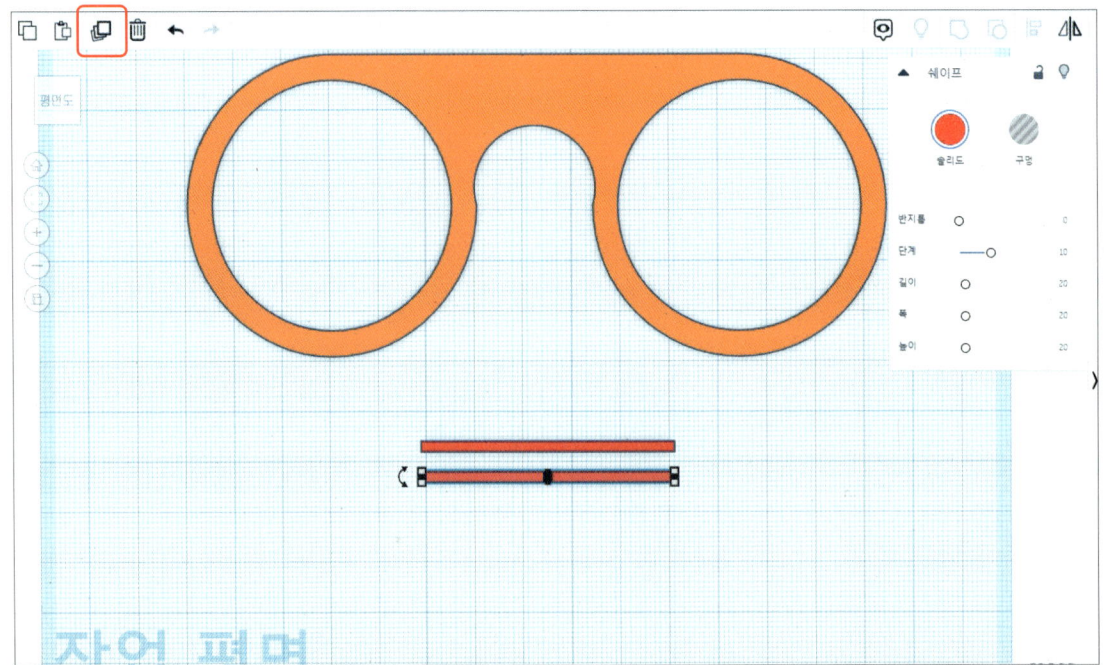

상자를 복제한 후 키보드 방향키 ↓ 를 6번 클릭합니다.

TINKERCAD DESIGN For 3D PRINTING _____ SECTION 04

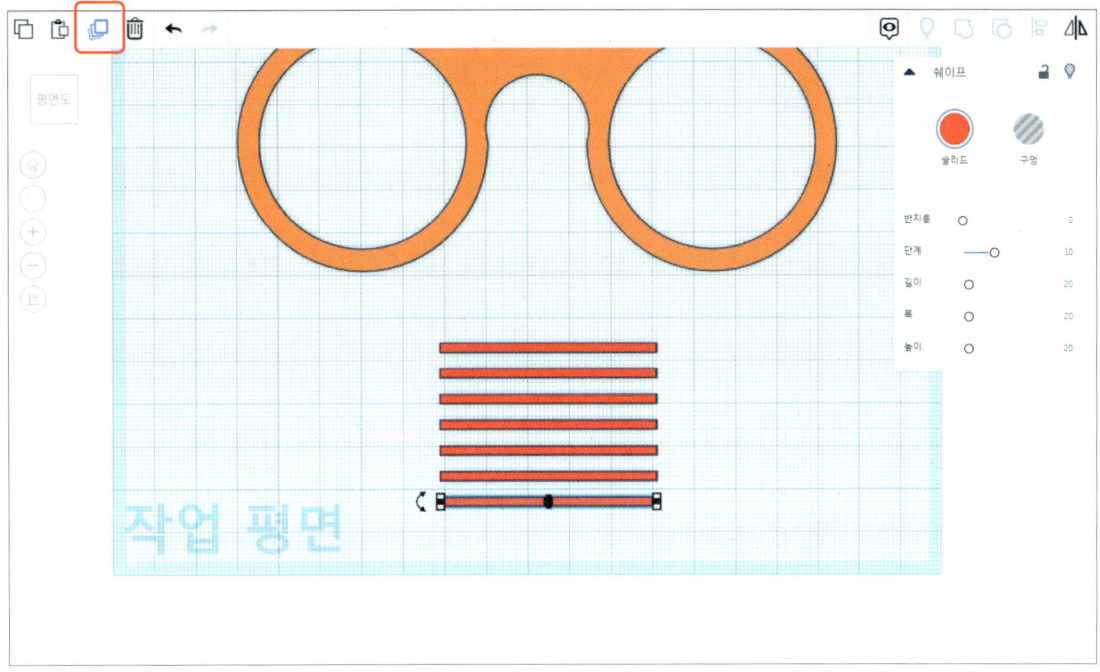

복제 버튼을 5번 더 클릭하여 7개의 상자를 만듭니다.

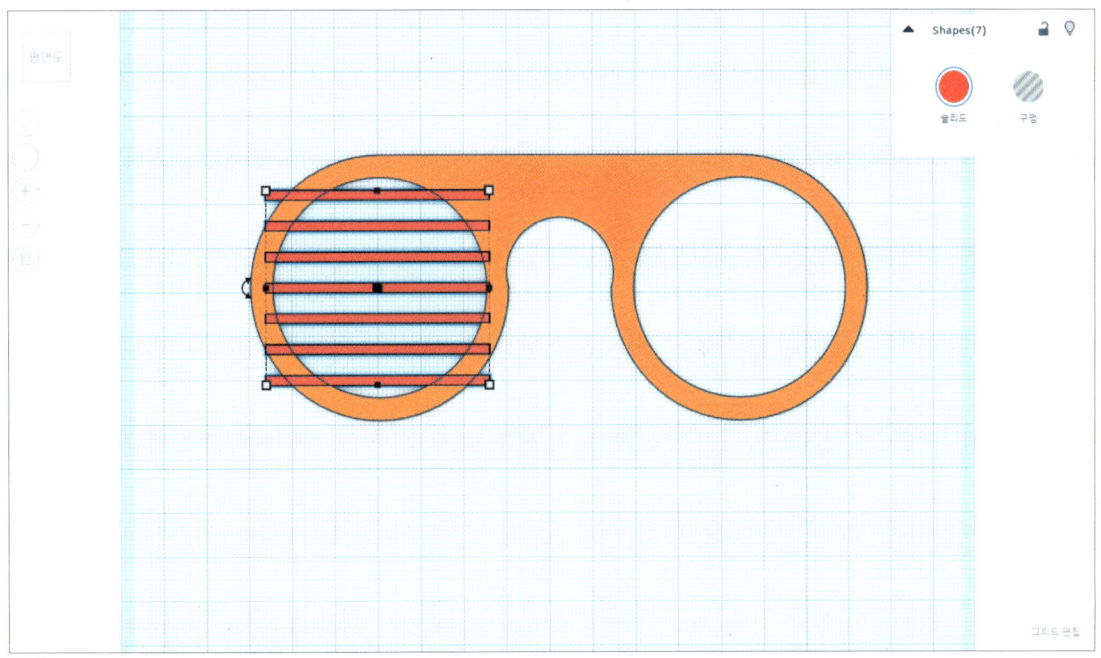

상자를 모두 선택한 후 키보드 방향키 ← ↓ ↑ → 로 그림과 같이 배치합니다.

TINKERCAD DESIGN For 3D PRINTING　　　　　　　　　　SECTION 04

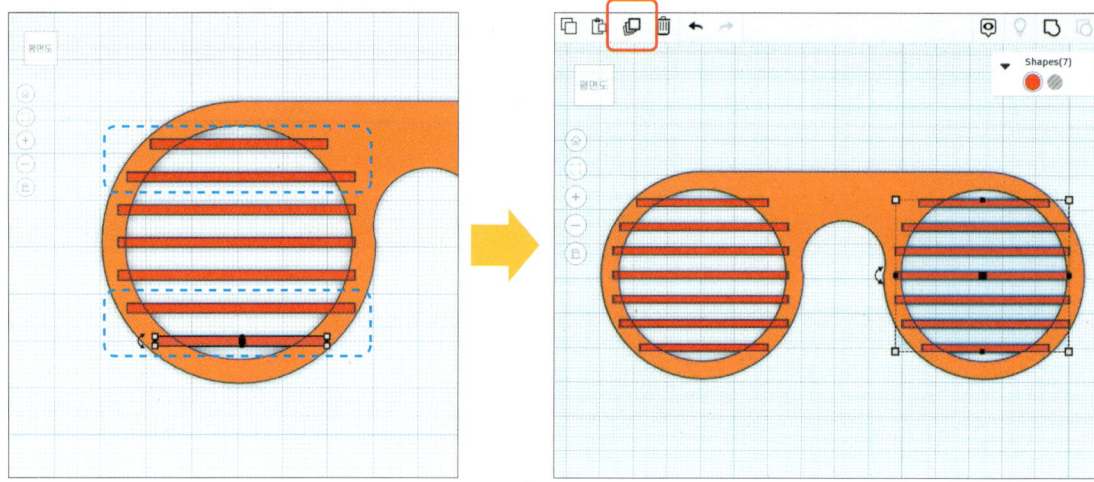

그림과 같이 ⌐ ̄ ̄¬ 상자의 길이를 조절합니다.　　　상자를 모두 선택한 후 복제하여 옆으로 이동합니다.

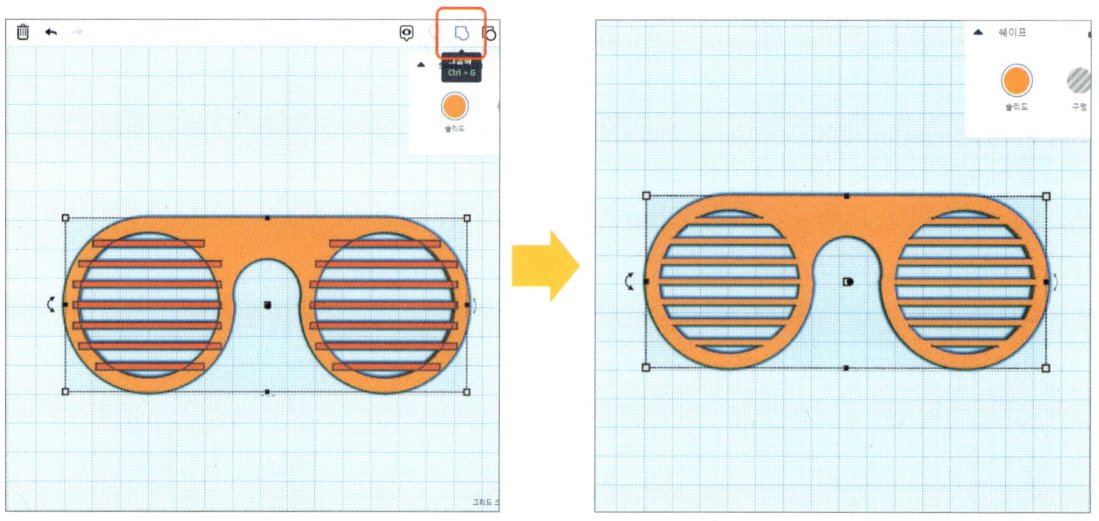

도형을 모두 선택한 후 그룹화합니다.

안경 다리 만들기

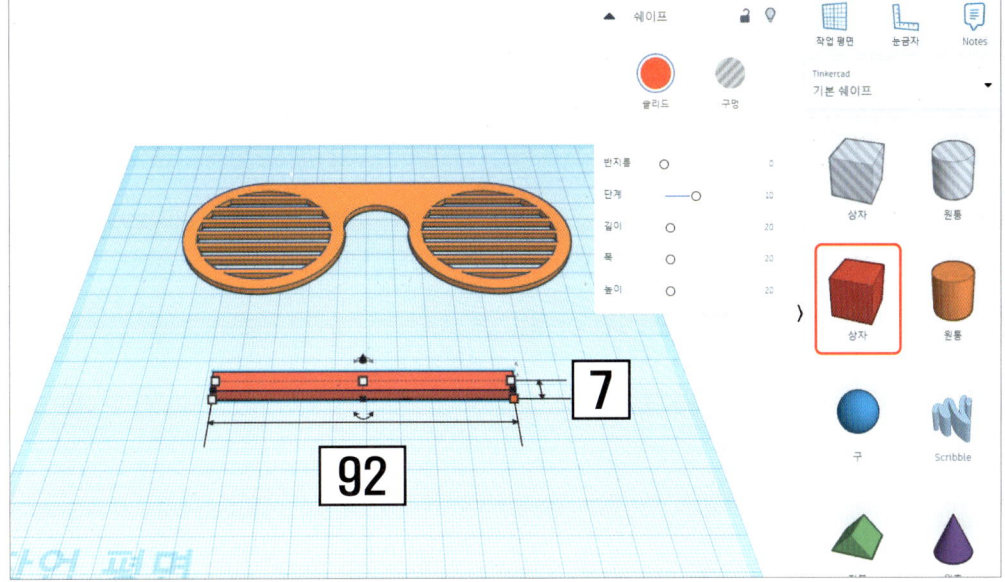

기본 쉐이프에서 상자를 선택하여 작업 평면에 놓은 후 치수를 조절합니다.
예 가로 92, 세로 7, 높이 4

기본 쉐이프에서 튜브를 선택하여 작업 평면에 놓은 후 치수를 조절합니다.
예 가로 88, 세로 70, 높이 4, 벽두께 2, 측면 64

TINKERCAD DESIGN For 3D PRINTING _____ SECTION 04

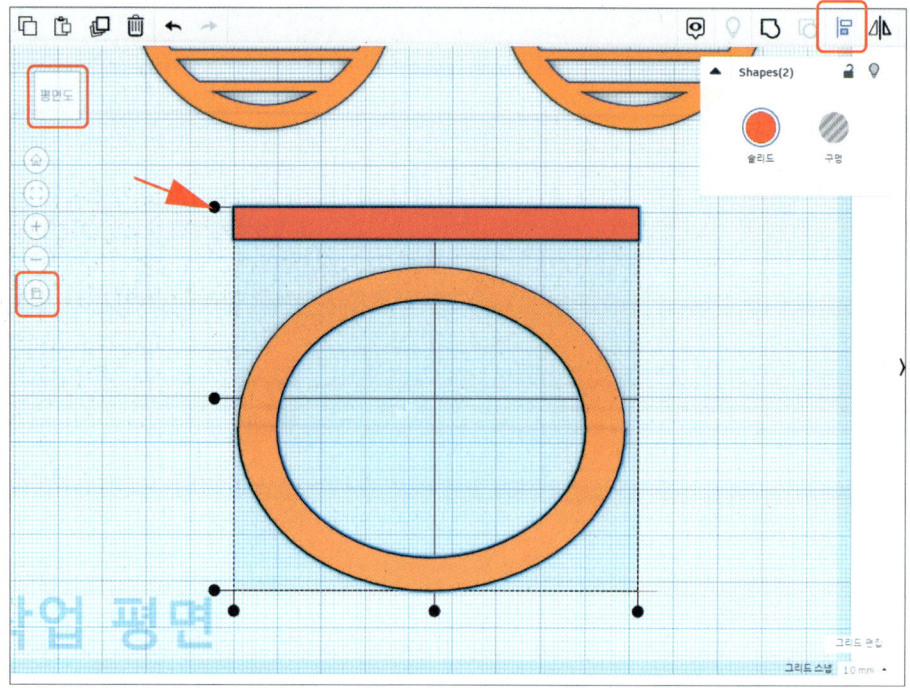

뷰박스를 평면도 · 직교뷰로 선택합니다.
상자와 원통을 선택한 후 정렬 버튼으로 가로 정렬합니다.

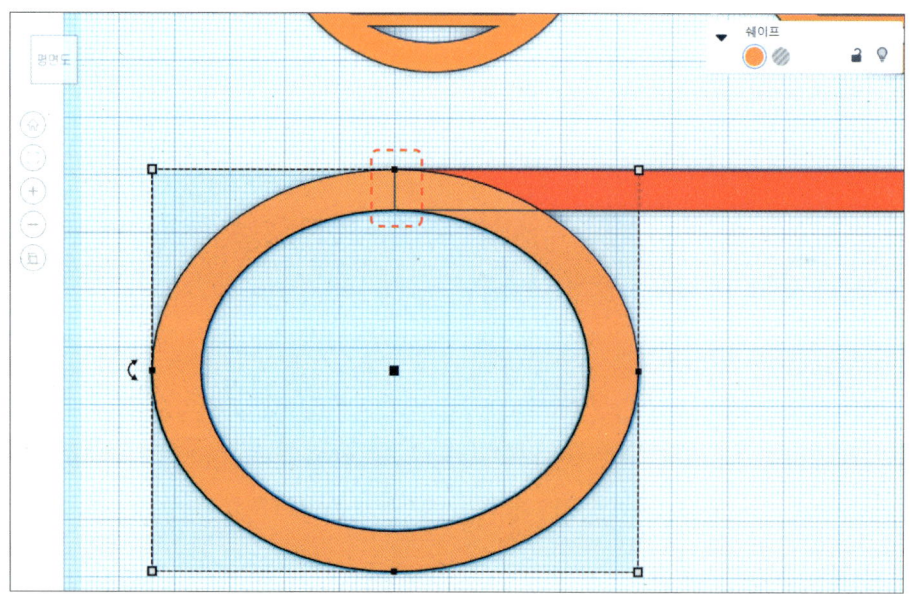

가로정렬된 원통을 키보드 방향키 로 그림과 같이 원통의 중심과 상자의 끝점이 일치하도록 배치합니다.

TINKERCAD DESIGN For 3D PRINTING　　　　　　　　　　　　　　　SECTION 04

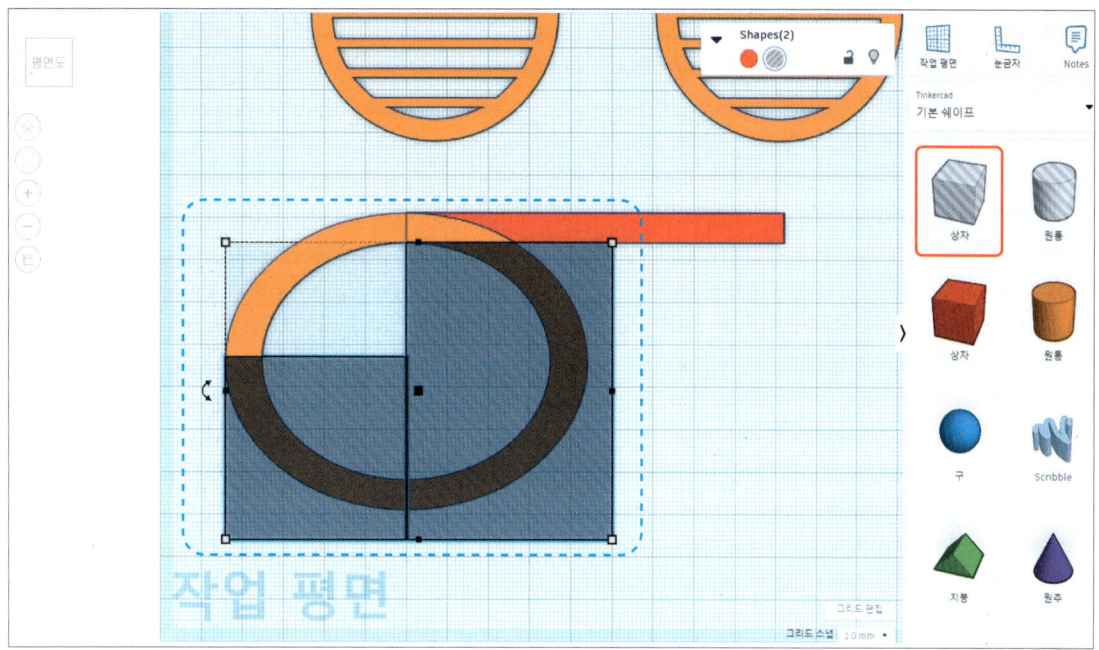

기본 쉐이프에서 구멍 상자를 선택한 후 구멍 상자의 사이즈를 자유롭게 조절하여 ⬚ 와 같이 원통의 4분의 1만 남기도록 배치합니다.

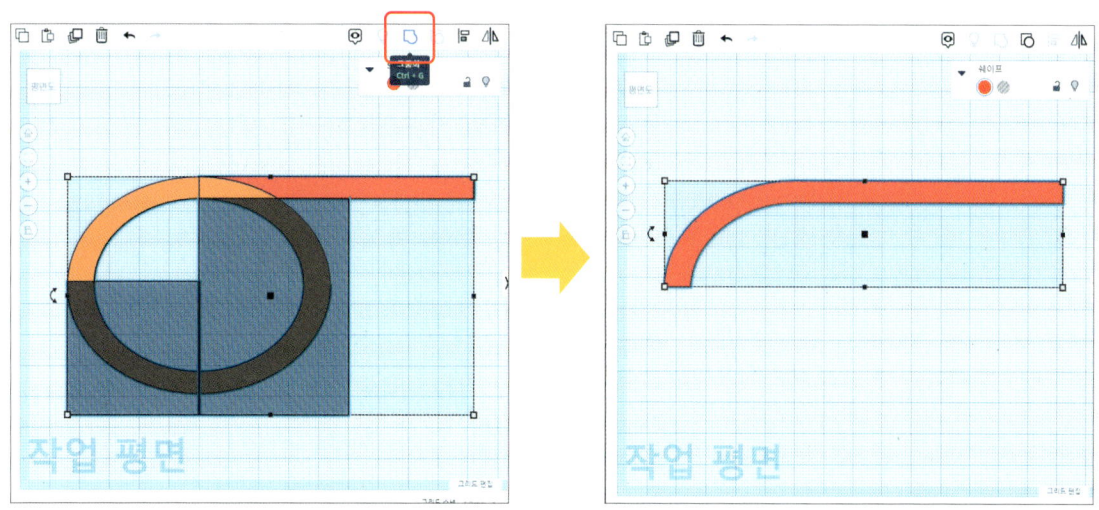

도형을 모두 선택한 후 그룹화합니다.

TINKERCAD DESIGN For 3D PRINTING　　　　　　　　　　　　　SECTION 04

안경 연결 경첩부분 만들기

04

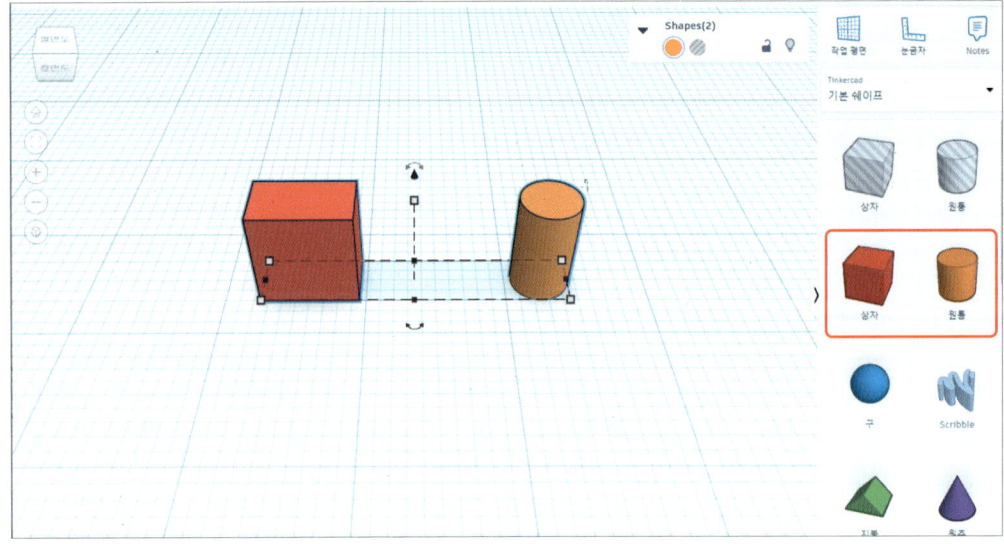

기본 쉐이프에서 상자와 원통을 선택하여 작업 평면에 놓은 후 치수를 조절합니다.

예 상자 : 가로 7, 세로 4, 높이 7
　　원통 : 가로 4, 세로 4, 높이 7, 측면 64

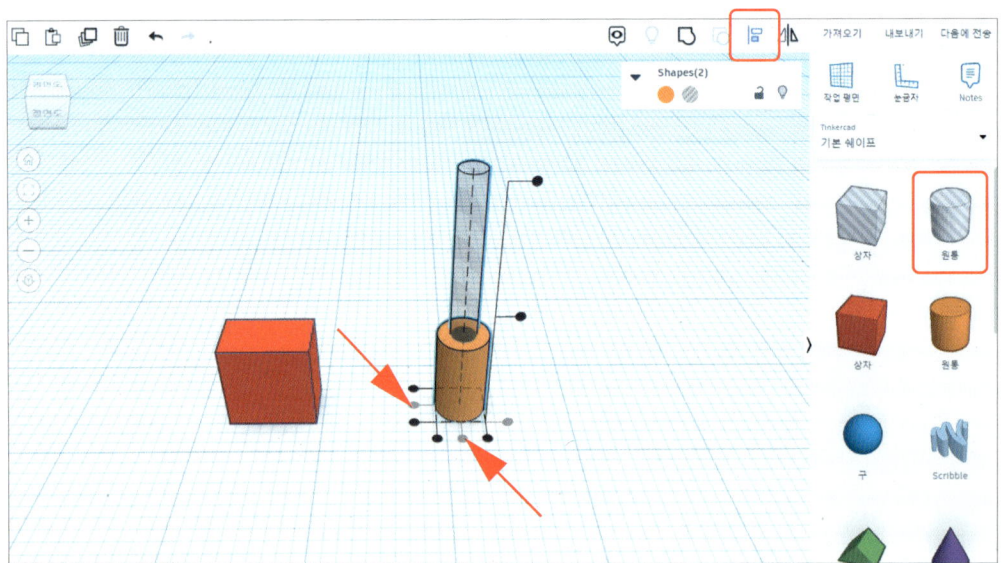

기본 쉐이프에서 구멍 원통을 선택하여 작업 평면에 놓은 후 치수를 조절합니다.

예 가로 2, 세로 2, 높이 20, 측면 64

구멍 원통과 원통을 정렬 버튼으로 가운데 정렬합니다.

TINKERCAD DESIGN For 3D PRINTING _____ SECTION 04

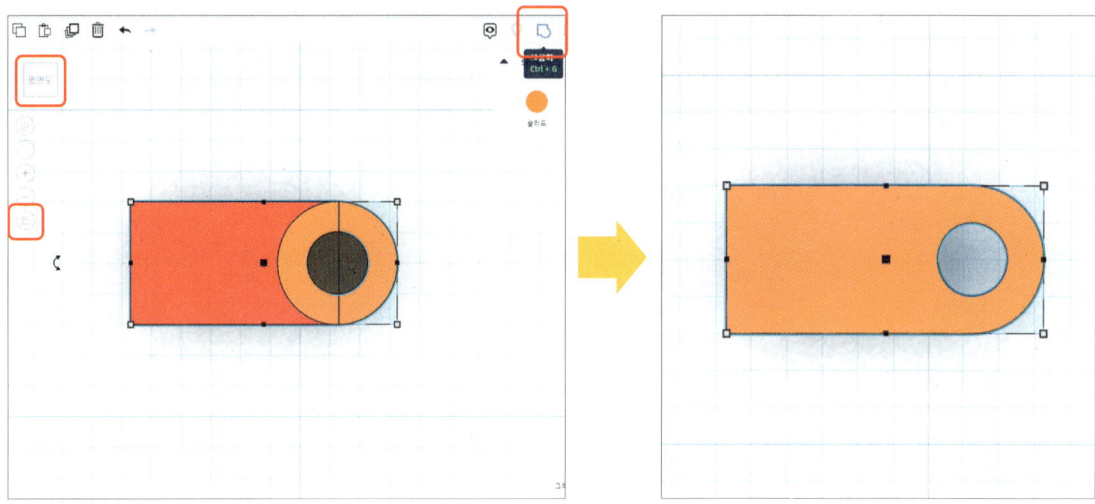

뷰박스를 평면도 · 직교뷰로 선택합니다.

키보드 방향키 ←↑↓→ 와 그리드 스냅을 활용하여 그림과 같이 배치한 후 그룹화합니다.

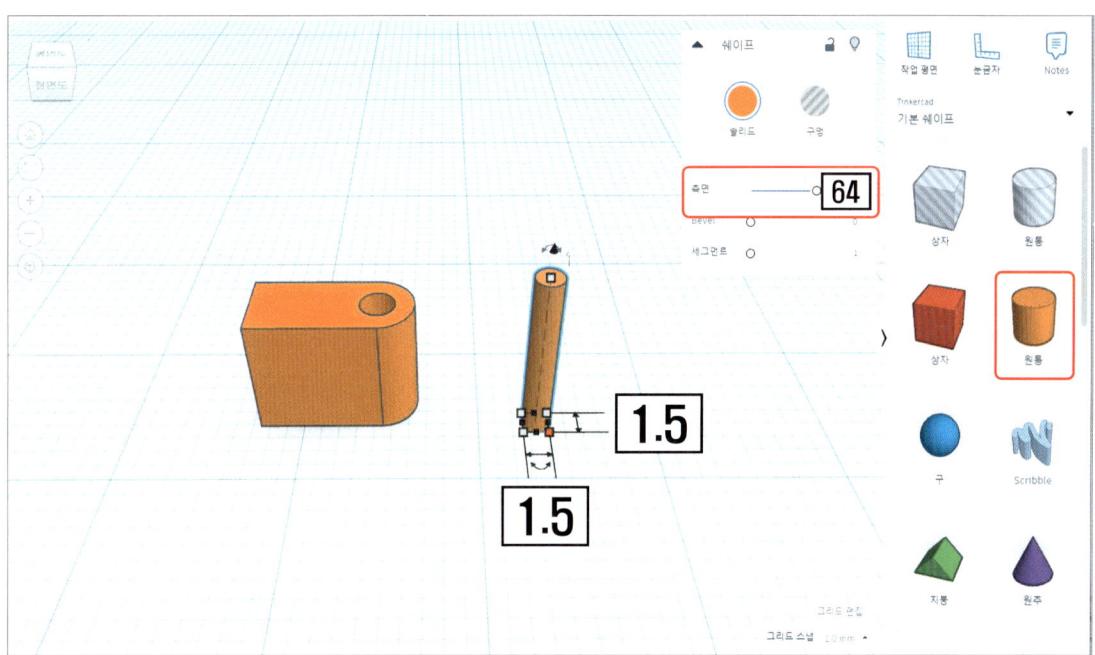

기본 쉐이프에서 원통을 선택하여 작업 평면에 놓은 후 치수를 조절합니다.
예) 가로 1.5, 세로 1.5, 높이 10, 측면 64

TINKERCAD DESIGN For 3D PRINTING

SECTION 04

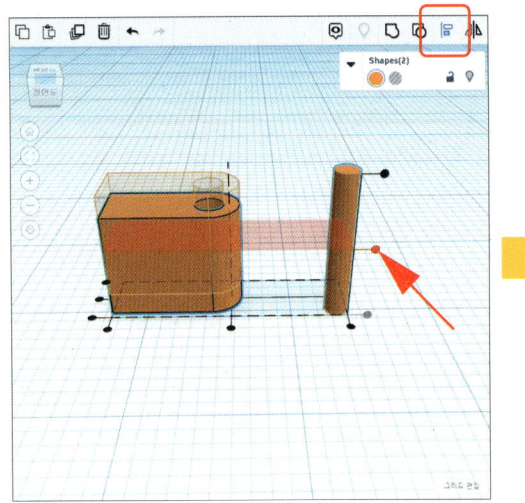

두 도형을 선택한 후 정렬 버튼으로 Z축 정렬합니다.

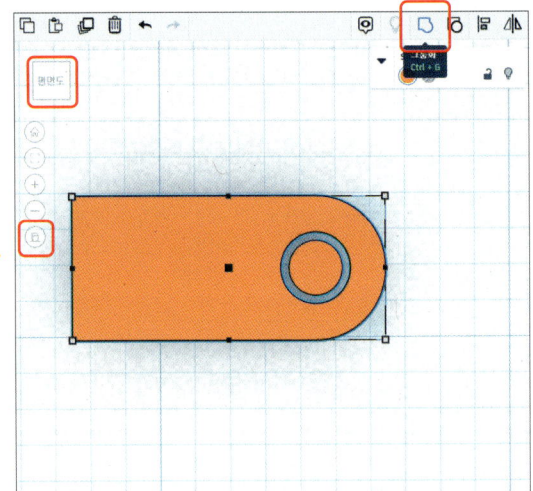

뷰박스를 평면도 · 직교뷰로 선택합니다.
키보드 방향키 와 그리드 스냅을 활용하여 그림과 같이 원통을 중심에 놓고 그룹화합니다.

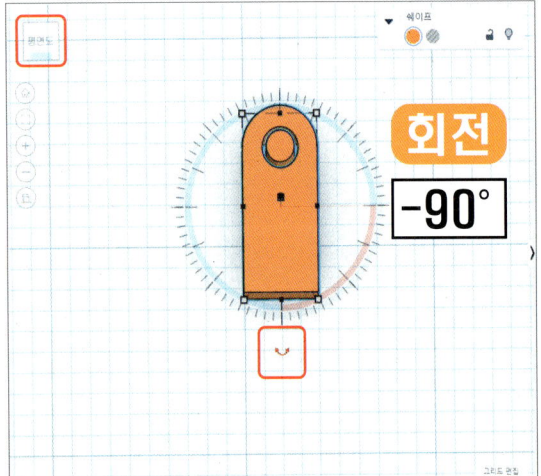

뷰박스를 평면도로 선택합니다.
도형을 –90° 회전합니다.

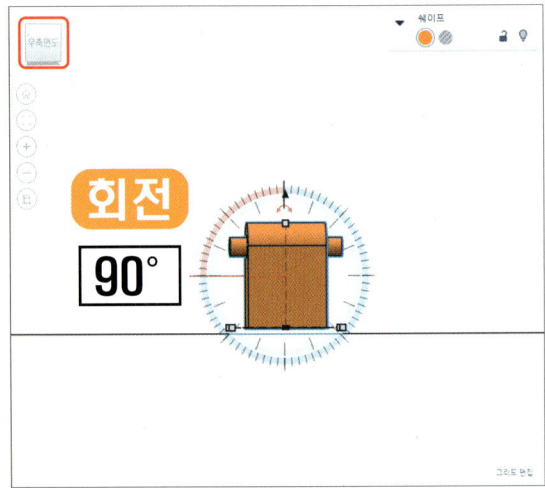

뷰박스를 우측면도로 선택합니다.
도형을 90° 회전하여 세워준 후 " D "키를 눌러 바닥면에 붙여줍니다.

TINKERCAD DESIGN For 3D PRINTING SECTION 04

안경 경첩 연결하기

05

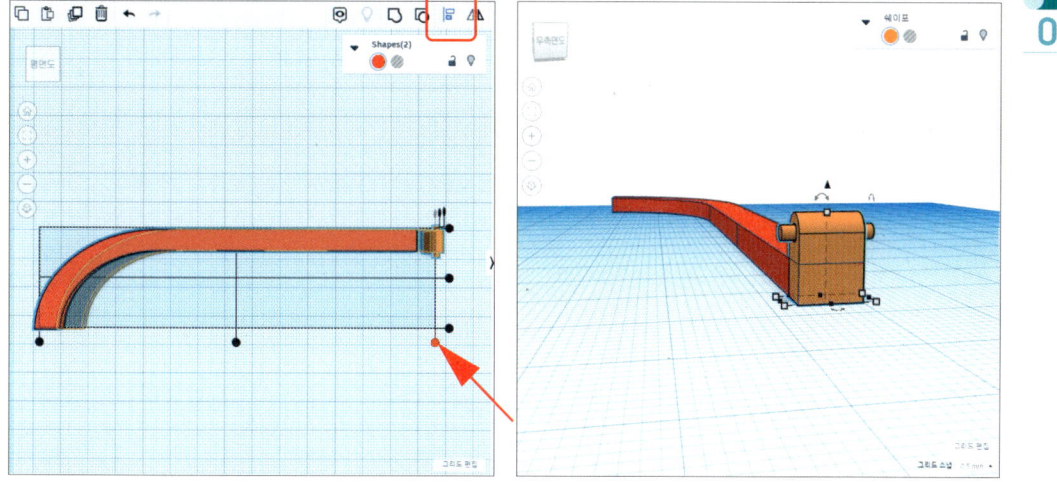

안경 다리와 연결 부위를 정렬 버튼과 키보드 방향키를 활용하여 그림과 같이 안경 다리 끝부분에 배치합니다.

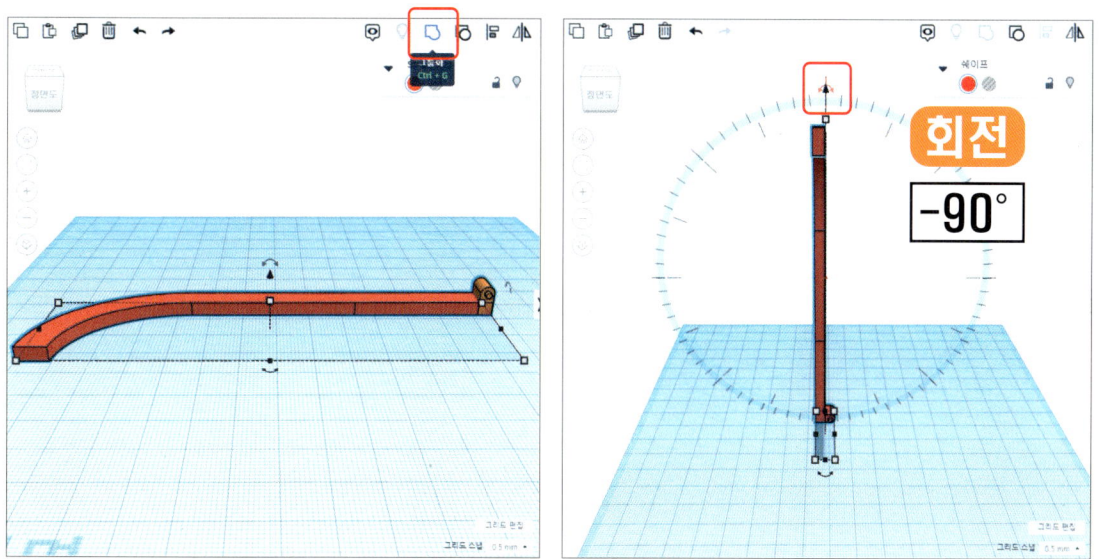

정렬된 도형을 그룹화 한 후 -90° 회전시키고 키보드 "D"키를 눌러 바닥면에 붙여줍니다.

83 SECTION 04_ 파티 안경 만들기

TINKERCAD DESIGN For 3D PRINTING SECTION 04

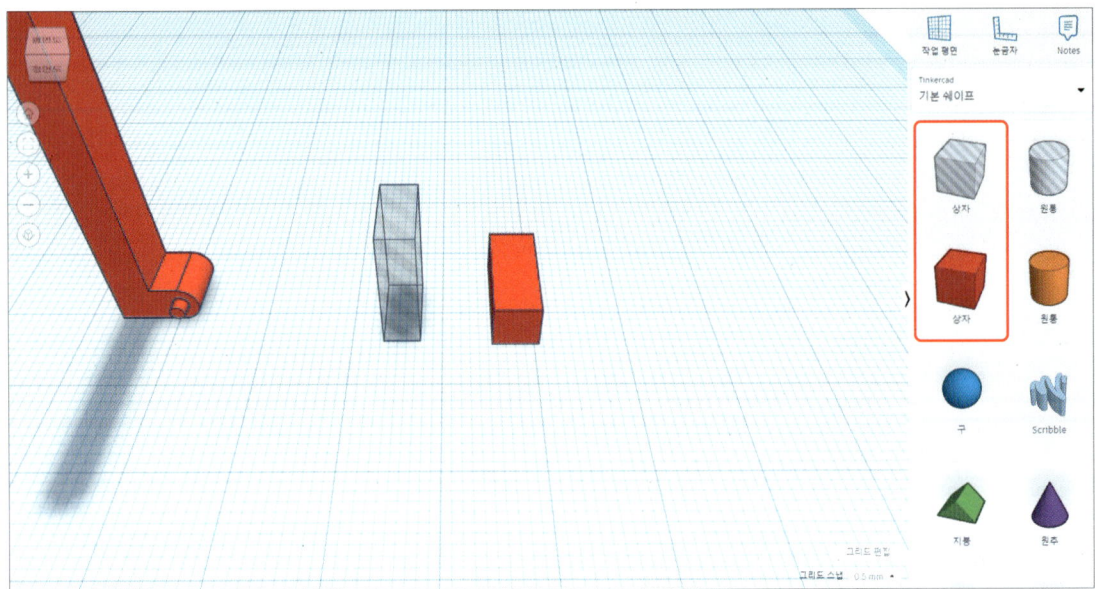

기본 쉐이프에서 상자와 구멍 상자를 선택하여 작업 평면에 놓은 후 치수를 조절합니다.

예 구멍 상자 : 가로 4, 세로 8.5, 높이 14
   상자 : 가로 5, 세로 12, 높이 5

두 상자를 정렬 버튼으로 정렬한 후 그룹화합니다.

TINKERCAD DESIGN For 3D PRINTING _____ SECTION 04

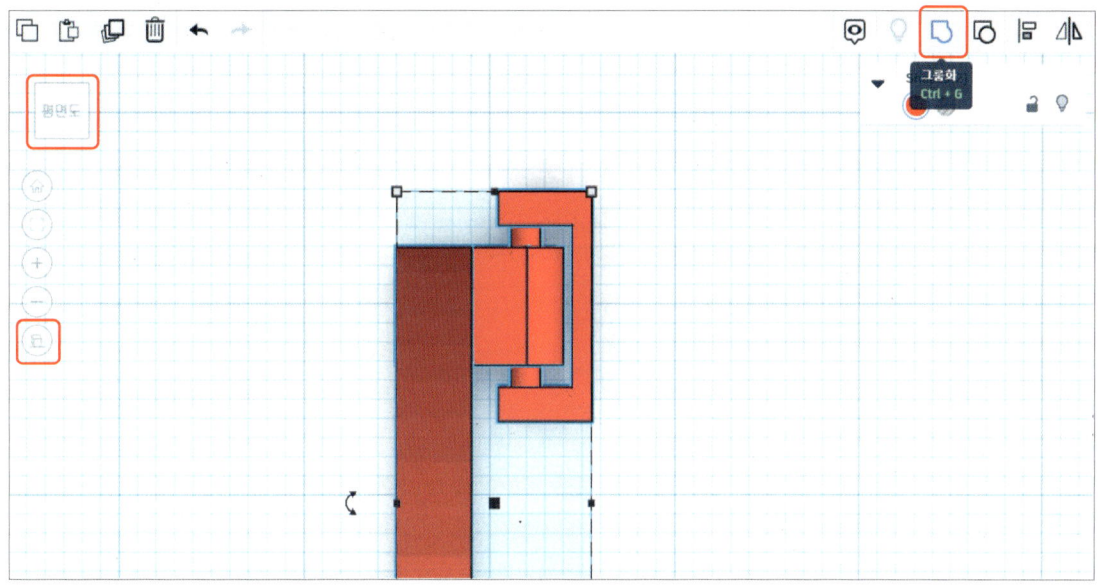

뷰박스를 평면도 · 직교뷰로 선택합니다.

키보드 방향키 ← ↑ ↓ → 와 그리드 스냅을 활용하여 그림과 같이 연결 부위를 배치한 후 그룹화합니다.

(경첩부분이 움직일 수 있도록 적당하게 띄워줍니다.)

 안경 완성하기

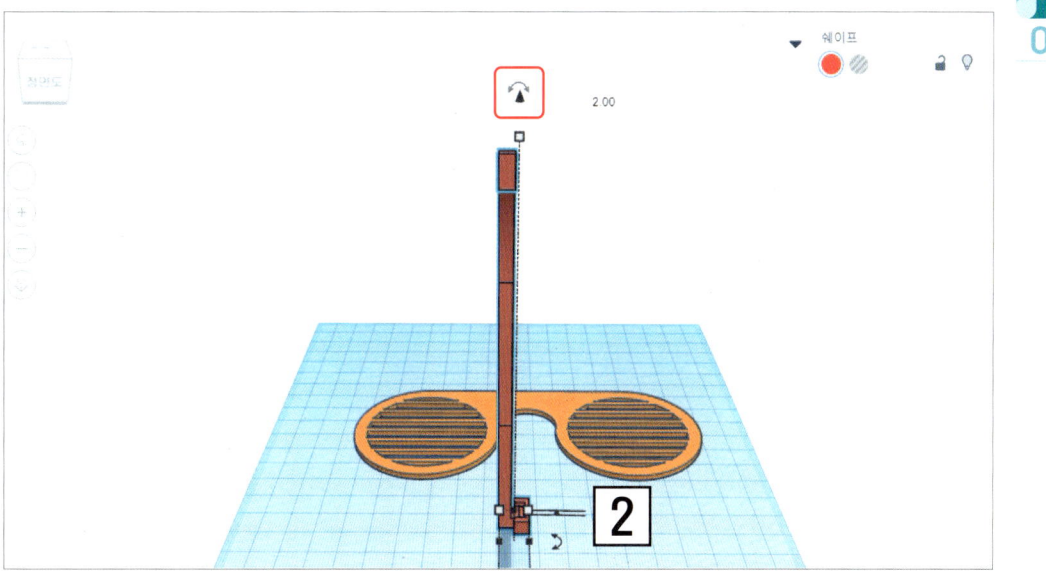

안경 다리 부분을 위로 "2"만큼 올려줍니다.

TINKERCAD DESIGN For 3D PRINTING

SECTION 04

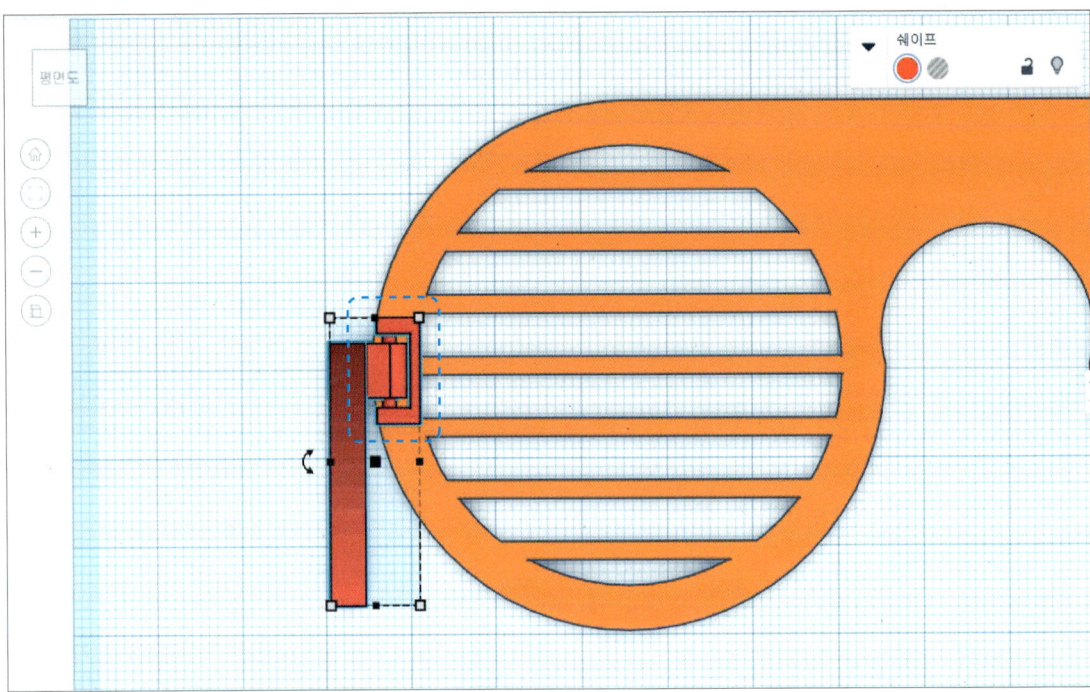

뷰박스를 평면도 · 직교뷰로 선택합니다.
그림과 같이 안경 다리 부분을 안경테에 적절하게 배치합니다.

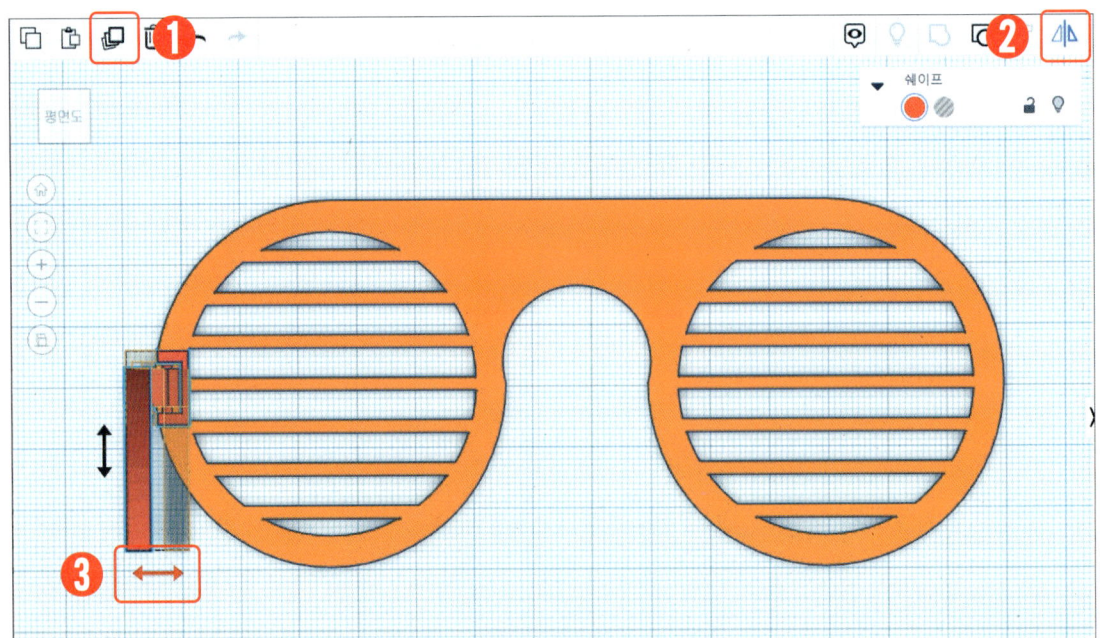

안경 다리 부분을 ❶ 복제한 후 ❷ 대칭 버튼으로 ❸ 가로 대칭합니다.

TINKERCAD DESIGN For 3D PRINTING _____ SECTION 04

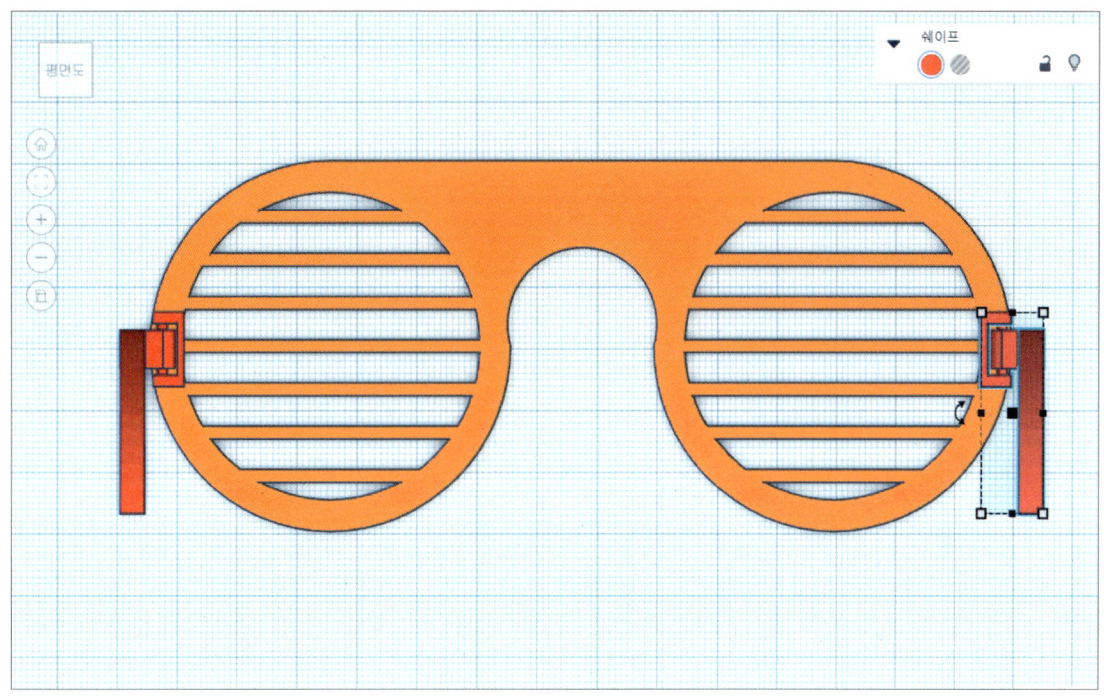

복제된 안경 다리 부분을 키보드 방향키 로 그림과 같이 배치합니다.

안경 완성!

TINKERCAD DESIGN For 3D PRINTING

도|전|과|제

- 다양한 파티 안경을 디자인하여 모델링해 봅시다.

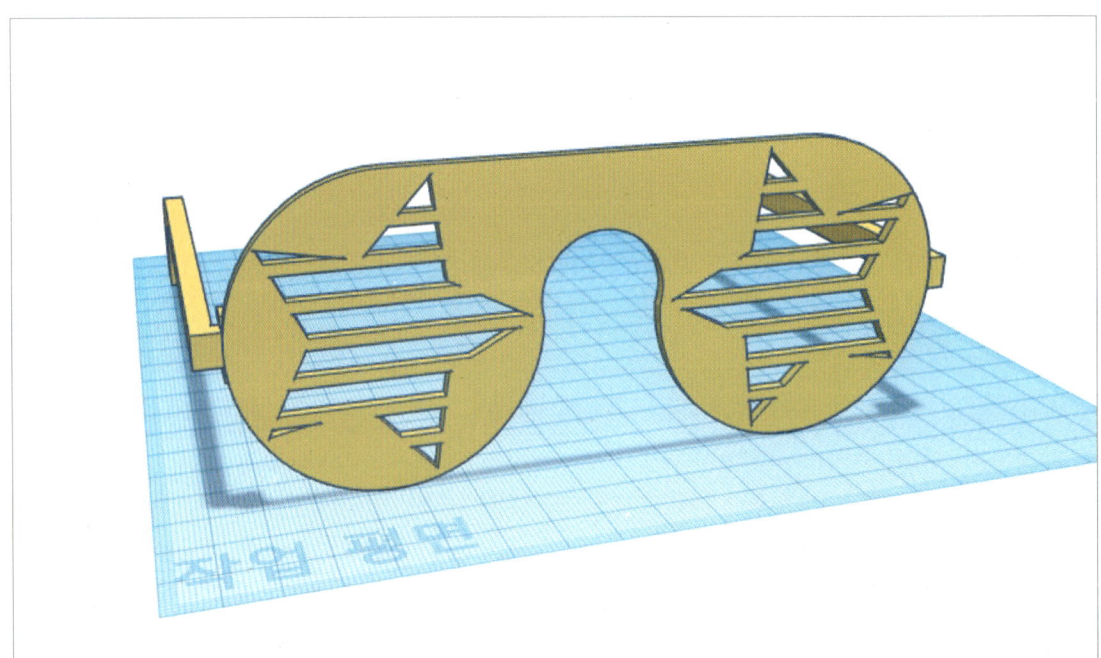

SECTION 05 펜 케이스

● 펜 케이스 만들기

도형과 구멍 도형의 그룹화를 응용하여 펜 케이스를 모델링해 봅시다.
나만의 문구와 다양한 도형으로 나만의 케이스를 꾸며 봅시다.

TINKERCAD DESIGN For 3D PRINTING

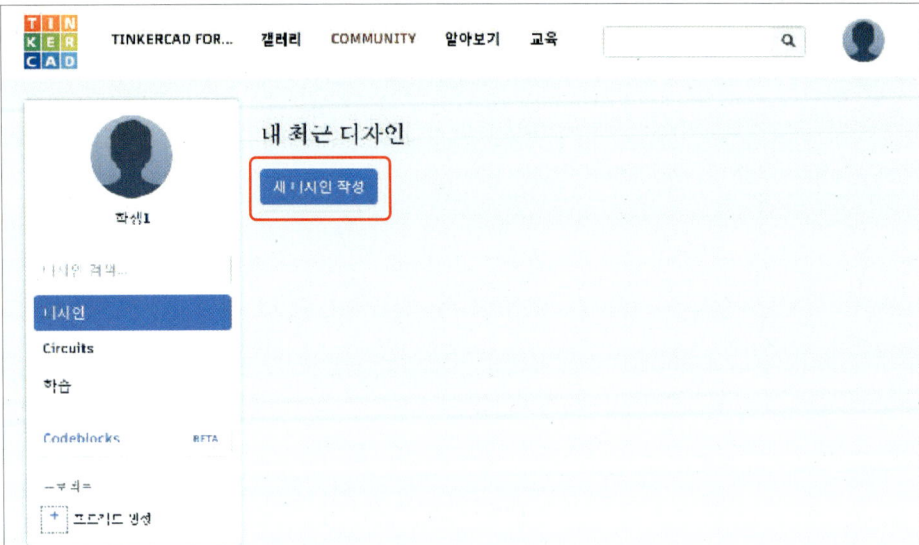

구글크롬 에서 틴커캐드 웹사이트(www.tinkercad.com)에 접속합니다.
로그인 후 대시보드의 새 디자인 작성 을 클릭합니다.

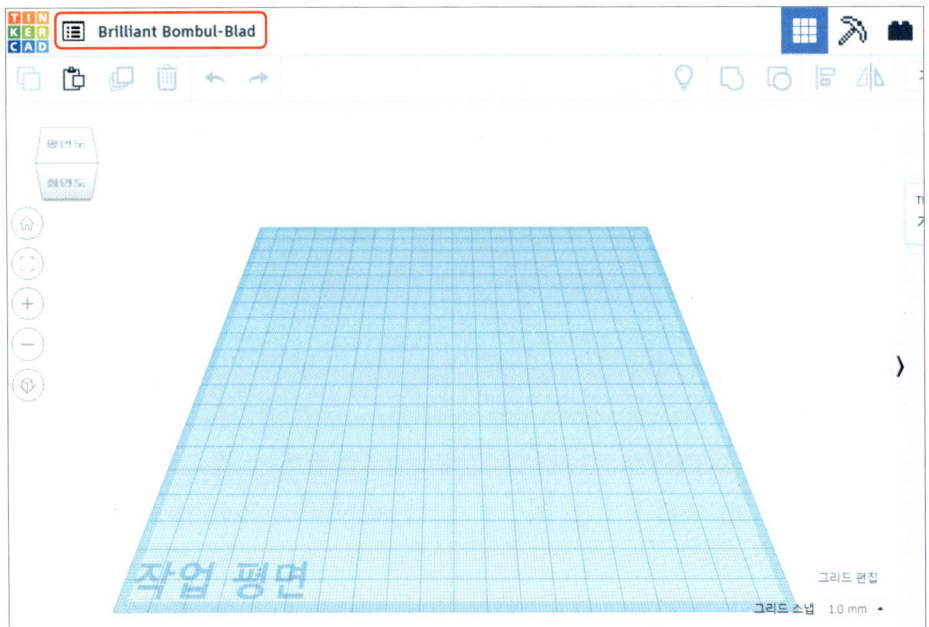

틴커캐드는 저장 버튼이 따로 없으며 웹에서 작업하고 모델링 작업파일 역시 인터넷 저장 공간에 자동으로 저장됩니다. 임의로 주어진 영어이름을 클릭하면 파일명을 수정할 수 있습니다.

TINKERCAD DESIGN For 3D PRINTING SECTION 05

파일명을 "펜 케이스"로 수정하고 엔터키 또는 화면의 빈 공간 아무 곳이나 클릭합니다.

펜 케이스 만들기

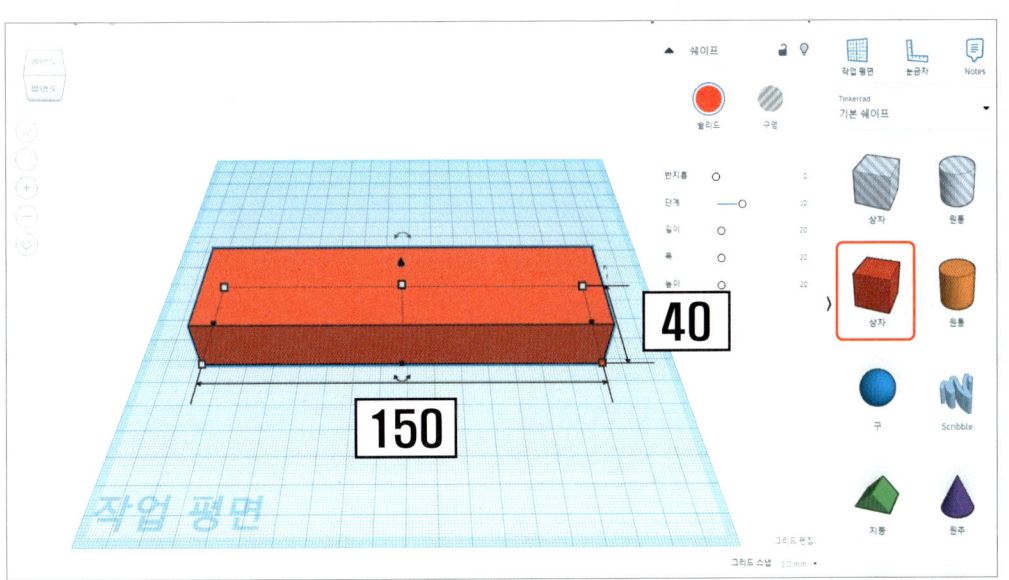

기본 쉐이프에서 상자를 선택하여 작업 평면에 놓은 후 치수를 조절합니다.
예 가로 150, 세로 40, 높이 20

TINKERCAD DESIGN For 3D PRINTING

SECTION 05

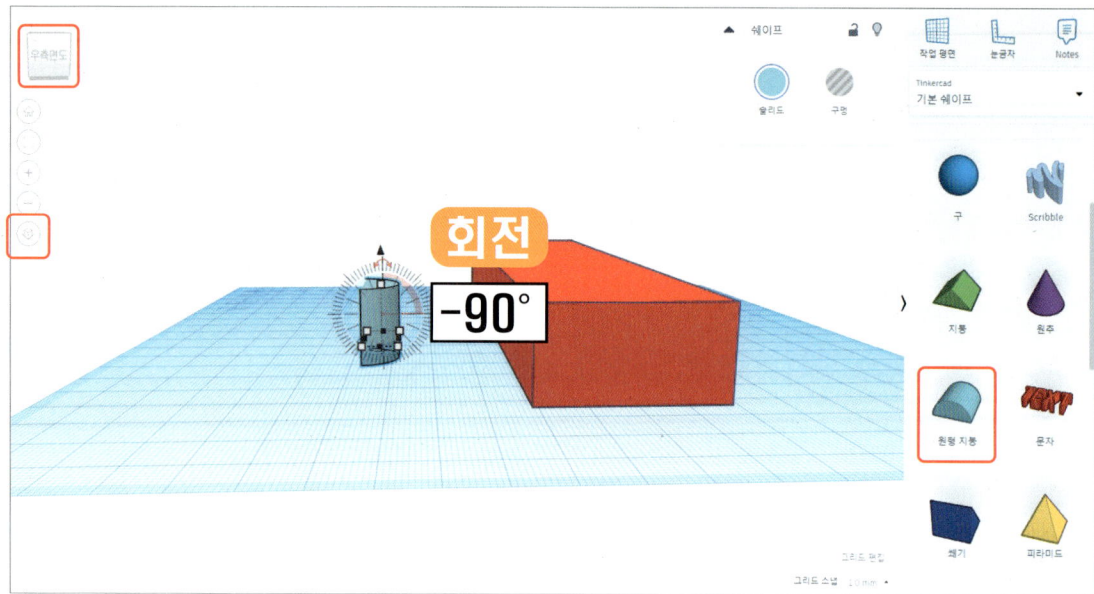

뷰박스를 우측면도로 선택합니다.
기본 쉐이프에서 원형 지붕을 선택하여 작업 평면에 놓은 후 -90° 회전합니다.

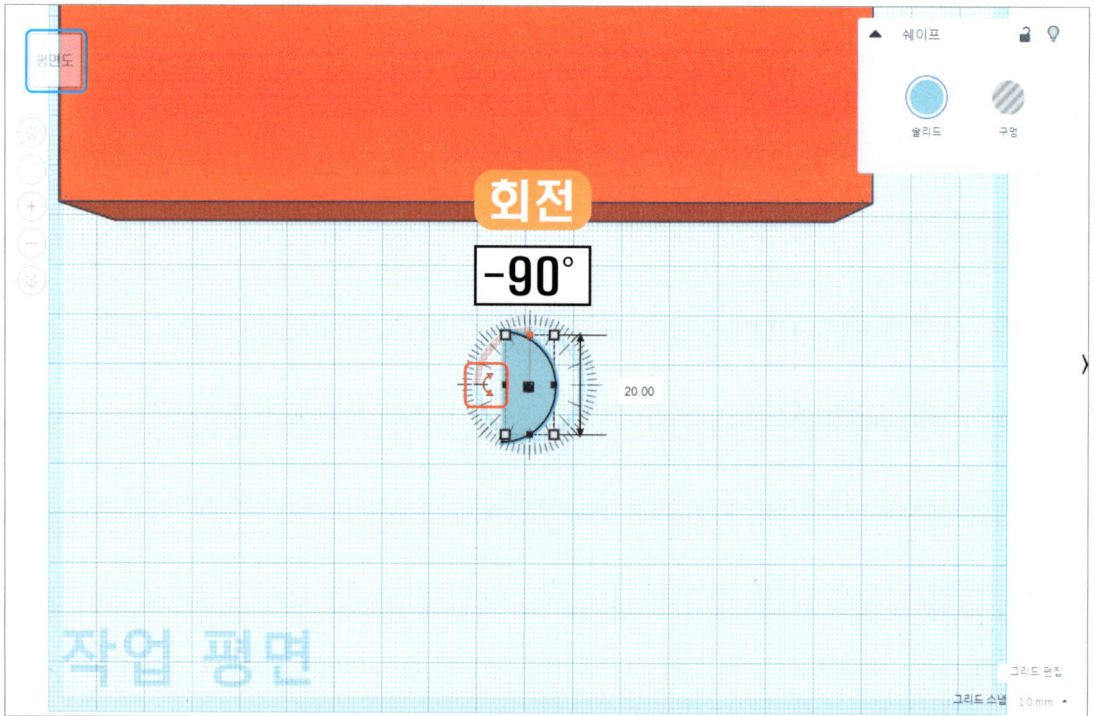

뷰박스를 평면도로 선택합니다. 원형 지붕을 -90° 회전합니다.

TINKERCAD DESIGN For 3D PRINTING

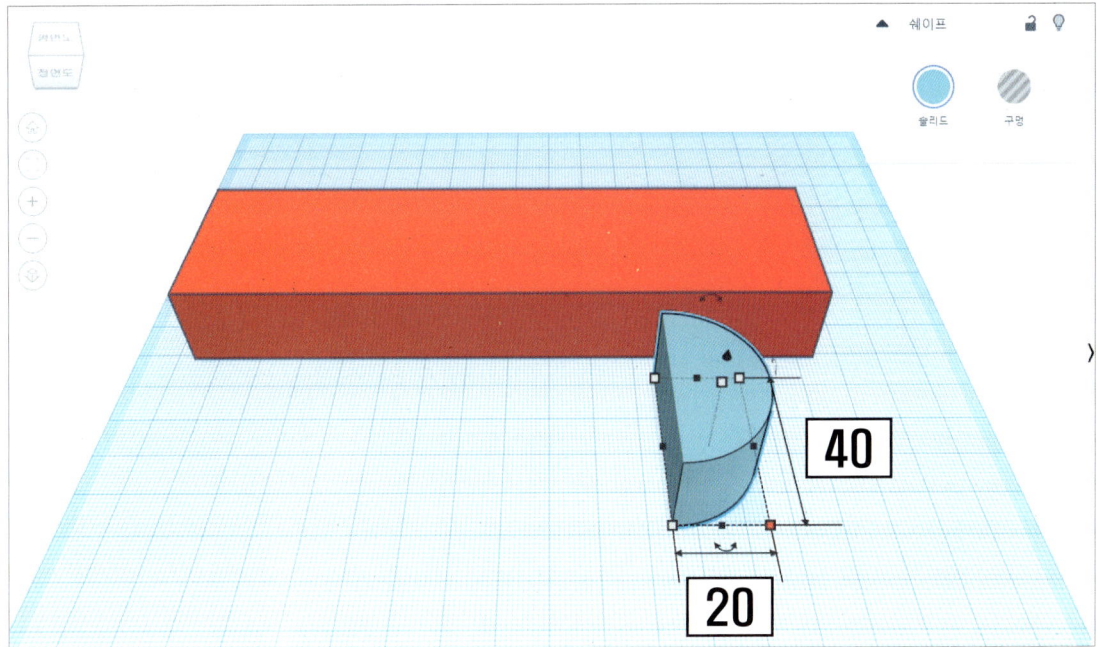

원형 지붕의 치수를 조절합니다.
예 가로 20, 세로 40, 높이 20

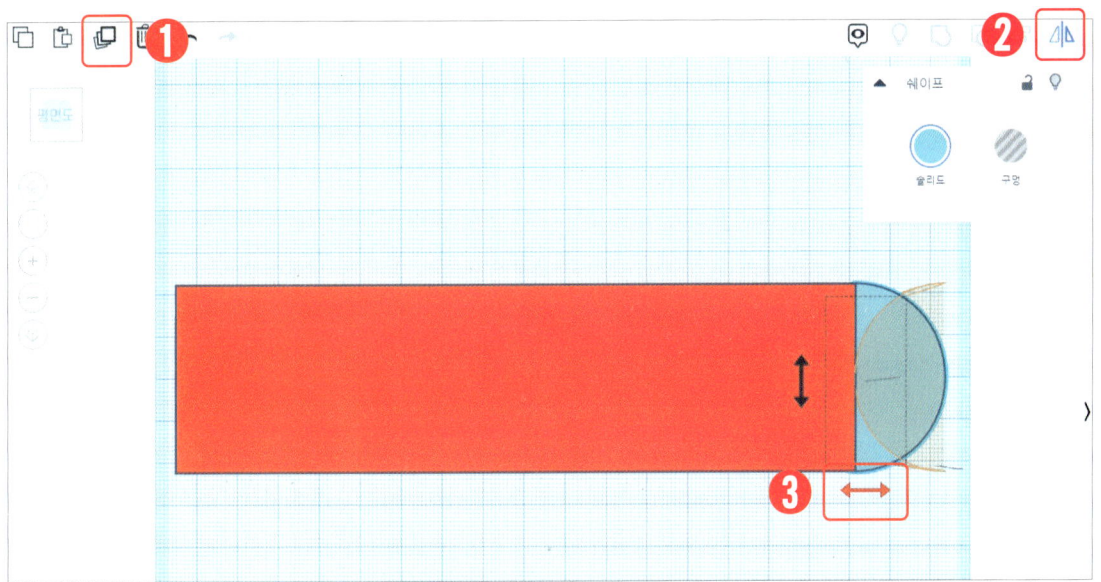

원형 지붕을 그림과 같이 키보드 방향키 ←↑↓→ 로 상자 옆에 배치합니다.

원형 지붕을 ❶ 복제한 후 ❷ 대칭 버튼으로 ❸ 좌우 대칭합니다.

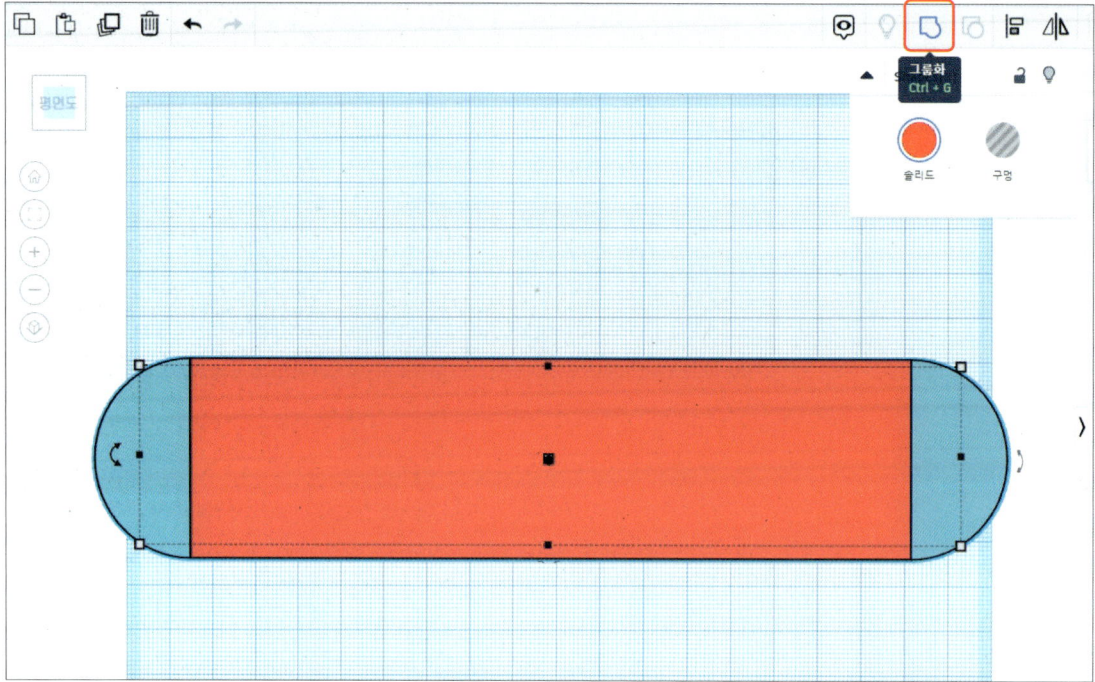

도형을 모두 선택한 후 그룹화합니다.

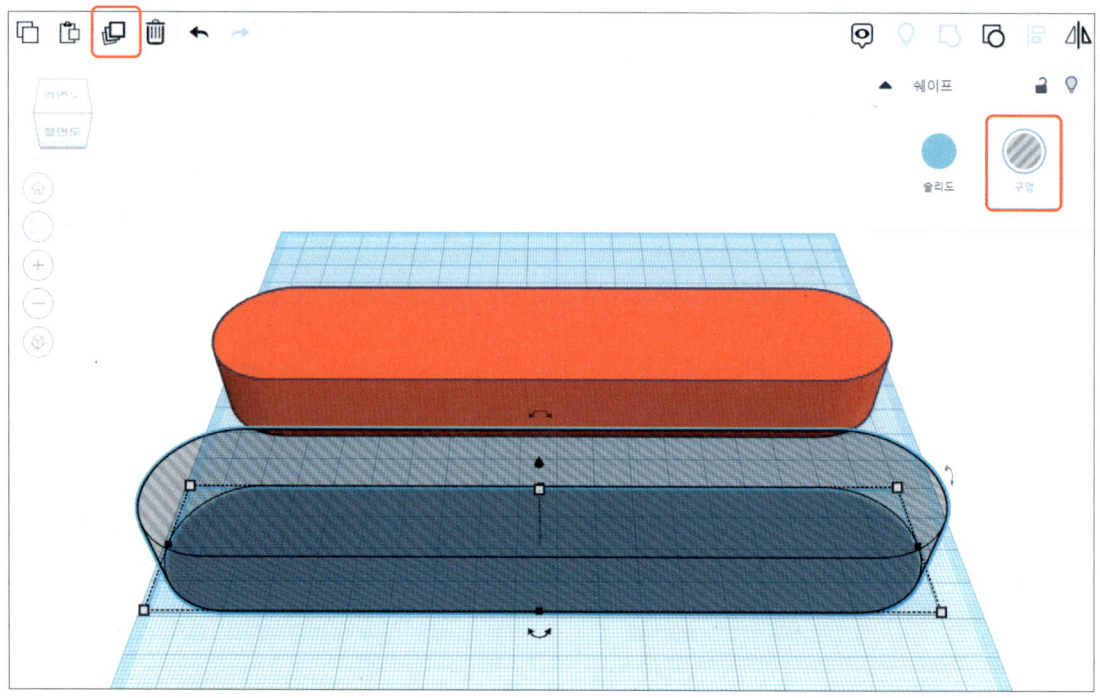

그룹화된 도형을 복제한 뒤 구멍 도형으로 바꿔줍니다.

TINKERCAD DESIGN For 3D PRINTING _____ SECTION 05

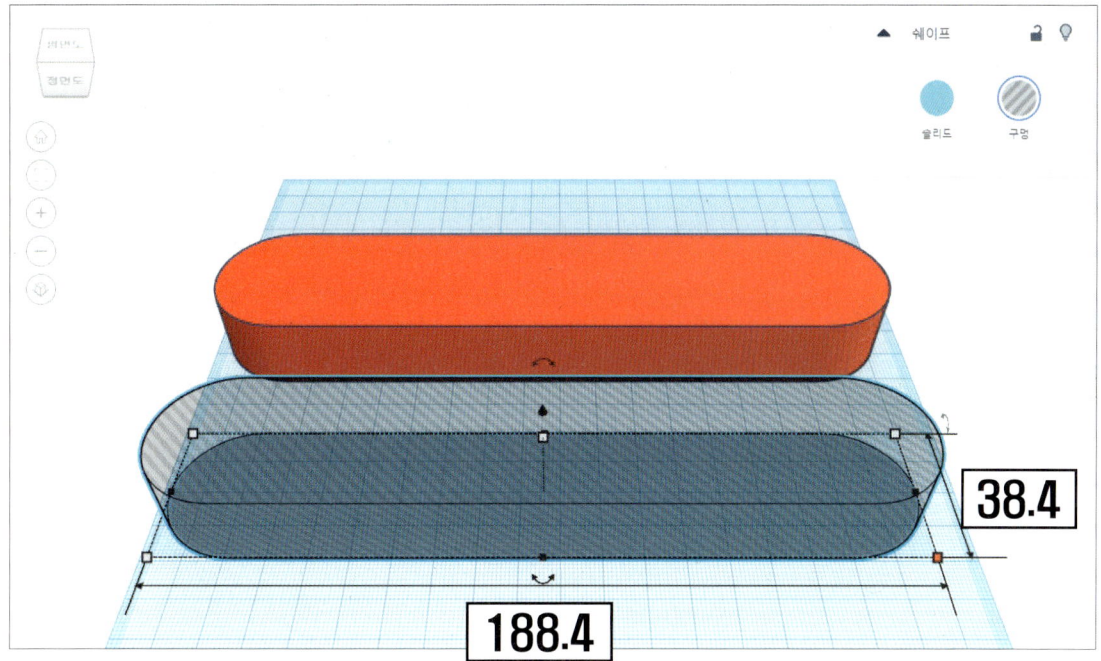

구멍 도형의 치수를 조절합니다.
예 가로 188.4, 세로 38.4

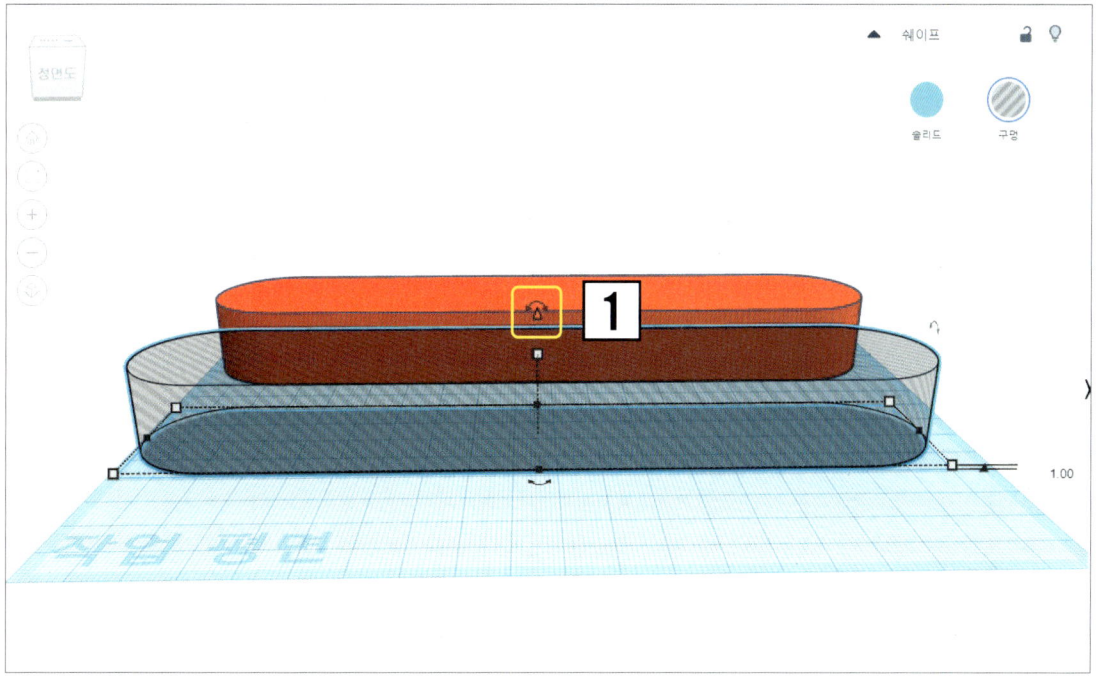

구멍 도형을 위로 "1"만큼 올려줍니다.

TINKERCAD DESIGN For 3D PRINTING　　　　　　　　　　SECTION 05

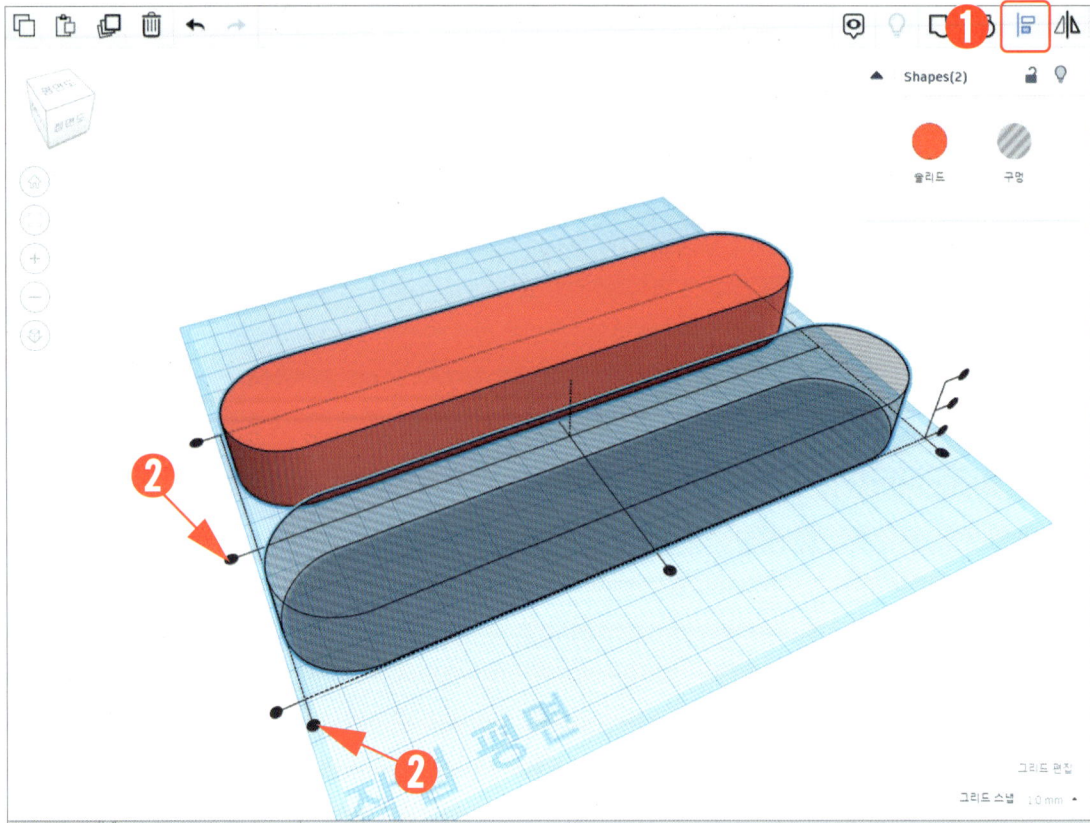

두 도형을 ❶ 정렬 버튼을 클릭한 후 ❷를 클릭하여 정렬합니다.

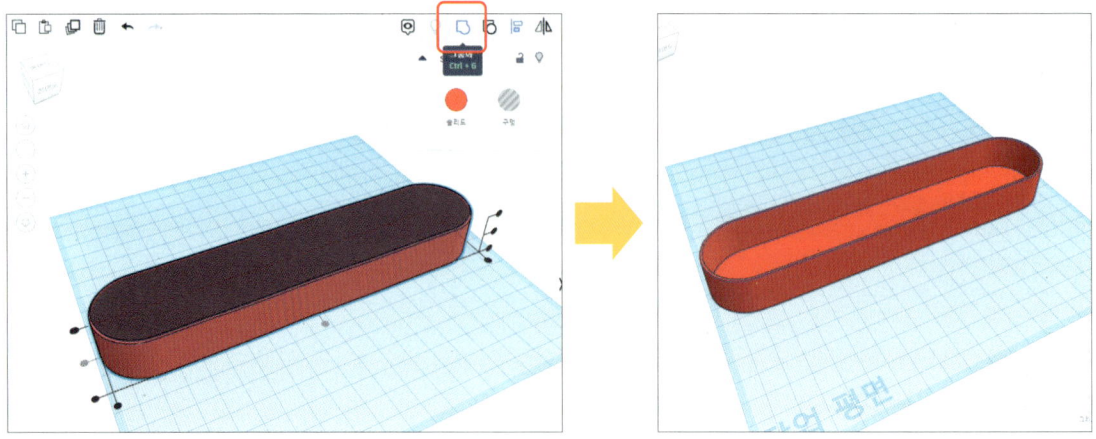

도형을 모두 선택한 후 그룹화합니다.

TINKERCAD DESIGN For 3D PRINTING _____ SECTION 05

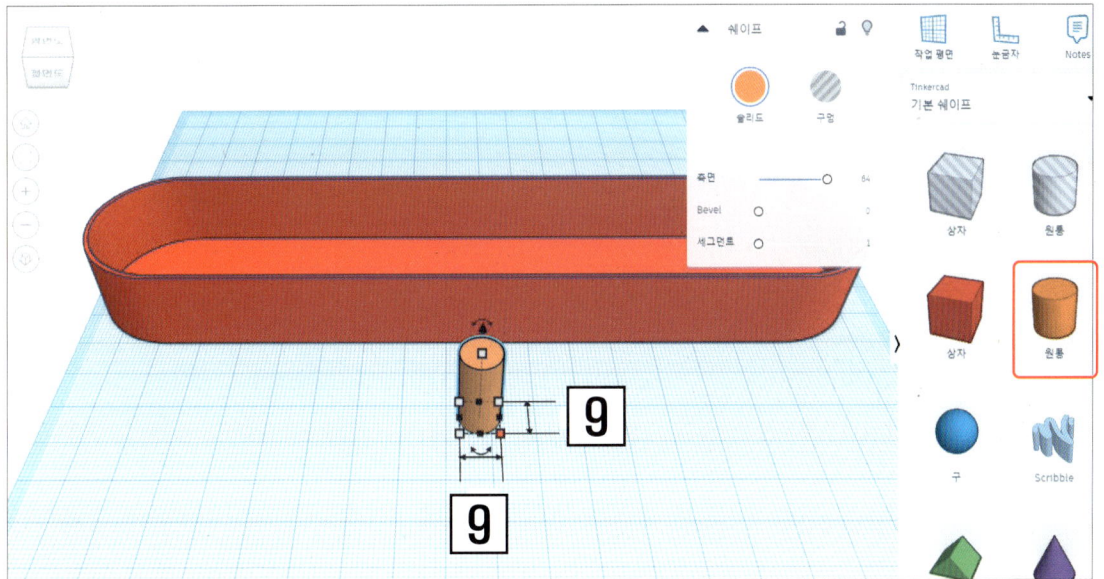

기본 쉐이프에서 원통을 선택하여 작업 평면에 놓은 후 치수를 조절합니다.
예 가로 9, 세로 9, 높이 20

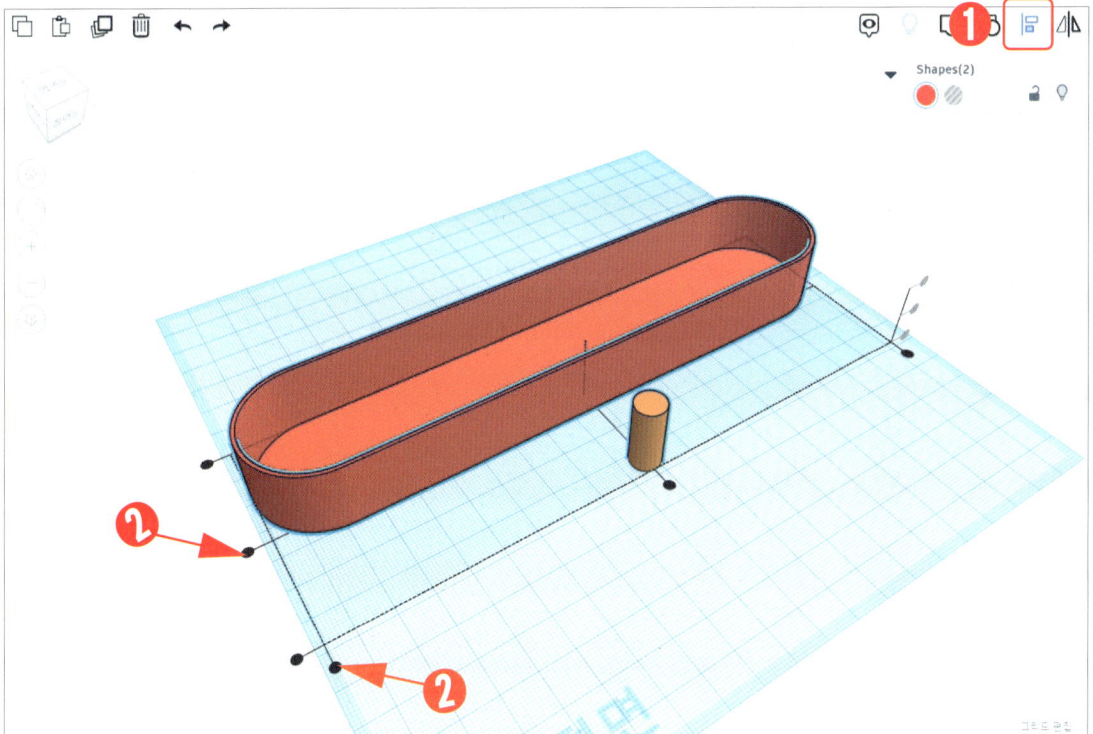

두 도형을 ❶ 정렬 버튼을 클릭한 후 ❷를 클릭하여 정렬합니다.

TINKERCAD DESIGN For 3D PRINTING _____ SECTION 05

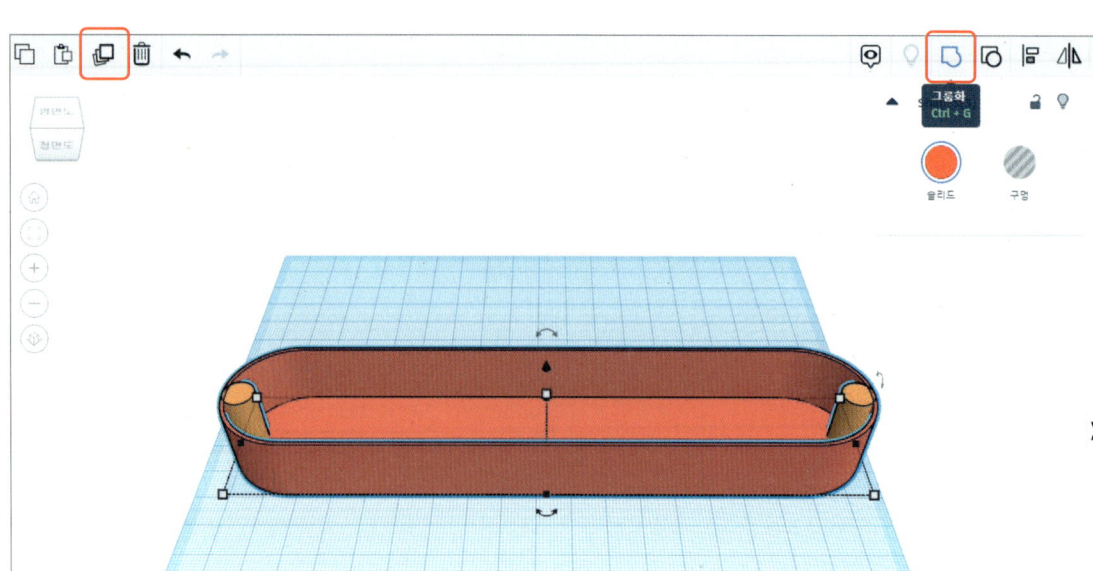

원통을 복제한 후 키보드 방향키 ⬆⬅⬇➡ 로 그림과 같이 이동한 후 그룹화합니다.

펜 케이스 연결 부위 만들기

03

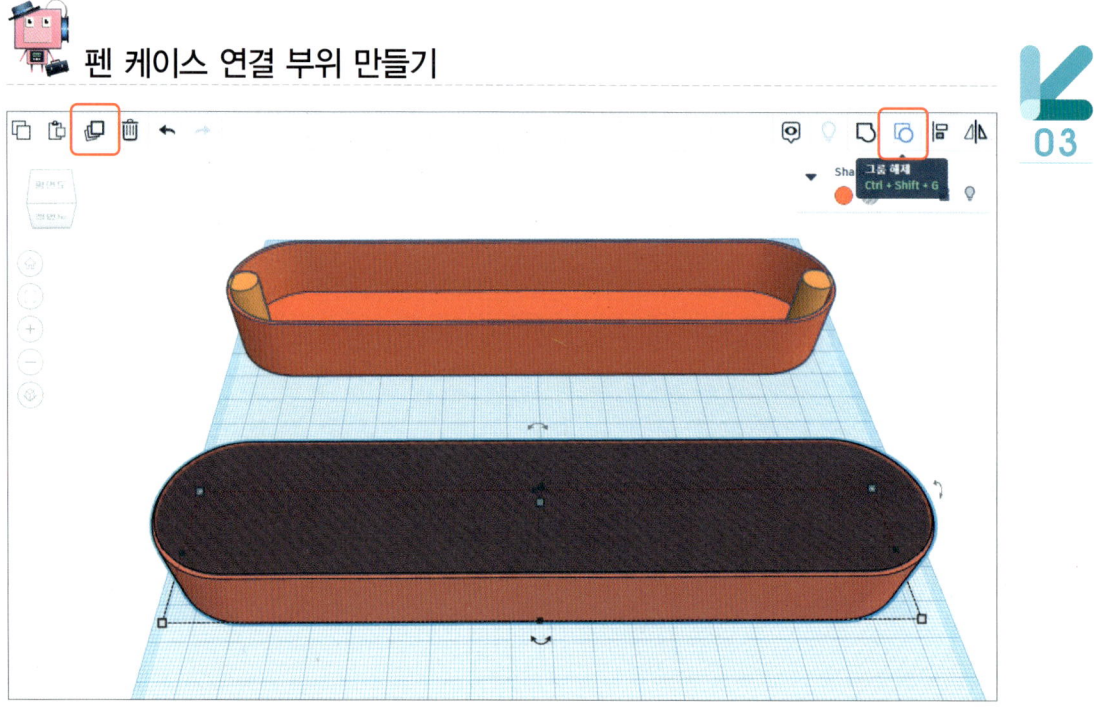

펜 케이스를 복제한 뒤 그룹해제 합니다.

TINKERCAD DESIGN For 3D PRINTING _____ SECTION **05**

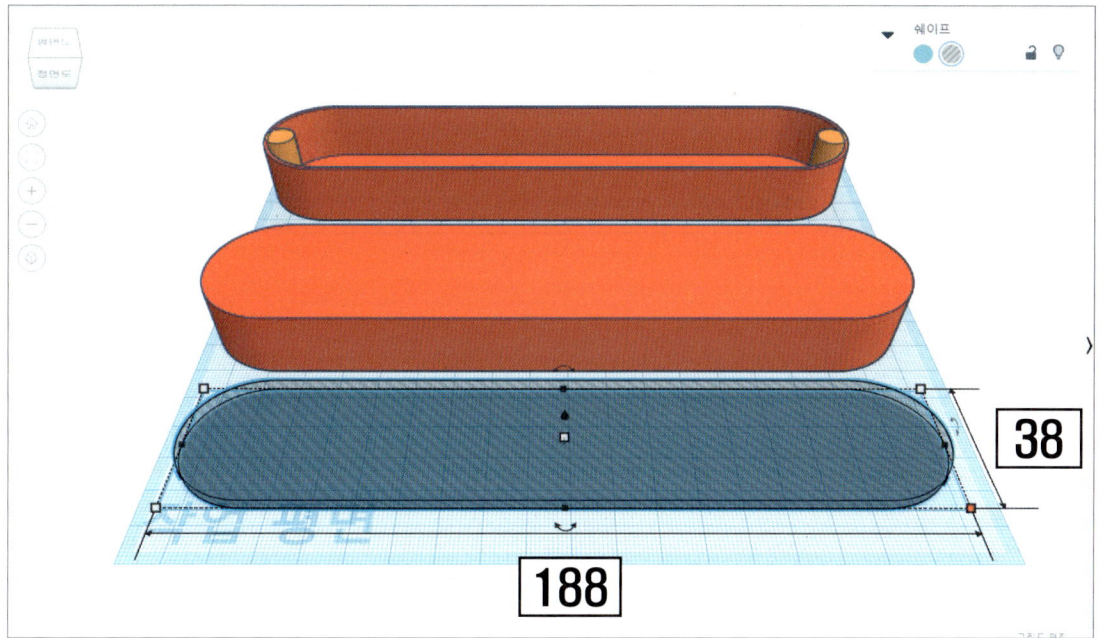

그룹해제된 구멍 도형의 치수를 조절합니다.
예 가로 188, 세로 38, 높이 3

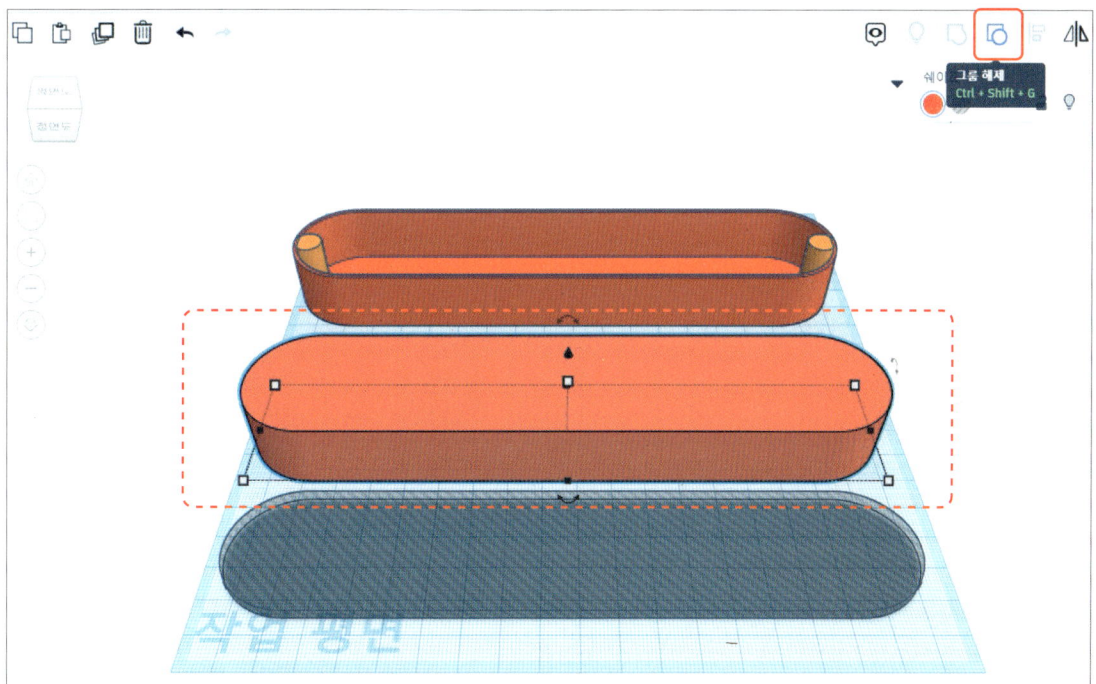

그룹화된 ⬚ 도형을 그룹해제 합니다.

SECTION 05_ 펜 케이스

TINKERCAD DESIGN For 3D PRINTING _____ SECTION 05

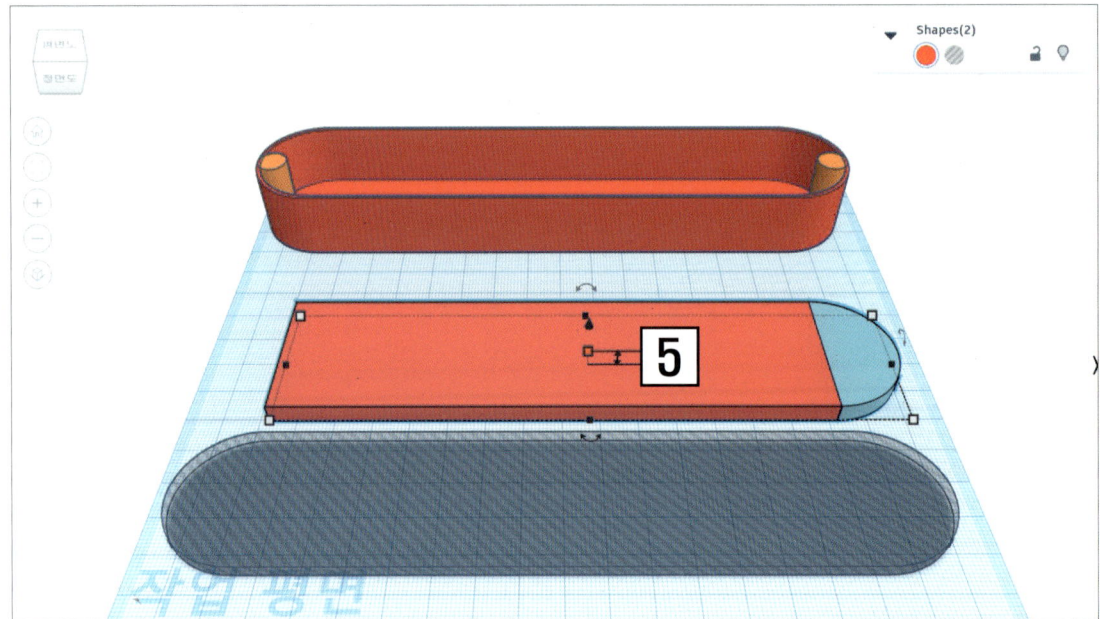

원형 지붕을 하나 삭제한 후 높이 치수를 "5"로 조절합니다.

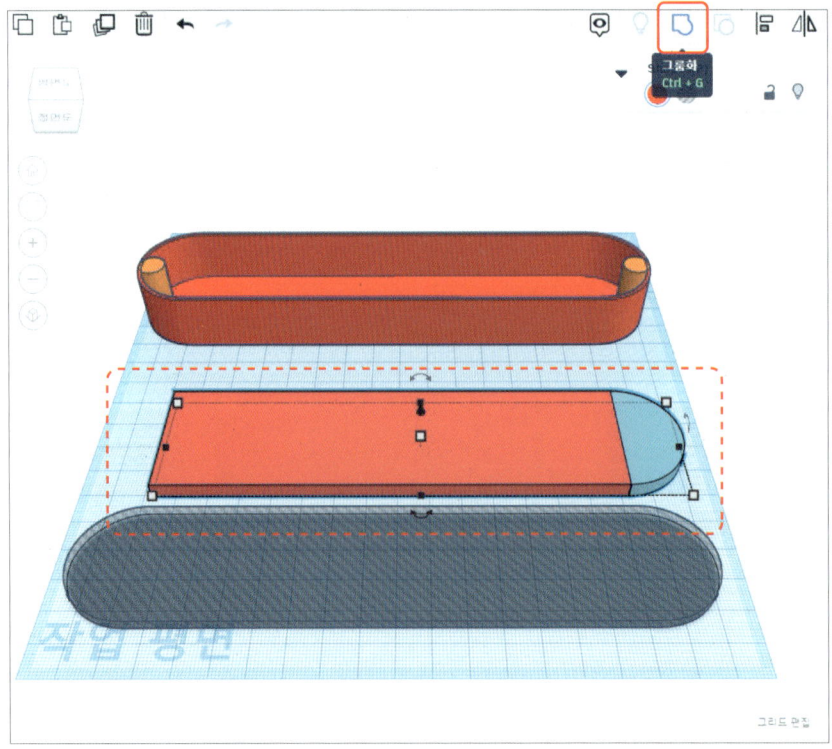

도형을 그룹화합니다.

TINKERCAD DESIGN For 3D PRINTING SECTION 05

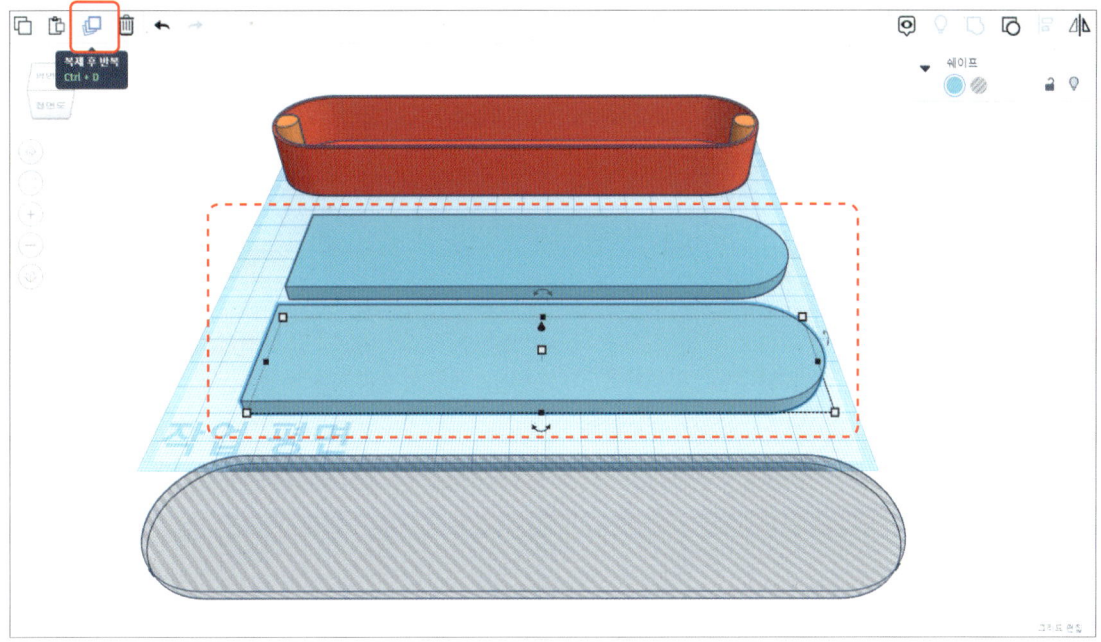

그룹화된 도형을 하나 더 복제합니다.

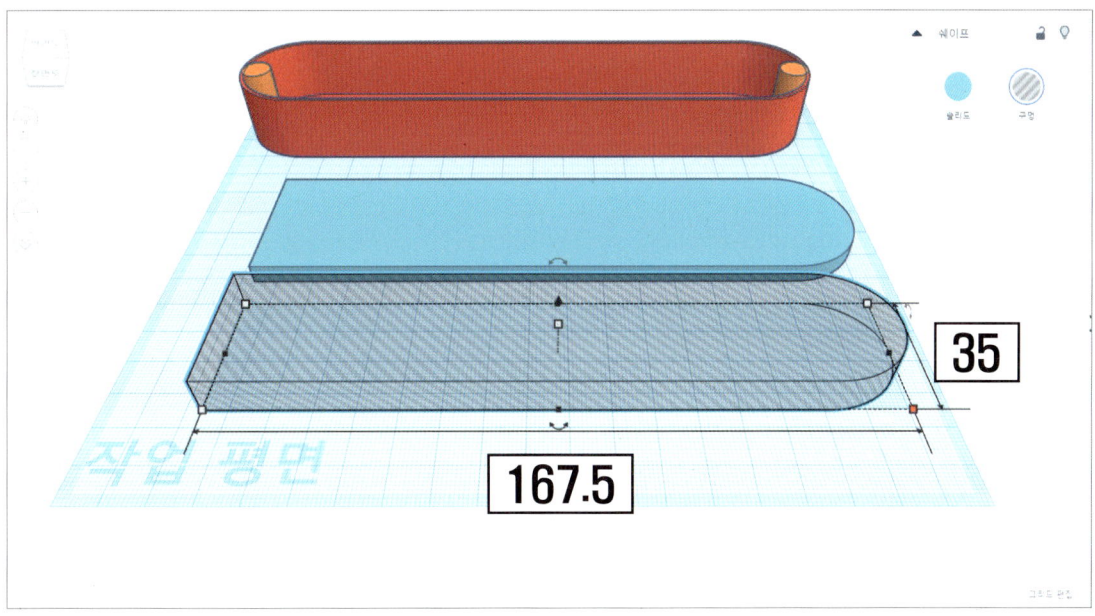

복제된 도형을 구멍 도형으로 바꾼 후 치수를 조절합니다.
예) 가로 167.5, 세로 35, 높이 10

TINKERCAD DESIGN For 3D PRINTING

SECTION 05

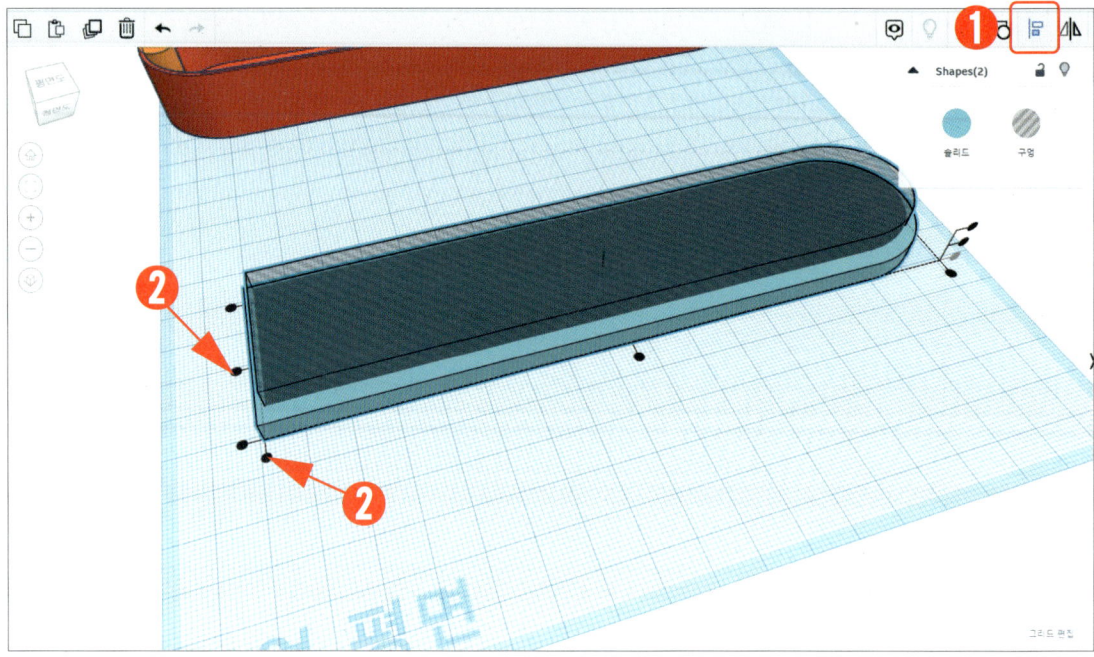

두 도형을 ❶ 정렬 버튼을 클릭한 후 ❷를 클릭하여 정렬합니다.

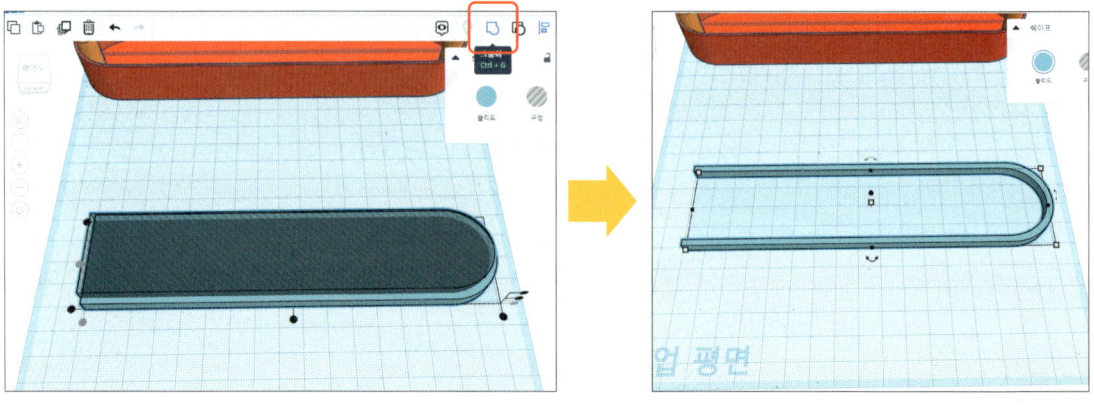

도형을 모두 선택한 후 그룹화합니다.

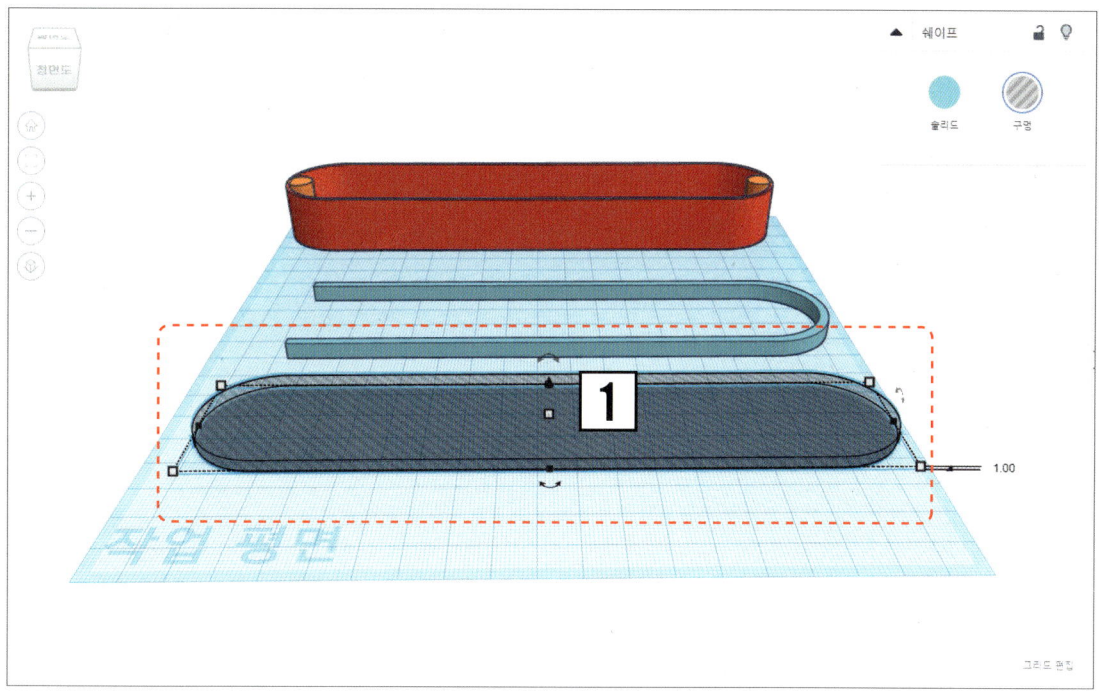

그룹해제했던 구멍 도형을 위로 "1"만큼 올려줍니다.

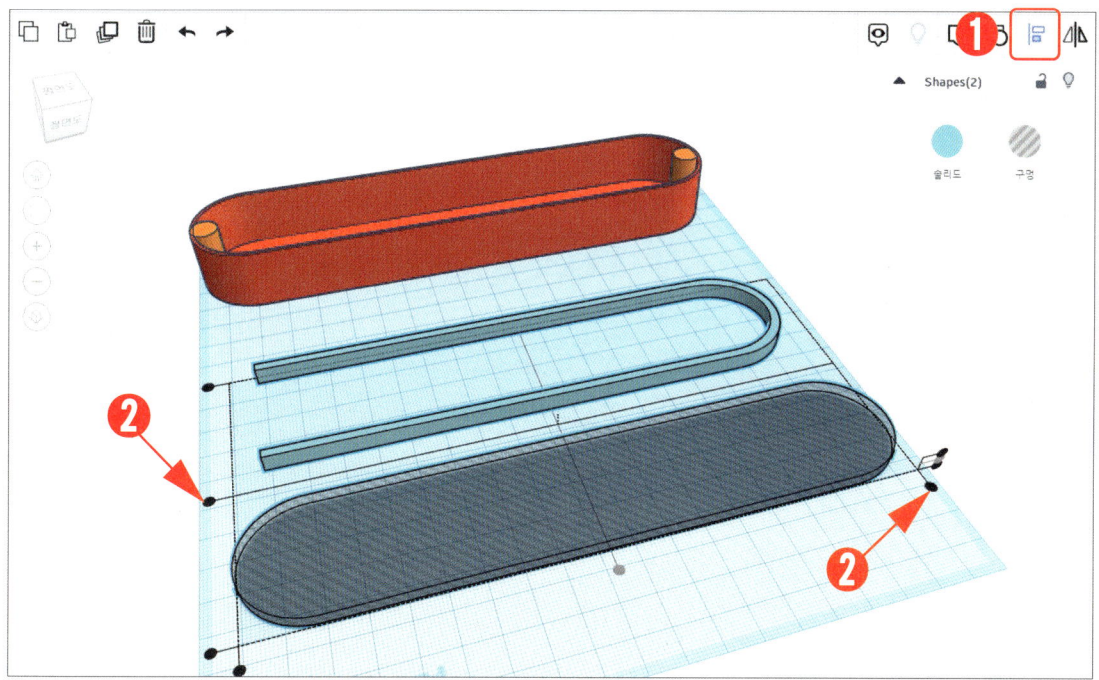

두 도형을 ❶ 정렬 버튼을 클릭한 후 ❷를 클릭하여 정렬합니다.

TINKERCAD DESIGN For 3D PRINTING　　　　　　　　　　　　SECTION 05

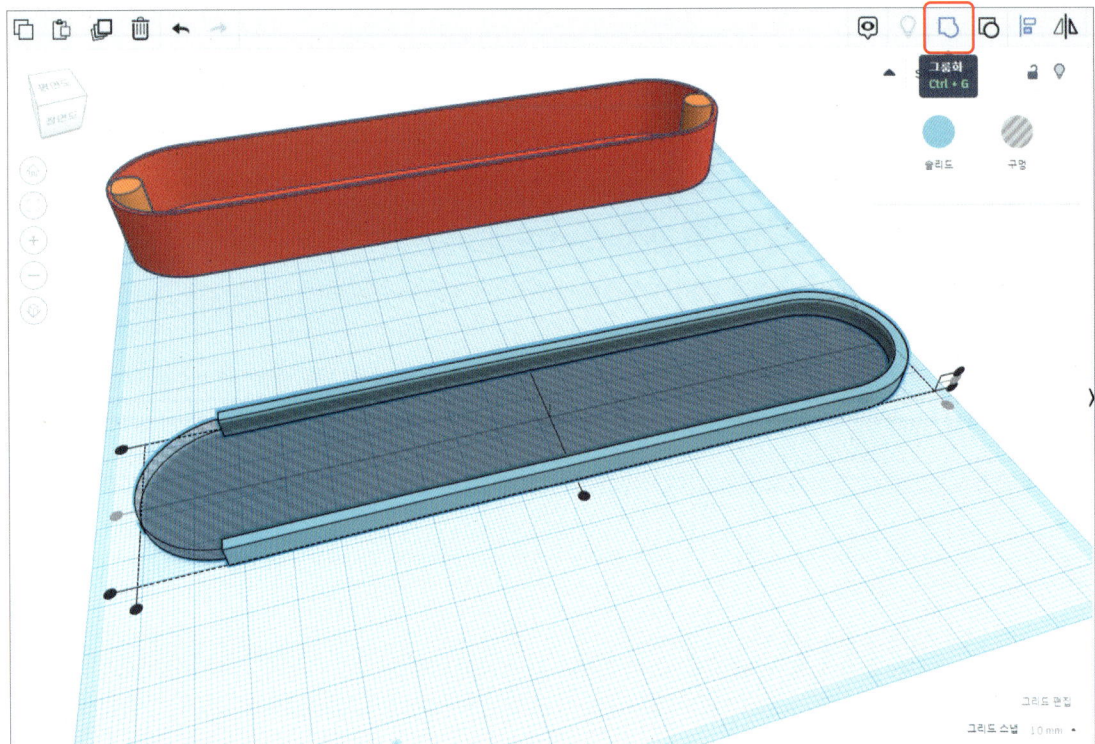

정렬된 도형을 그룹화합니다.

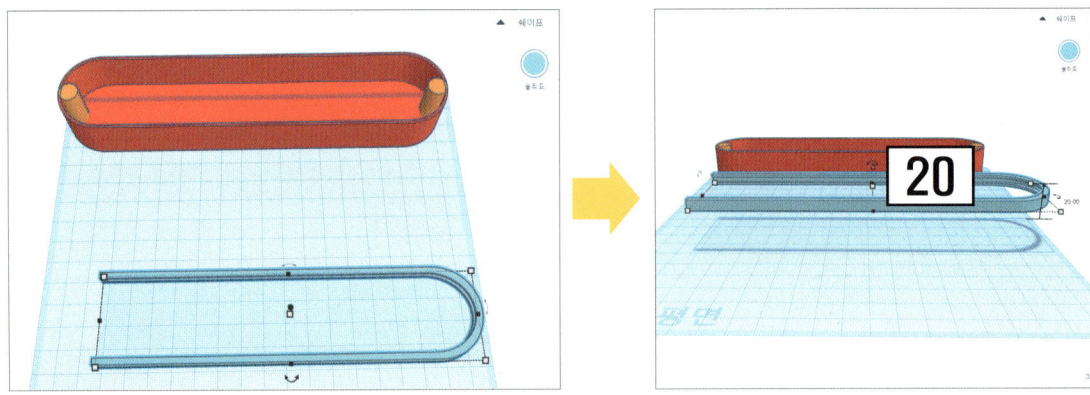

그룹화된 도형을 위로 "20"만큼 올려줍니다.

TINKERCAD DESIGN For 3D PRINTING   SECTION 05

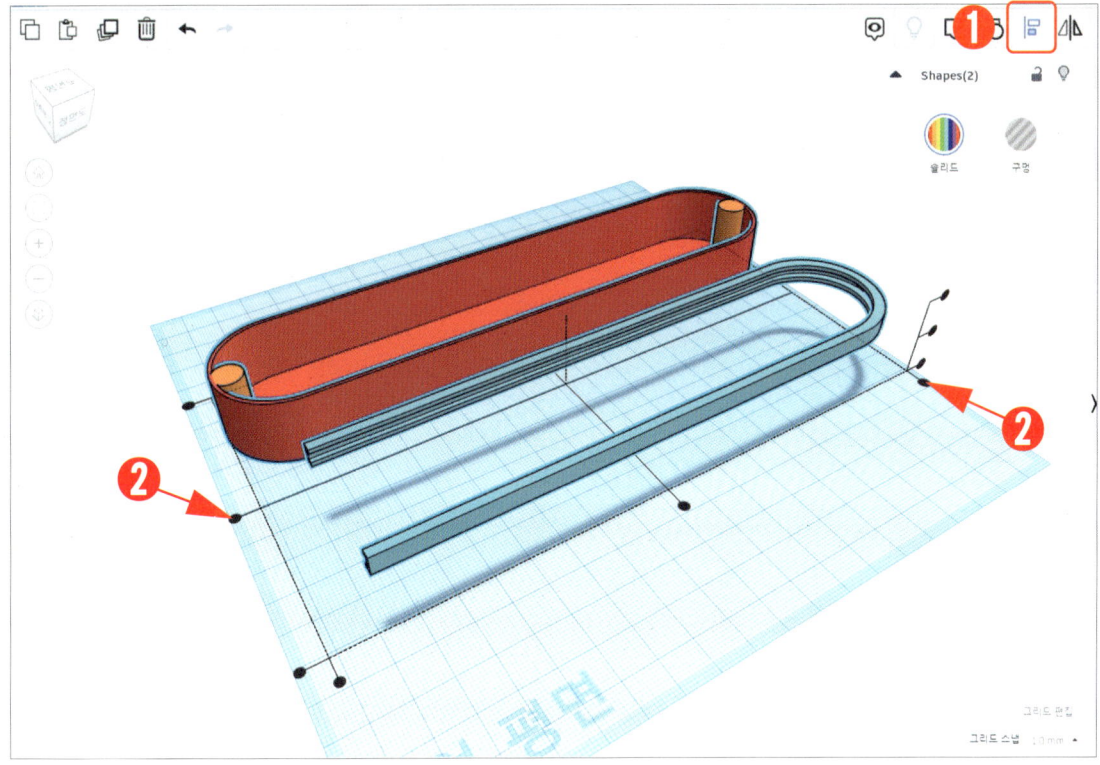

도형을 모두 선택한 후 ❶ 정렬 버튼을 클릭한 후 ❷를 클릭하여 정렬합니다.

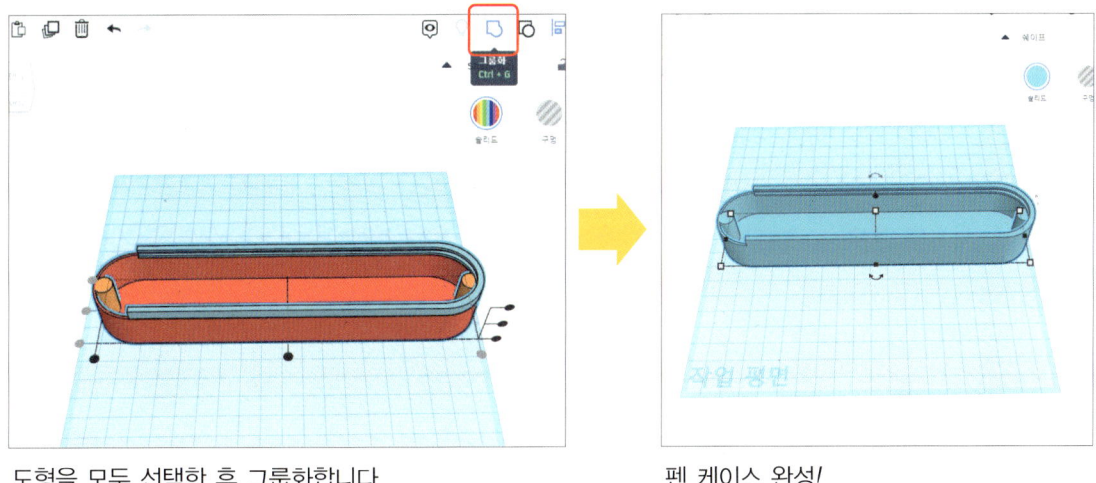

도형을 모두 선택한 후 그룹화합니다.   펜 케이스 완성!

TINKERCAD DESIGN For 3D PRINTING

 펜 케이스 뚜껑 만들기

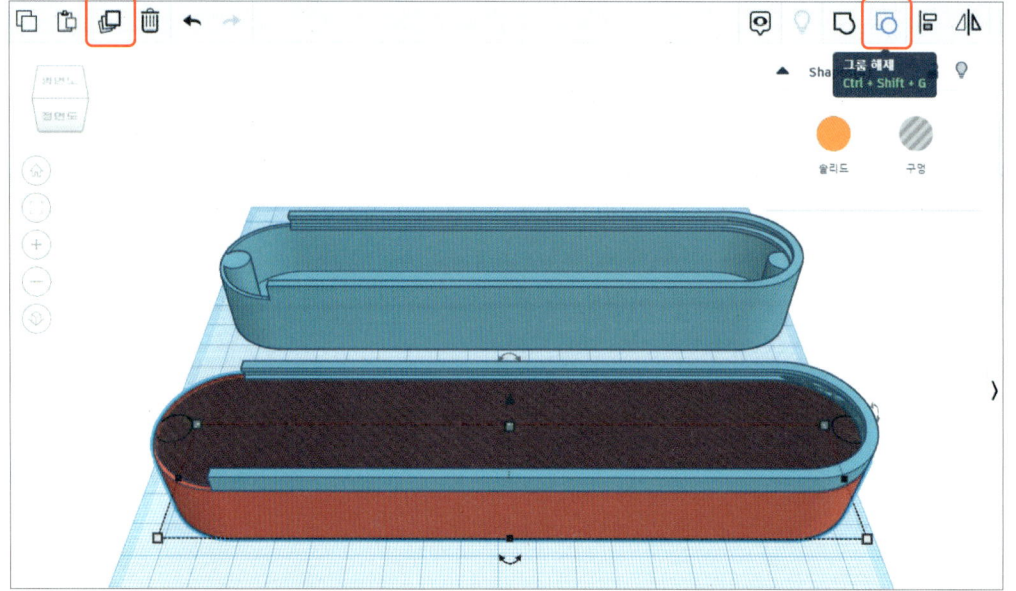

펜 케이스는 복제한 뒤 그룹해제 합니다.

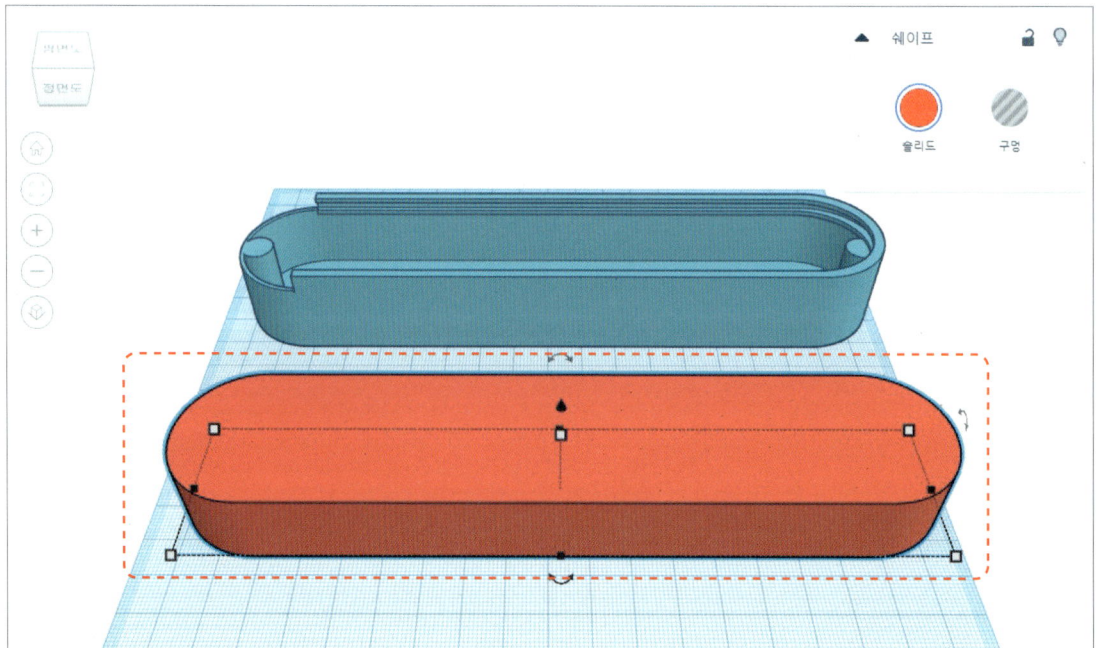

뚜껑을 만들기 위해 [ ] 도형만 남겨두고 나머지 도형은 모두 삭제합니다.

TINKERCAD DESIGN For 3D PRINTING　　　　　　　　　　　　　　SECTION 05

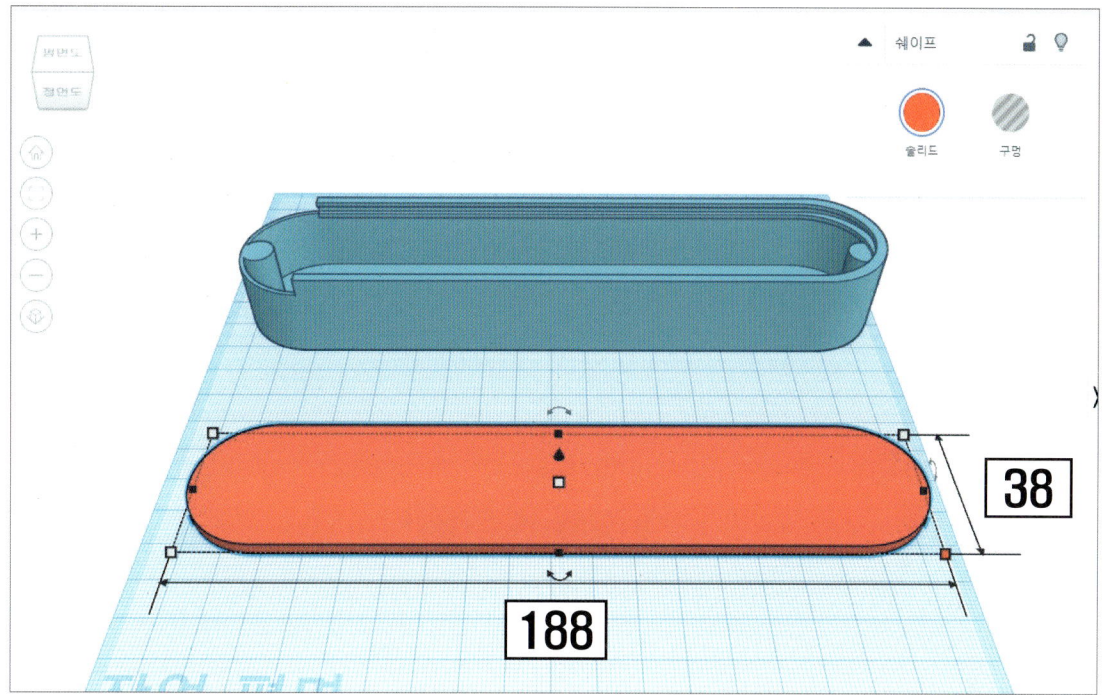

도형의 치수를 조절합니다.
예 가로 188, 세로 38, 높이 3

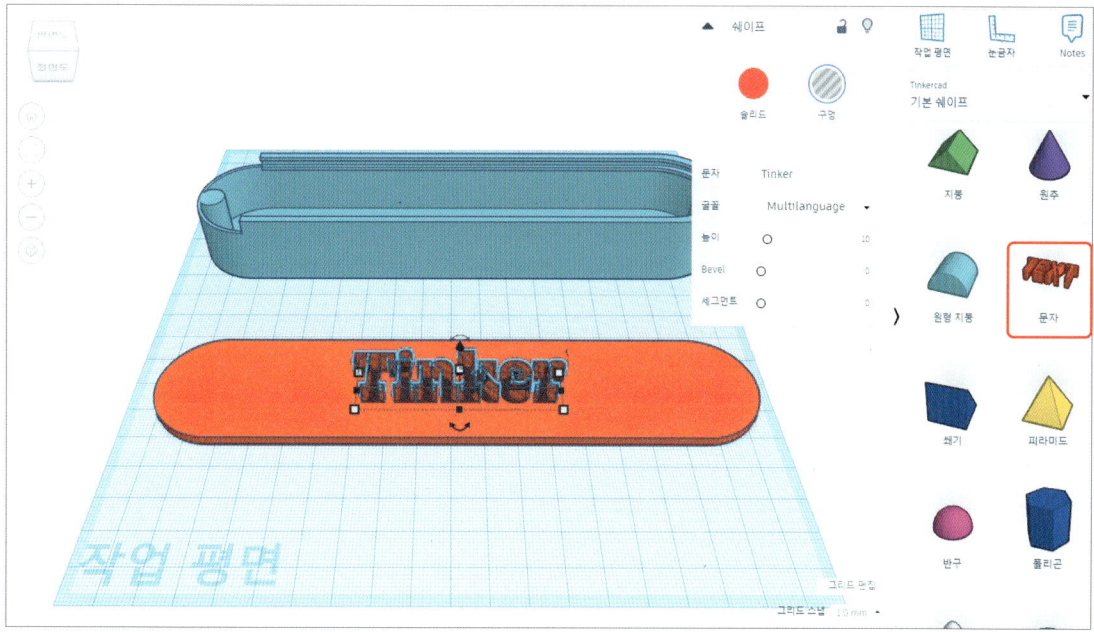

원하는 도형 또는 문자로 뚜껑을 꾸며줍니다.

TINKERCAD DESIGN For 3D PRINTING

SECTION 05

뚜껑과 꾸민 도형 혹은 문자를 모두 선택한 후 그룹화합니다.

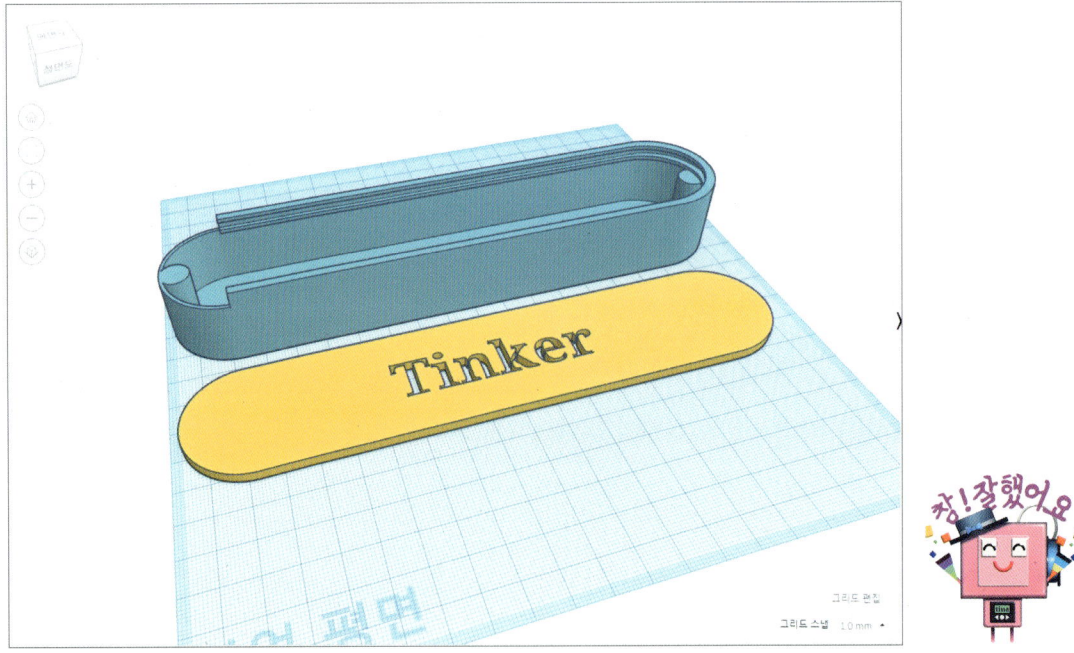

연필 케이스 완성!

TINKERCAD DESIGN For 3D PRINTING

도|전|과|제

- 다양한 디자인의 펜 케이스를 모델링해 봅시다.

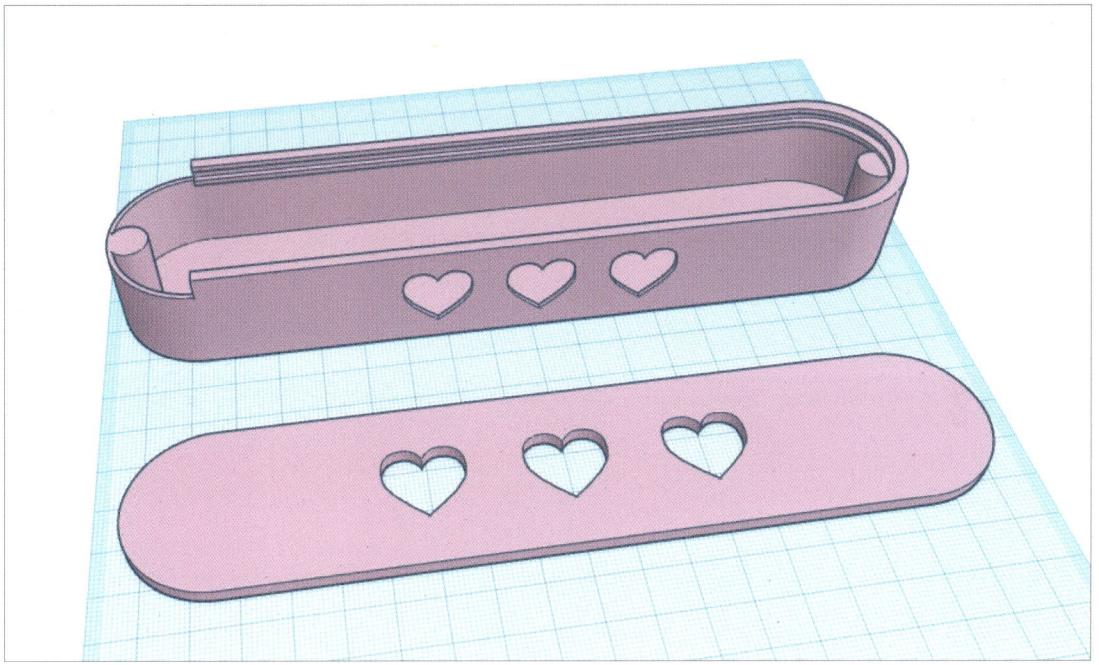

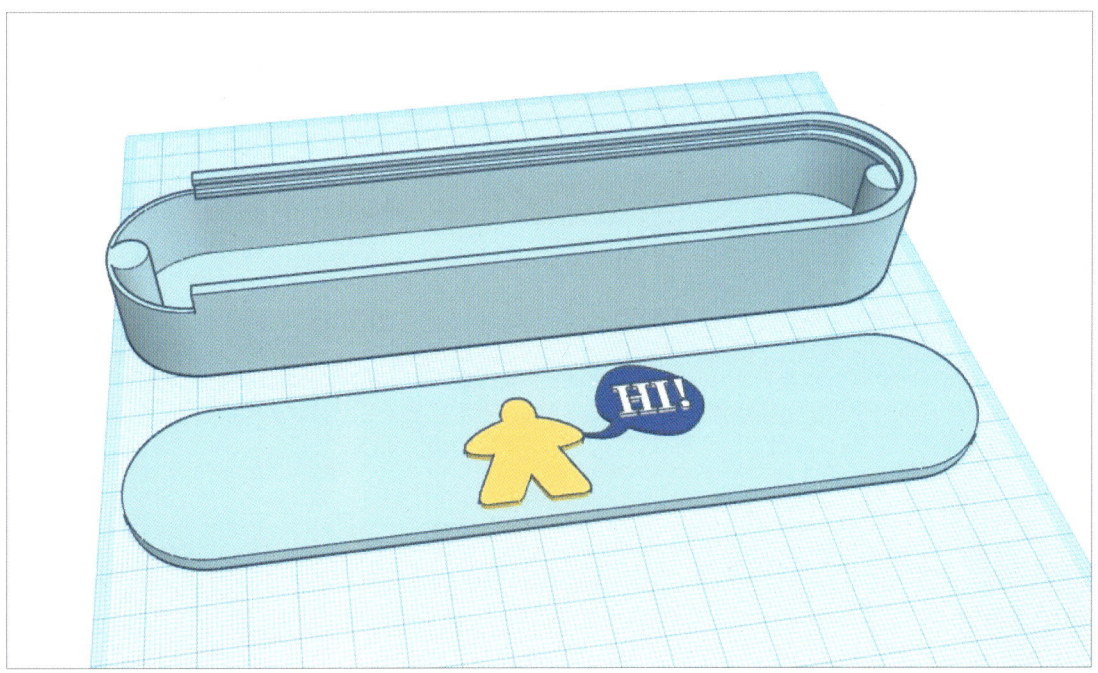

SECTION 06 시계 만들기

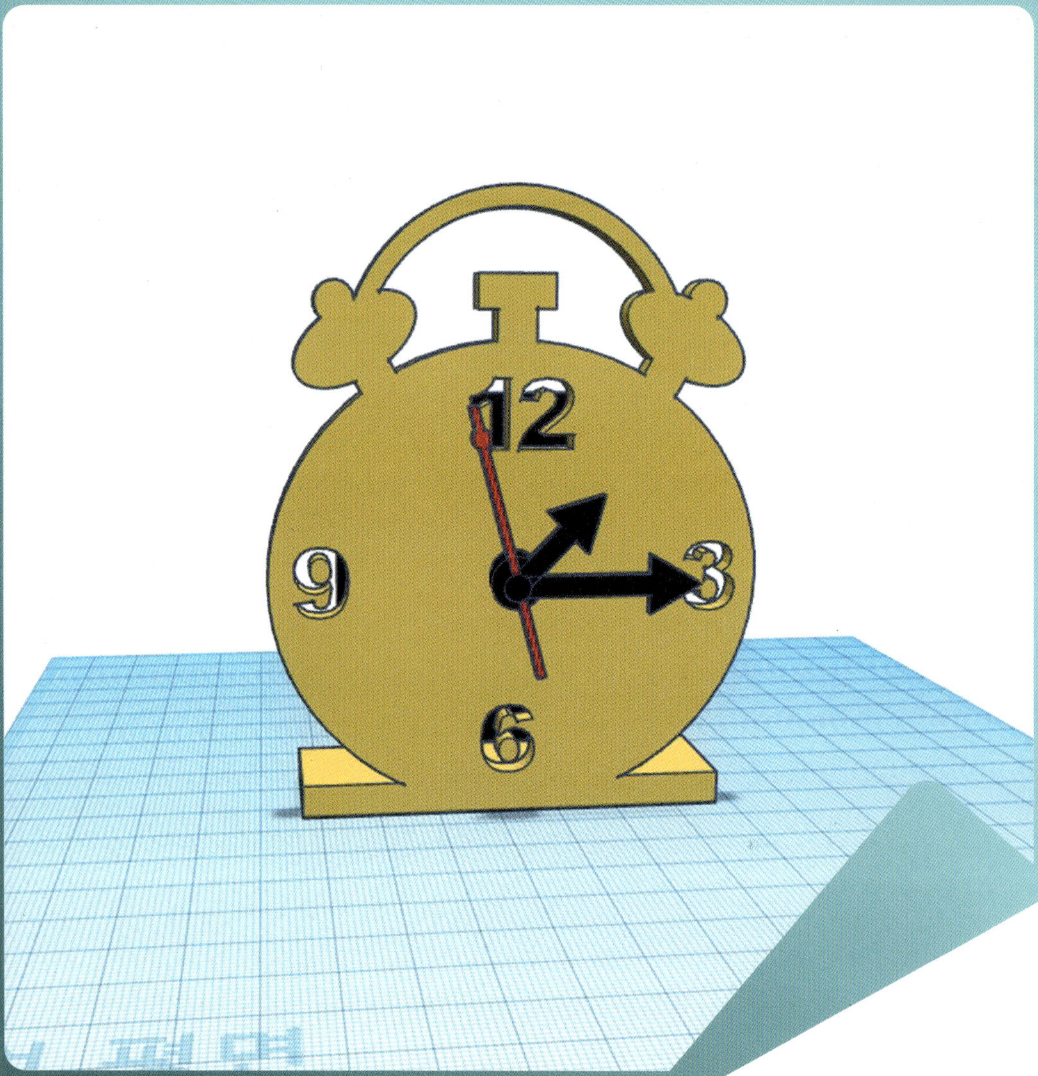

시계 만들기

째깍째깍 나만의 시계틀을 모델링해 봅시다.
무브먼트와 시계 바늘을 조립하여 나만의 시계를 실생활에 활용해 봅시다.

TINKERCAD DESIGN For 3D PRINTINGSECTION 06

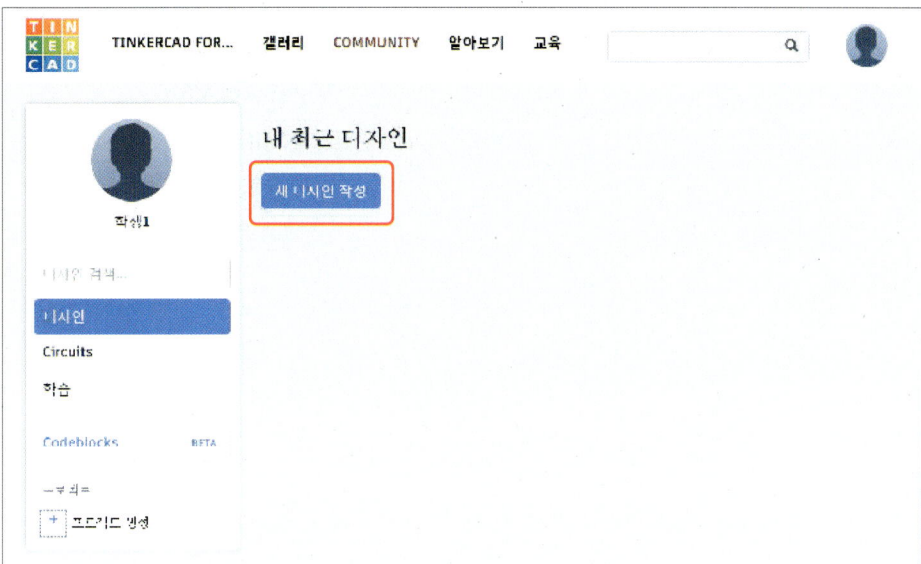

구글크롬 에서 틴커캐드 웹사이트(www.tinkercad.com)에 접속합니다.
로그인 후 대시보드의 [새 디자인 작성] 을 클릭합니다.

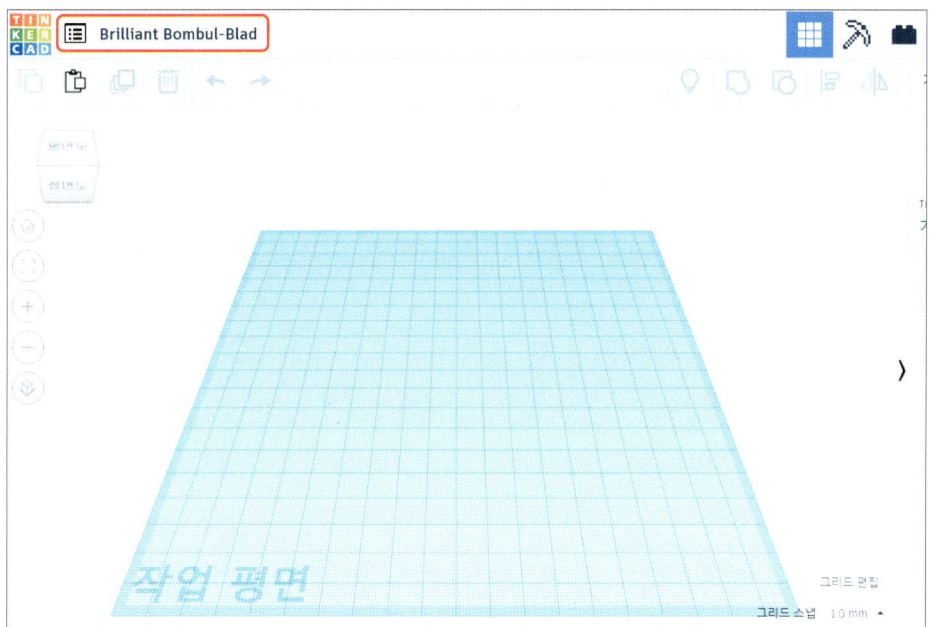

틴커캐드는 저장 버튼이 따로 없으며 웹에서 작업하고 모델링 작업파일 역시 인터넷 저장 공간에 자동으로 저장됩니다. 임의로 주어진 영어이름을 클릭하면 파일명을 수정할 수 있습니다.

TINKERCAD DESIGN For 3D PRINTING

SECTION 06

파일명을 "**시계 만들기**"로 수정하고 엔터키 또는 화면의 빈 공간 아무 곳이나 클릭합니다.

시계틀 기본 모양 만들기

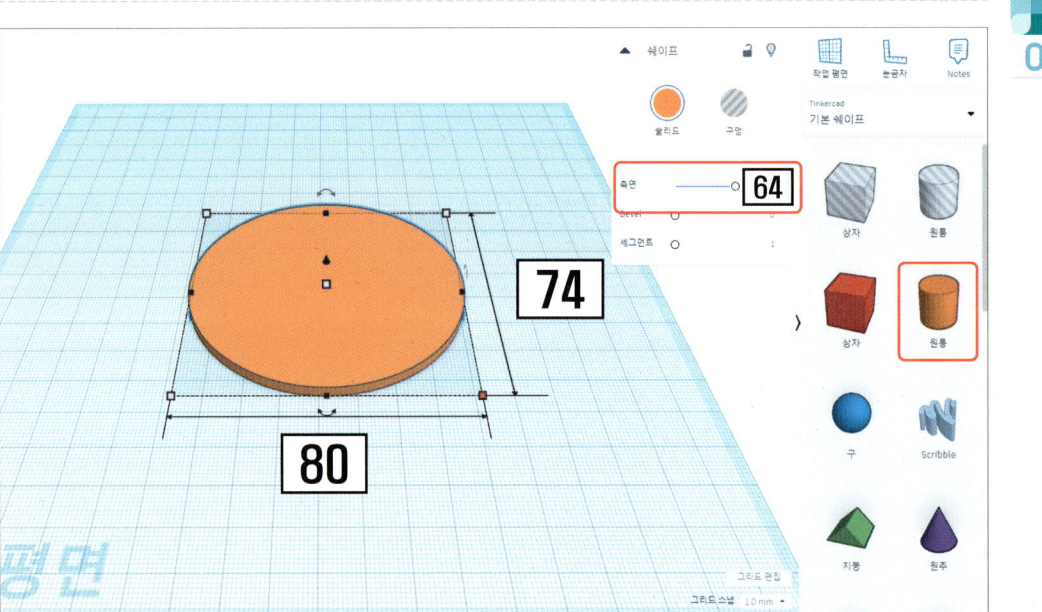

기본 쉐이프에서 원통을 선택하여 작업 평면에 놓은 후 치수를 조절합니다.
예) 가로 80, 세로 74, 높이 3, 측면 64

TINKERCAD DESIGN For 3D PRINTING　　　　　　　　　　　　　　　　　　SECTION 06

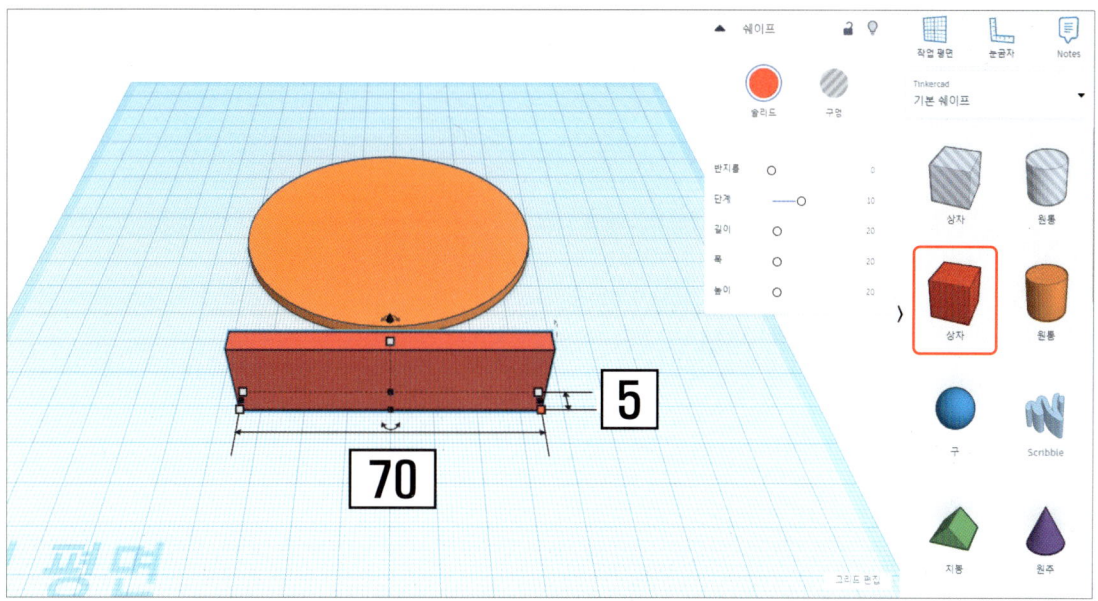

기본 쉐이프에서 상자를 선택하여 작업 평면에 놓은 후 치수를 조절합니다.
예 가로 70, 세로 5, 높이 20

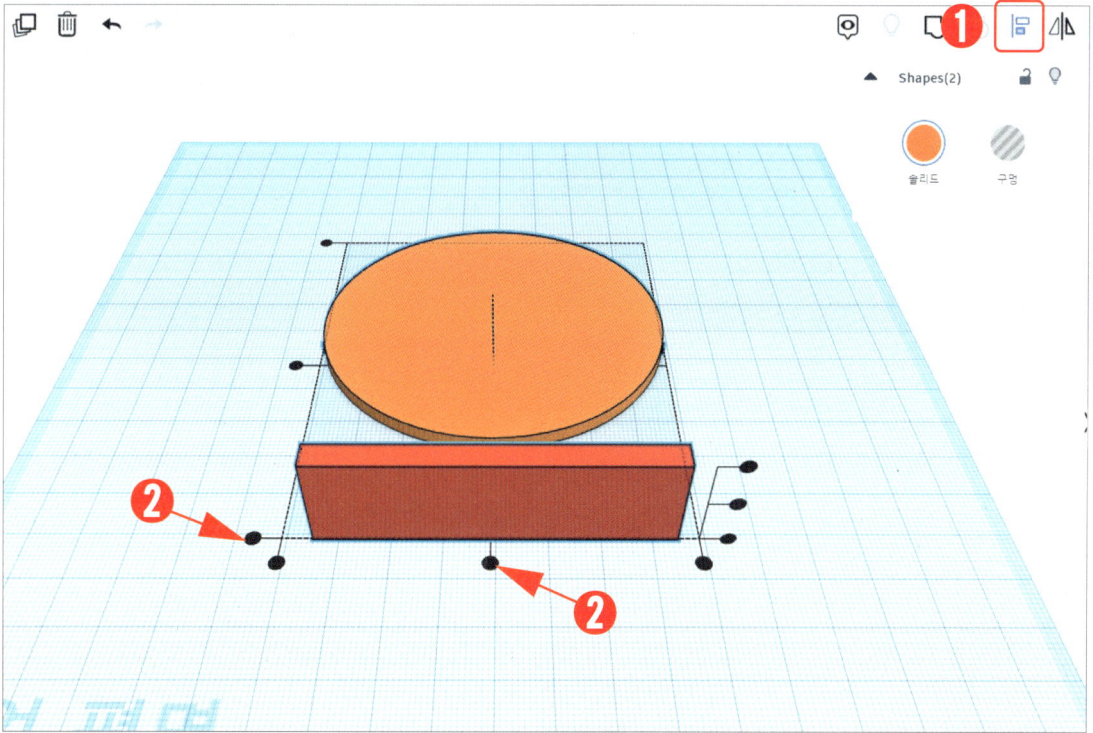

도형을 모두 선택한 후 ❶ 정렬 버튼을 클릭한 후 ❷를 클릭하여 정렬합니다.

TINKERCAD DESIGN For 3D PRINTING

SECTION 06

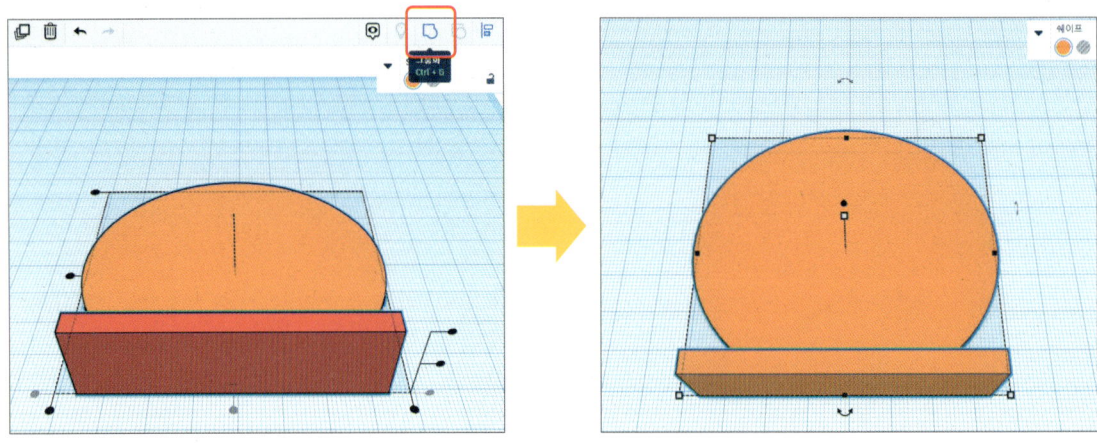

정렬된 도형을 그룹화합니다.

시계 꾸미기

03

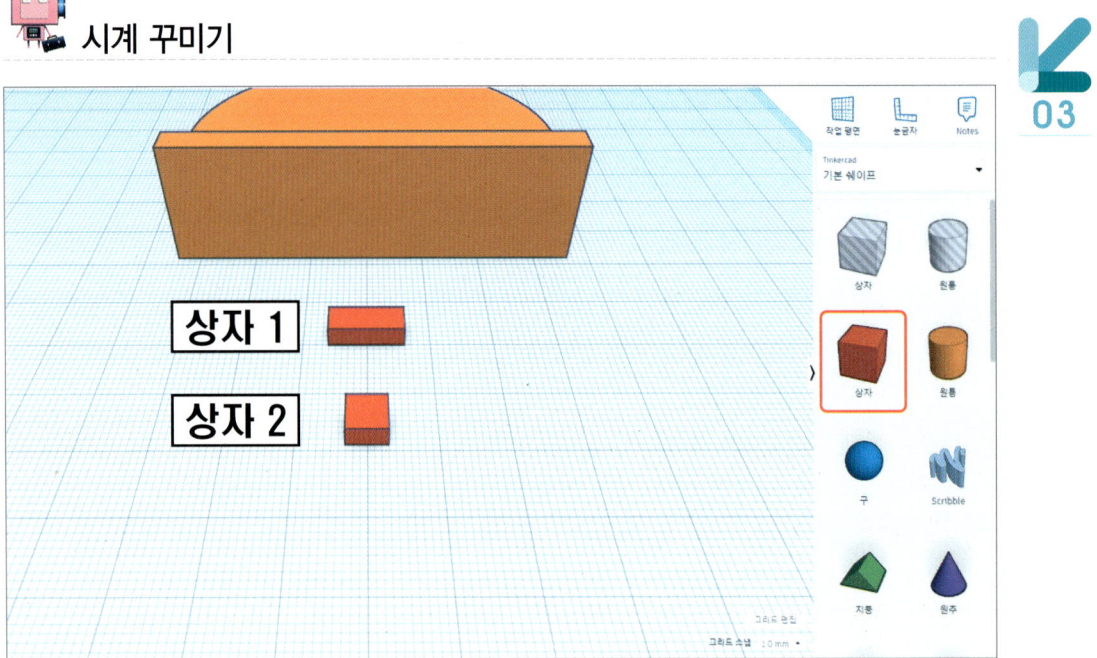

기본 쉐이프에서 상자를 선택하여 작업 평면에 놓은 후 치수를 조절합니다.
예) 상자 1 : 가로 12, 세로 5, 높이 3
    상자 2 : 가로 6, 세로 6, 높이 3

TINKERCAD DESIGN For 3D PRINTING

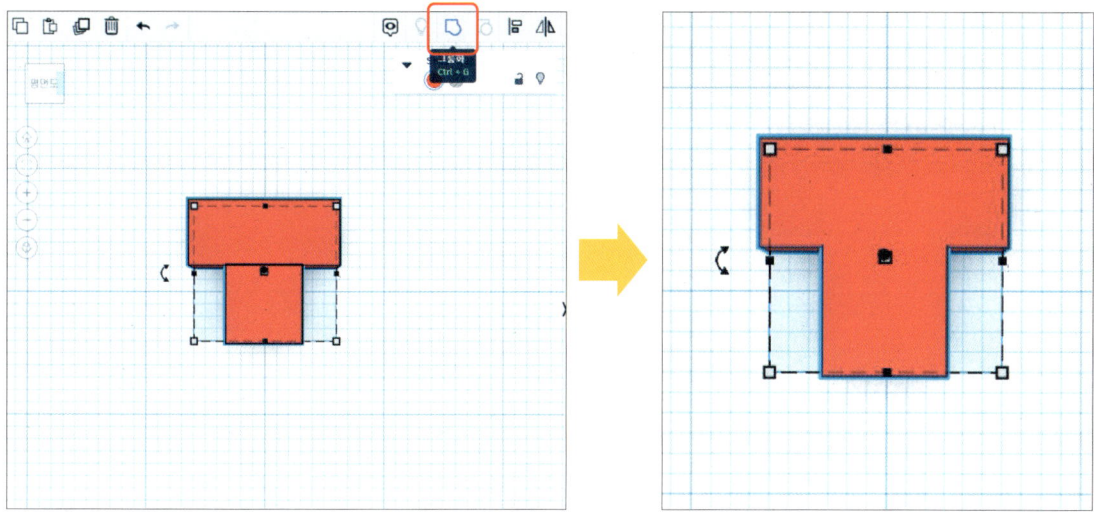

두 상자를 선택한 후 그룹화합니다.

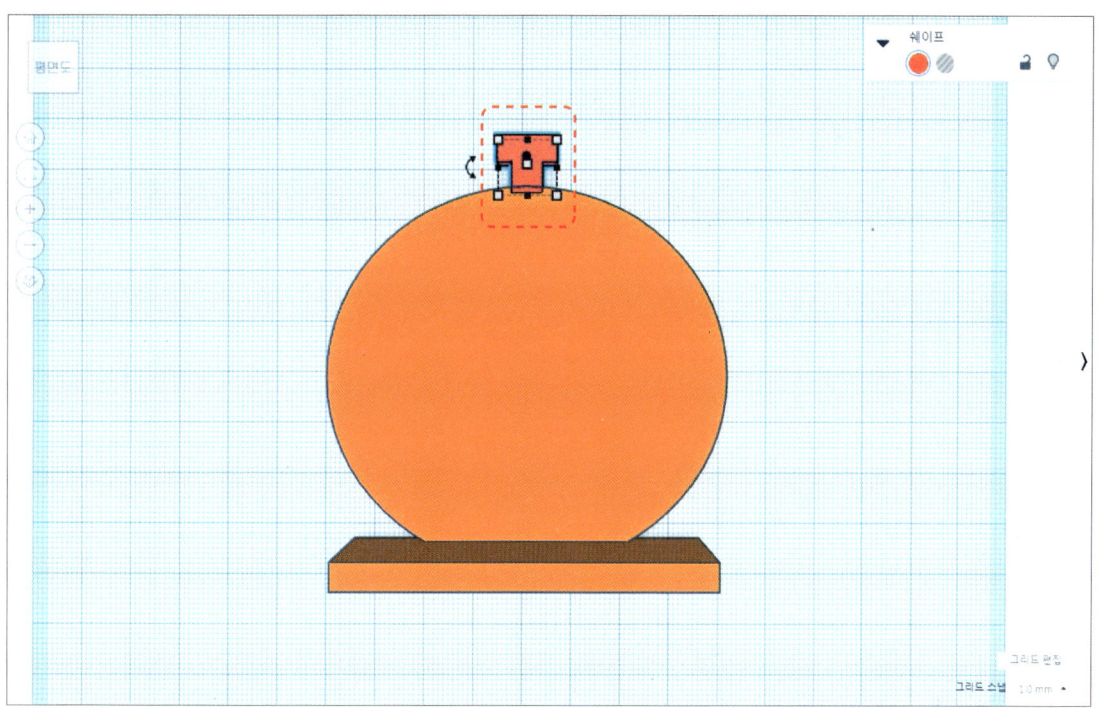

키보드 방향키로 그림과 같이 배치합니다.

TINKERCAD DESIGN For 3D PRINTING

SECTION 06

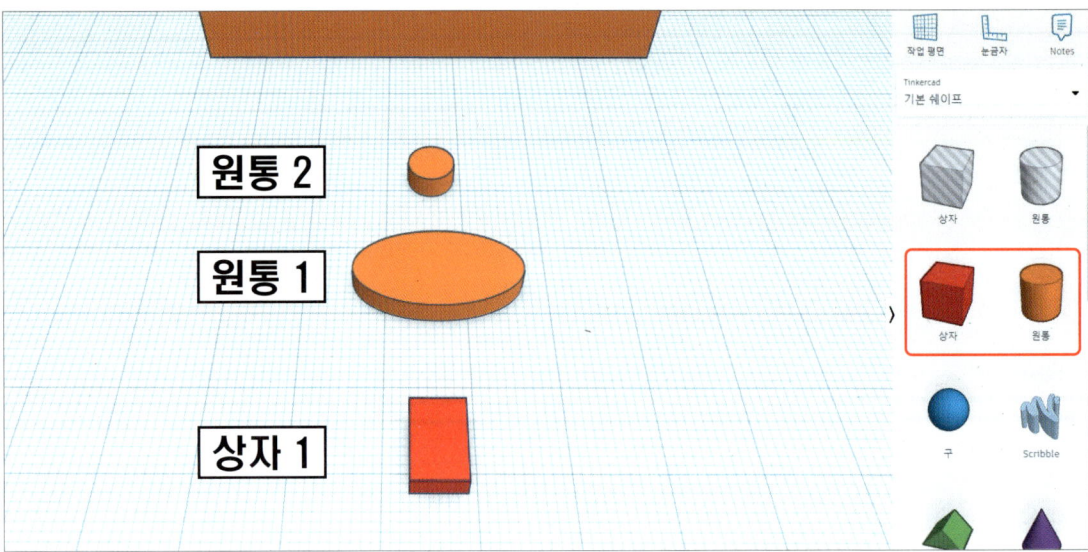

기본 쉐이프에서 상자와 원통을 선택하여 작업 평면에 놓은 후 치수를 조절합니다.
- 예 상자 1 : 가로 6, 세로 9, 높이 3
   원통 1 : 가로 21, 세로 11, 높이 3
   원통 2 : 가로 6, 세로 6, 높이 3

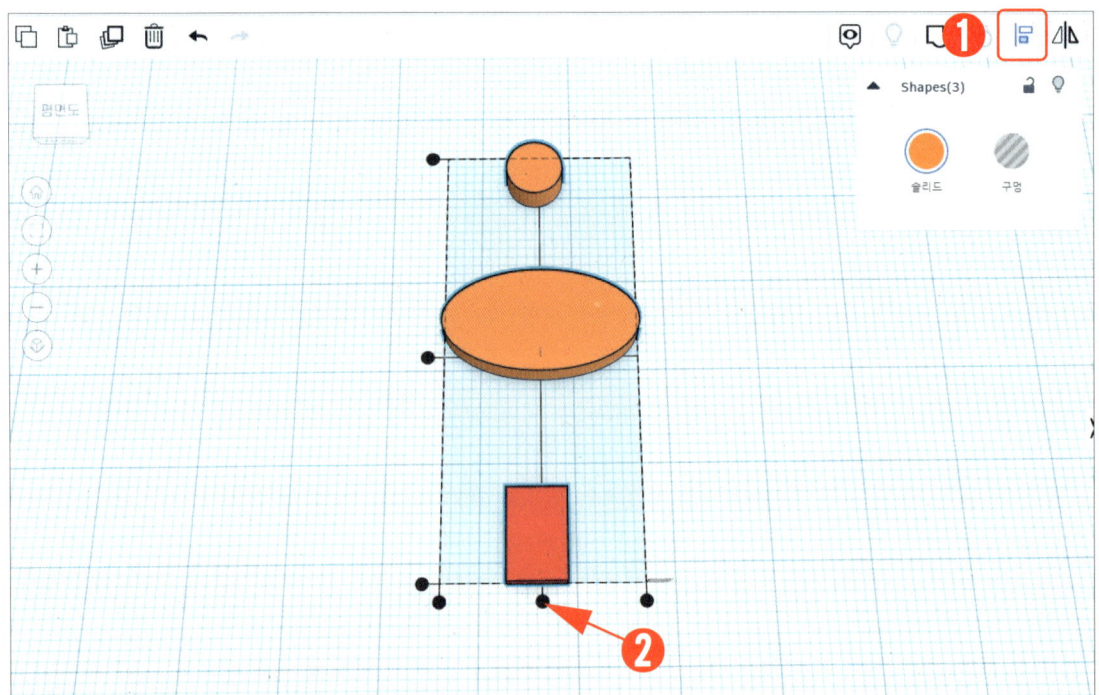

도형을 모두 선택한 후 ❶ 정렬 버튼을 클릭한 후 ❷를 클릭하여 정렬합니다.

TINKERCAD DESIGN For 3D PRINTING _____ SECTION 06

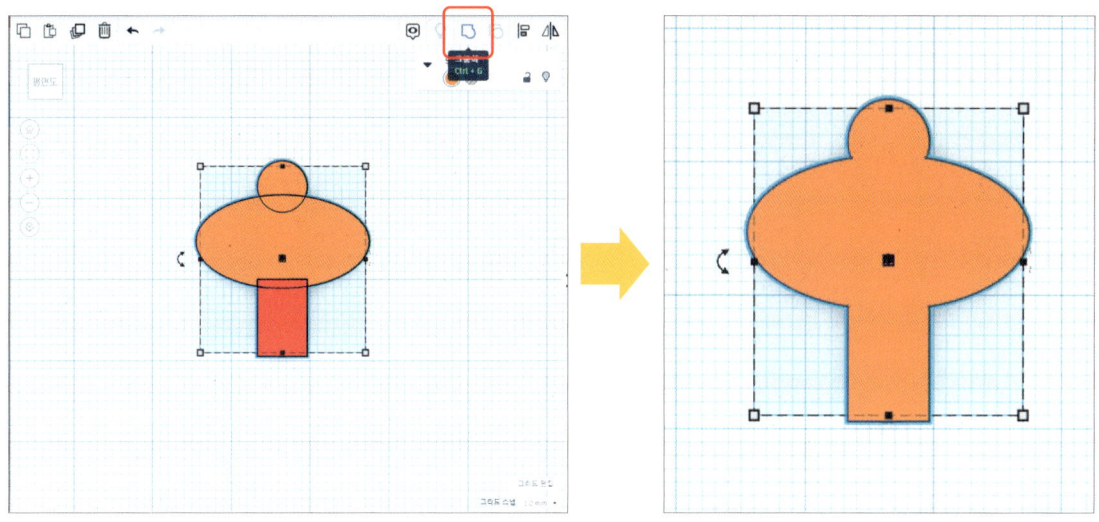

키보드 방향키 ←↑↓→ 로 그림과 같이 배치한 후 그룹화합니다.

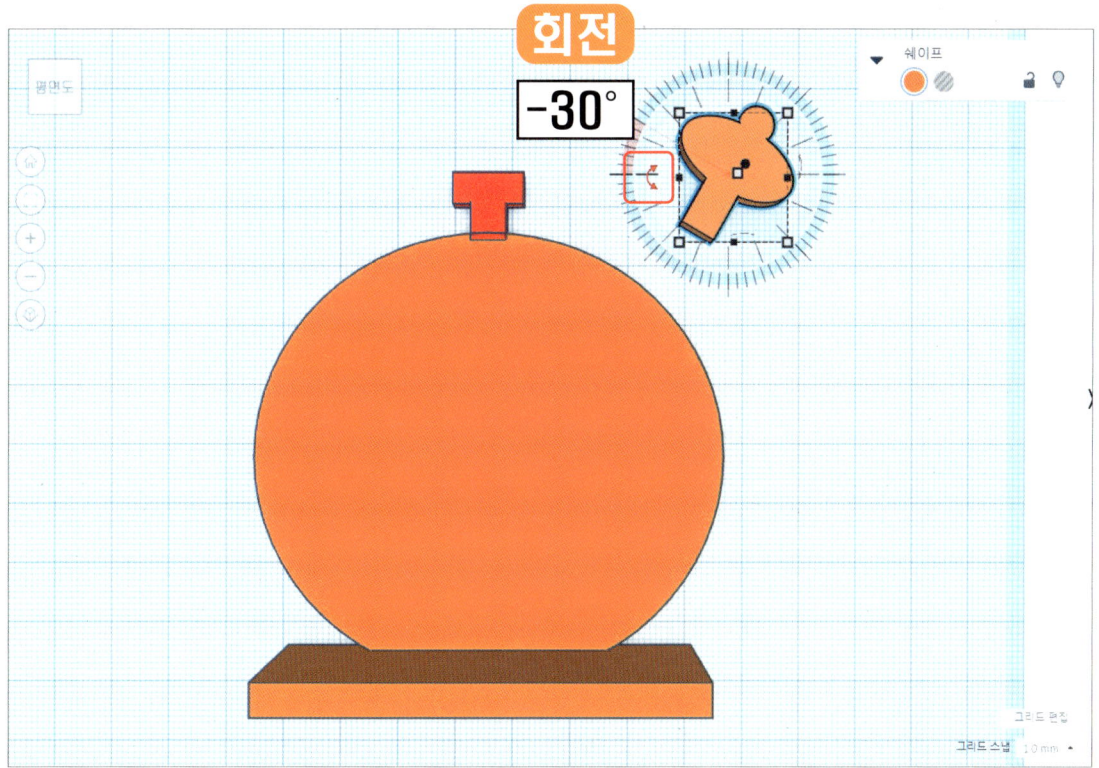

뷰박스를 평면도로 선택합니다. 그룹화된 도형을 -30° 회전합니다.

117 SECTION 06_ 시계 만들기

TINKERCAD DESIGN For 3D PRINTING   SECTION 06

그룹화된 도형을 키보드 방향키 로 그림과 같이 시계 모양으로 배치합니다.

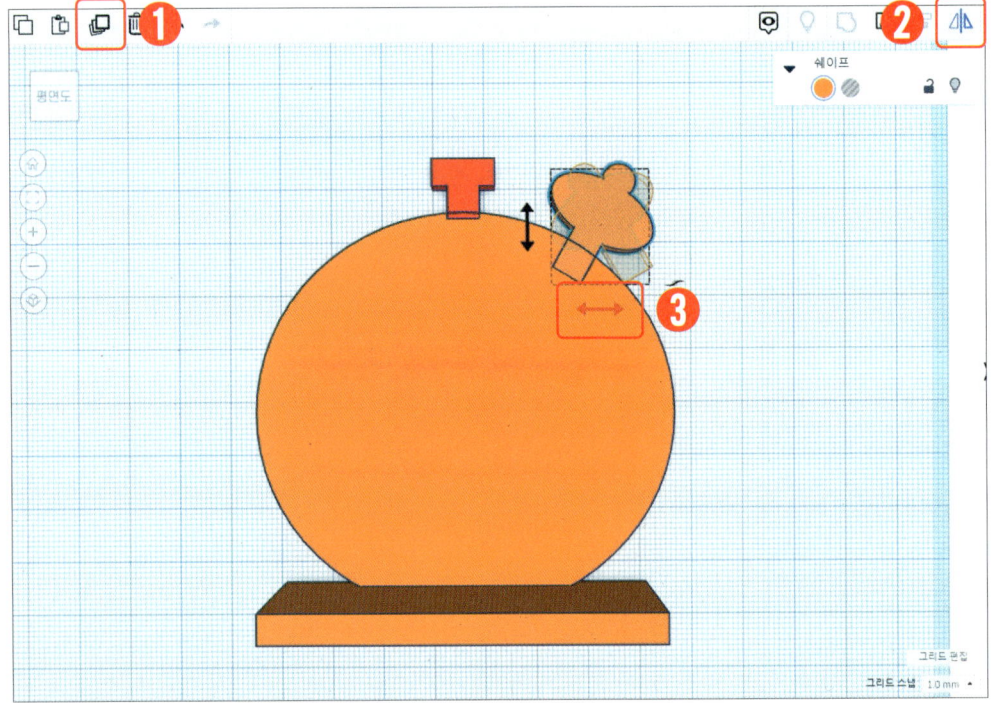

도형을 ❶ 복제한 후 ❷ 대칭 버튼으로 ❸ 가로 대칭합니다.

118 3D 프린팅 수업을 위한 **틴커캐드 디자인**

TINKERCAD DESIGN For 3D PRINTING _____ SECTION 06

복제된 도형을 그림과 같이 키보드 방향키 ↑←↓→ 로 배치합니다.

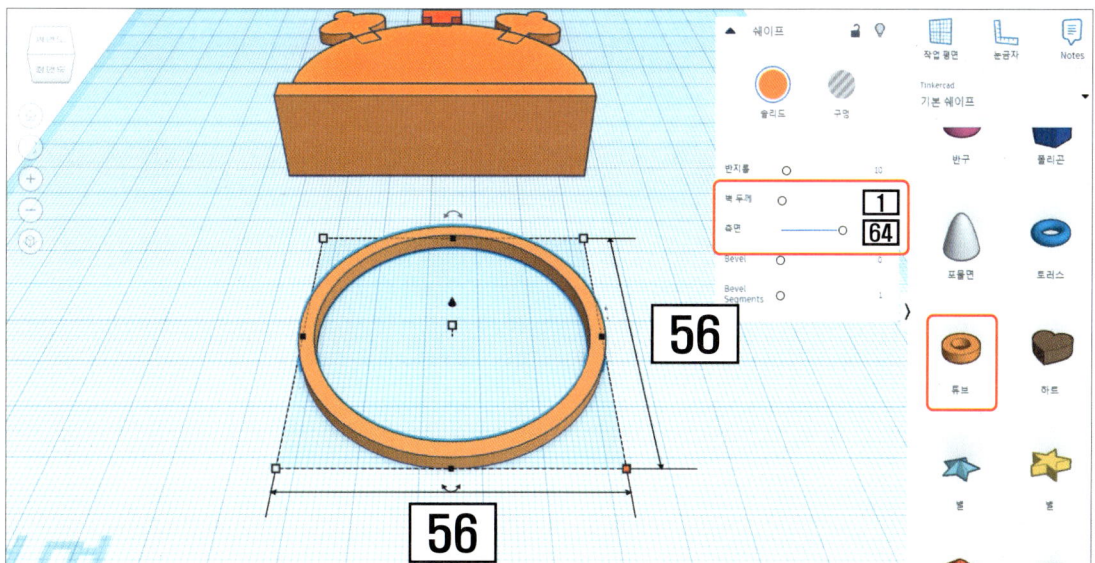

기본 쉐이프에서 튜브를 선택하여 작업 평면에 놓은 후 치수를 조절합니다.
예 가로 56, 세로 56, 높이 3, 벽두께 1, 측면 64

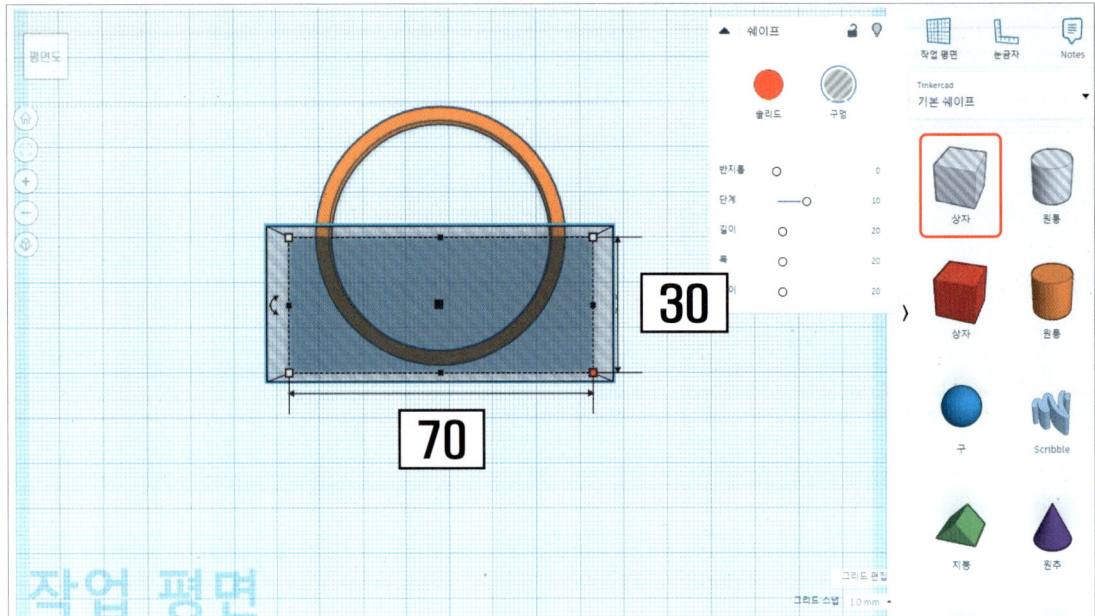

기본 쉐이프에서 구멍 상자를 선택하여 작업 평면에 놓은 후 치수를 조절한 후 튜브에 반이 겹치도록 배치합니다.

예 가로 70, 세로 30

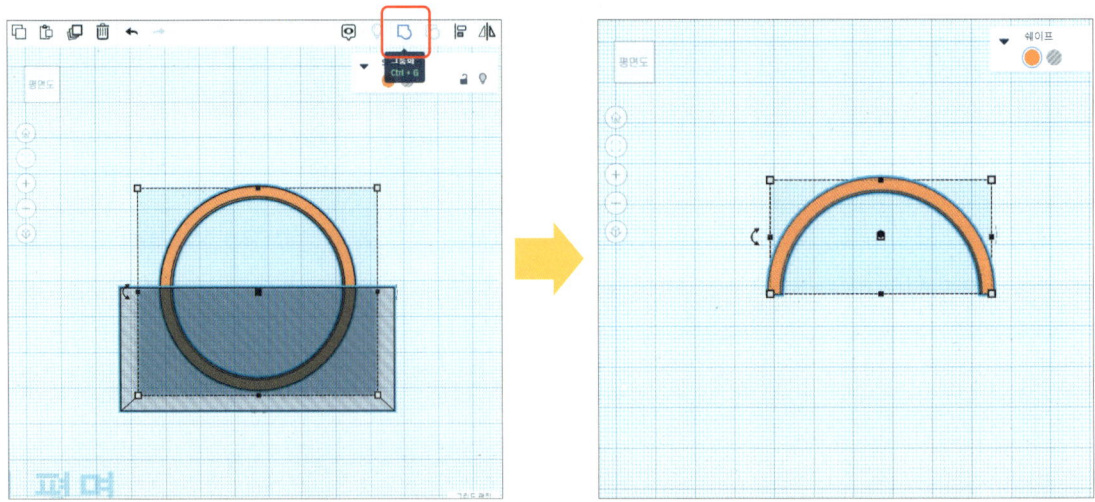

두 도형을 선택한 후 그룹화합니다.

TINKERCAD DESIGN For 3D PRINTING _____ SECTION 06

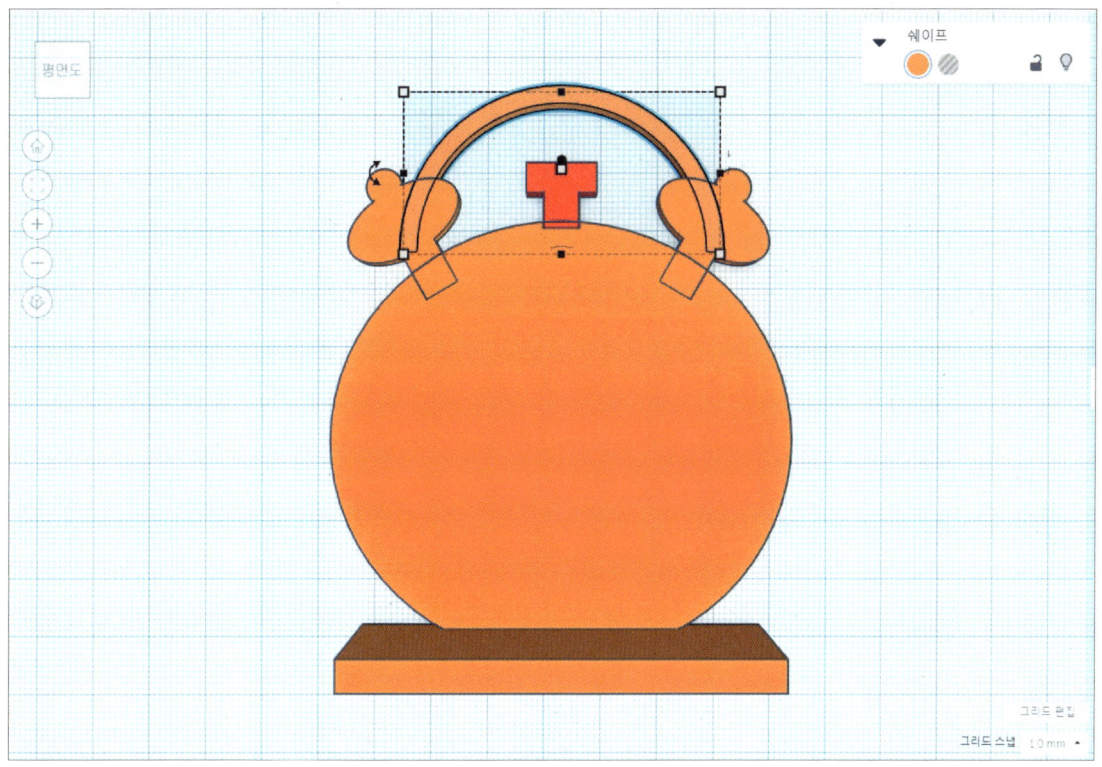

그림과 같이 키보드 방향키 ←↑↓→ 를 활용하여 적절하게 배치합니다.

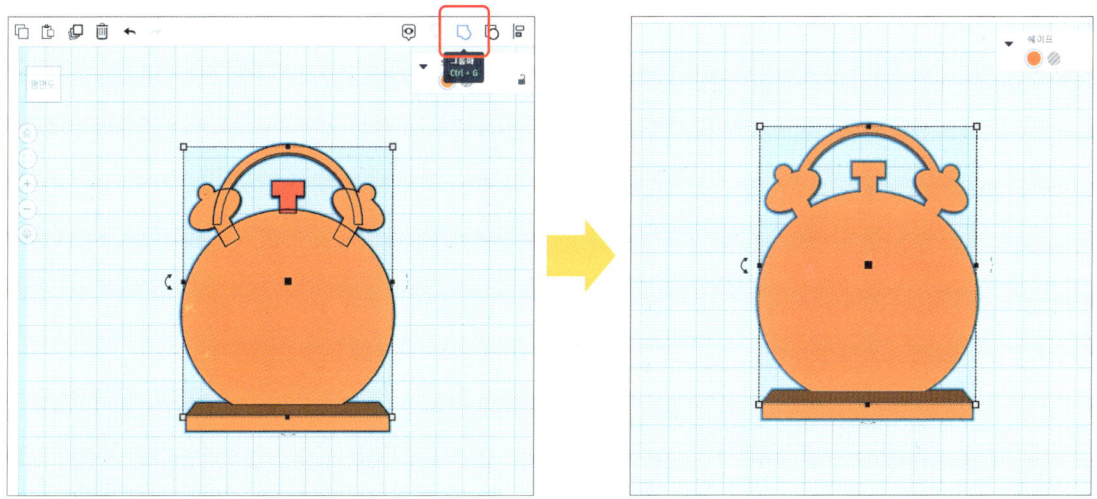

도형을 모두 선택한 후 그룹화합니다.

TINKERCAD DESIGN For 3D PRINTING   SECTION 06

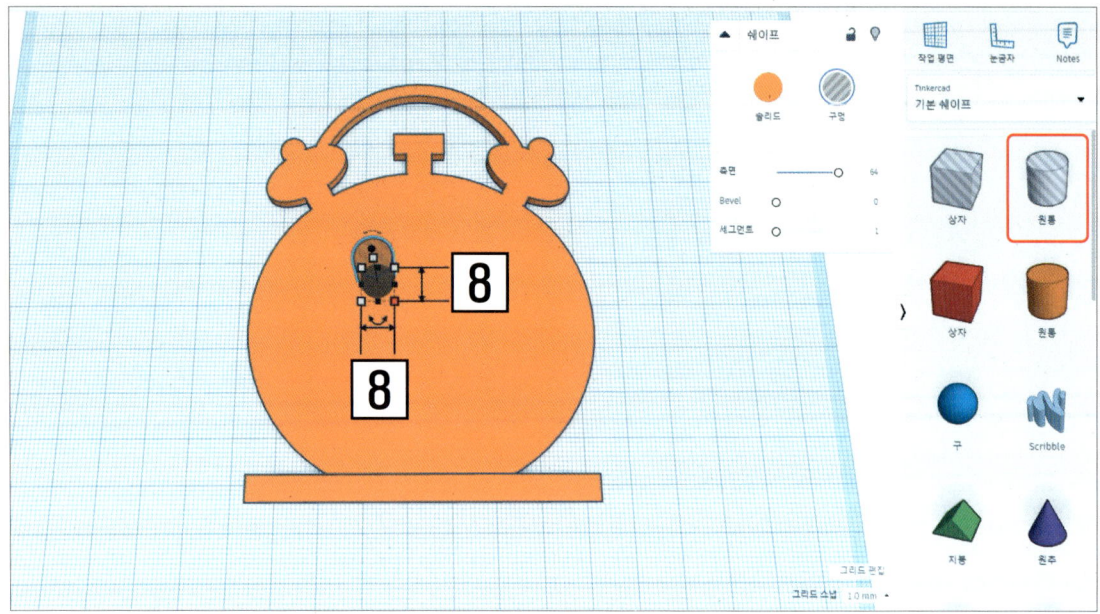

기본 쉐이프에서 구멍 원통을 선택하여 작업 평면에 놓은 후 치수를 조절합니다.

예 가로 8, 세로 8

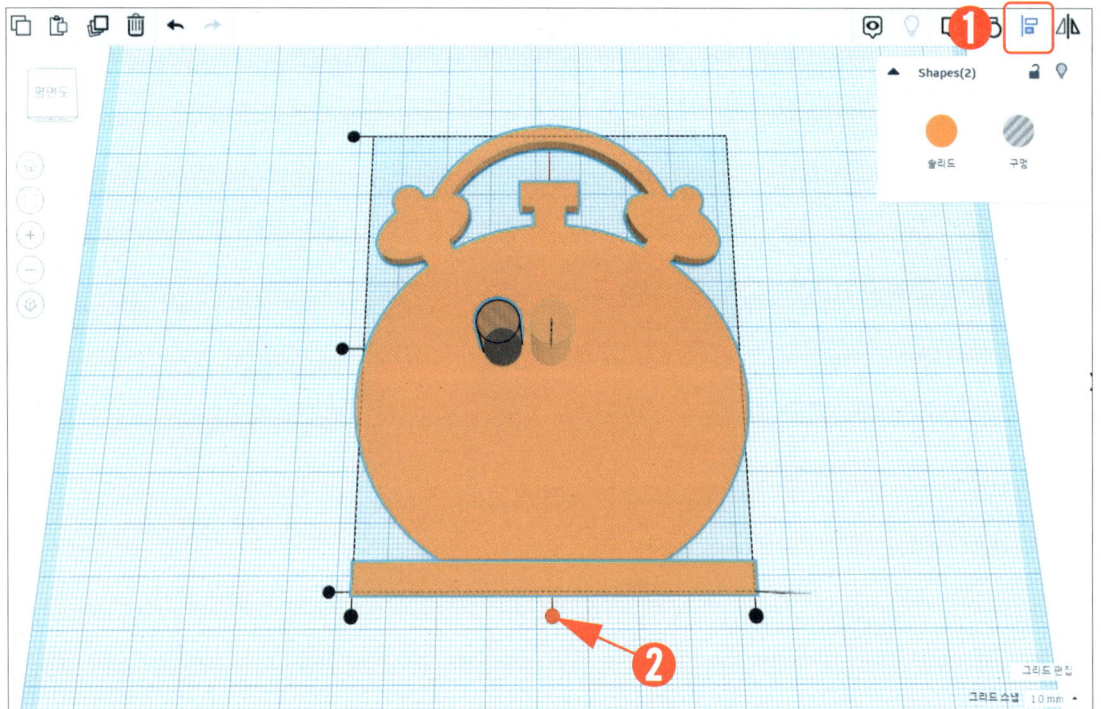

도형을 모두 선택한 후 ❶ 정렬 버튼을 클릭한 후 ❷를 클릭하여 정렬합니다.

TINKERCAD DESIGN For 3D PRINTING　　　　　　　　　　　　　SECTION 06

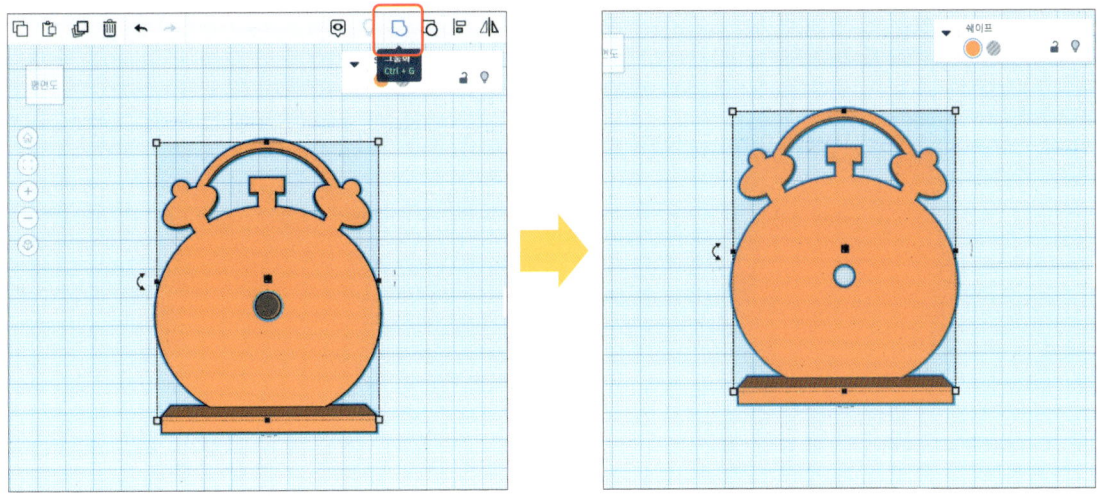

무브먼트 설치를 위해 구멍 도형이 원의 중심에 오도록 키보드 방향키 로 조절한 뒤 도형을 모두 그룹화 합니다.

 숫자 꾸미기　　　　　　　　　　　　　　　　　　　　　　　　　　 04

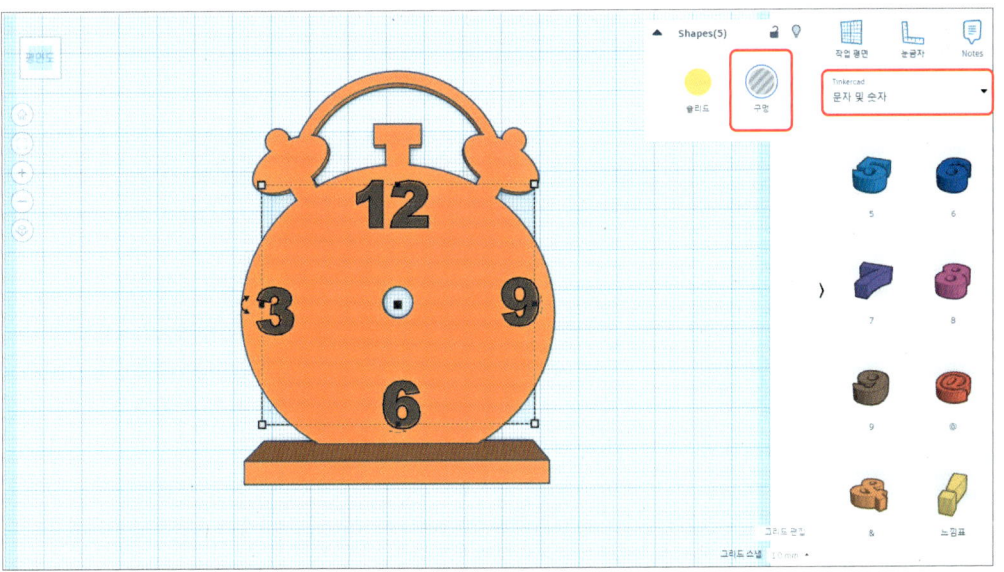

문자 및 숫자 혹은 기타 기능을 활용하여 자유롭게 숫자를 배치합니다.
배치한 숫자를 모두 구멍 도형으로 바꿔줍니다.

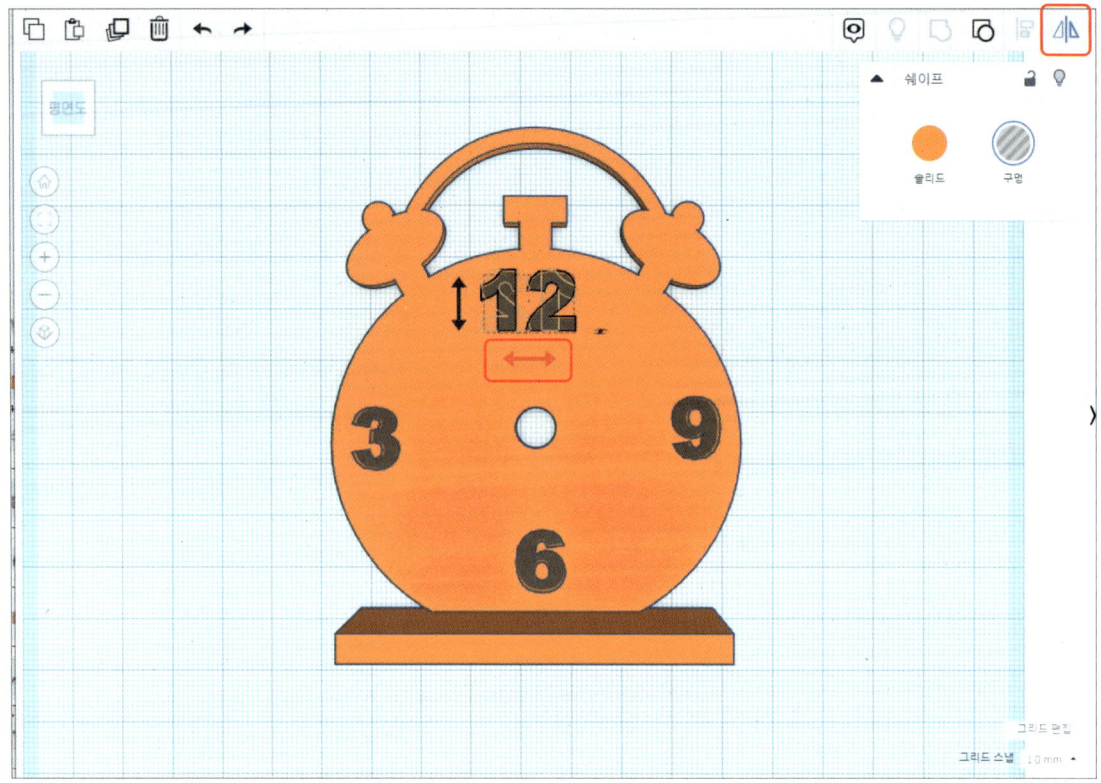

구멍 도형으로 바꾼 숫자 모두를 대칭 버튼으로 가로 대칭해 줍니다.
(밑면도가 시계의 앞면이 되기 때문에 평면도로 보는 면은 시계의 뒷면이 됩니다.)

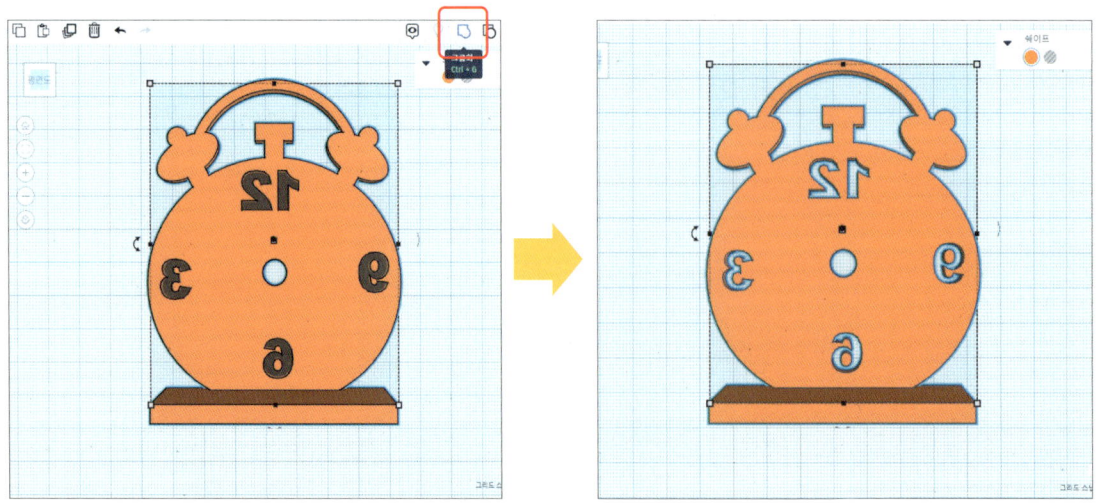

가로 대칭된 숫자와 시계 모양을 전체 선택한 후 그룹화합니다.

TINKERCAD DESIGN For 3D PRINTING SECTION 06

음각 작품 출력 시 주의사항

05

음각 작품 출력 시 ( ) 부분은 따로 출력이 됩니다.
숫자나 글자 모두가 연결되어 출력될 수 있도록 상자 도형을 이용하여 숫자나 글자 부분을 연결해 줍니다.

기본 쉐이프에서 상자를 선택하여 작업 평면에 놓은 후 치수를 조절합니다.
예 가로 1, 높이 3(세로는 글자 모양에 맞게 조절)

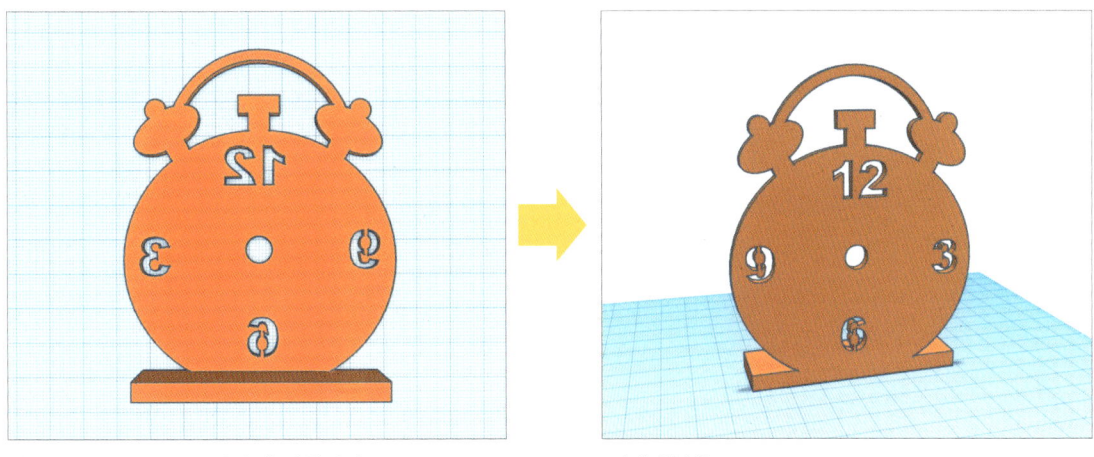

출력 시 바닥면에 붙여서 출력합니다.   시계 완성!

※ **무브먼트와 시계 바늘을 구매하여 조립해 봅시다.**

도|전|과|제

- 다양한 디자인의 시계를 모델링해 봅시다.

SECTION 07 개선문

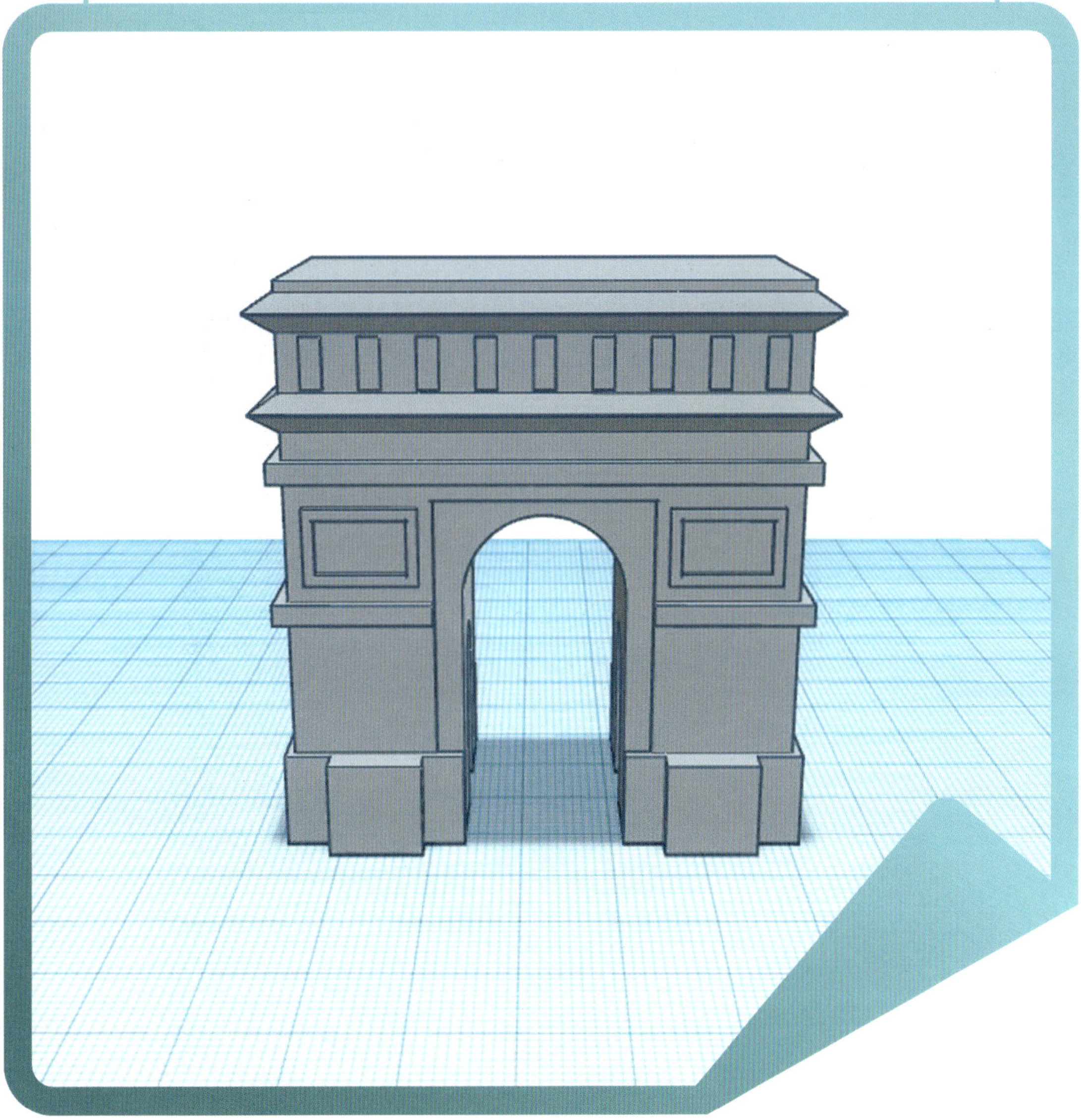

TINKERCAD DESIGN For 3D PRINTING

● 개선문 만들기

도형의 정렬과 그룹화를 활용하여 개선문을 모델링해 봅시다.
개선문의 구조를 알아보고 디테일한 개선문 모형을 완성해 봅시다.

TINKERCAD DESIGN For 3D PRINTING   SECTION 07

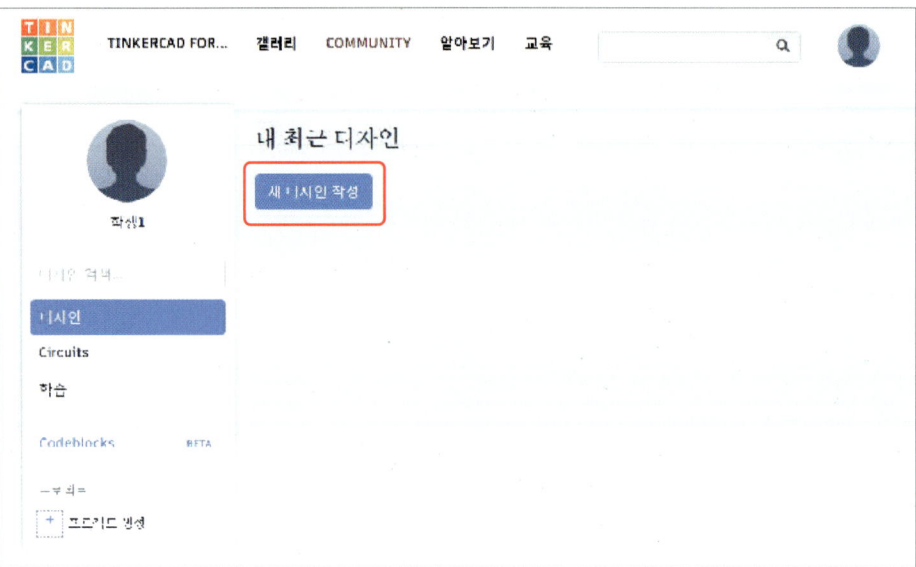

구글크롬 에서 틴커캐드 웹사이트(www.tinkercad.com)에 접속합니다.
로그인 후 대시보드의 새 디자인 작성 을 클릭합니다.

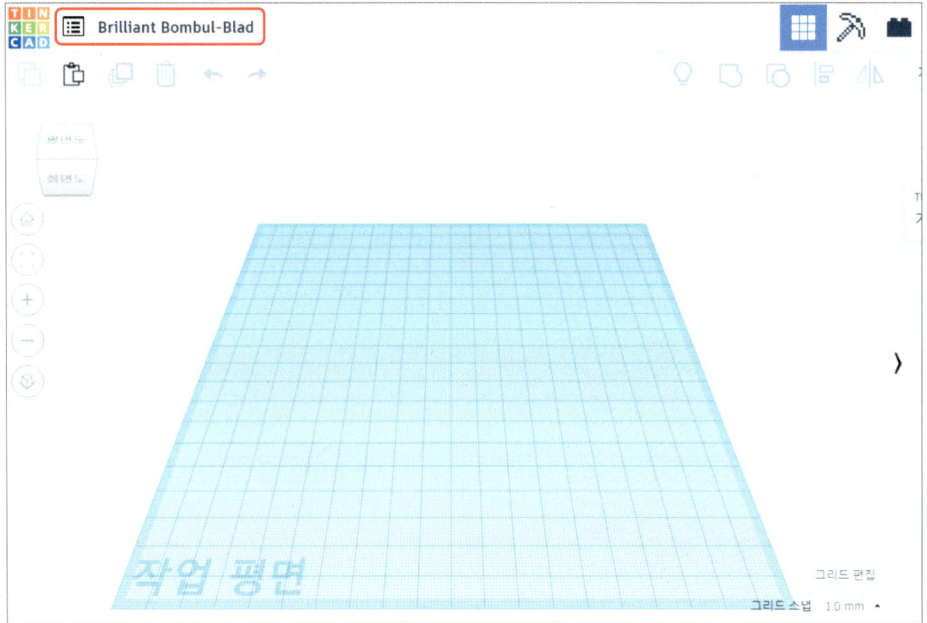

틴커캐드는 저장 버튼이 따로 없으며 웹에서 작업하고 모델링 작업파일 역시 인터넷 저장 공간에
자동으로 저장됩니다. 임의로 주어진 영어이름을 클릭하면 파일명을 수정할 수 있습니다.

TINKERCAD DESIGN For 3D PRINTING SECTION 07

파일명을 "**개선문**"으로 수정하고 엔터키 또는 화면의 빈 공간 아무 곳이나 클릭합니다.

개선문 기본틀 만들기

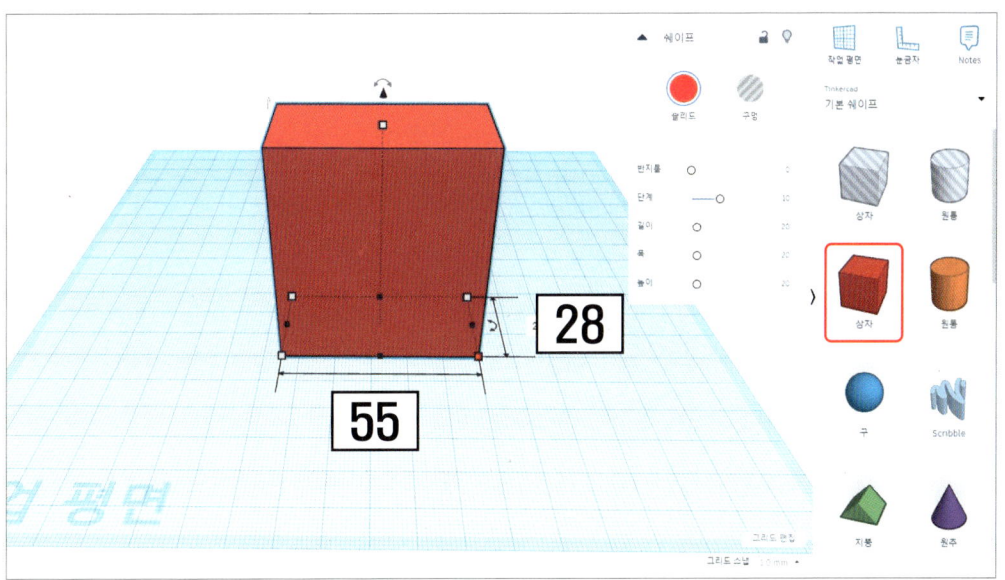

기본 쉐이프에서 상자를 선택하여 작업 평면에 놓은 후 치수를 조절합니다.
예 가로 55, 세로 28, 높이 60

TINKERCAD DESIGN For 3D PRINTING — SECTION 07

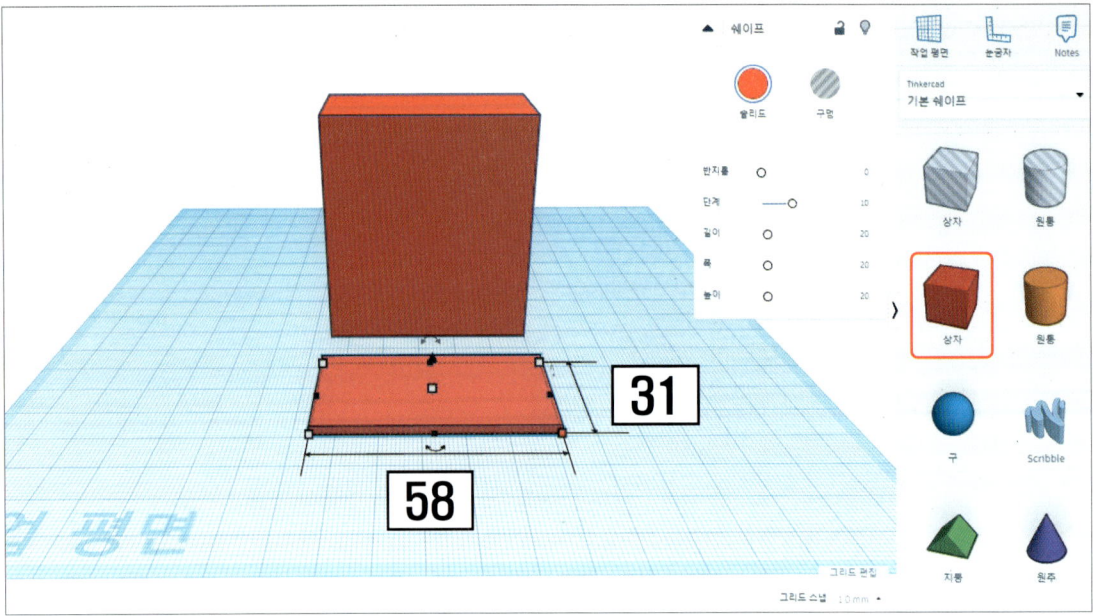

기본 쉐이프에서 상자를 선택하여 작업 평면에 놓은 후 치수를 조절합니다.
예 가로 58, 세로 31, 높이 2

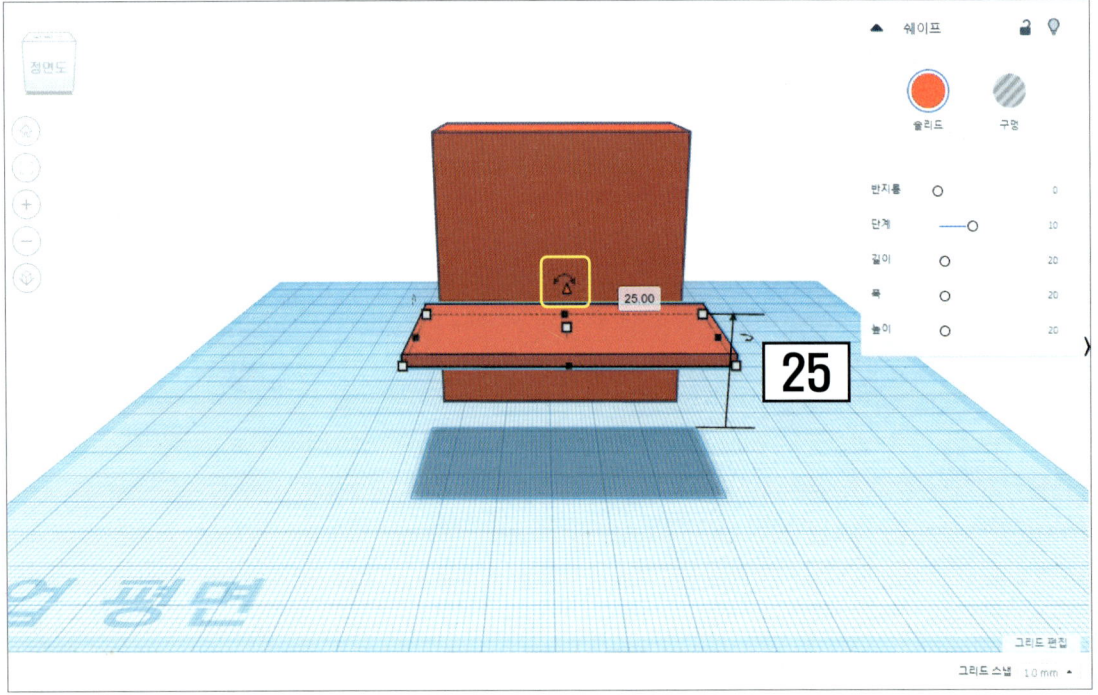

상자를 위로 "25"만큼 올려줍니다.

TINKERCAD DESIGN For 3D PRINTING

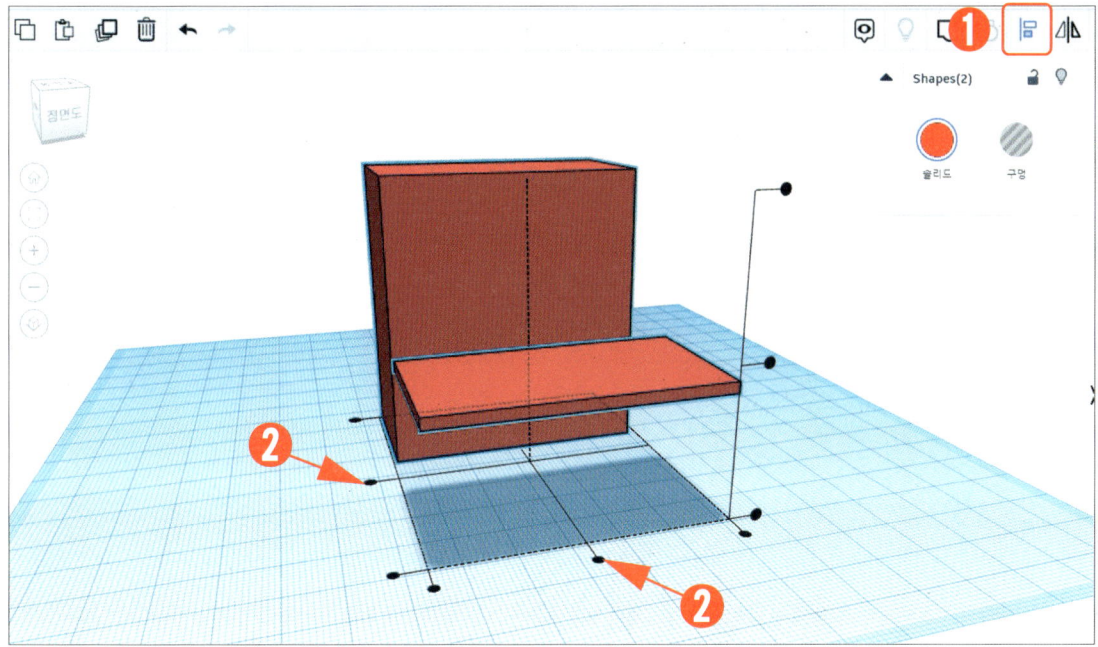

도형을 모두 선택하여 ① 정렬 버튼을 클릭한 후 ②를 클릭하여 가운데 정렬합니다.

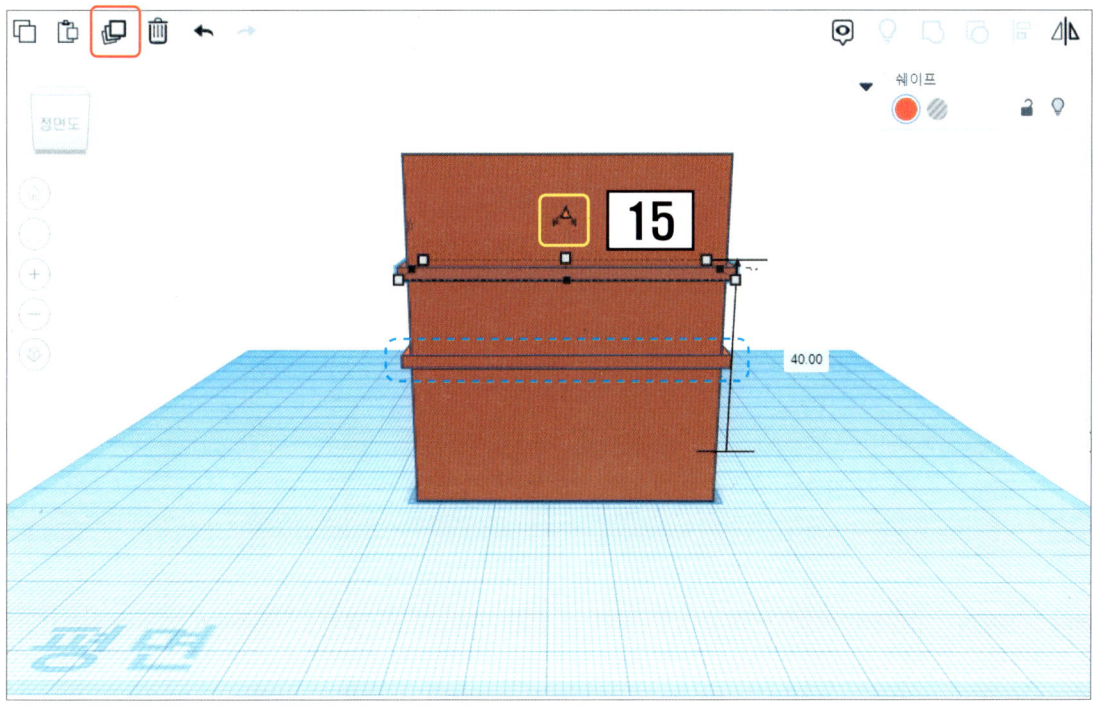

〔 〕의 상자 도형을 복제한 후 위로 "15"만큼 올려줍니다.

TINKERCAD DESIGN For 3D PRINTING SECTION 07

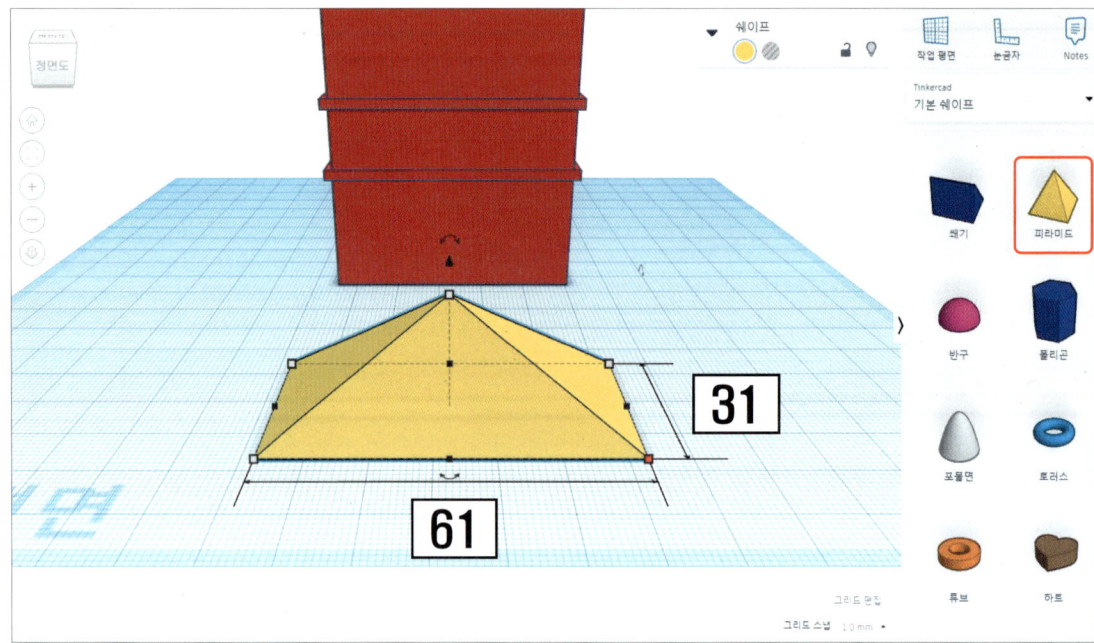

기본 쉐이프에서 피라미드를 선택하여 작업 평면에 놓은 후 치수를 조절합니다.
예 가로 61, 세로 31, 높이 20

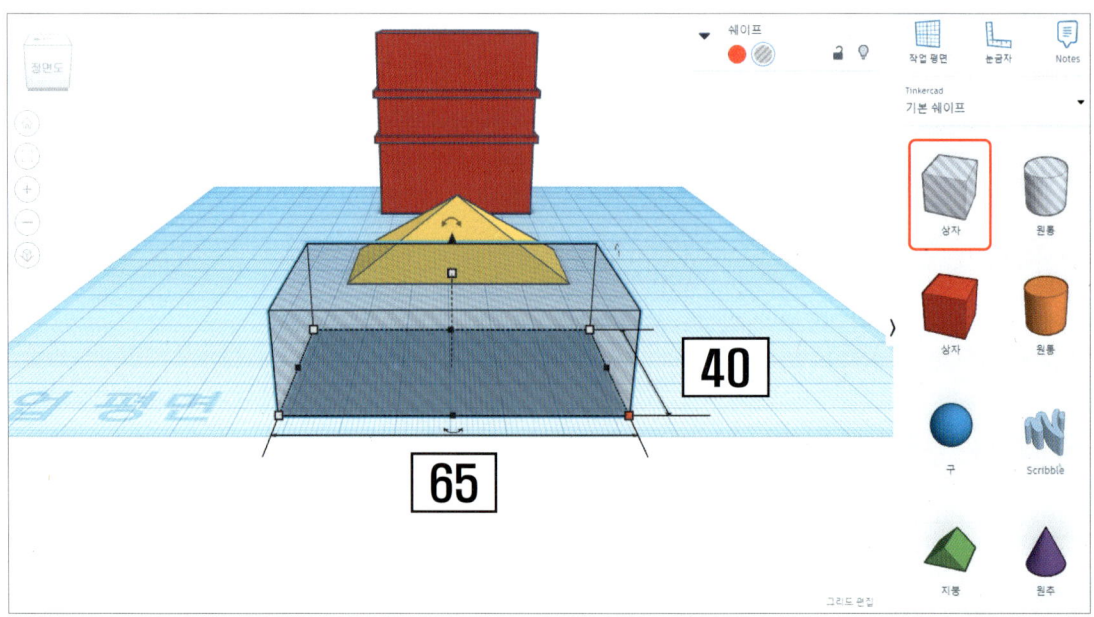

기본 쉐이프에서 구멍 상자를 선택하여 작업 평면에 놓은 후 치수를 조절합니다.
예 가로 65, 세로 40, 높이 20

TINKERCAD DESIGN For 3D PRINTING _____ SECTION 07

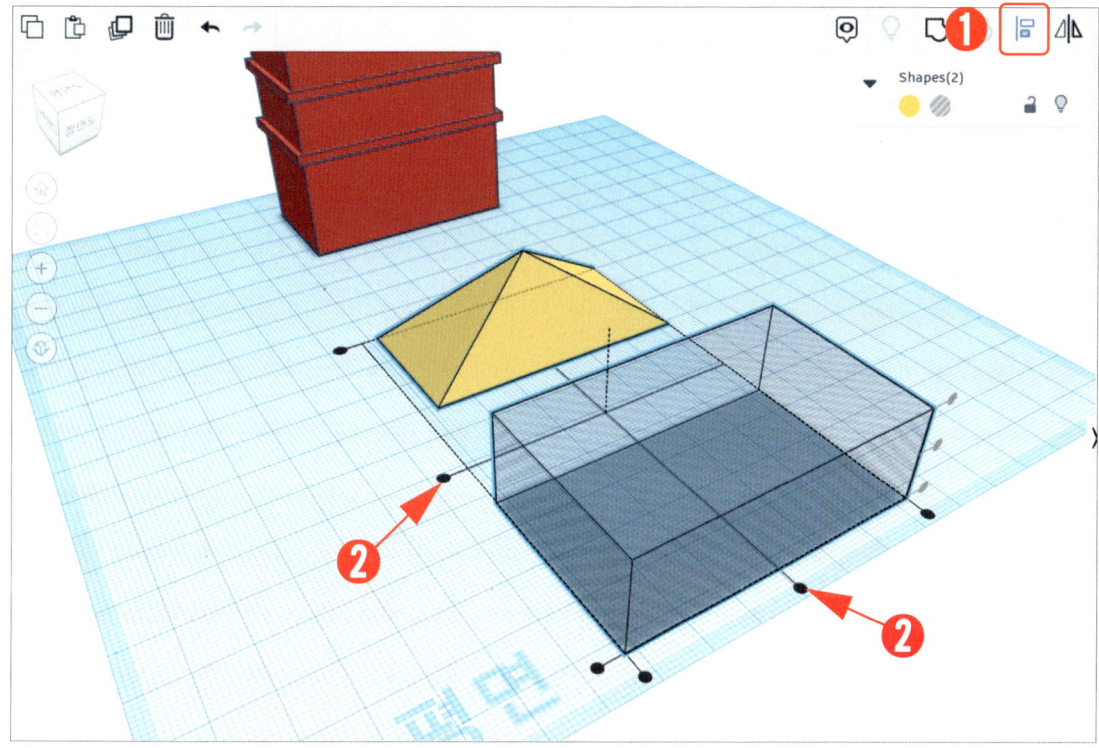

도형을 모두 선택하여 ❶ 정렬 버튼을 클릭한 후 ❷를 클릭하여 가운데 정렬합니다.

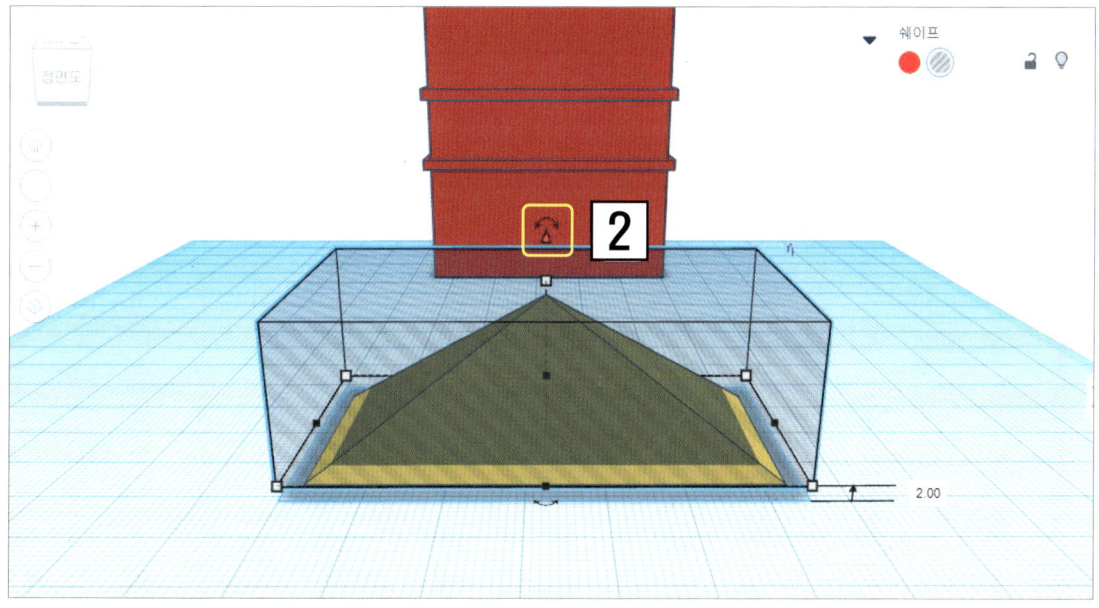

구멍 상자를 위로 "2"만큼 올려줍니다.

TINKERCAD DESIGN For 3D PRINTING

SECTION 07

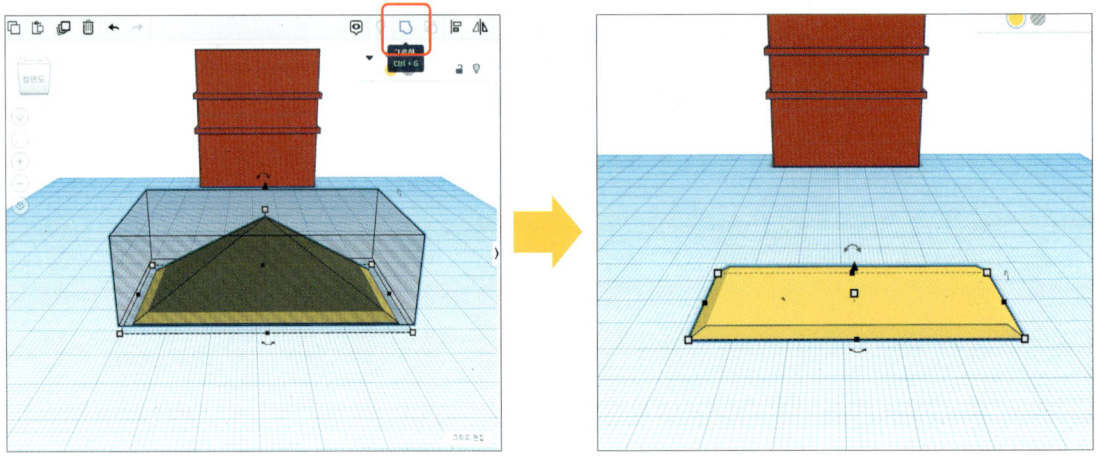

피라미드와 구멍 상자를 선택한 후 그룹화합니다.

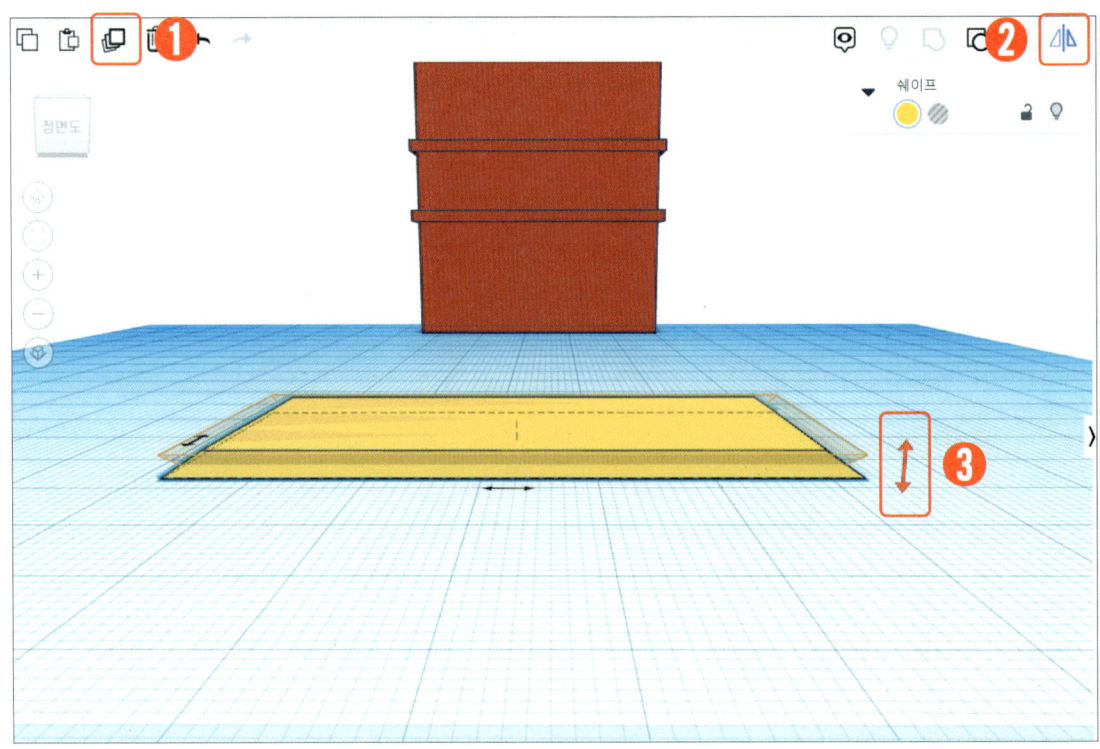

그룹화된 도형을 ❶ 복제한 후 ❷ 대칭 버튼으로 ❸ 상하 대칭합니다.

TINKERCAD DESIGN For 3D PRINTING _____ SECTION 07

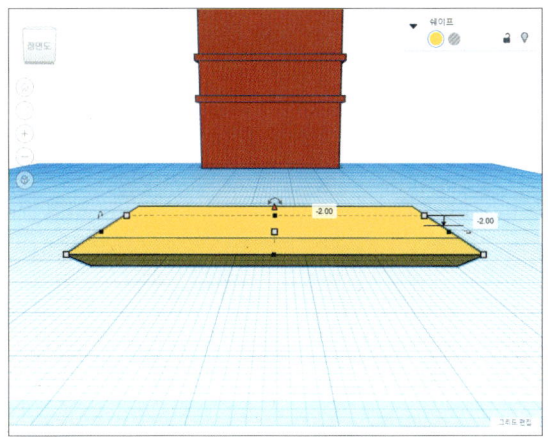
대칭된 도형을 아래로 "-2"만큼 내려줍니다.

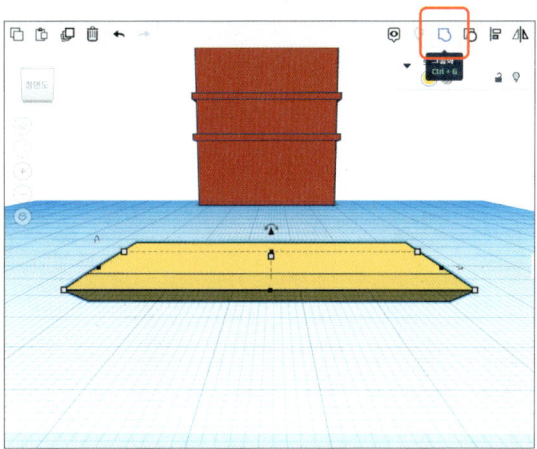
두 도형을 그룹화한 후 키보드 "D"키를 눌러 바닥면에 붙여줍니다.

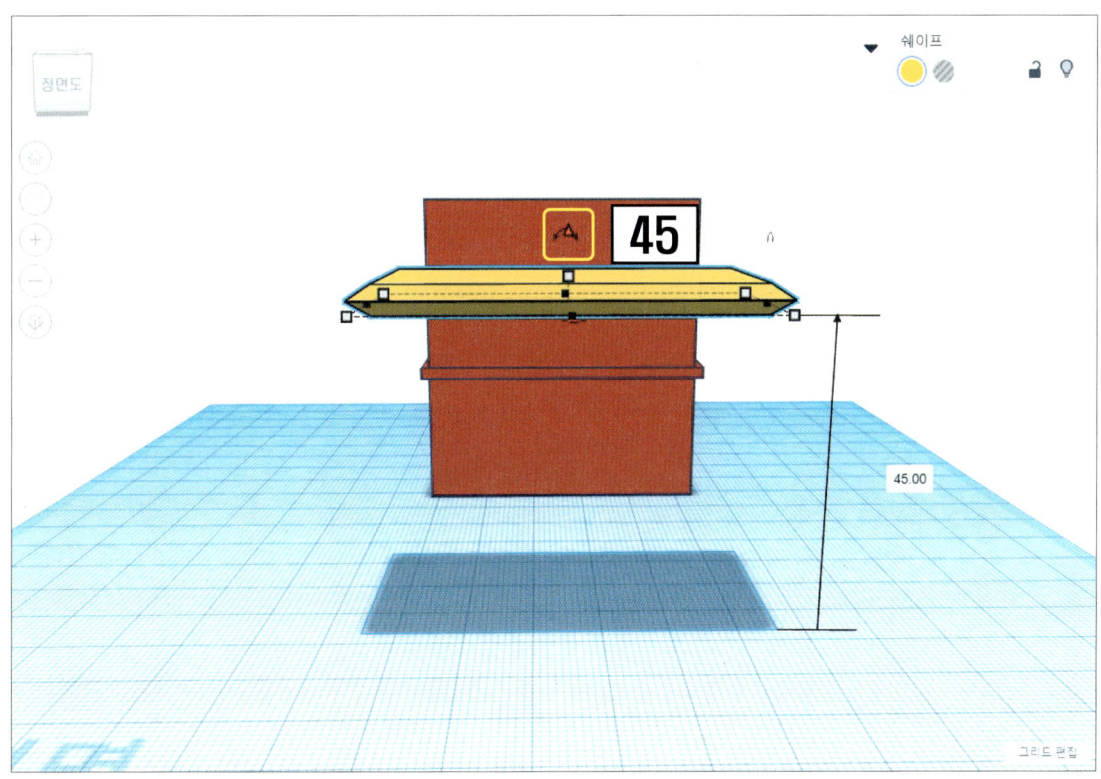
그룹화된 도형을 위로 "45"만큼 올려줍니다.

TINKERCAD DESIGN For 3D PRINTING SECTION 07

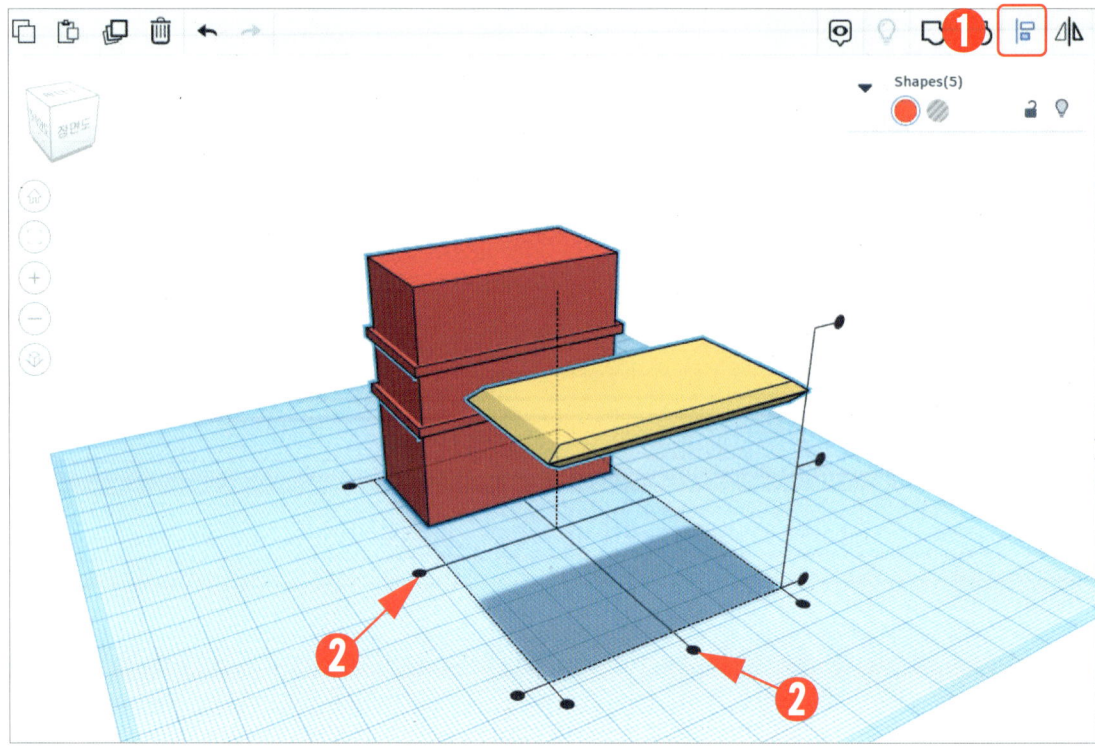

도형을 모두 선택하여 ❶ 정렬 버튼을 클릭한 후 ❷를 클릭하여 가운데 정렬합니다.

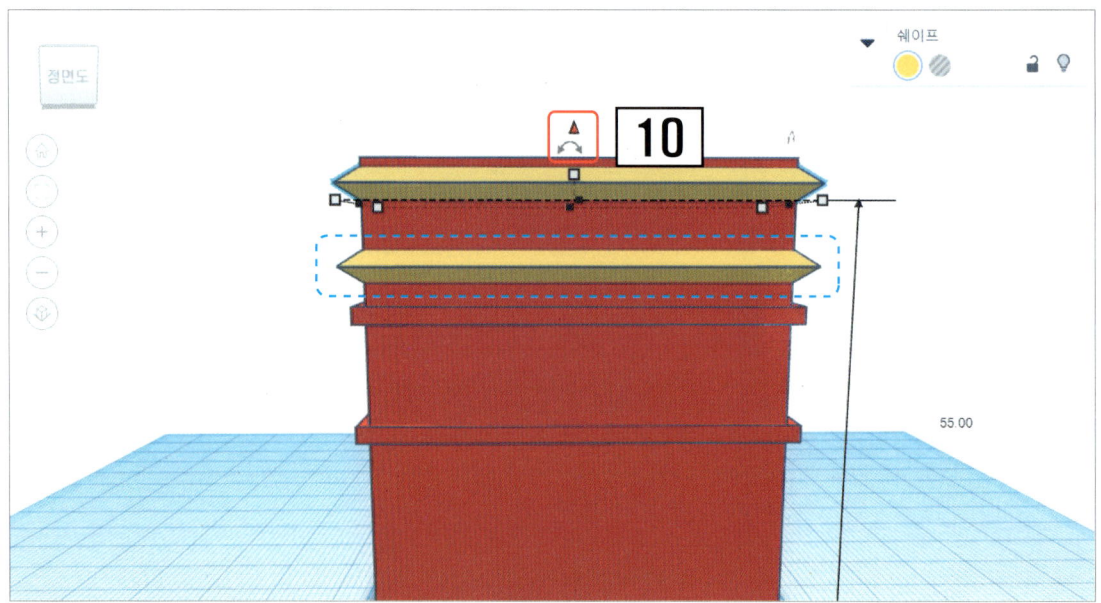

└┄┘의 상자 도형을 복제한 후 위로 "10"만큼 올려줍니다.

TINKERCAD DESIGN For 3D PRINTING   SECTION 07

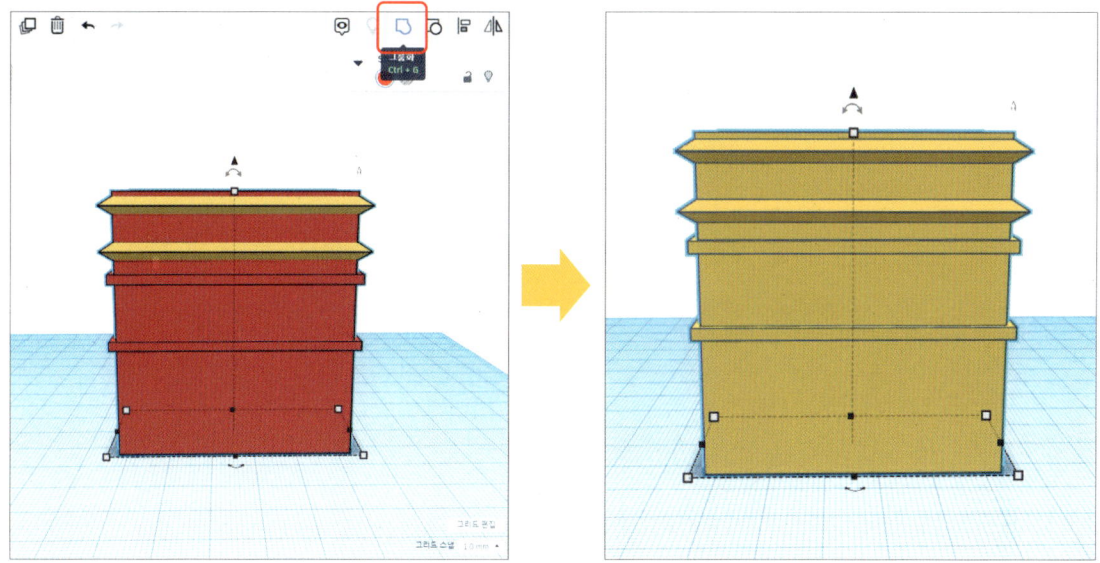

도형을 모두 선택한 후 그룹화합니다.

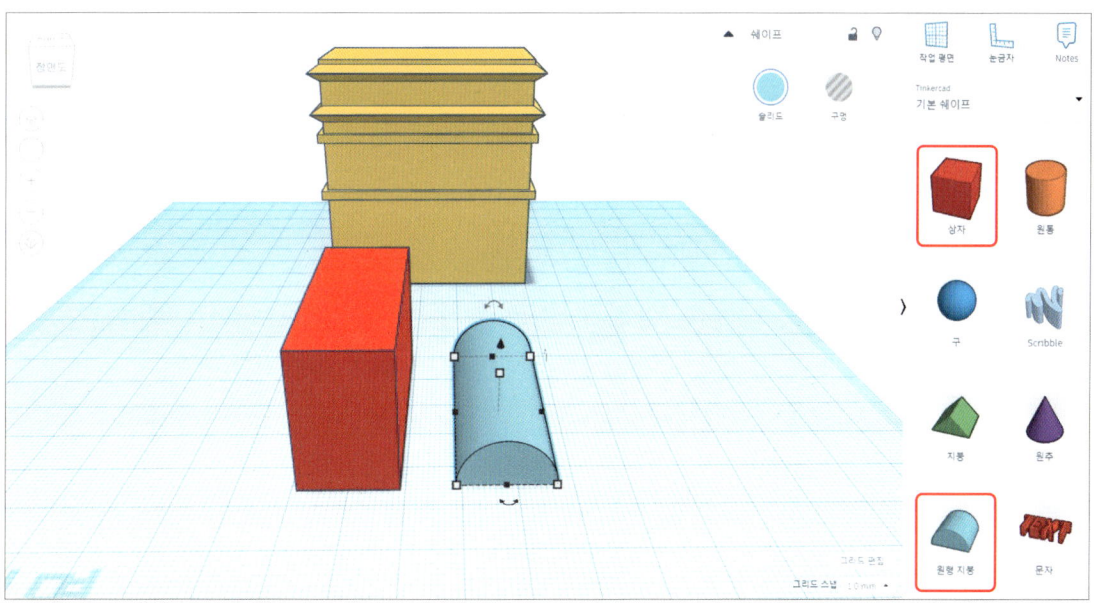

기본 쉐이프에서 상자와 원형 지붕을 선택하여 작업 평면에 놓은 후 치수를 조절합니다.
예 상자 : 가로 18, 세로 45, 높이 27
　　원형 지붕 : 가로 18, 세로 45, 높이 9

TINKERCAD DESIGN For 3D PRINTING   SECTION 07

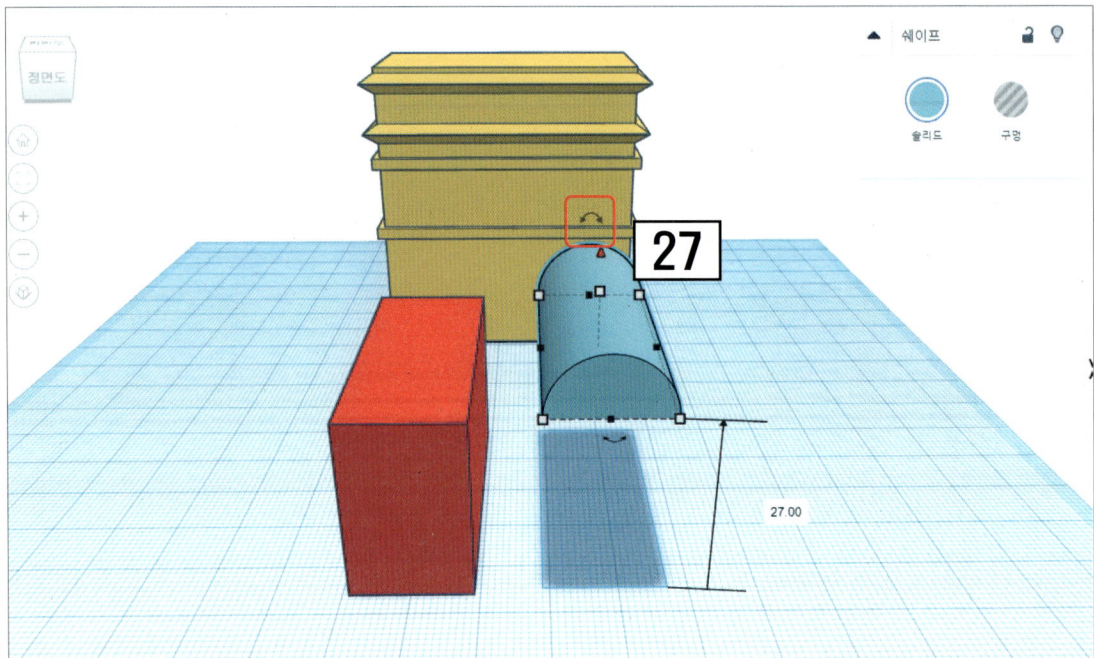

원형 지붕을 위로 "27"만큼 올립니다.

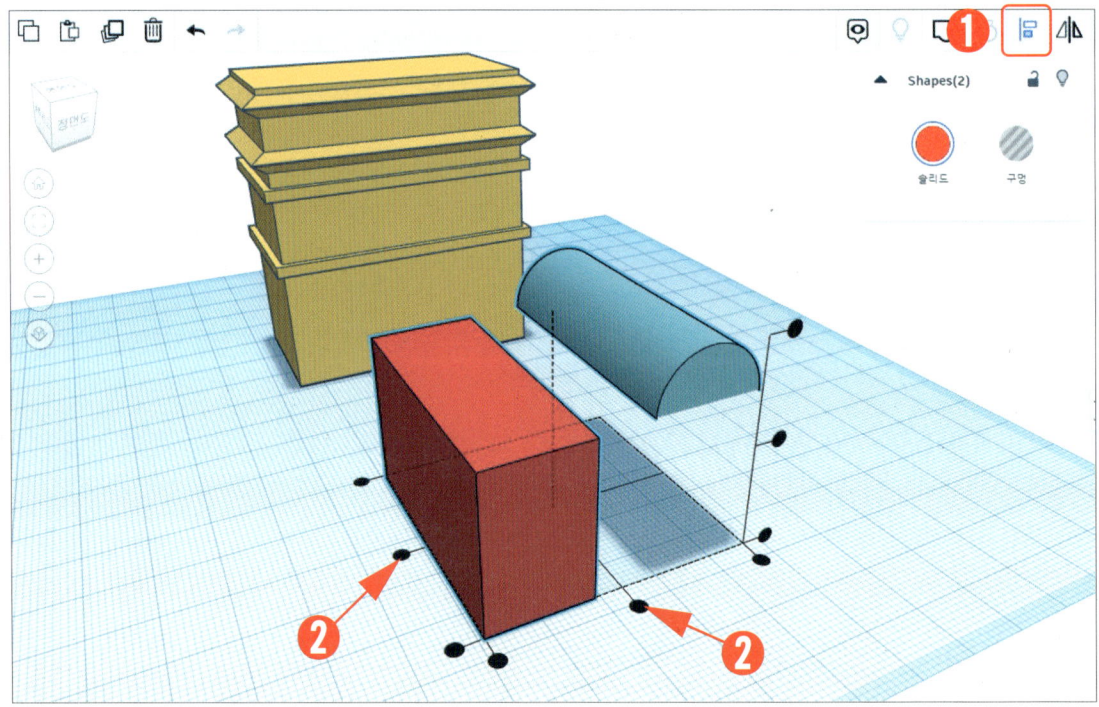

도형을 모두 선택하여 ❶ 정렬 버튼을 클릭한 후 ❷를 클릭하여 가운데 정렬합니다.

TINKERCAD DESIGN For 3D PRINTING _____ SECTION **07**

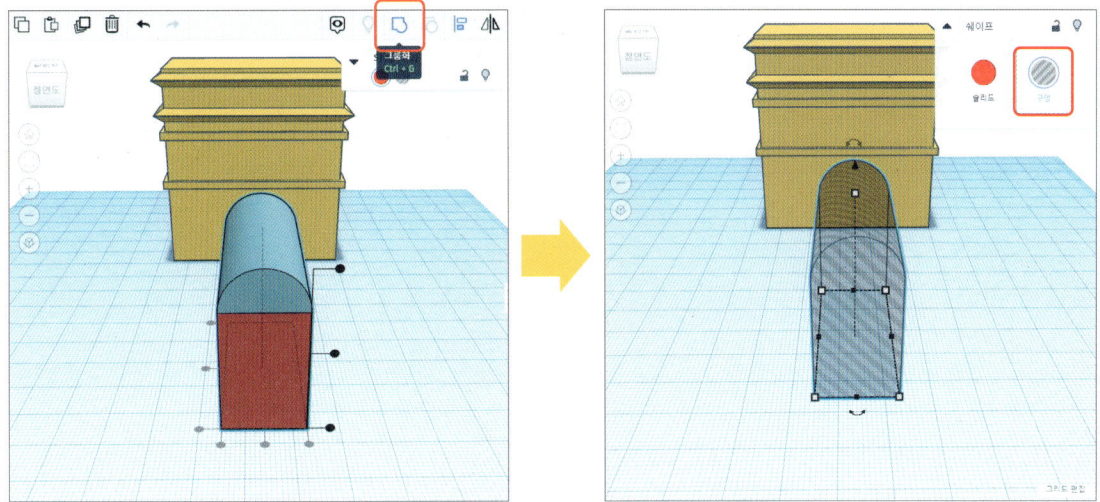

상자와 원통 지붕 도형을 선택한 후 그룹화합니다.

그룹화된 도형을 구멍 도형으로 바꿔줍니다.

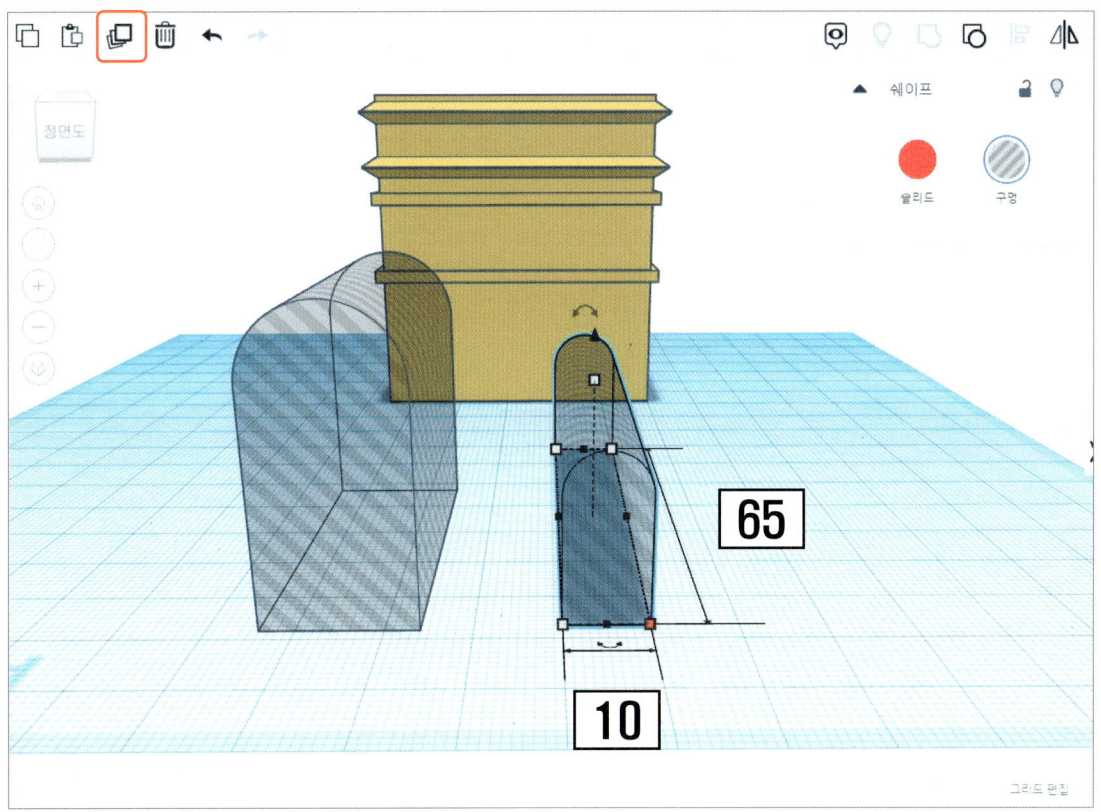

구멍 도형을 복제한 후 치수를 조절합니다.
예 가로 10, 세로 65, 높이 20

TINKERCAD DESIGN For 3D PRINTING   SECTION 07

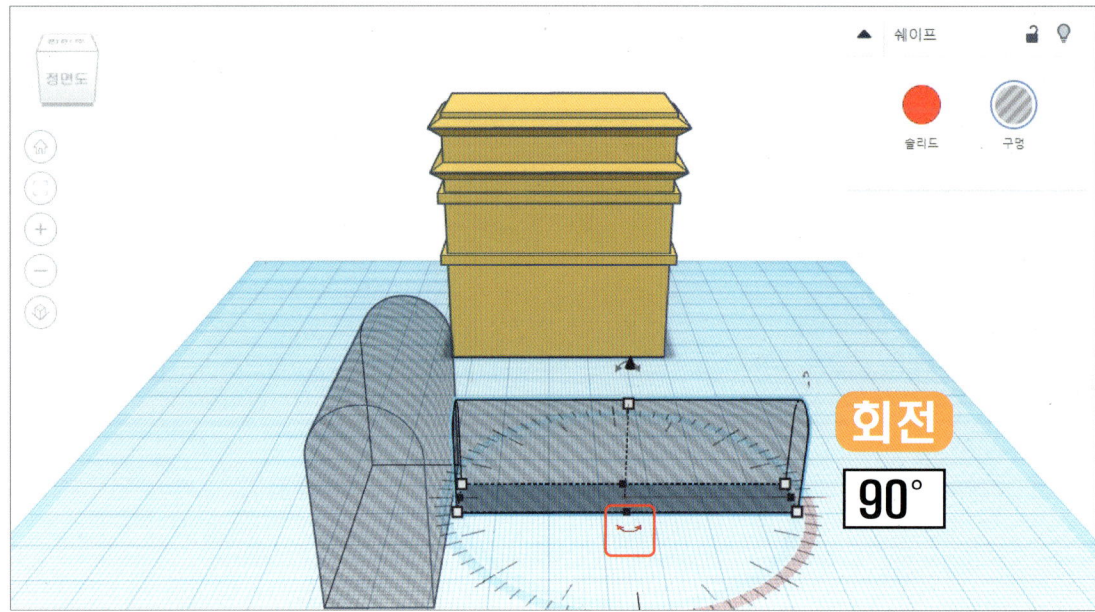

작은 구멍 도형을 90° 회전합니다.

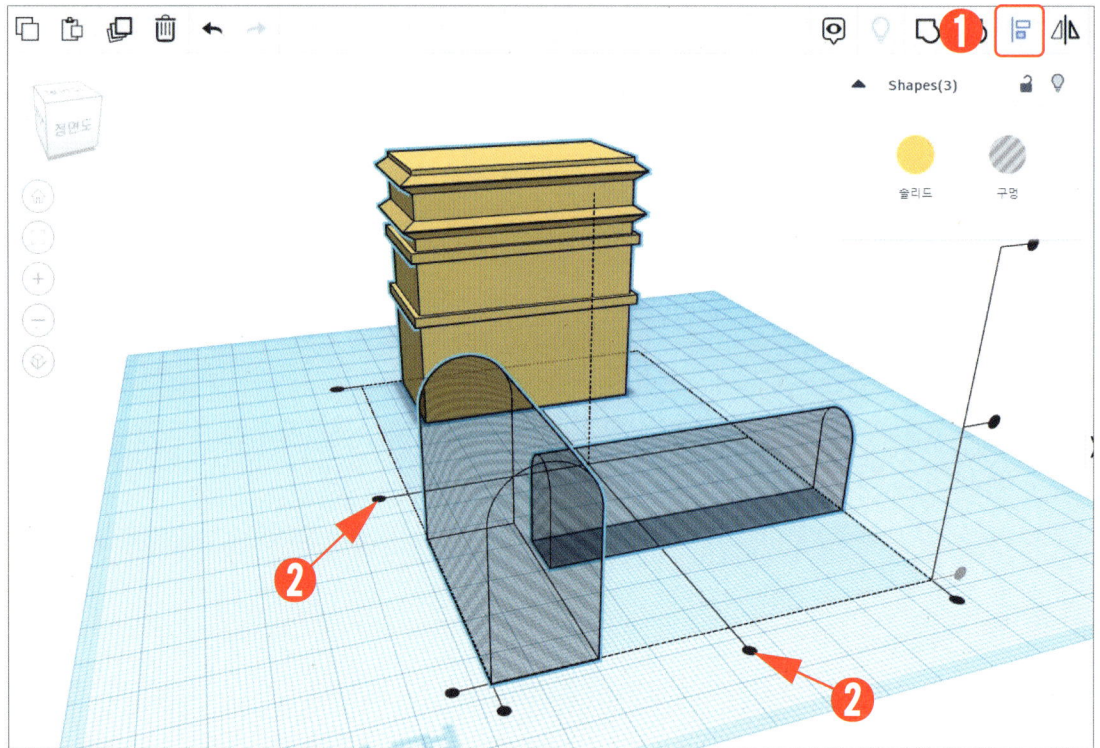

도형을 모두 선택하여 ❶ 정렬 버튼을 클릭한 후 ❷를 클릭하여 가운데 정렬합니다.

TINKERCAD DESIGN For 3D PRINTING

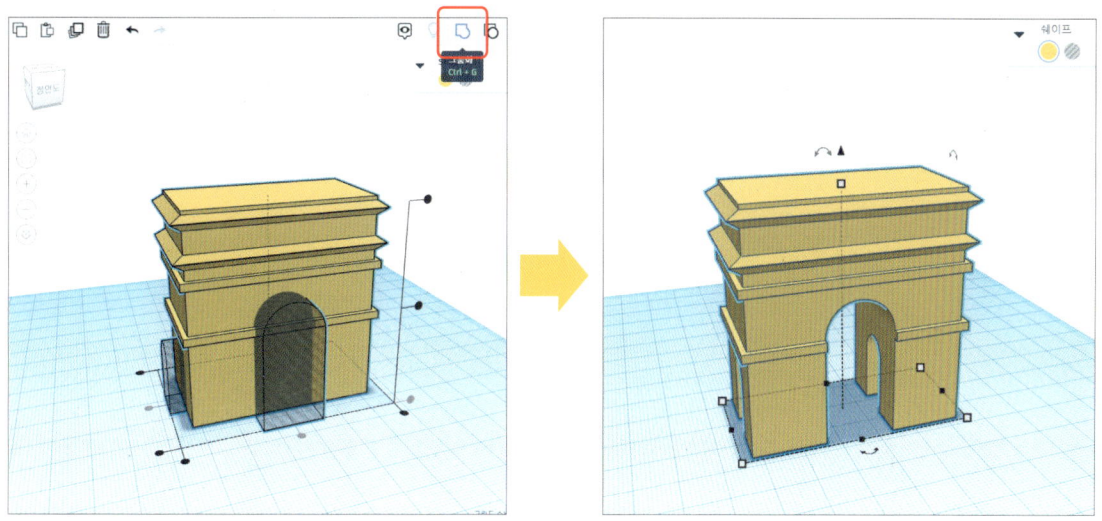

도형을 모두 선택한 후 그룹화합니다.

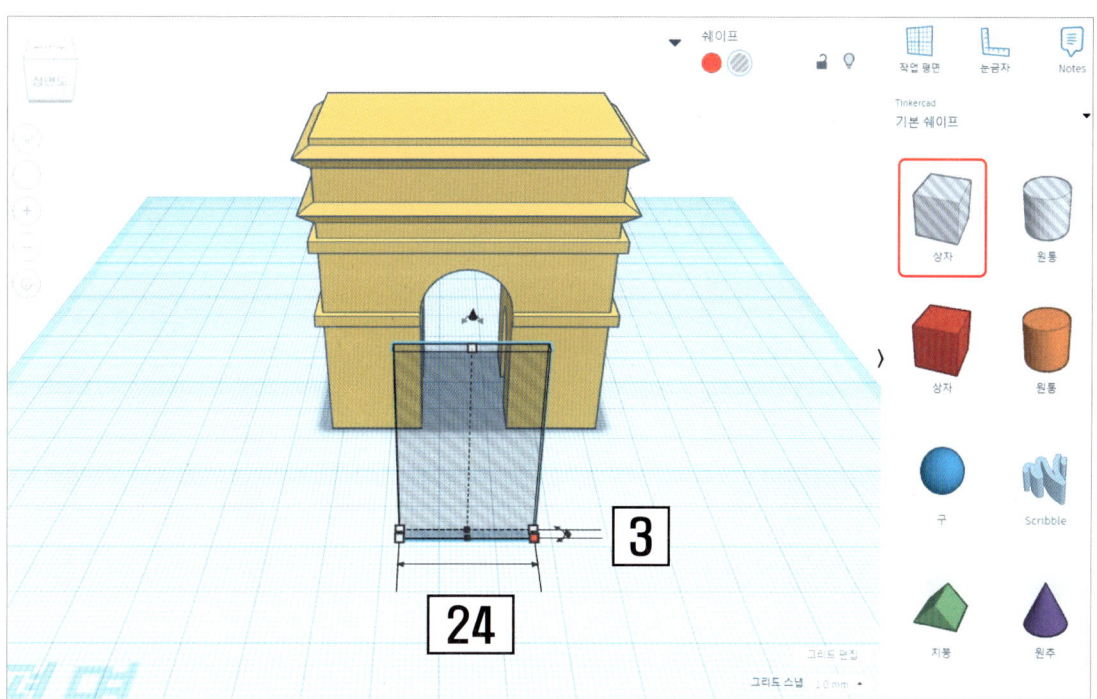

기본 쉐이프에서 구멍 상자를 선택하여 작업 평면에 놓은 후 치수를 조절합니다.
예 가로 24, 세로 3, 높이 38

TINKERCAD DESIGN For 3D PRINTING   SECTION 07

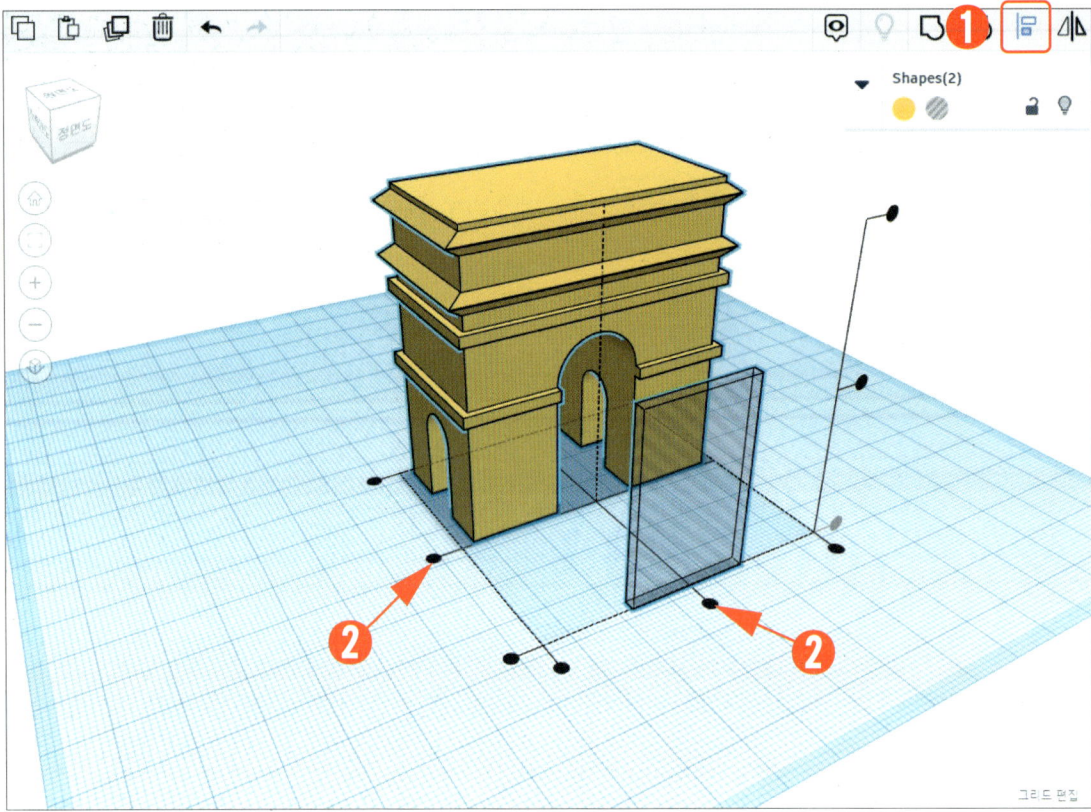

도형을 모두 선택하여 ❶ 정렬 버튼을 클릭한 후 ❷를 클릭하여 가운데 정렬합니다.

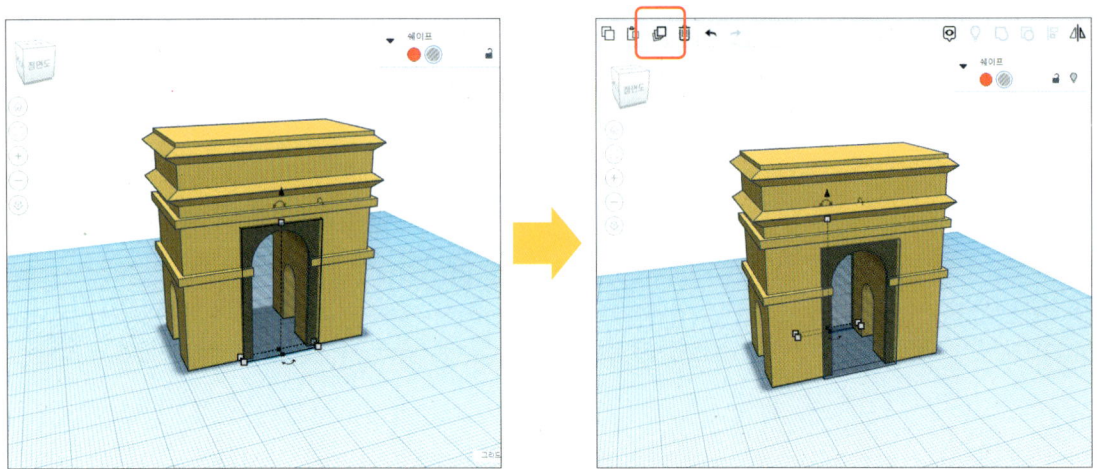

정렬된 구멍 상자를 복제한 후 키보드 방향키 ⬆ 를 28번 눌러 반대편으로 이동합니다.

TINKERCAD DESIGN For 3D PRINTING SECTION 07

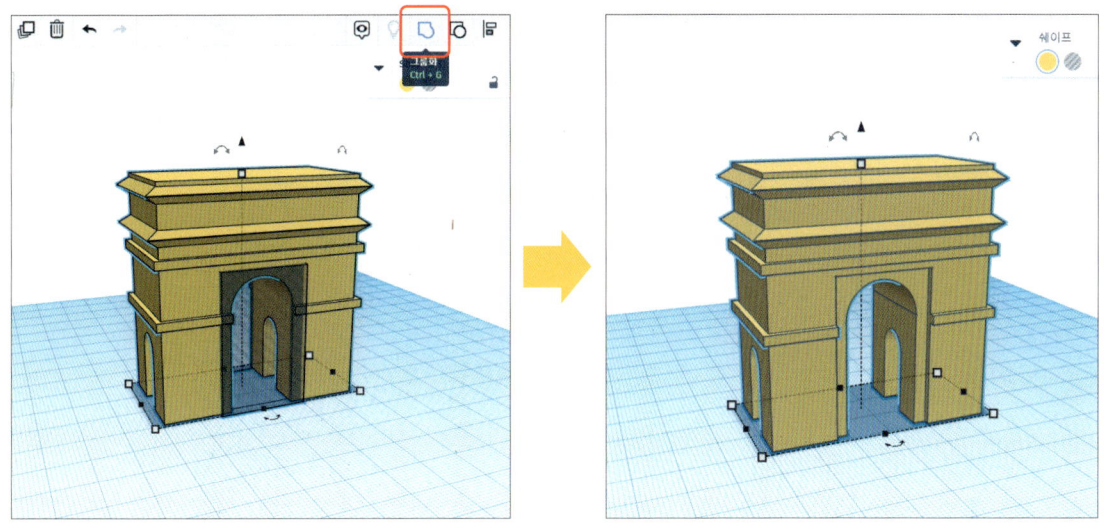

도형을 모두 선택한 후 그룹화합니다.

 개선문 밑단 꾸미기  03

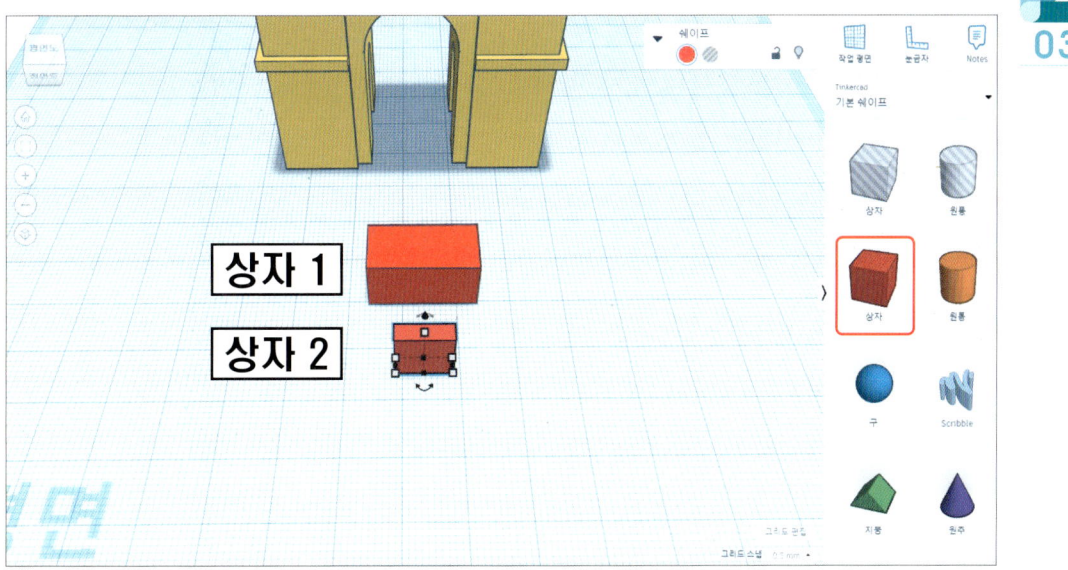

기본 쉐이프에서 상자를 선택하여 작업 평면에 놓은 후 치수를 조절합니다.
예) 상자 1 : 가로 20, 세로 10, 높이 10
　　상자 2 : 가로 10, 세로 3, 높이 10

TINKERCAD DESIGN For 3D PRINTING   SECTION 07

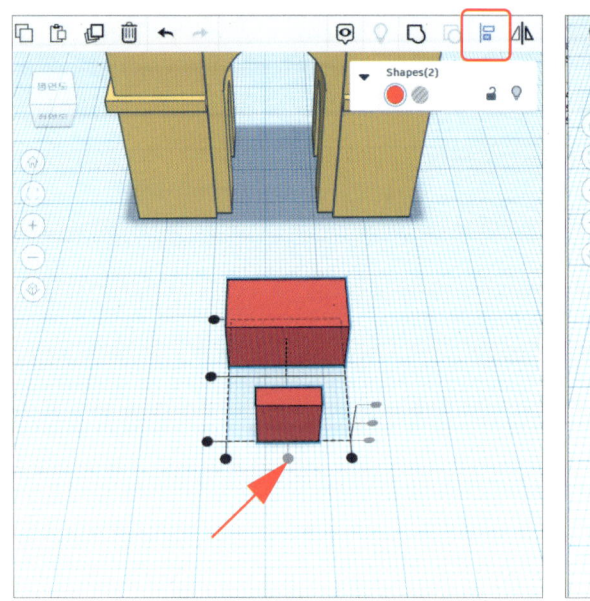

두 상자 도형을 정렬 버튼으로 가로 정렬합니다.

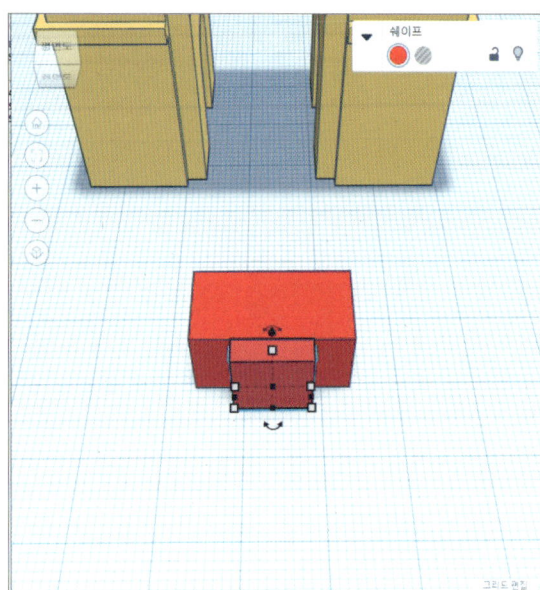

키보드 방향키 ←↑↓→ 로 그림과 같이 배치합니다.

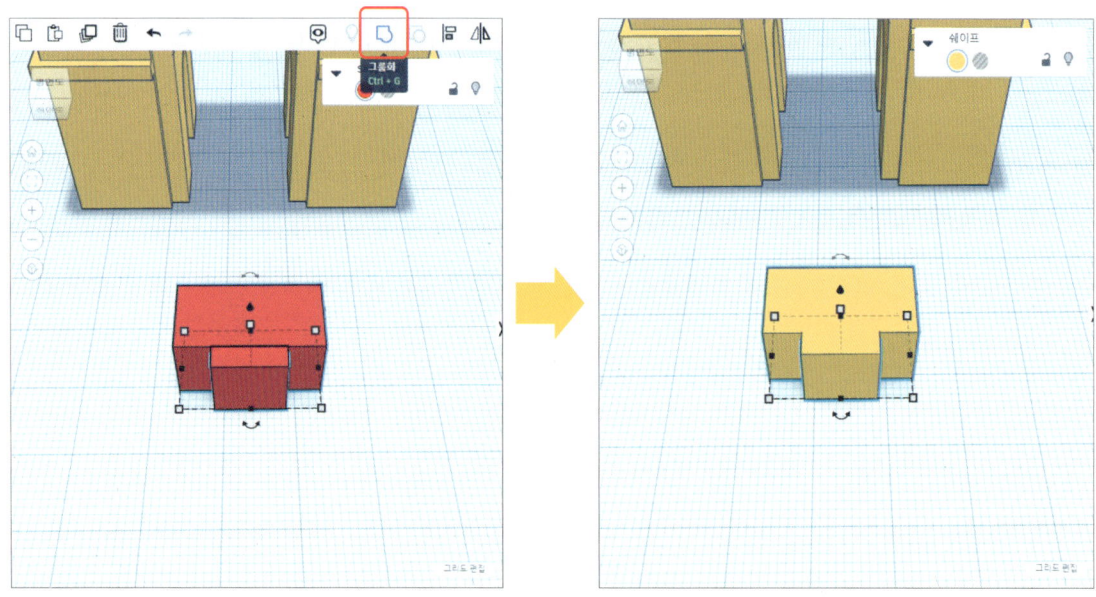

두 상자 도형을 선택한 후 그룹화합니다.

TINKERCAD DESIGN For 3D PRINTING _____ SECTION 07

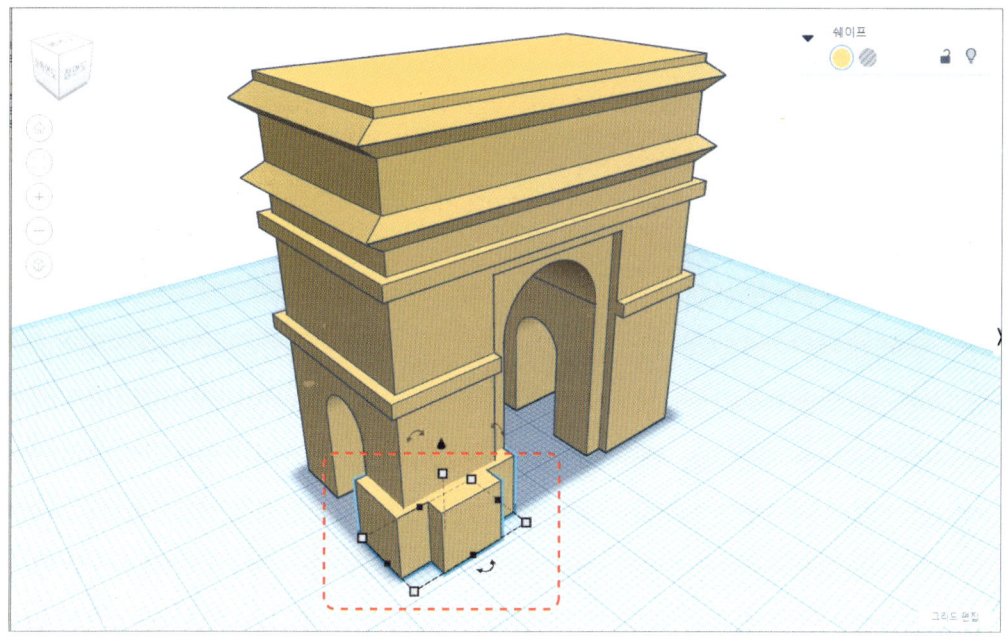

키보드 방향키 ⬆⬅⬇➡를 활용하여 ⬜ 그림과 같이 밑단 부분을 배치합니다.

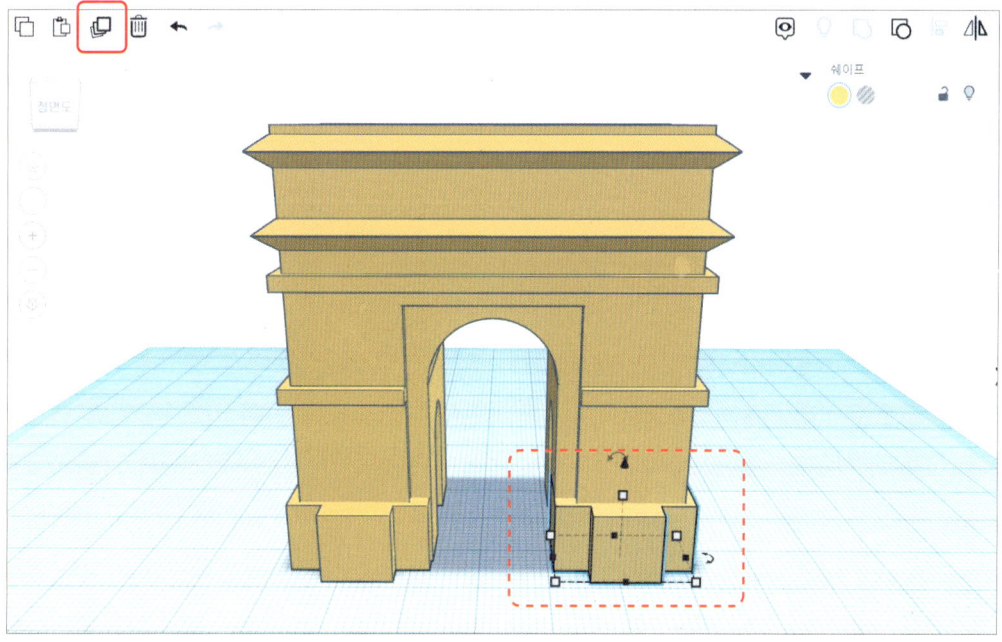

밑단 도형을 복제한 후 키보드 방향키 ⬆⬅⬇➡로 그림과 같이 배치합니다.

TINKERCAD DESIGN For 3D PRINTING _____ SECTION 07

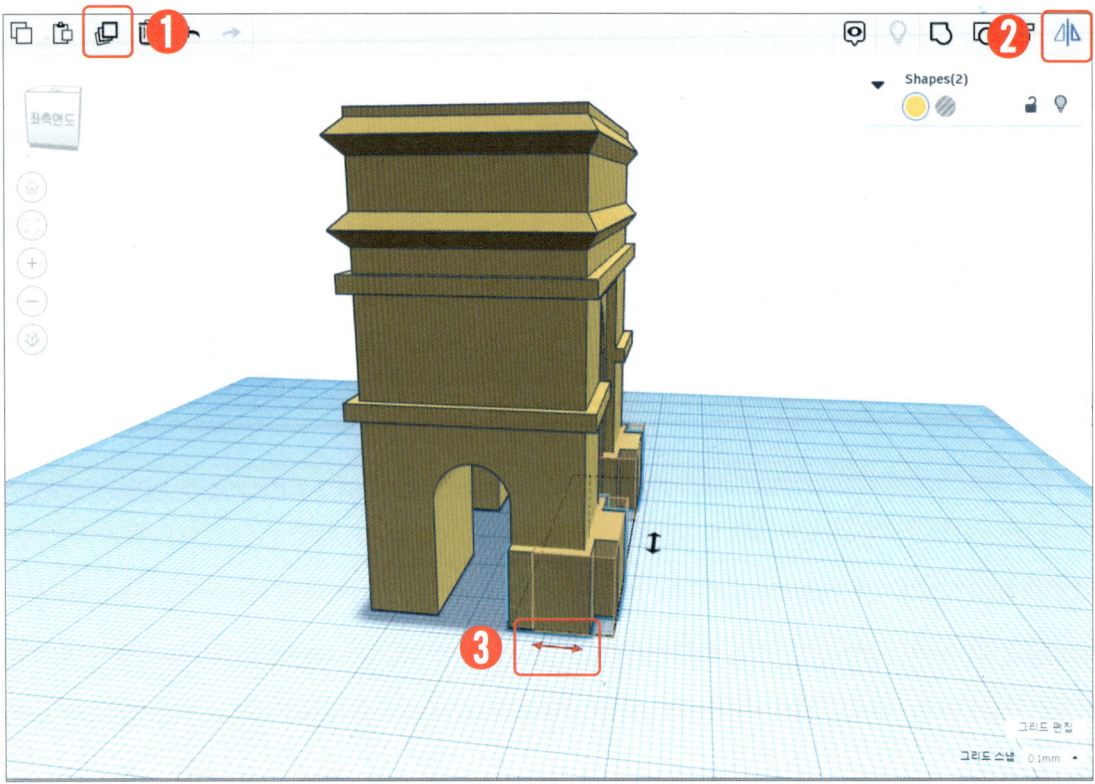

두 밑단 도형을 ❶ 복제한 후 ❷ 대칭 버튼으로 ❸ 좌우 대칭합니다.

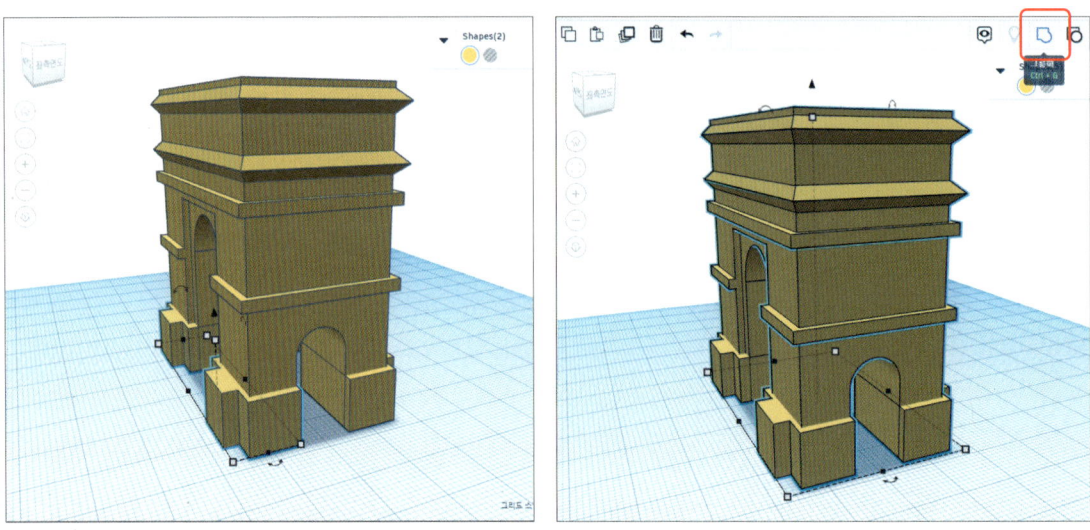

대칭된 도형을 키보드 방향키 ⬆⬅⬇➡ 로 그림과 같이 이동한 후 전체 도형을 그룹화합니다.

TINKERCAD DESIGN For 3D PRINTING

개선문 상단 꾸미기

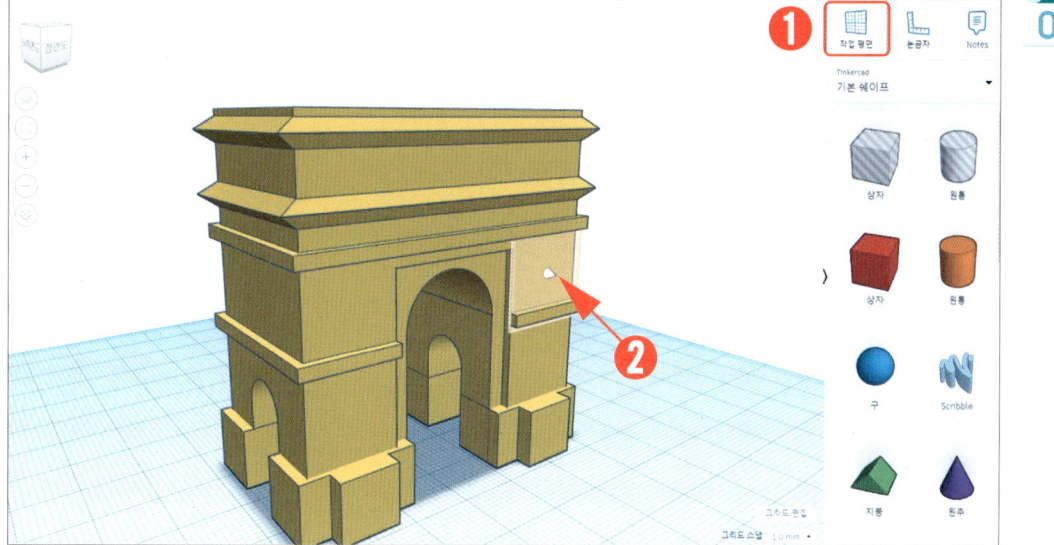

벽면을 꾸미기 위해 임시 작업 평면을 만들어 봅시다.
❶ 작업 평면 버튼을 클릭한 뒤 ❷ 위치를 클릭합니다.

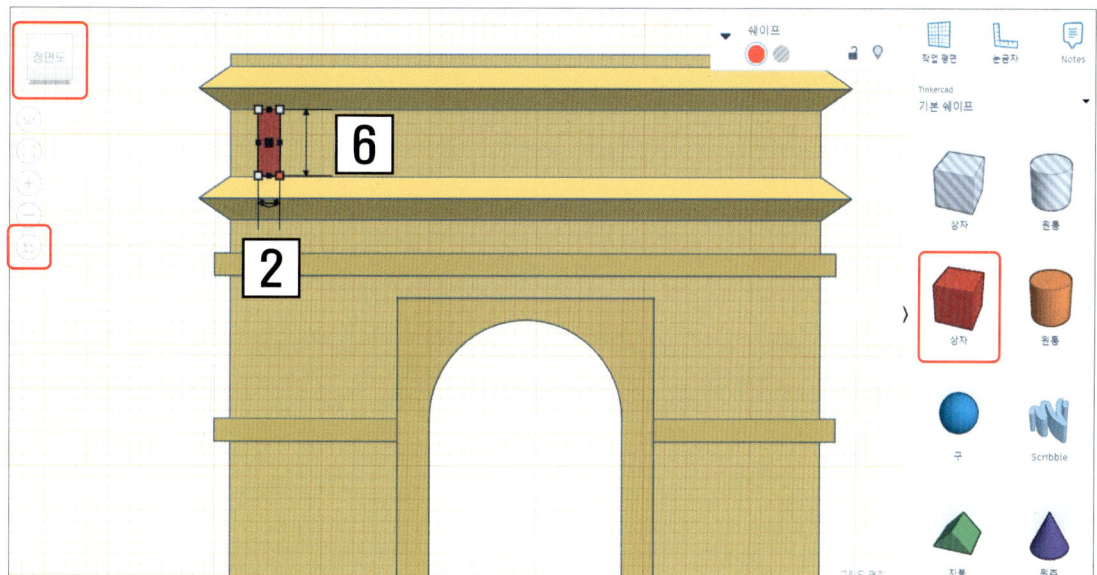

뷰박스를 평면도 · 직교뷰로 선택합니다.
기본 쉐이프에서 상자를 선택하여 임시 작업 평면에 놓은 후 치수를 조절합니다.
예) 가로 2, 세로 6, 높이 1

TINKERCAD DESIGN For 3D PRINTING
SECTION 07

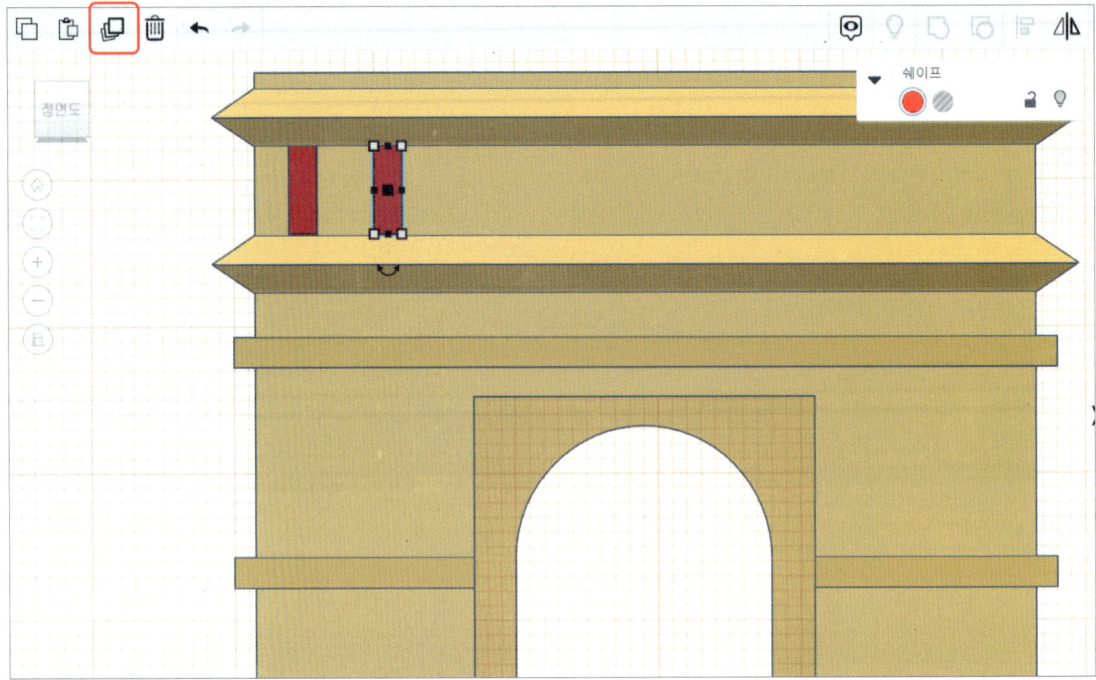

상자를 복제한 후 키보드 방향키 →를 6번 눌러줍니다.

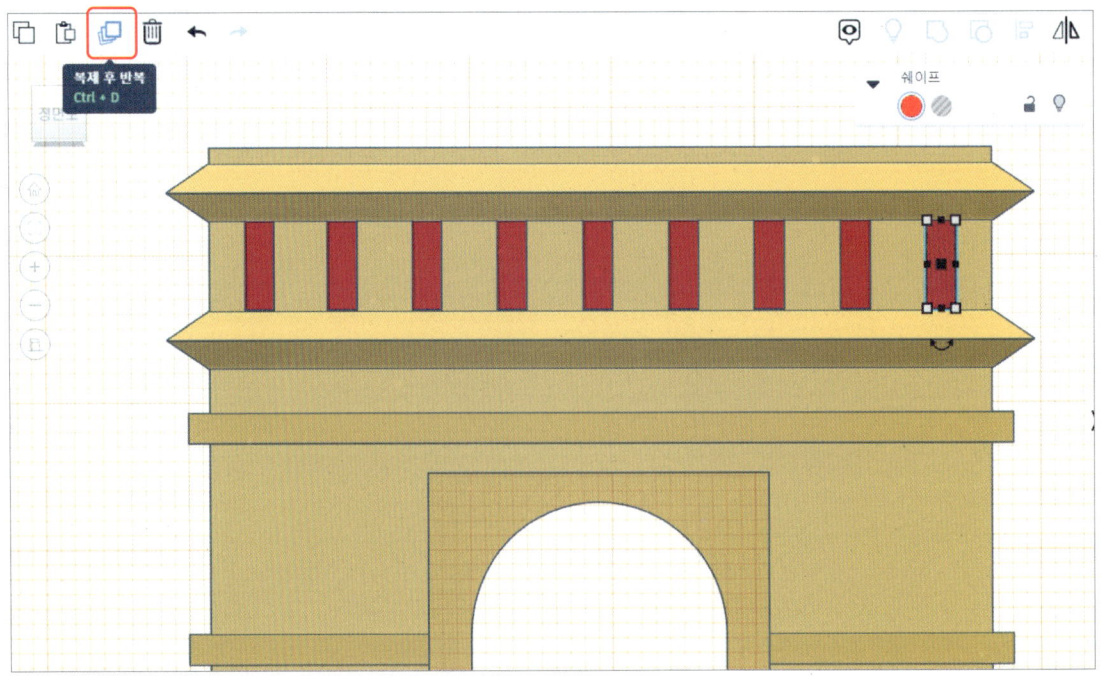

복제 버튼을 7번 더 클릭하여 그림과 같이 벽면을 꾸며줍니다.

TINKERCAD DESIGN For 3D PRINTING SECTION 07

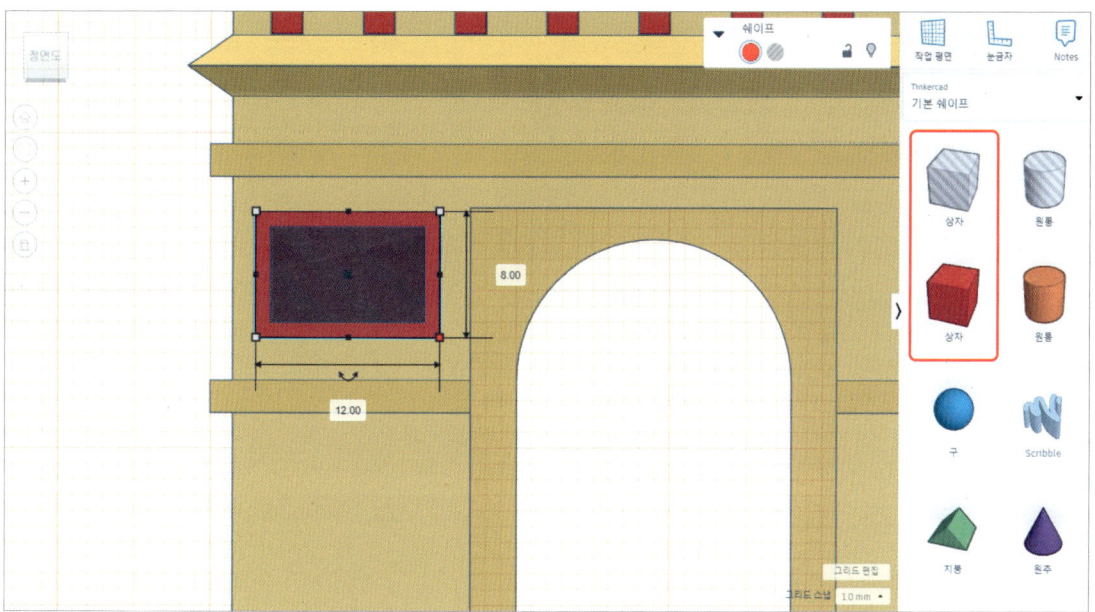

기본 쉐이프에서 상자와 구멍 상자를 선택하여 작업 평면에 놓은 후 치수를 조절한 후 그림과 같이 구멍 상자를 가운데 배치합니다.

예 상자 : 가로 12, 세로 8, 높이 1
　구멍 상자 : 가로 10, 세로 6, 높이 20

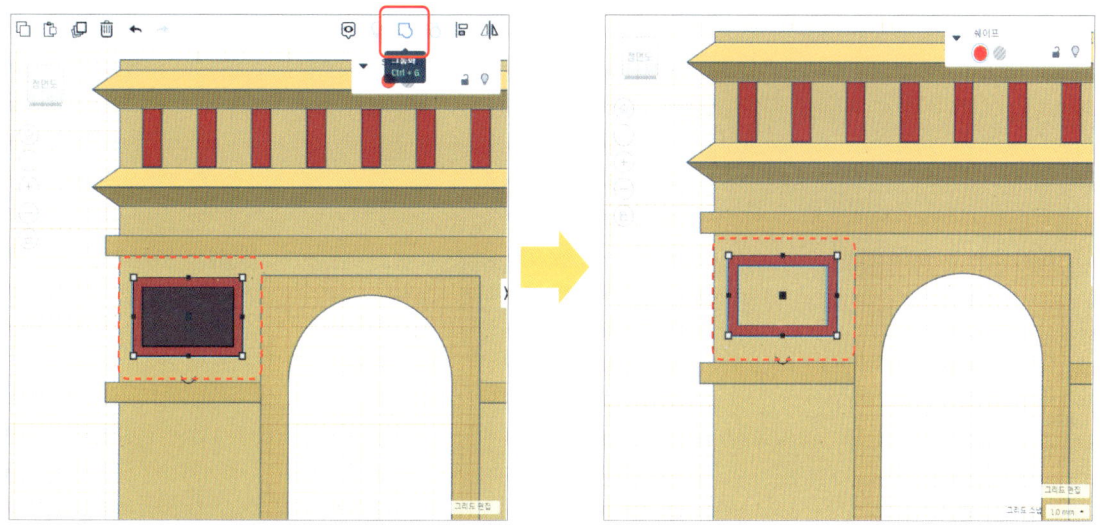

상자와 구멍 상자를 선택한 후 그룹화합니다.

TINKERCAD DESIGN For 3D PRINTING

SECTION 07

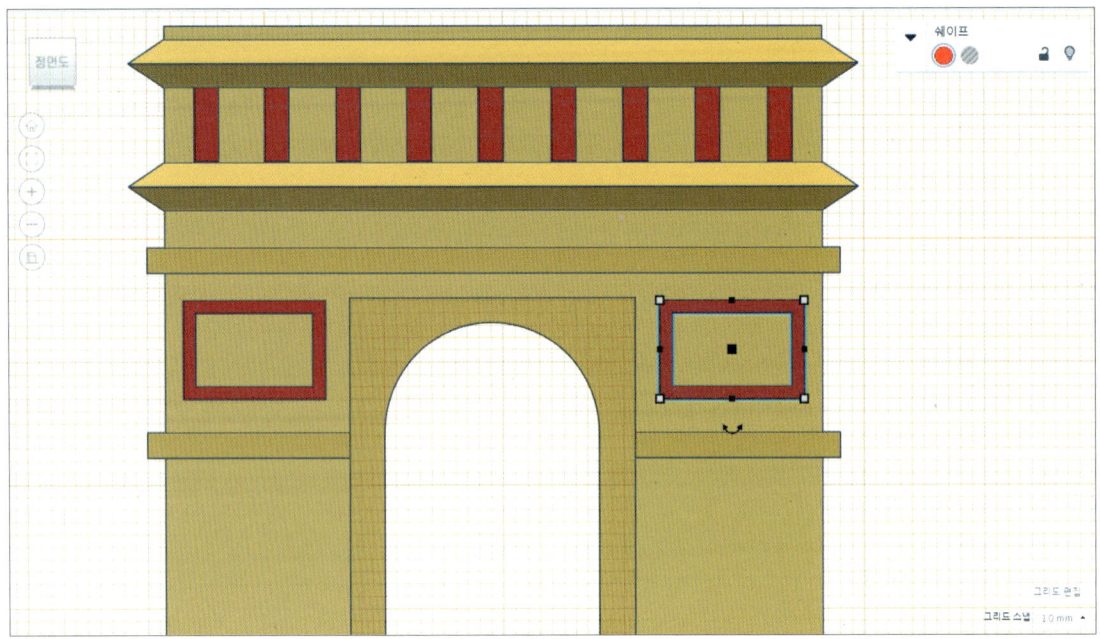

그룹화된 도형을 복제한 후 그림과 같이 키보드 방향키 ←↑↓→ 로 이동 후 배치합니다.

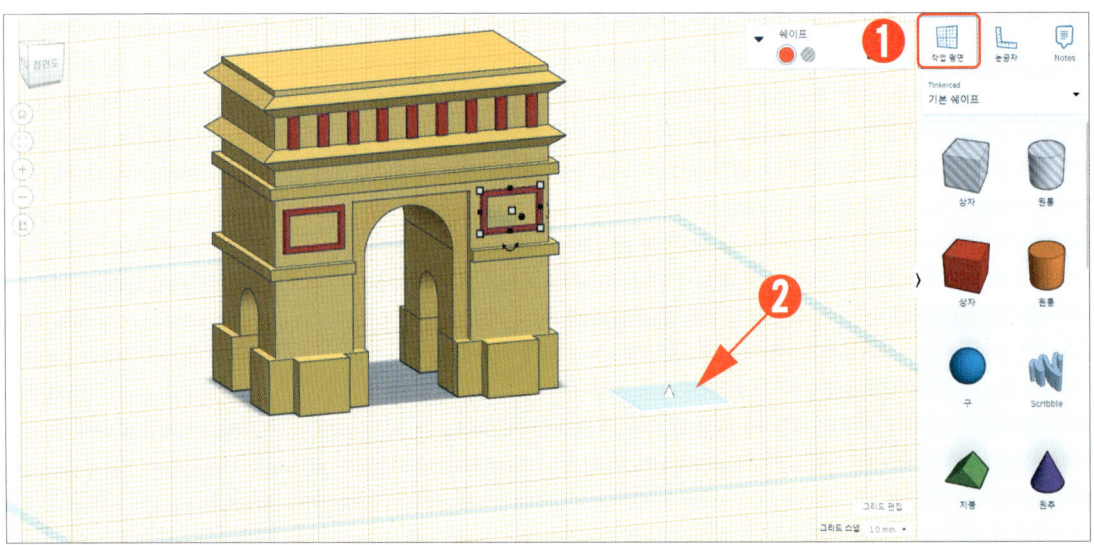

기존 작업 평면으로 돌아가기 위해 ❶ 작업 평면 버튼을 클릭한 후 ❷ 빈공간을 클릭합니다.

TINKERCAD DESIGN For 3D PRINTING — SECTION 07

벽면 장식을 모두 선택한 후 복제하여 반대편에도 배치합니다.

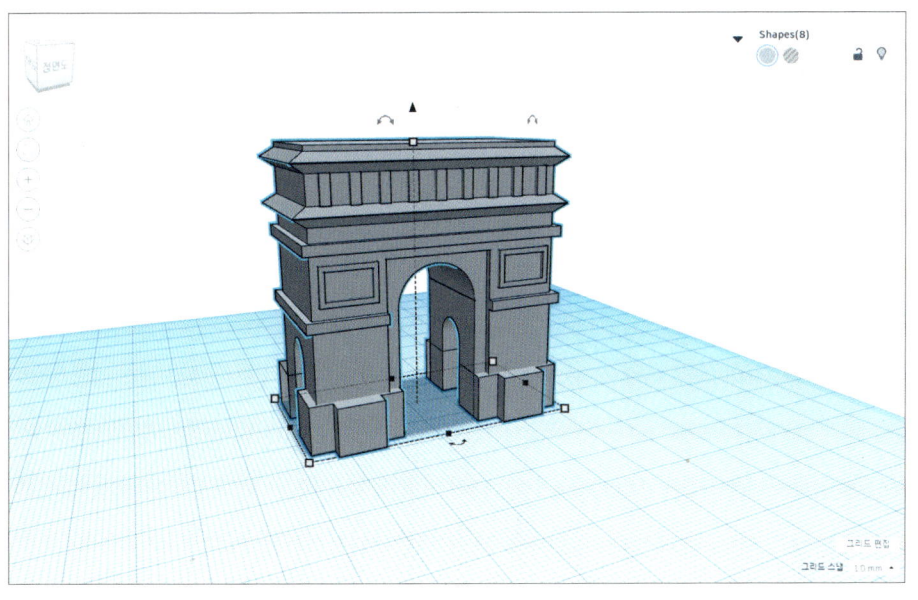

개선문 완성!

TINKERCAD DESIGN For 3D PRINTING

도|전|과|제

- 자료를 참고하여 개선문에 대해 알아보고 나만의 개선문을 디자인하여 모델링해 봅시다.

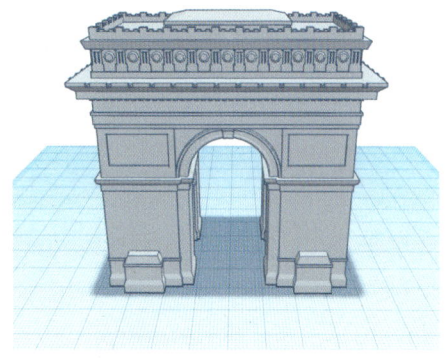

파리 시내 북서부, 샤를 드 골 광장 중앙에 서 있는 개선문은 에펠탑과 함께 파리를 상징하는 대표적인 명소다. 개선문이 있는 광장은 방사형으로 뻗은 12개의 도로가 마치 별과 같은 모양을 이루고 있다고 해서 이전에는 에투알(Etoile, 별) 광장이라고 불렸다. 프랑스를 구한 장군이자 초대 대통령의 이름을 따서 1970년에 샤를 드 골 광장으로 개칭되었다.

높이가 거의 50m에 달하는 샬그랭의 디자인은 19세기 초, 고전주의적인 이상을 되살렸으며, 20세기까지도 공식적인 기념비의 디자인에 주도적인 영향을 끼쳤던 양식인 신고전주의 양식의 이정표이다.

출처 : [네이버 지식백과] 개선문 [Triumphal Arch]

SECTION 08 사진 액자 만들기

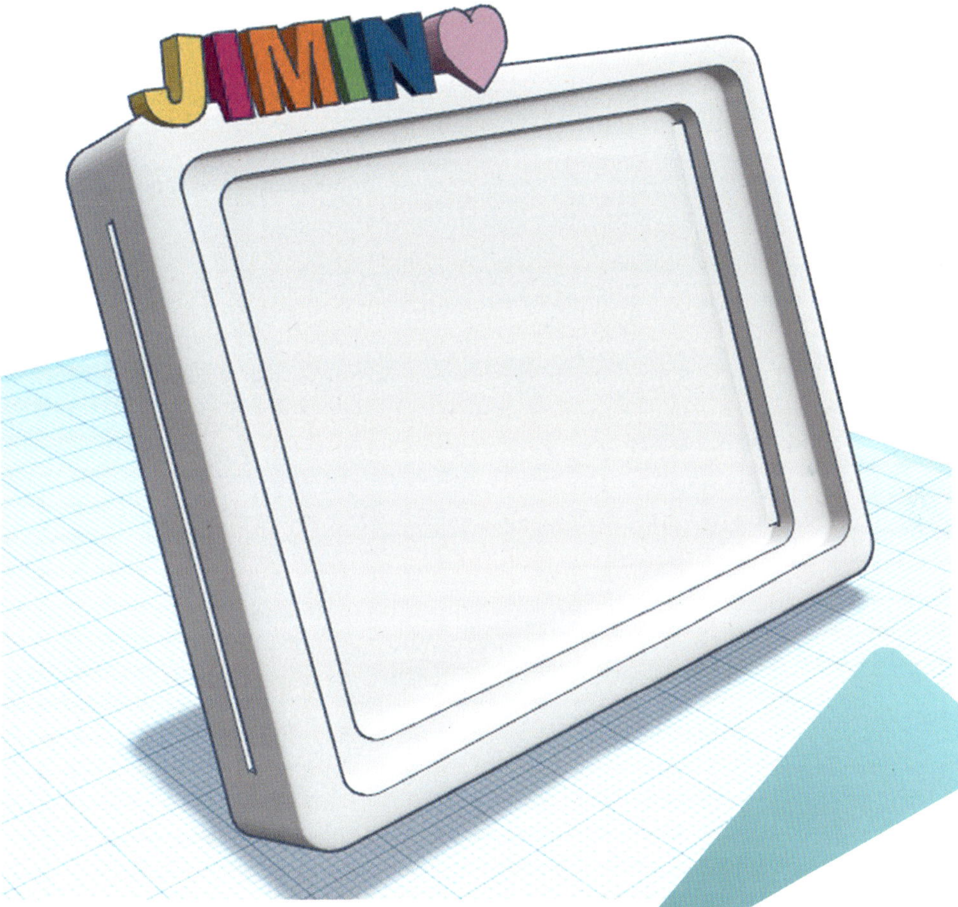

● 사진 액자 만들기

지지대가 있는 사진 액자를 모델링 해보고,
완성된 액자에 사진을 넣어서 실생활에 활용해 봅시다.

TINKERCAD DESIGN For 3D PRINTING

01

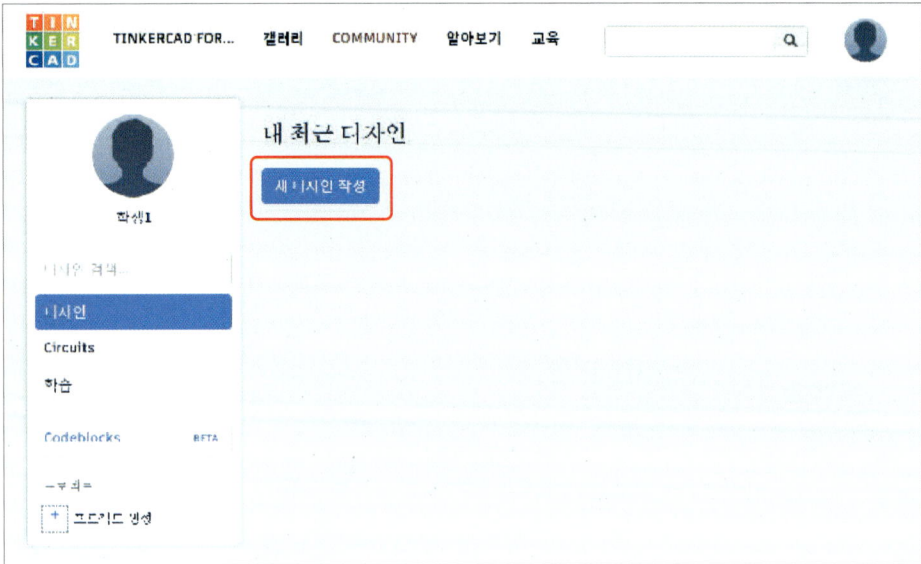

구글크롬 에서 틴커캐드 웹사이트(www.tinkercad.com)에 접속합니다.
로그인 후 대시보드의 새 디자인 작성 을 클릭합니다.

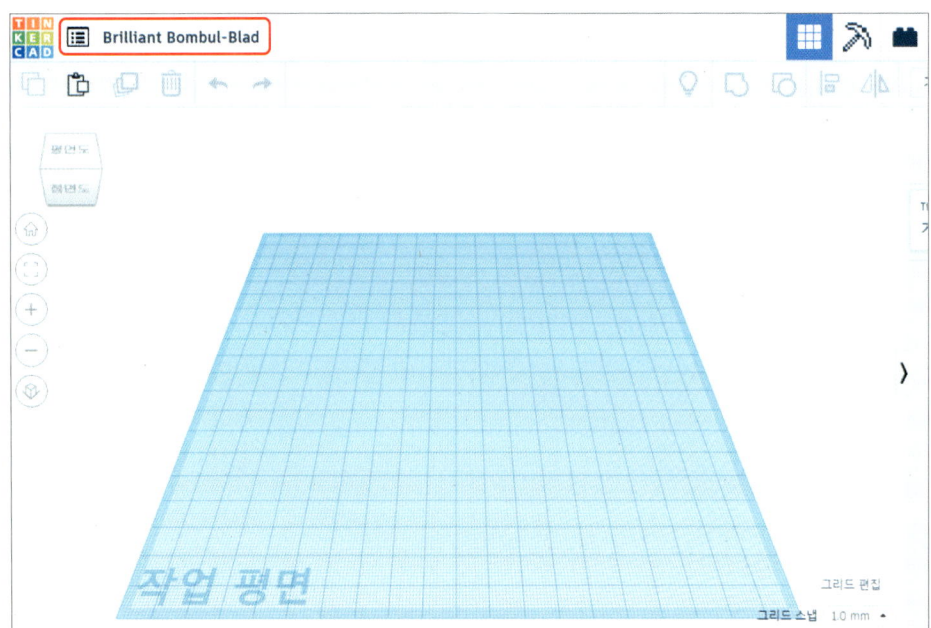

틴커캐드는 저장 버튼이 따로 없으며 웹에서 작업하고 모델링 작업파일 역시 인터넷 저장 공간에
자동으로 저장됩니다. 임의로 주어진 영어이름을 클릭하면 파일명을 수정할 수 있습니다.

TINKERCAD DESIGN For 3D PRINTING   SECTION 08

파일명을 "**사진 액자 만들기**"로 수정하고 엔터키 또는 화면의 빈 공간 아무 곳이나 클릭합니다.

상자 1 만들기

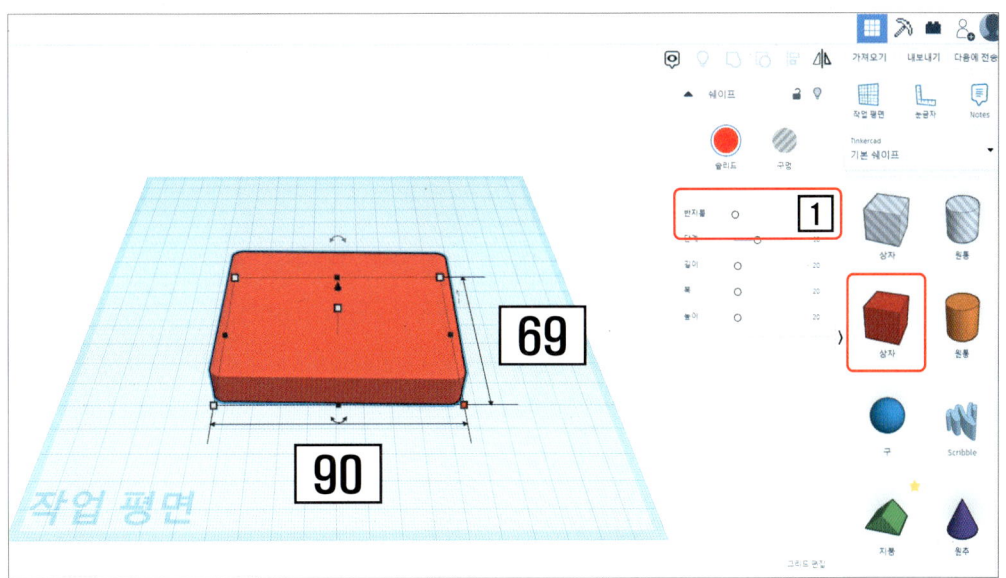

기본 쉐이프에서 상자를 선택하여 작업 평면에 놓은 후 치수를 조절합니다.
예 가로 90, 세로 69, 높이 14, 반지름 1

상자 2 만들기

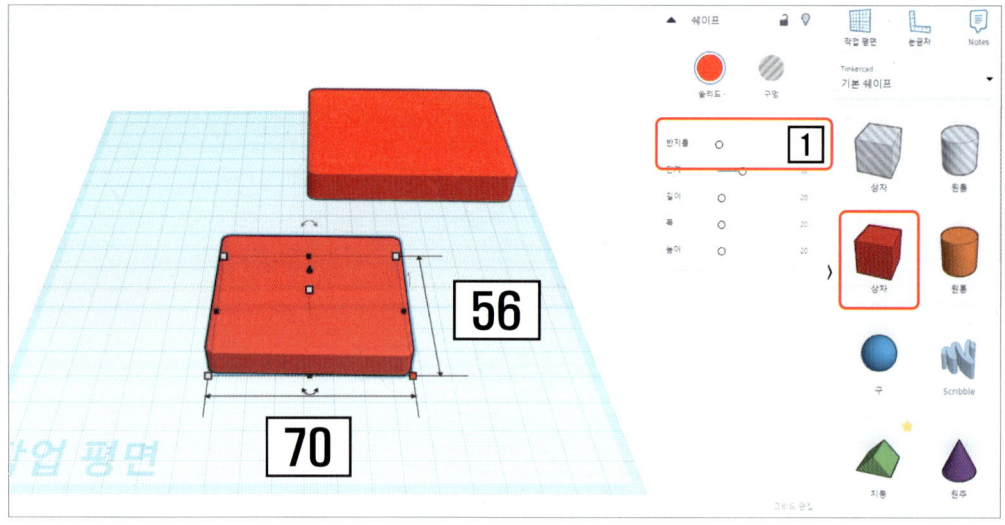

기본 쉐이프에서 상자를 한 개 더 선택하여 작업 평면에 놓은 후 치수를 조절합니다.
예 가로 70, 세로 56, 높이 11, 반지름 1

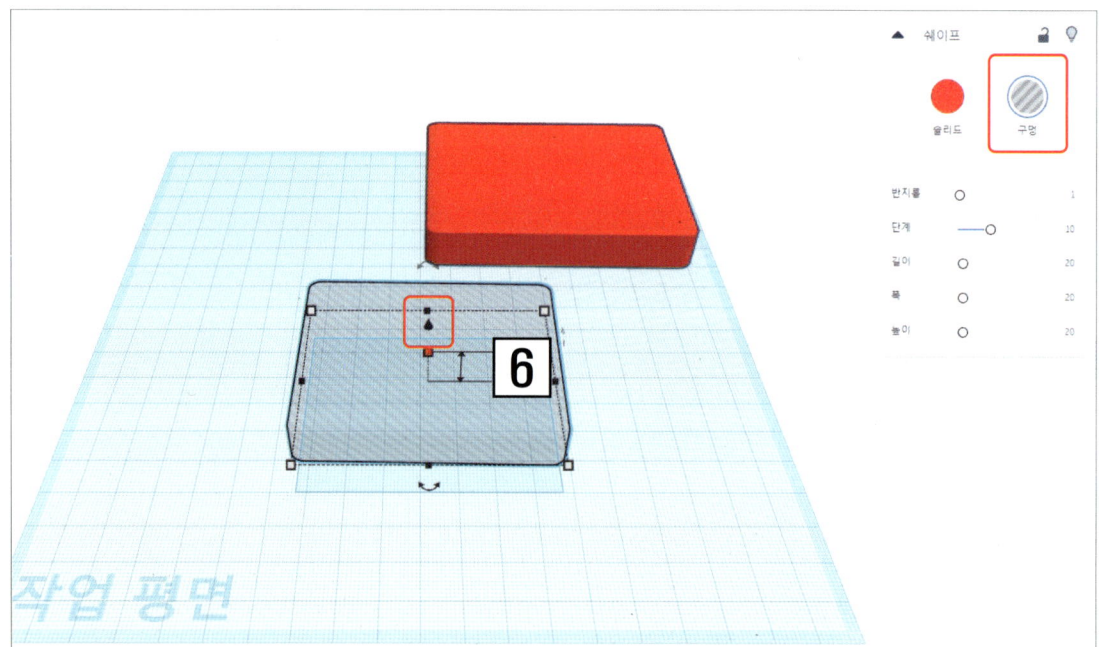

상자 2를 선택하여 위로 "6(mm)"만큼 올려준 후, 구멍 도형으로 바꾸어 줍니다.

TINKERCAD DESIGN For 3D PRINTING

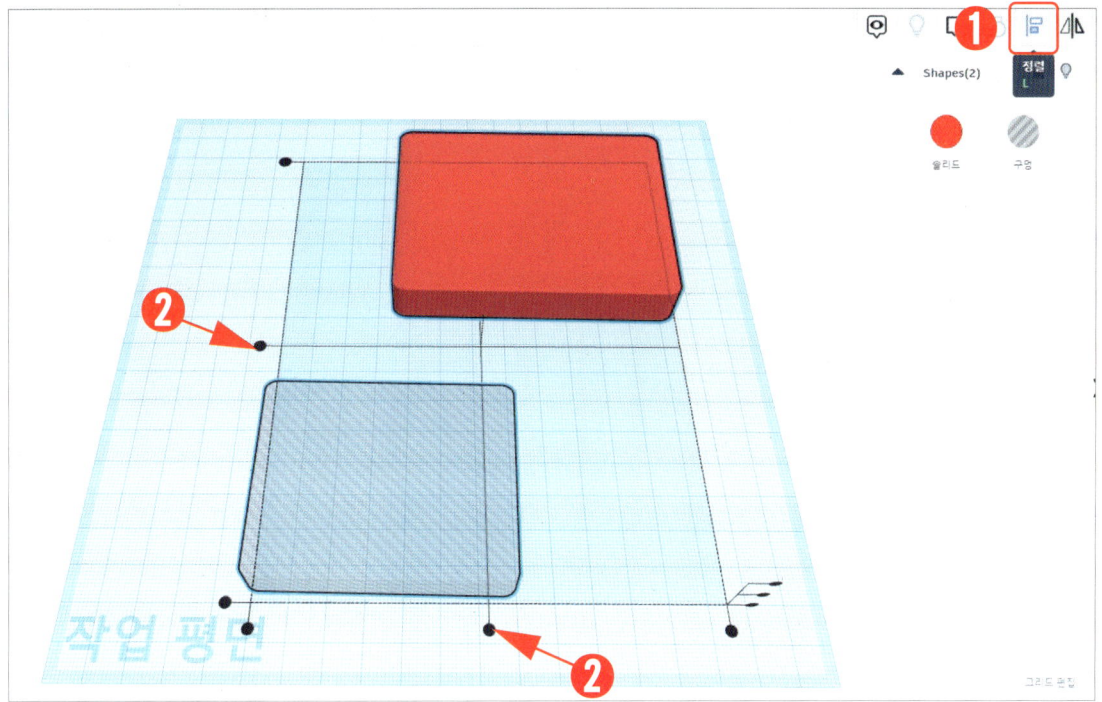

상자 1과 상자 2를 모두 선택하여 ❶ 정렬 버튼을 클릭한 후 ❷를 클릭하여 가운데 정렬합니다.

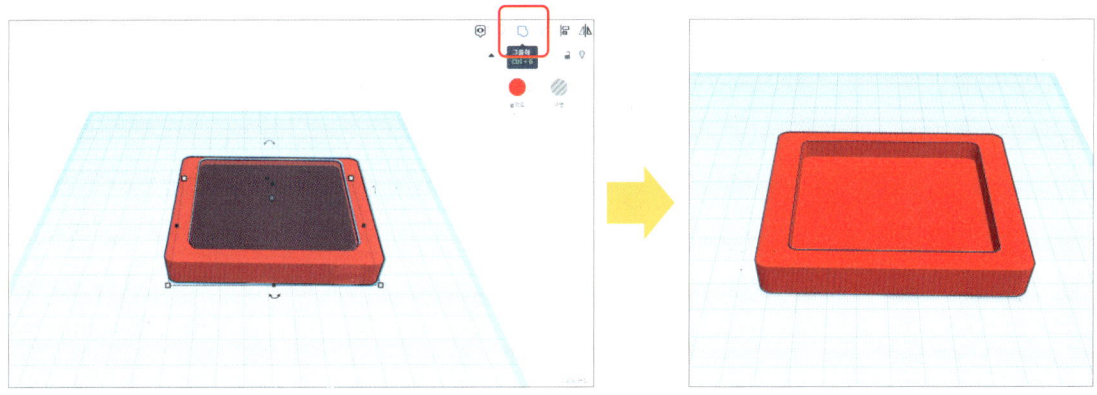

두 도형을 선택한 후 (Shift 키를 누른 상태로 두 도형을 클릭) 그룹화합니다.

TINKERCAD DESIGN For 3D PRINTING

상자 3 만들기

04

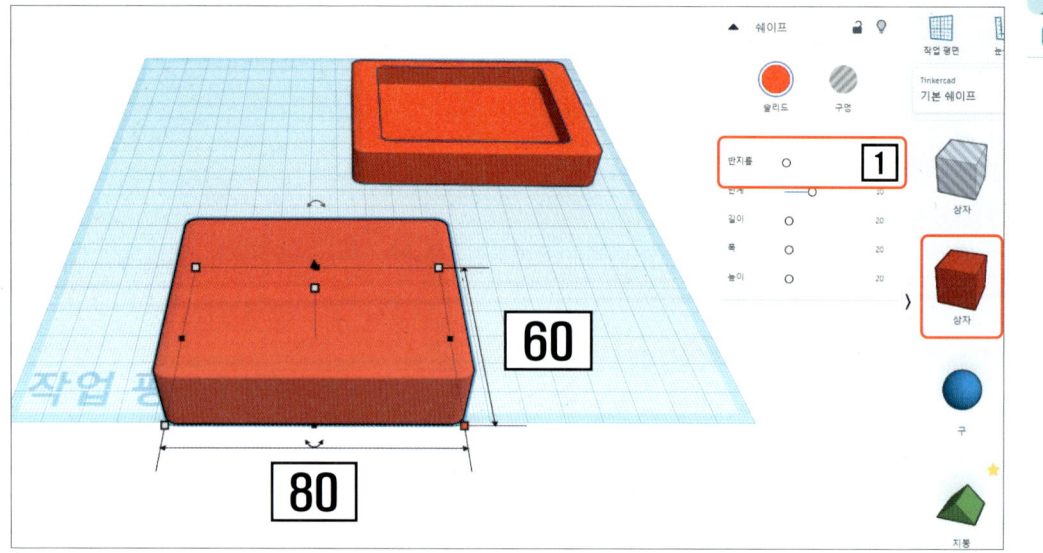

기본 쉐이프에서 상자를 선택하여 작업 평면에 놓은 후 치수를 조절합니다.
예 가로 80, 세로 60, 높이 14, 반지름 1

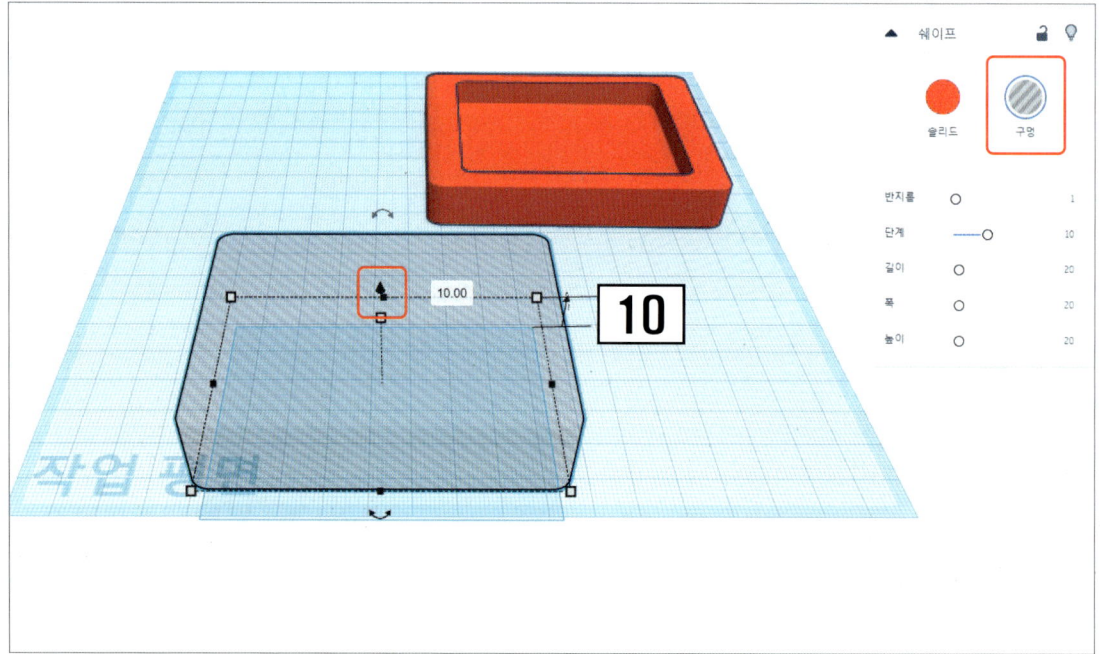

상자를 선택하여 위로 "10(mm)"만큼 올려준 후, 구멍 도형으로 바꾸어 줍니다.

TINKERCAD DESIGN For 3D PRINTING   SECTION 08

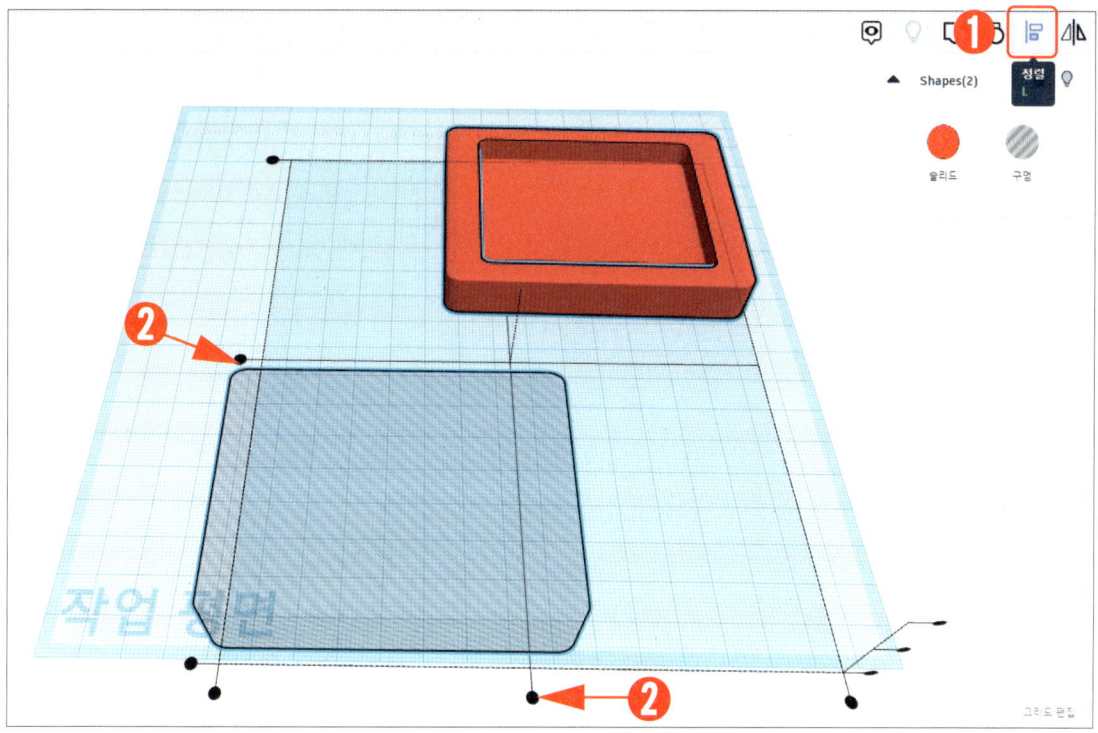

상자를 모두 선택하여 ❶ 정렬 버튼을 클릭한 후 ❷를 클릭하여 가운데 정렬합니다.

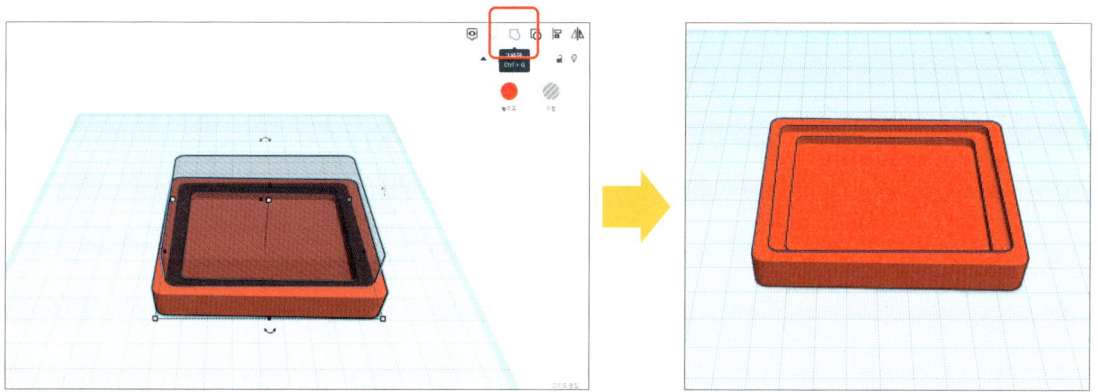

두 도형을 선택한 후 (Shift 키를 누른 상태로 두 도형을 클릭) 그룹화합니다.

TINKERCAD DESIGN For 3D PRINTING

상자 4 만들기

05

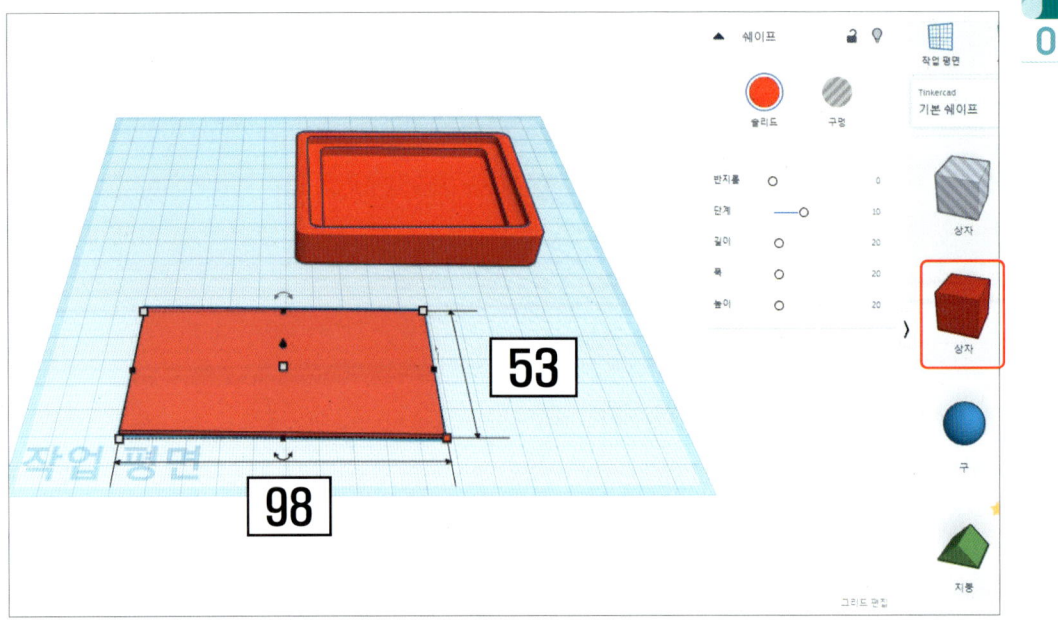

기본 쉐이프에서 상자를 선택하여 작업 평면에 놓은 후 치수를 조절합니다.
예) 가로 98, 세로 53, 높이 1.5

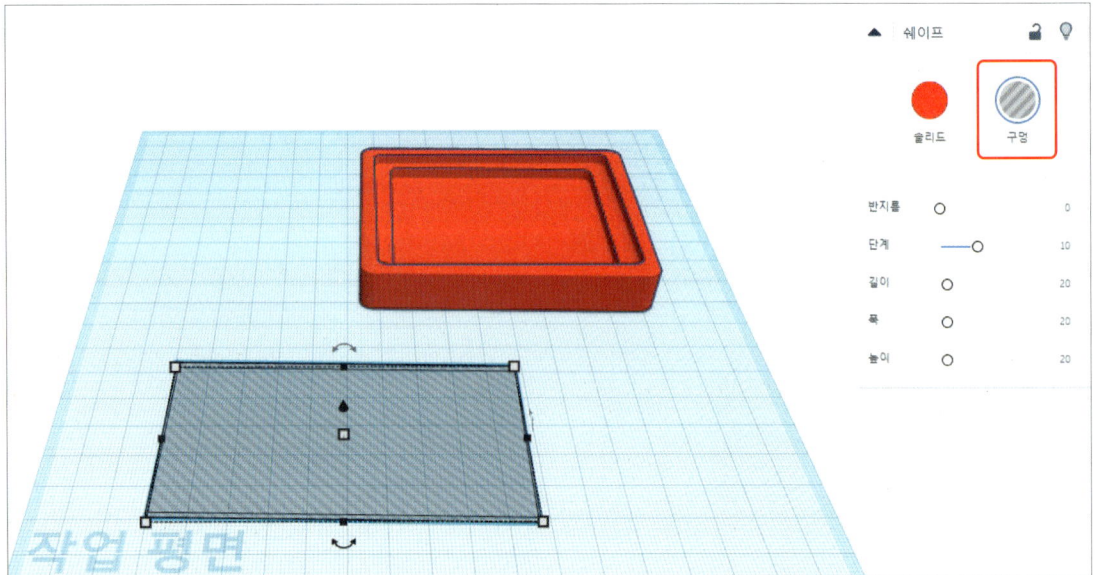

만든 상자를 구멍 도형으로 바꾸어 줍니다.

TINKERCAD DESIGN For 3D PRINTING _____ SECTION 08

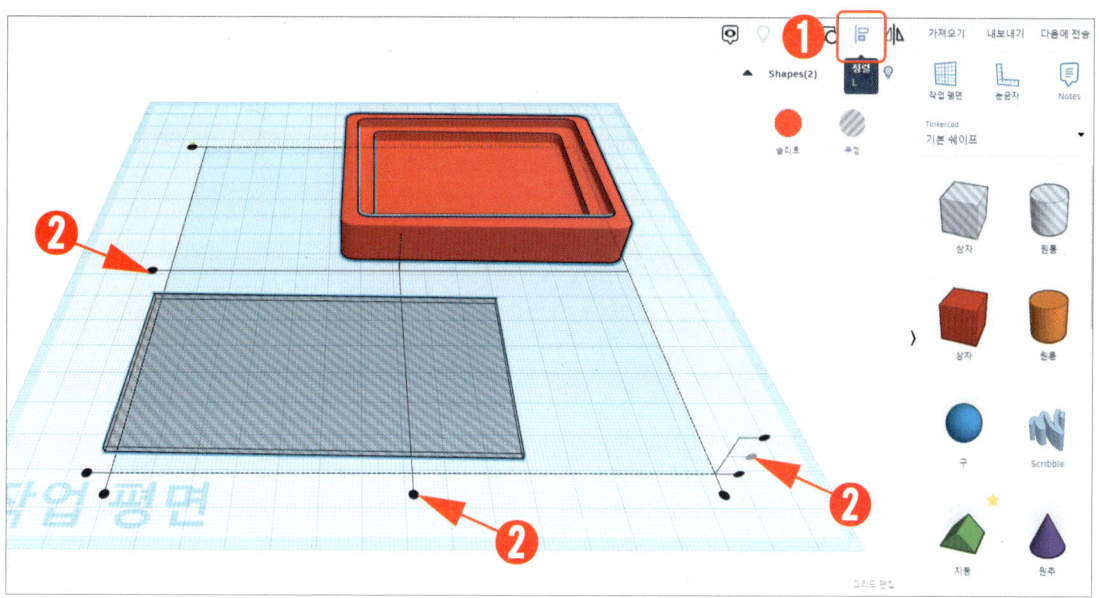

상자를 모두 선택하여 ❶ 정렬 버튼을 클릭한 후 ❷를 클릭하여 가운데 정렬합니다.

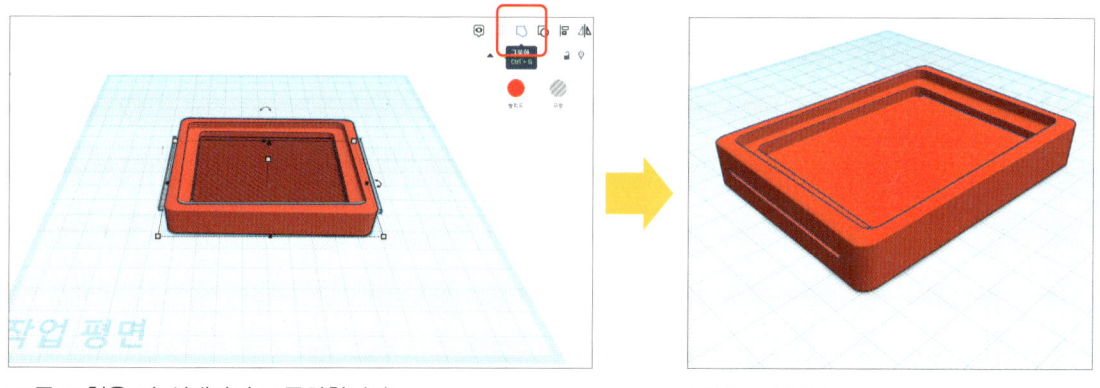

모든 도형을 다 선택하여 그룹화합니다.   액자 틀 완성!

161   SECTION 08_ 사진 액자 만들기

TINKERCAD DESIGN For 3D PRINTING

액자 지지대 만들기

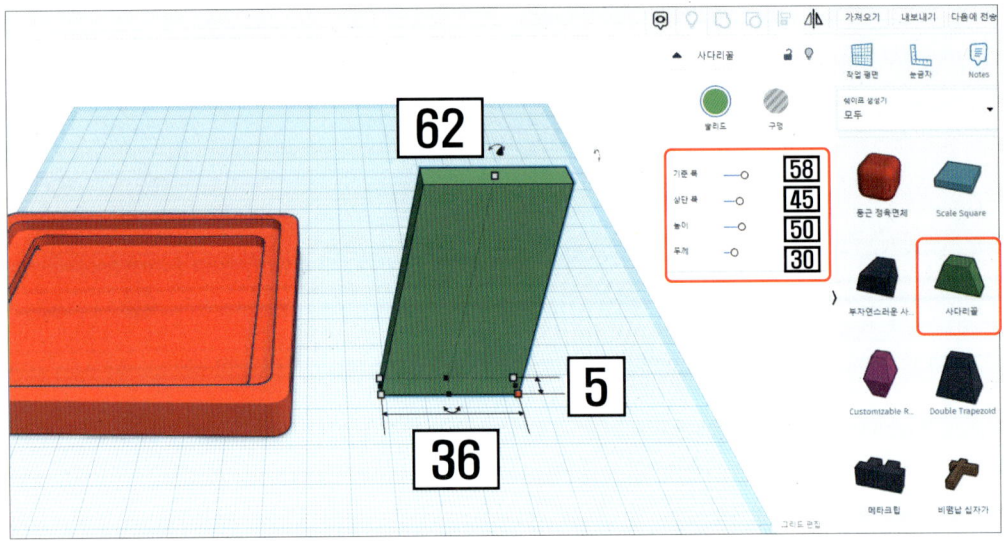

쉐이프 생성기 모두에서 사다리꼴을 선택하고 작업 평면에 놓은 후 치수를 조절합니다.

예) 기준폭 58, 상단폭 45, 높이 50, 두께 30 / 가로 36, 세로 5, 높이 62
(기준폭, 상단폭, 높이, 두께 수치를 먼저 입력하고 나서, 가로와 세로, 높이 수치를 맞추어 줍니다)

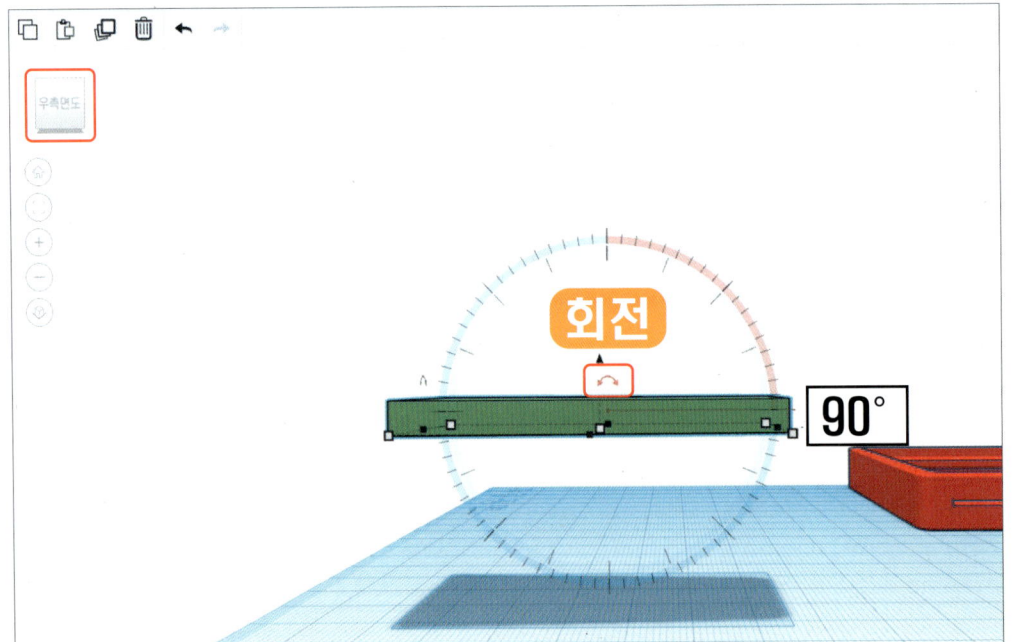

화면을 우측면도로 돌리고, 사다리꼴 도형을 그림과 같이 90° 회전합니다.

TINKERCAD DESIGN For 3D PRINTING _____ SECTION 08

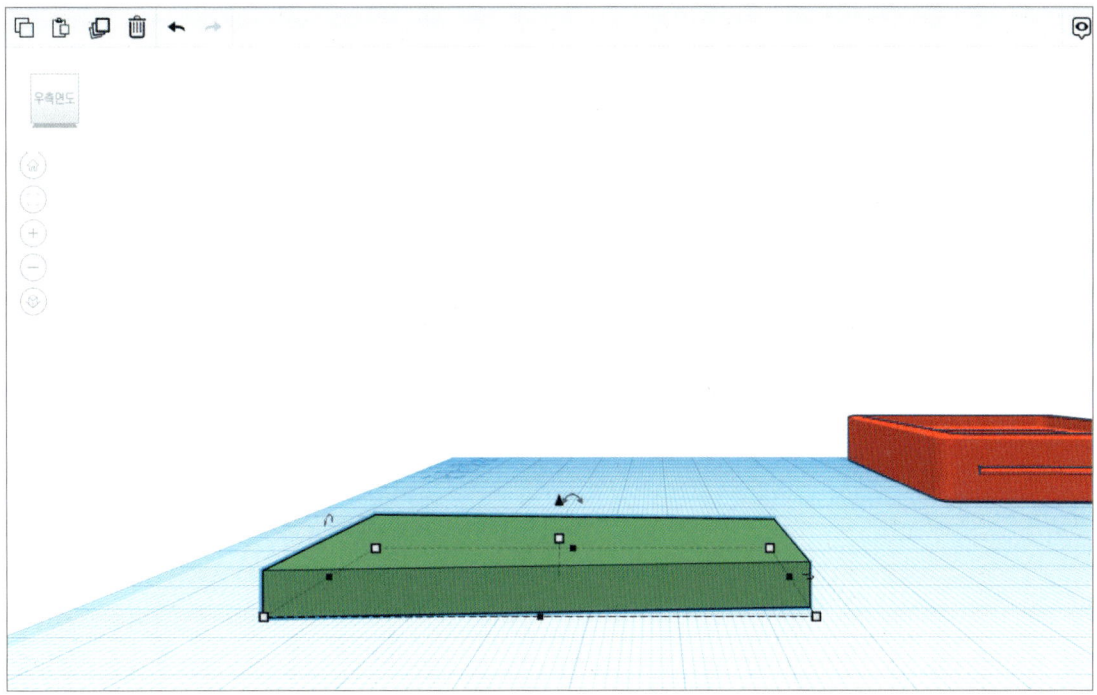

사다리꼴 도형을 선택하고 D (drop)를 눌러서, 작업 평면 바닥에 붙입니다.

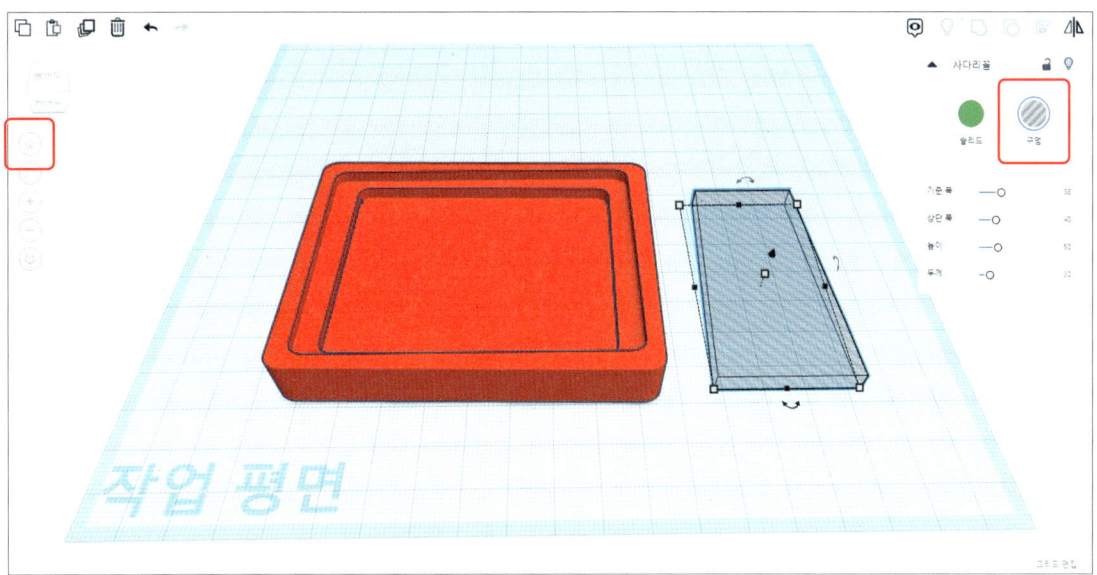

홈뷰로 전환하고 사다리꼴 도형을 선택하여 구멍 도형으로 바꾸어 줍니다.

163　　　　　　　　　　　　　　　　　　　　　　　　SECTION 08_ 사진 액자 만들기

TINKERCAD DESIGN For 3D PRINTING   SECTION 08

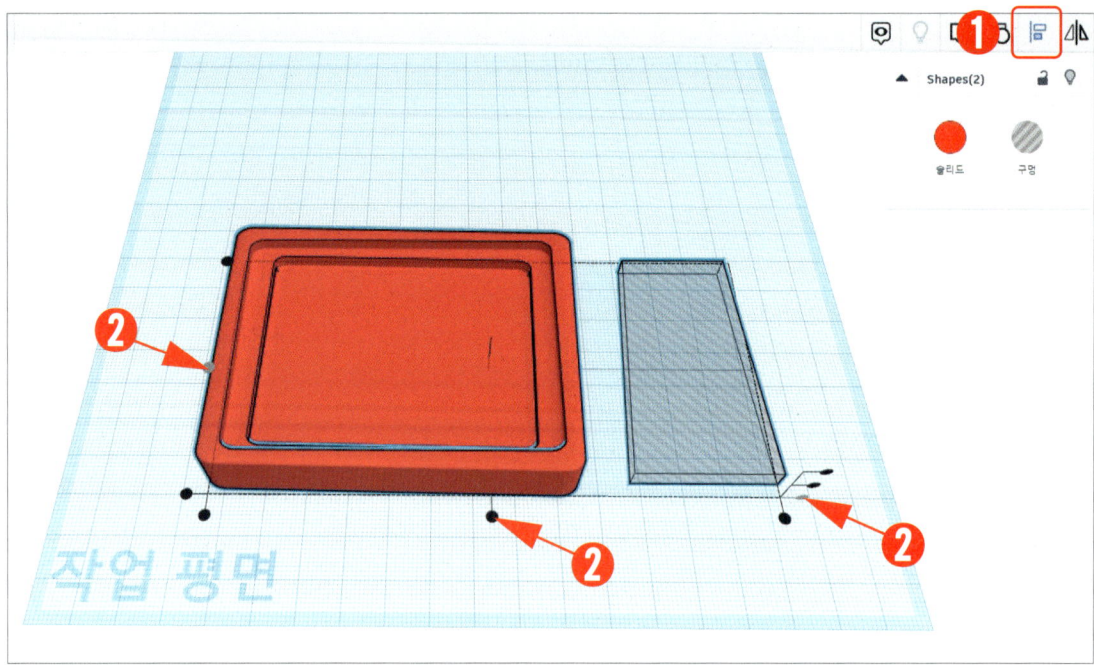

모든 도형을 선택하여 ❶ 정렬 버튼을 클릭한 후 ❷를 클릭하여 가운데 정렬합니다.

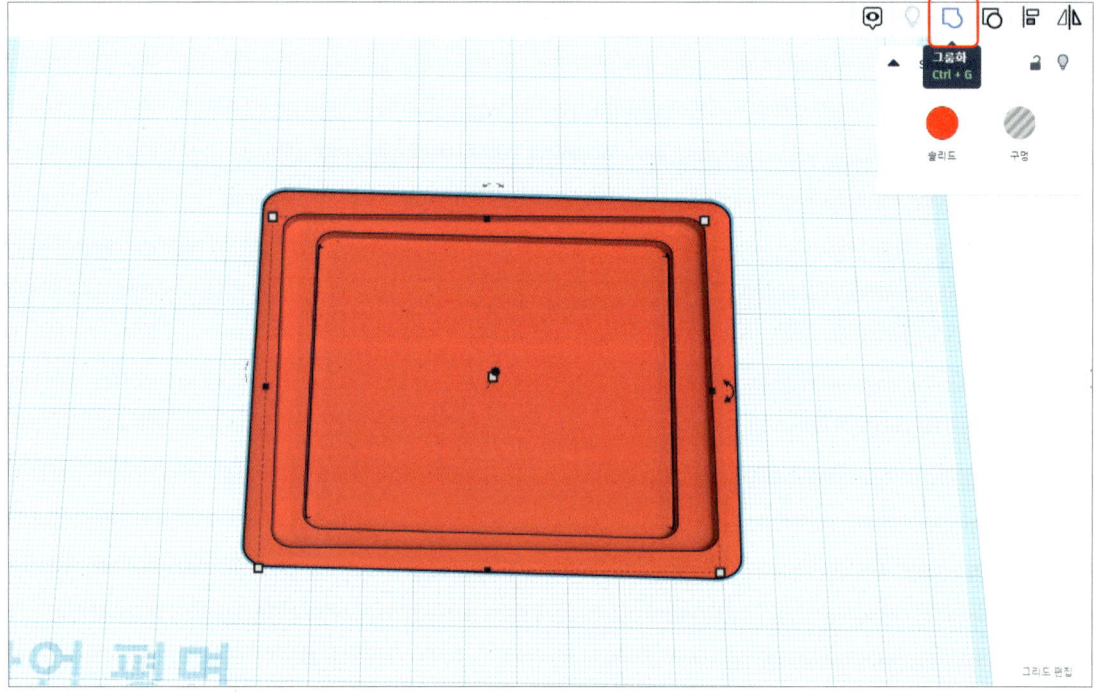

모든 도형을 다 선택하고 그룹화합니다.

TINKERCAD DESIGN For 3D PRINTING

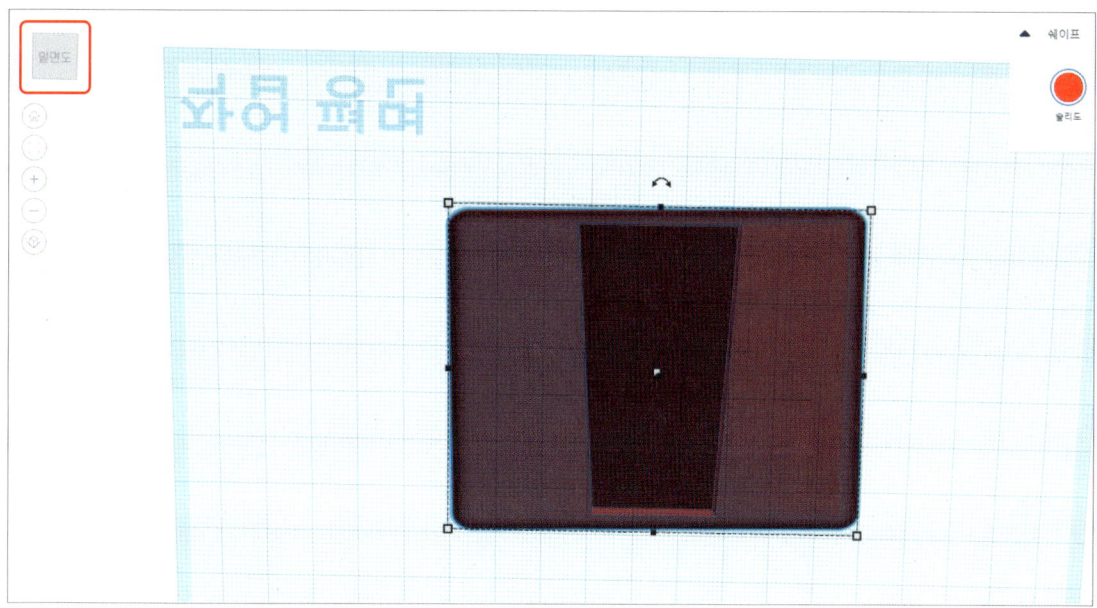

화면을 밑면도로 돌려서 사다리꼴 도형으로 구멍이 잘 뚫렸는지 확인해 줍니다.

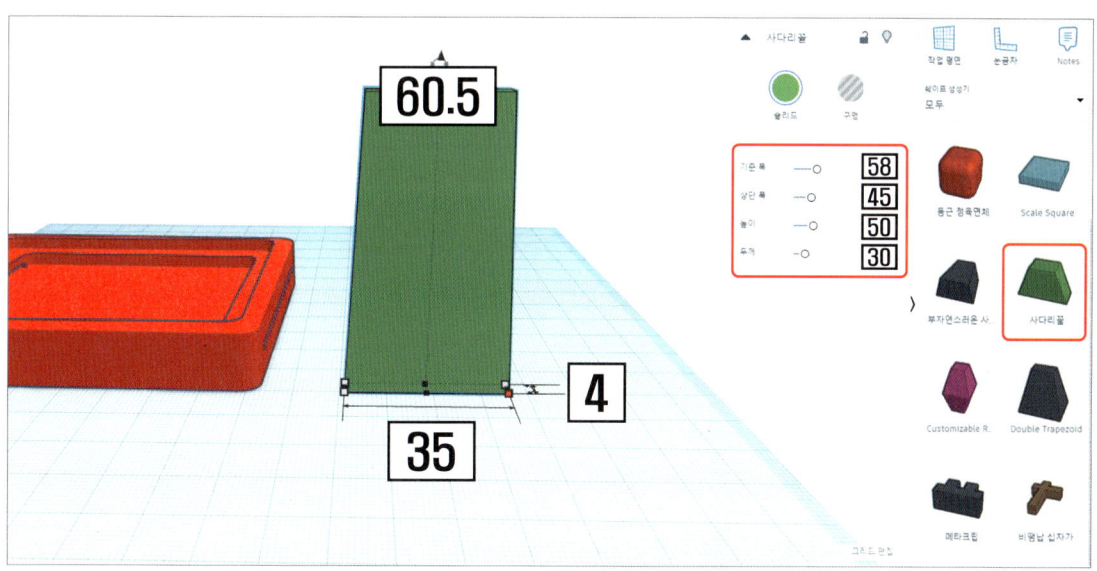

쉐이프 생성기 모두에서 사다리꼴을 선택하고 작업 평면에 놓은 후 치수를 조절합니다.

예) 기준폭 58, 상단폭 45, 높이 50, 두께 30 / 가로 35, 세로 4, 높이 60.5
(기준폭, 상단폭, 높이, 두께 수치를 먼저 입력하고 나서, 가로와 세로, 높이 수치를 맞추어 줍니다)

TINKERCAD DESIGN For 3D PRINTING — SECTION 08

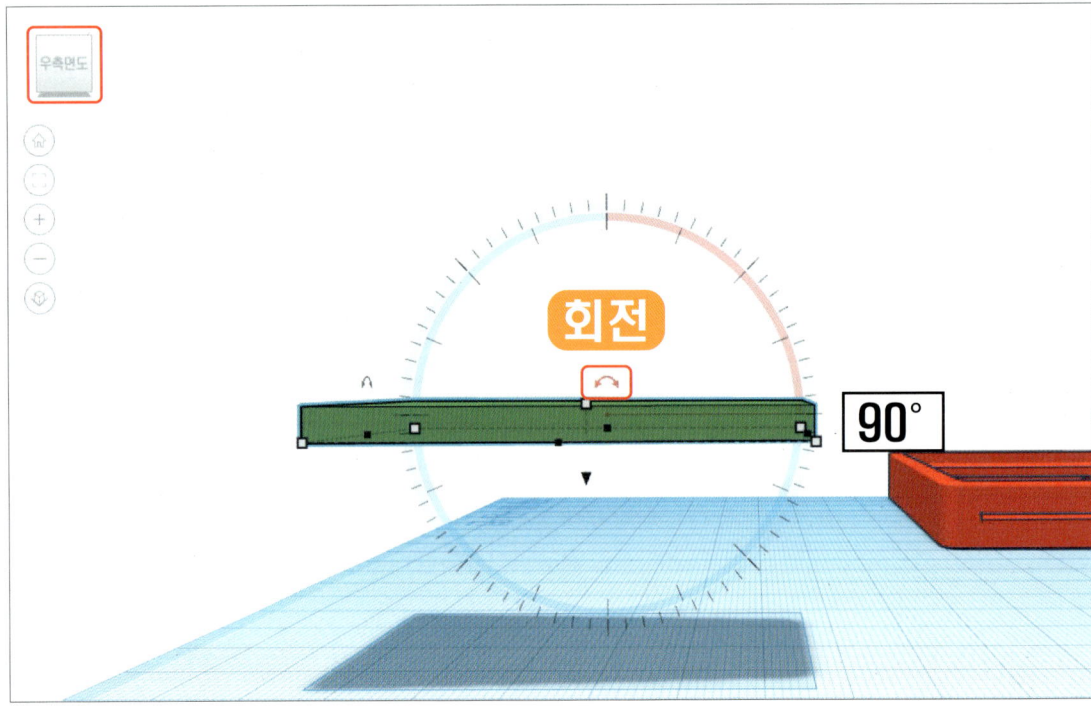

화면을 우측면도로 돌리고, 사다리꼴 도형을 그림과 같이 90° 회전합니다.

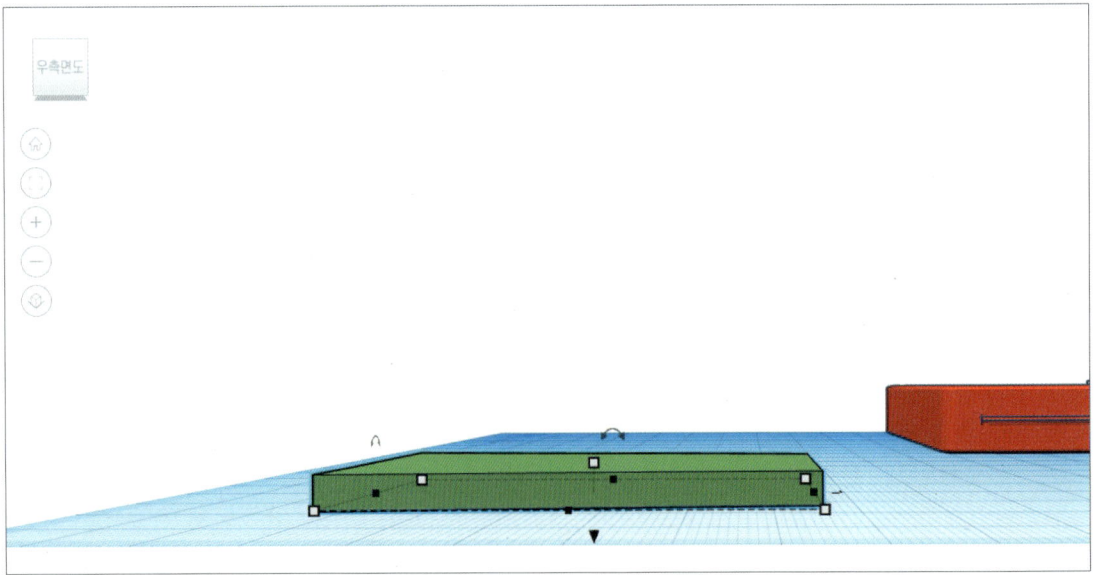

사다리꼴 도형을 선택하고 D (drop)를 눌러서, 작업 평면 바닥에 붙입니다.

TINKERCAD DESIGN For 3D PRINTING　　　　　　　　　　　　　　　　SECTION 08

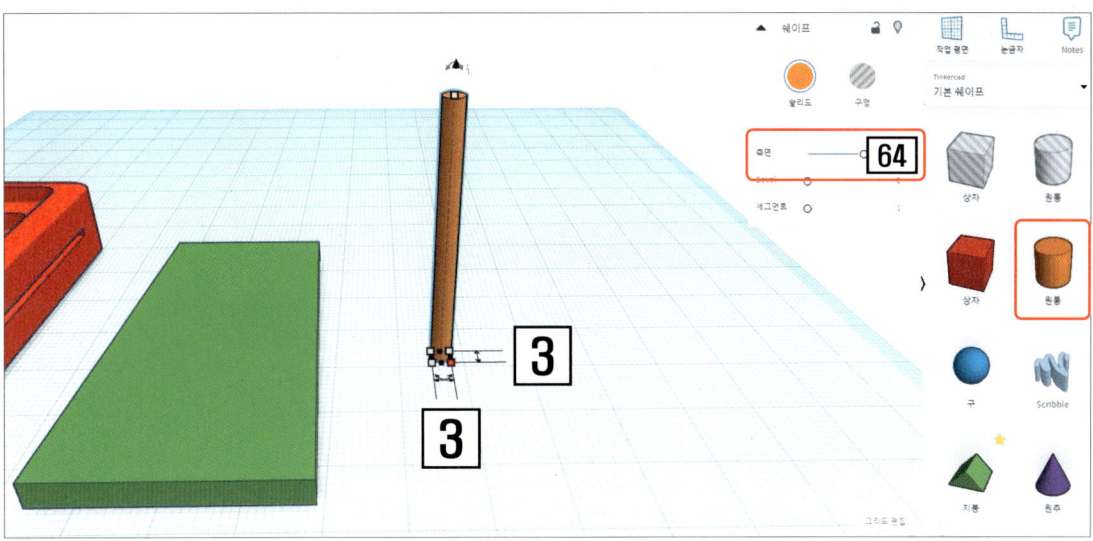

기본 쉐이프에서 원통을 선택하여 작업 평면에 놓은 후 치수를 조절합니다.
예 가로 3, 세로 3, 높이 40, 측면 64

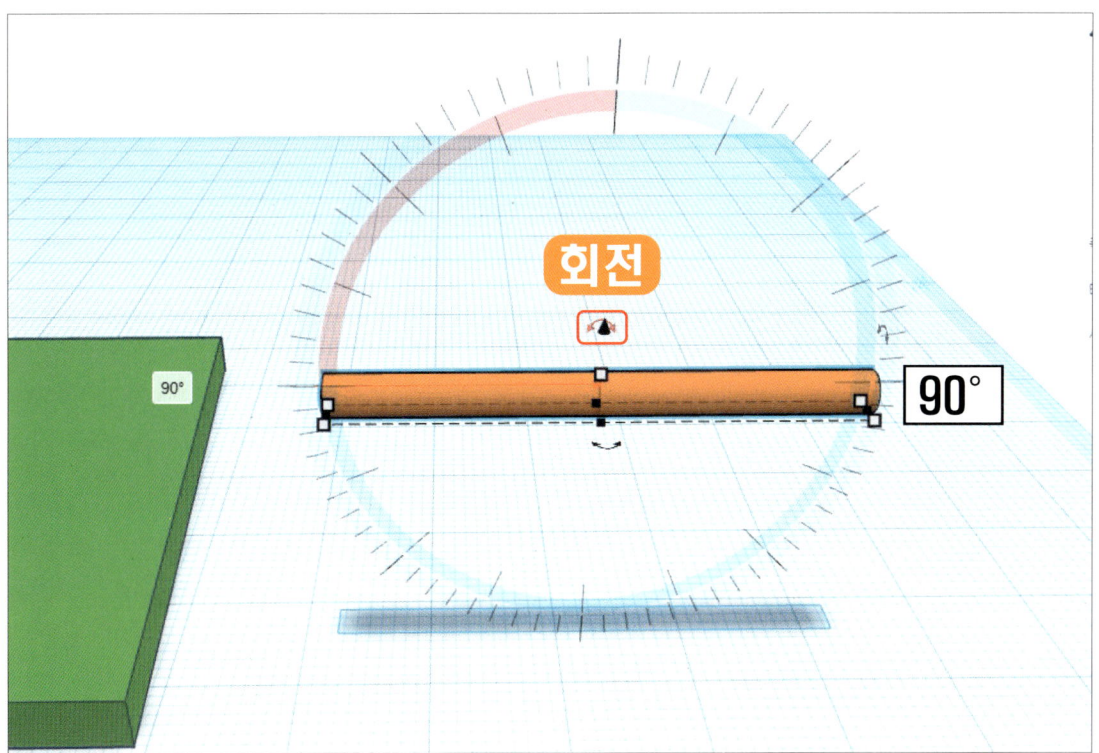

원통을 그림과 같이 90° 회전합니다.

TINKERCAD DESIGN For 3D PRINTING   SECTION 08

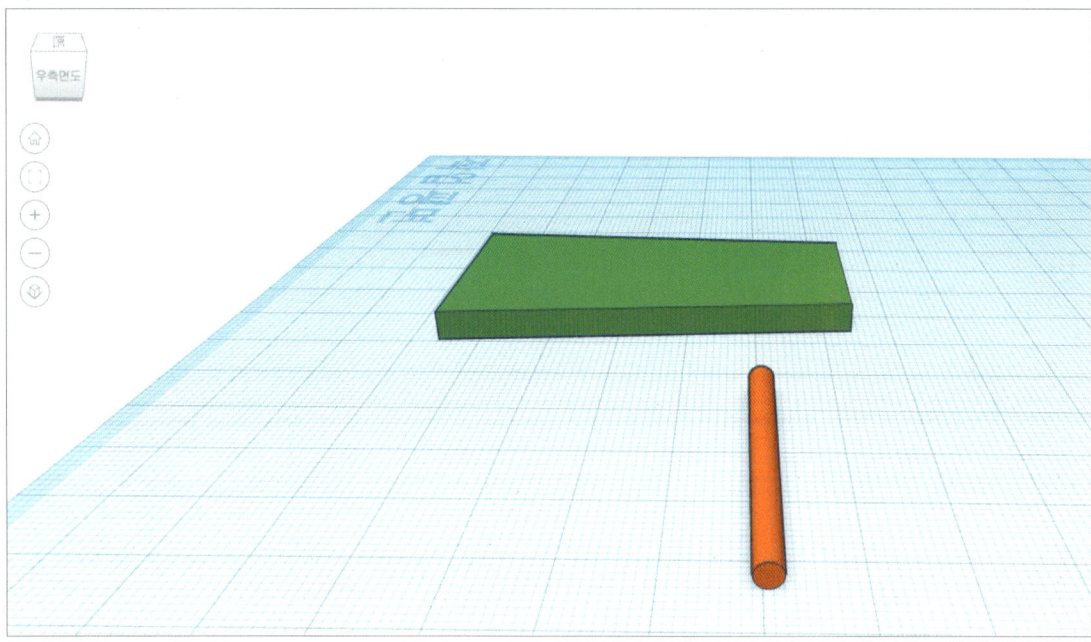

원통 도형을 선택하고 D (drop)를 눌러서, 작업 평면 바닥에 붙입니다.

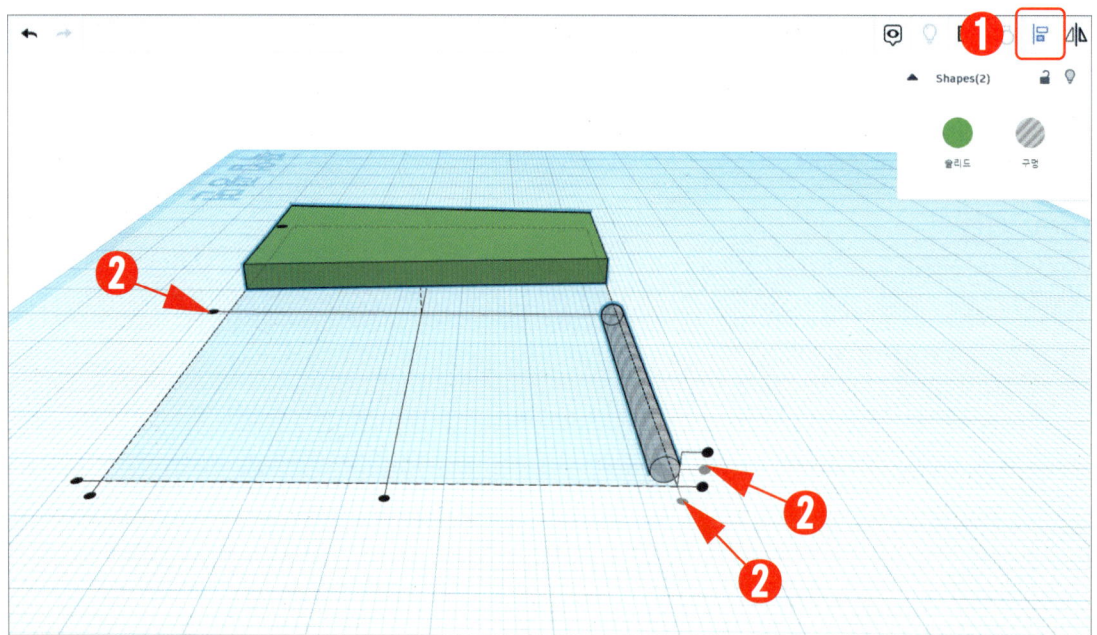

원통을 구멍 도형으로 바꾸어 줍니다.
사다리꼴과 원통을 선택하여 ❶ 정렬 버튼을 클릭한 후 ❷를 클릭하여 정렬합니다.

TINKERCAD DESIGN For 3D PRINTING

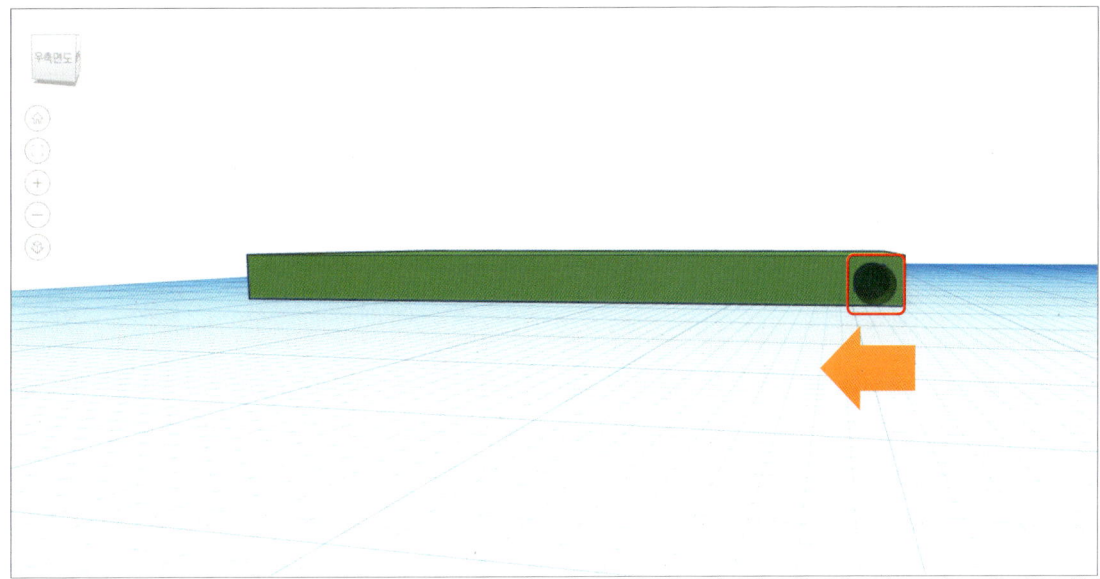

정렬된 원통을 왼쪽으로 "1(mm)"만큼 움직여 줍니다.

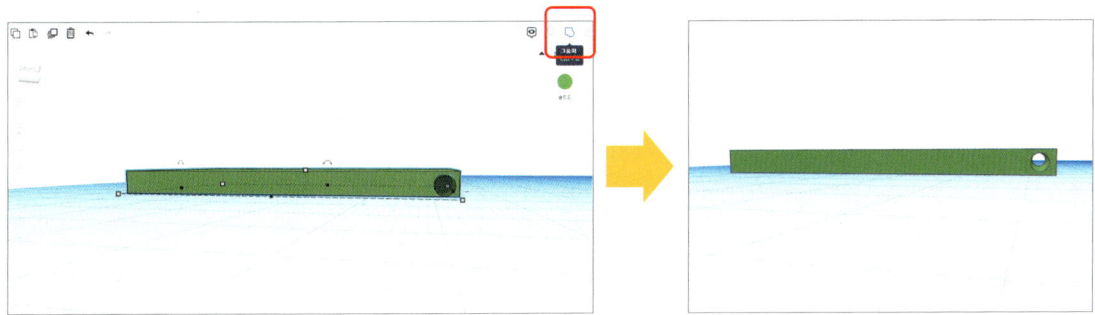

사다리꼴 도형과 구멍 원통을 모두 선택한 후 그룹화합니다.

TINKERCAD DESIGN For 3D PRINTING

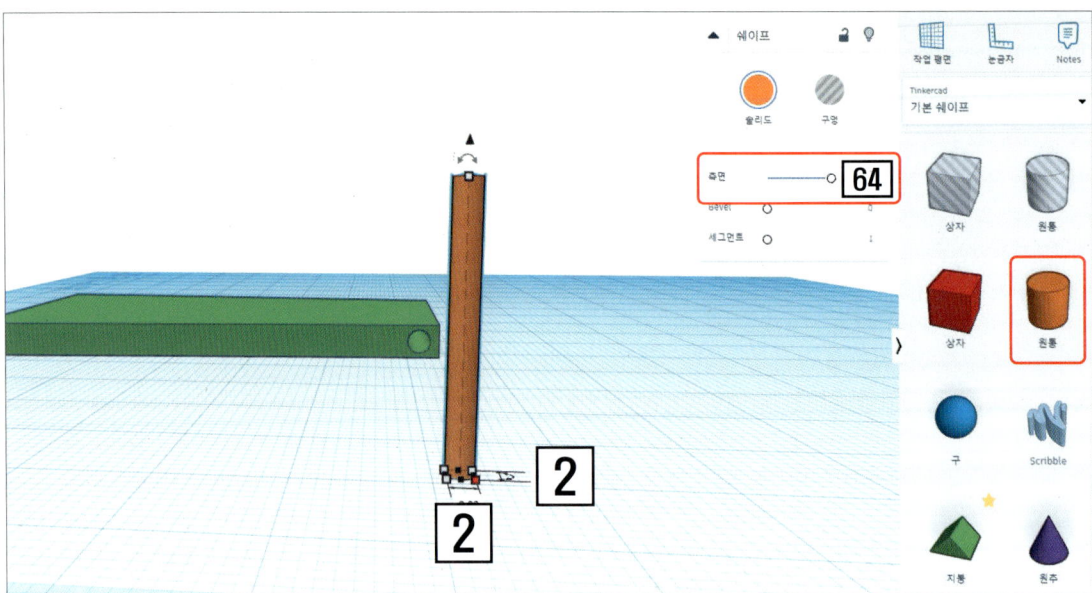

기본 쉐이프에서 원통을 선택하여 작업 평면에 놓은 후 치수를 조절합니다.
예 가로 2, 세로 2, 높이 40, 측면 64

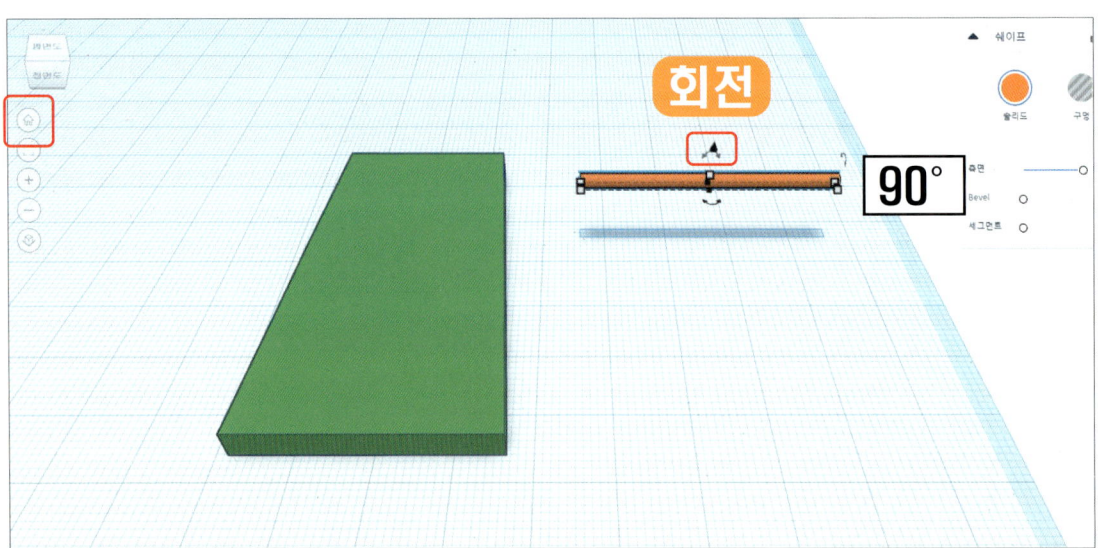

화면을 홈뷰로 해주고, 원통을 시계 방향으로 그림과 같이 90° 회전합니다.

TINKERCAD DESIGN For 3D PRINTING   SECTION 08

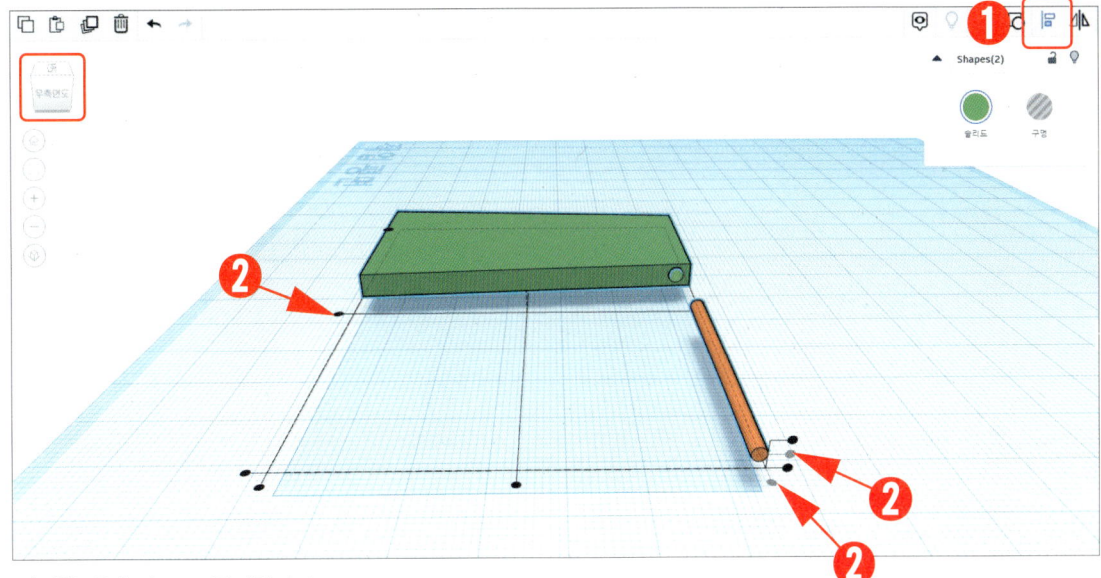

화면을 우측면도로 돌려줍니다.
사다리꼴과 원통을 선택하여 ❶ 정렬 버튼을 클릭한 후 ❷를 클릭하여 정렬합니다.

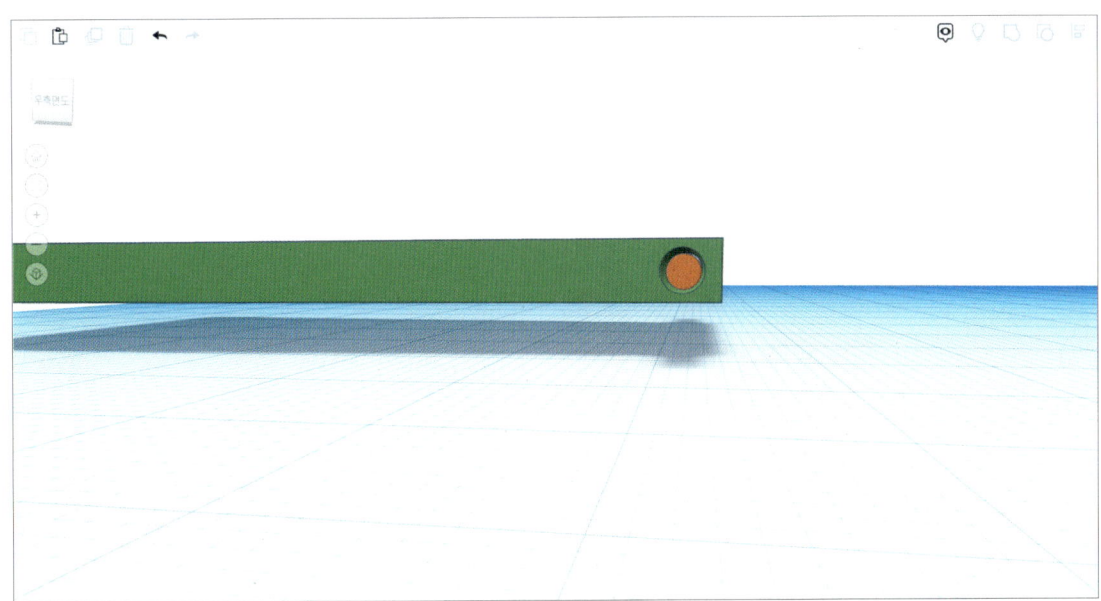

원통을 구멍 안 중심에 위치하도록 방향키로 이동해서 잘 맞추어 줍니다.

TINKERCAD DESIGN For 3D PRINTING

SECTION 08

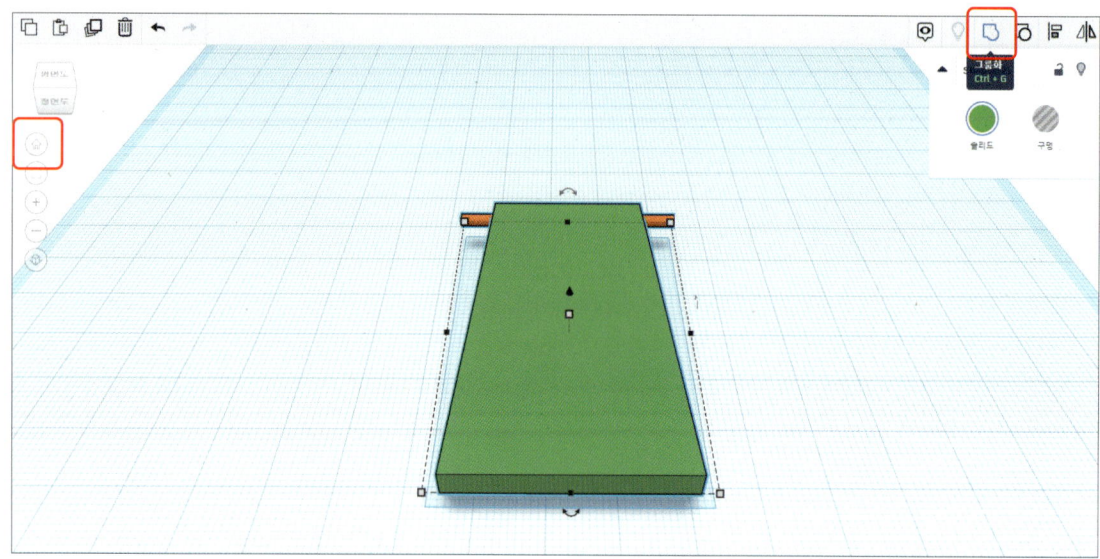

화면을 홈뷰로 돌려줍니다.
사다리꼴 도형과 원통을 선택한 후 그룹화합니다.

액자틀과 지지대 합치기

07

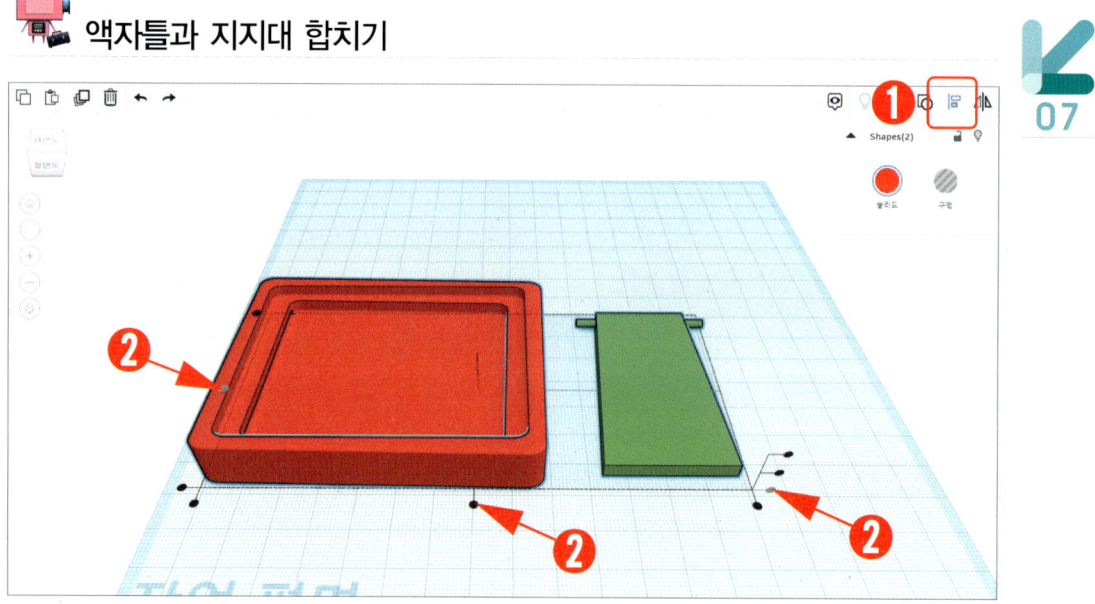

액자틀과 지지대를 선택하여 ❶ 정렬 버튼을 클릭한 후 ❷를 클릭하여 정렬합니다.

TINKERCAD DESIGN For 3D PRINTING　　　　　　　　　　　　　　　SECTION 08

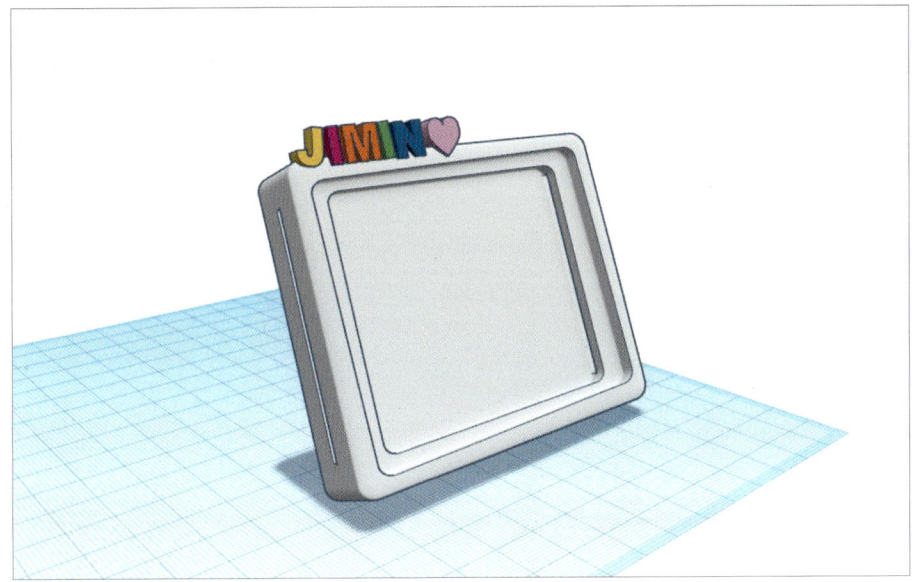

사진 액자 완성!

도|전|과|제

- 다양한 디자인의 사진 액자를 모델링해 봅시다.

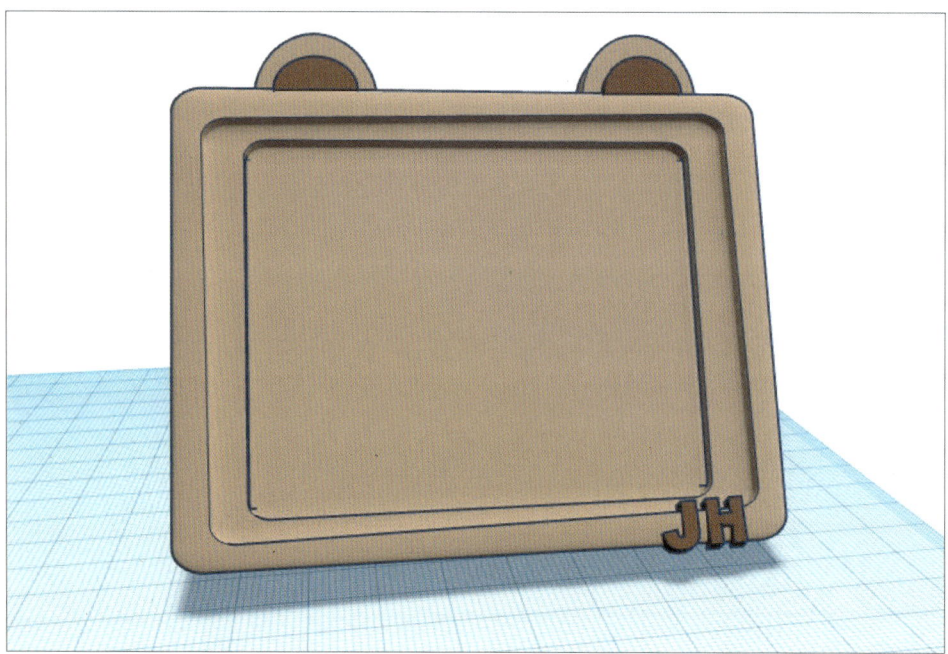

SECTION 09 눈금자 만들기

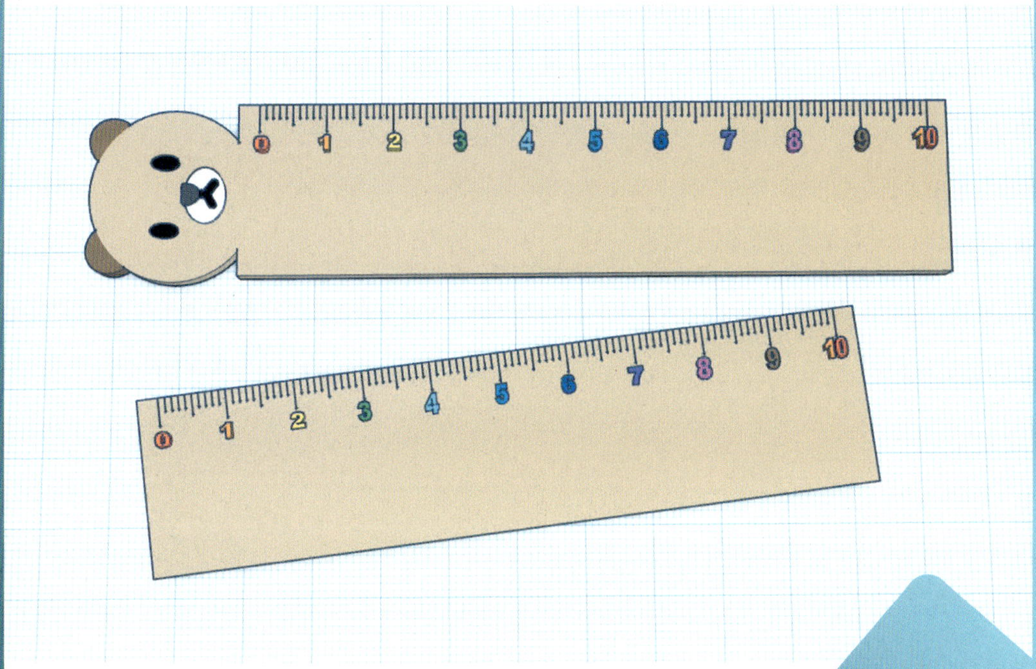

● 눈금자 만들기

수치를 잴 수 있는 자를 직접 모델링 해보고, 실생활에 활용해 봅시다.

TINKERCAD DESIGN For 3D PRINTING

SECTION 09

01

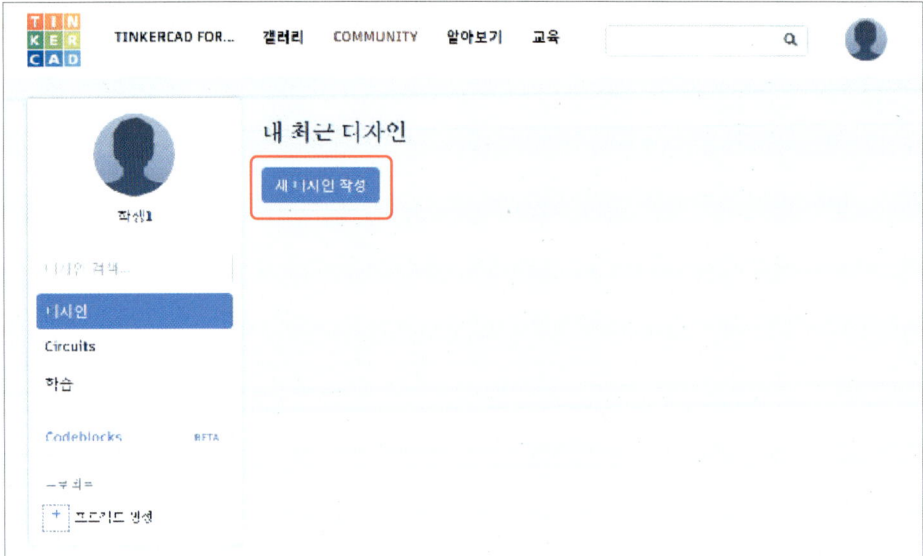

구글크롬 에서 팅커캐드 웹사이트(www.tinkercad.com)에 접속합니다.
로그인 후 대시보드의 새 디자인 작성 을 클릭합니다.

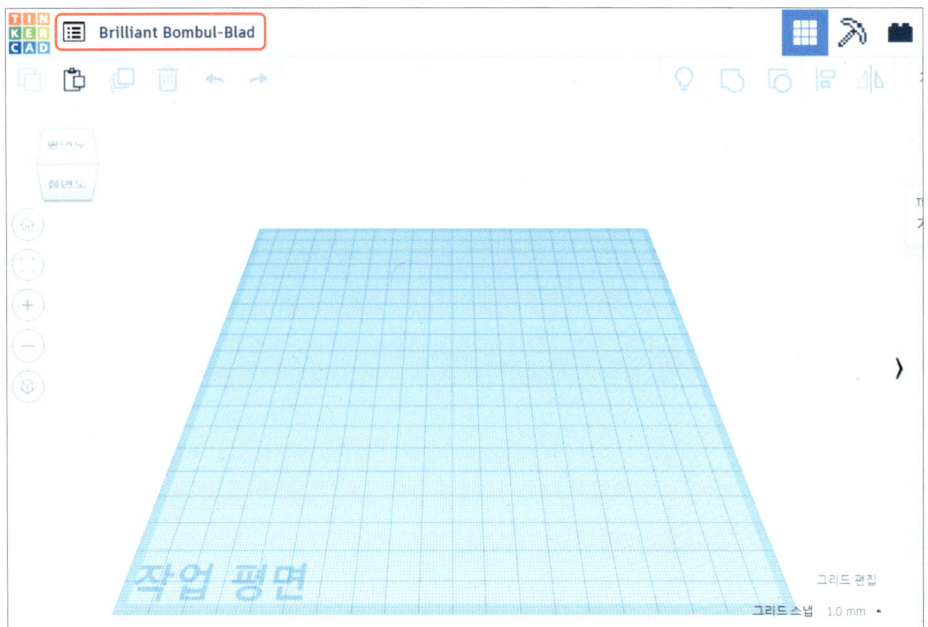

팅커캐드는 저장 버튼이 따로 없으며 웹에서 작업하고 모델링 작업파일 역시 인터넷 저장 공간에 자동으로 저장됩니다. 임의로 주어진 영어이름을 클릭하면 파일명을 수정할 수 있습니다.

TINKERCAD DESIGN For 3D PRINTING _____ SECTION 09

파일명을 "**눈금자 만들기**"로 수정하고 엔터키 또는 화면의 빈 공간 아무 곳이나 클릭합니다.

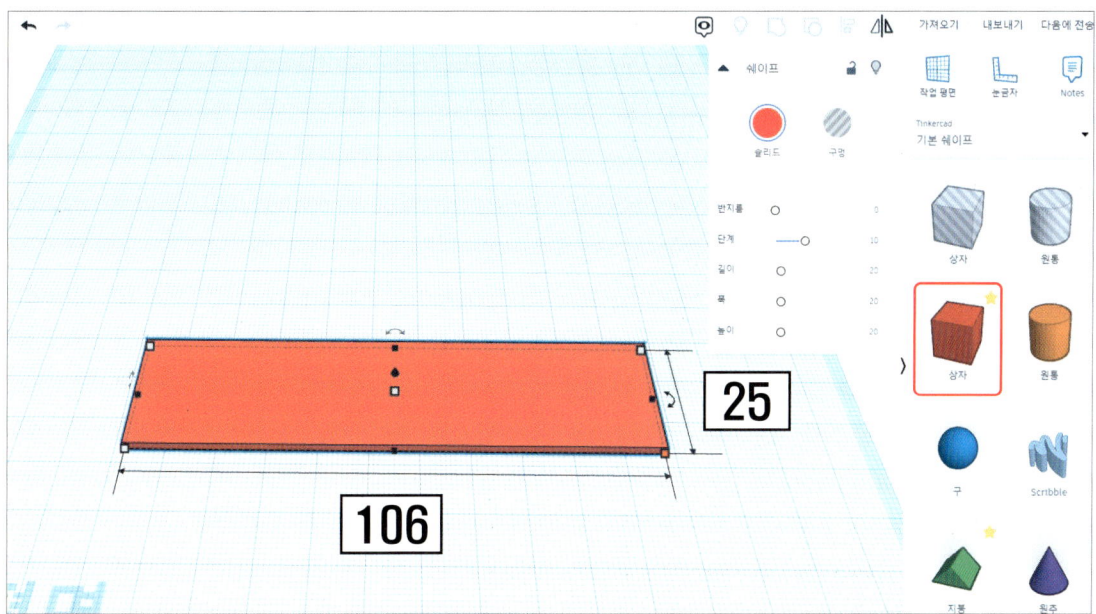

기본 쉐이프에서 상자를 선택하여 작업 평면에 놓은 후 치수를 조절합니다.
예 가로 106, 세로 25, 높이 2

TINKERCAD DESIGN For 3D PRINTING

SECTION 09

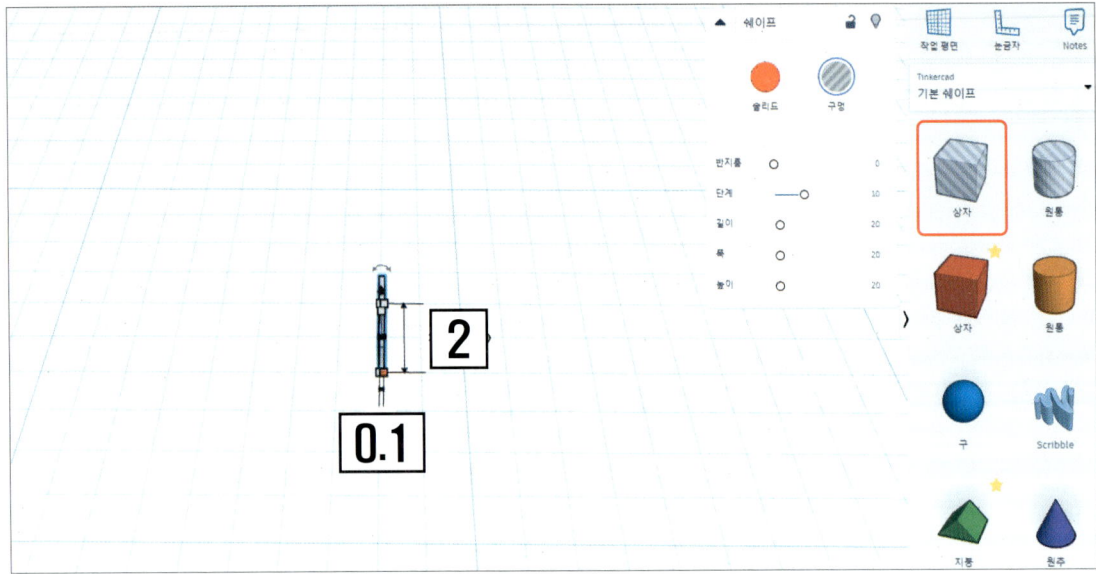

기본 쉐이프에서 구멍 상자를 선택하여 작업 평면에 놓은 후 치수를 조절합니다.

예 가로 0.1, 세로 2, 높이 1

★ 구멍 상자가 1mm단위의 눈금이므로 크기가 매우 작습니다. 지금부터는 화면을 확대하여 작업해주도록 합니다.

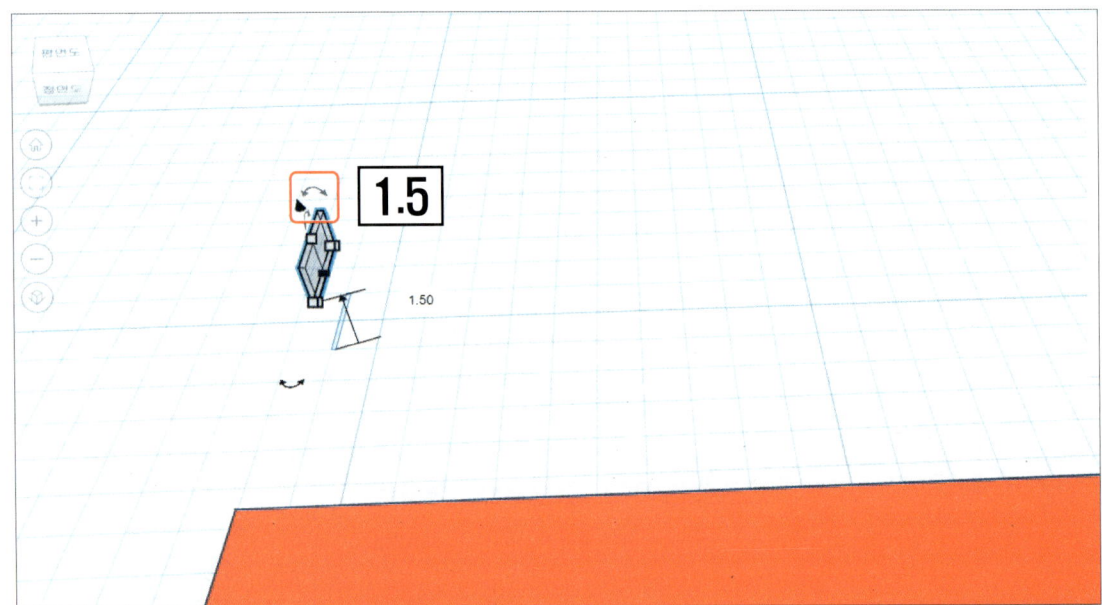

구멍 상자 도형을 위로 "1.5"만큼 올려줍니다.

TINKERCAD DESIGN For 3D PRINTING SECTION 09

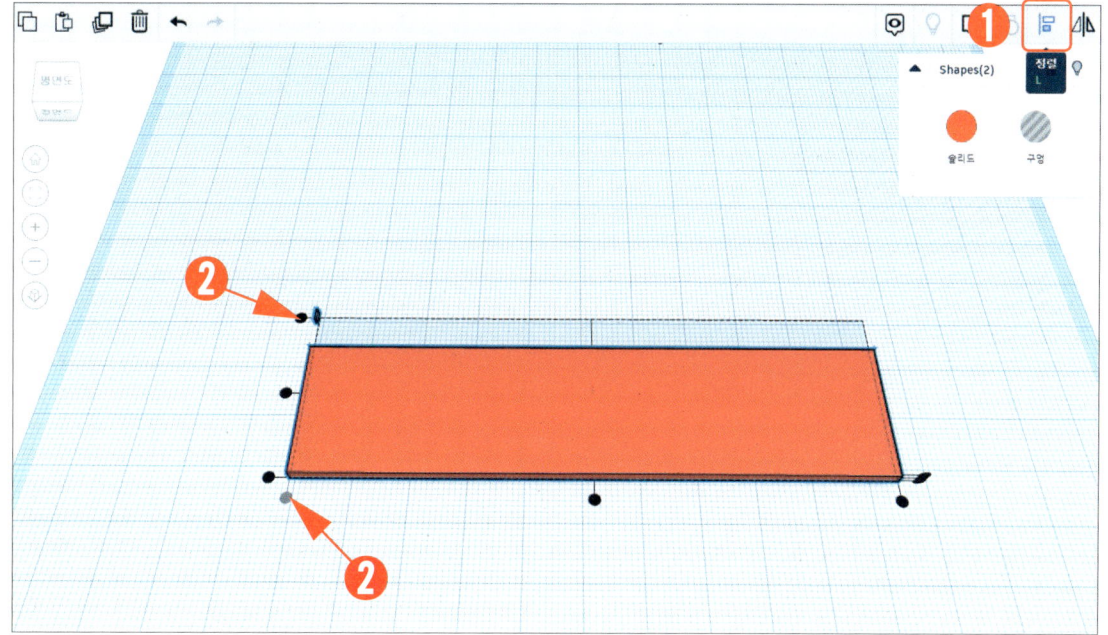

도형을 모두 선택하여 ❶ 정렬 버튼을 클릭한 후 ❷를 클릭하여 세로 위쪽 정렬, 가로 좌측 정렬을 합니다.

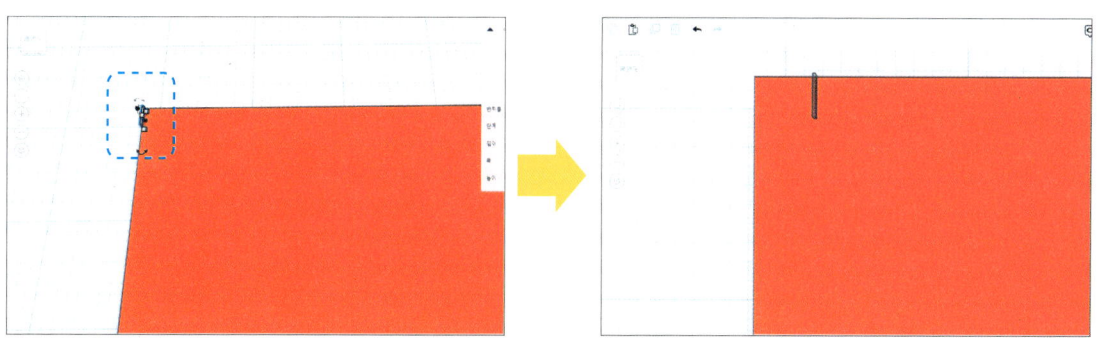

구멍 상자를 선택하고 키보드 방향키 를 이용하여 오른쪽으로 "3(mm)"만큼 이동합니다.

TINKERCAD DESIGN For 3D PRINTING   SECTION 09

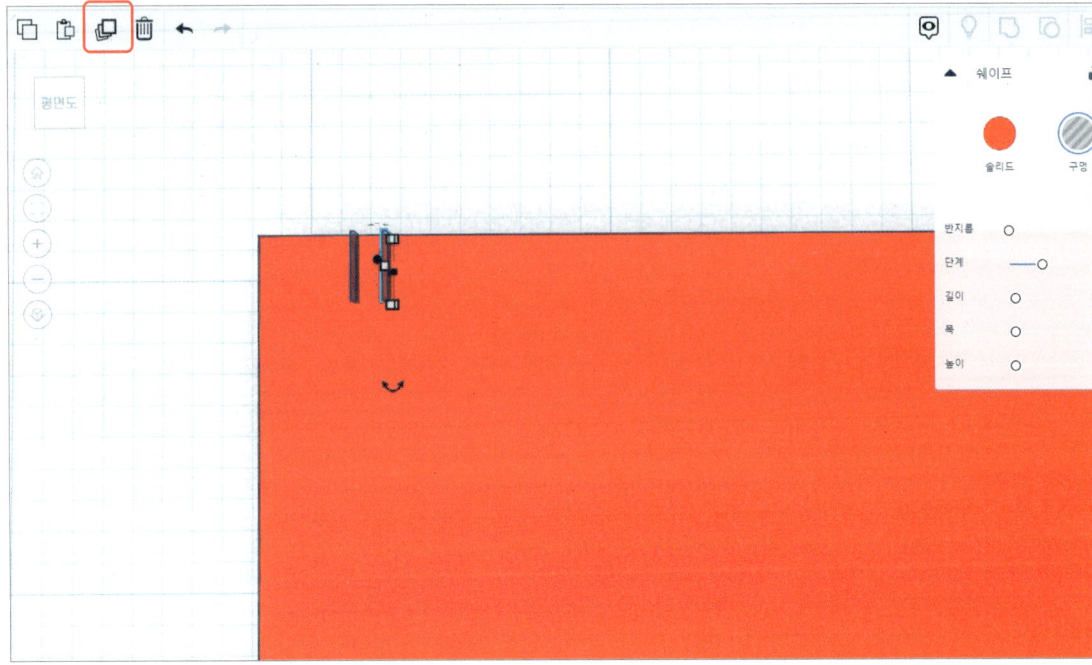

구멍 도형을 선택하여 복제하기를 누르고, 키보드 방향키 로 오른쪽으로 "1(mm)"만큼 이동합니다.

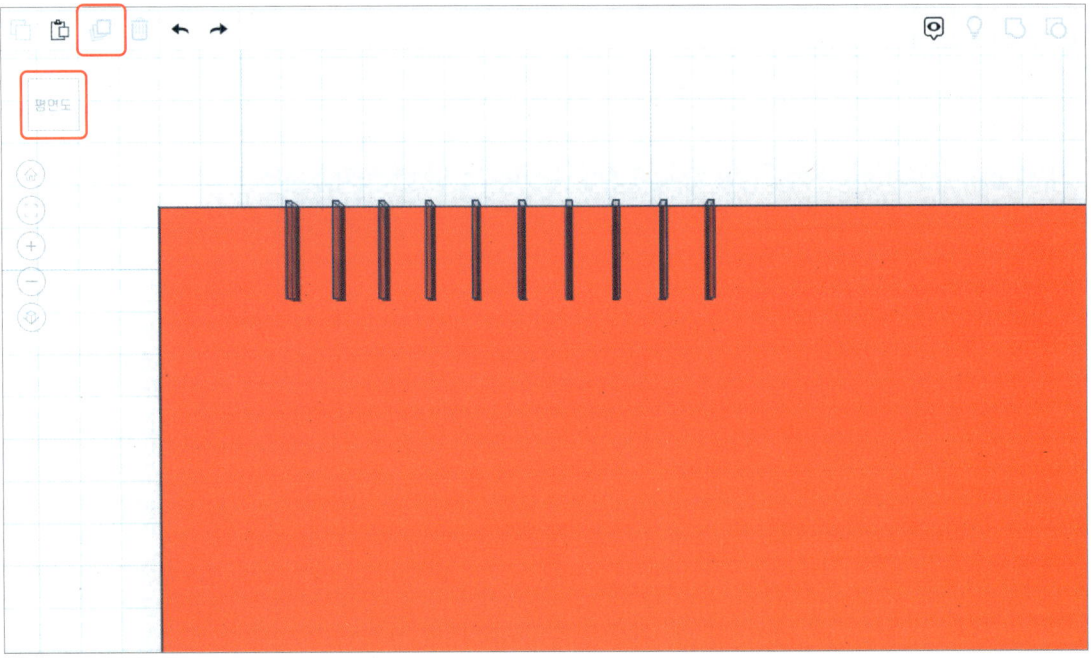

복제하기를 8번을 더 눌러주어 그림과 같이 구멍 도형을 총 10개를 만들어 줍니다.

TINKERCAD DESIGN For 3D PRINTING — SECTION 09

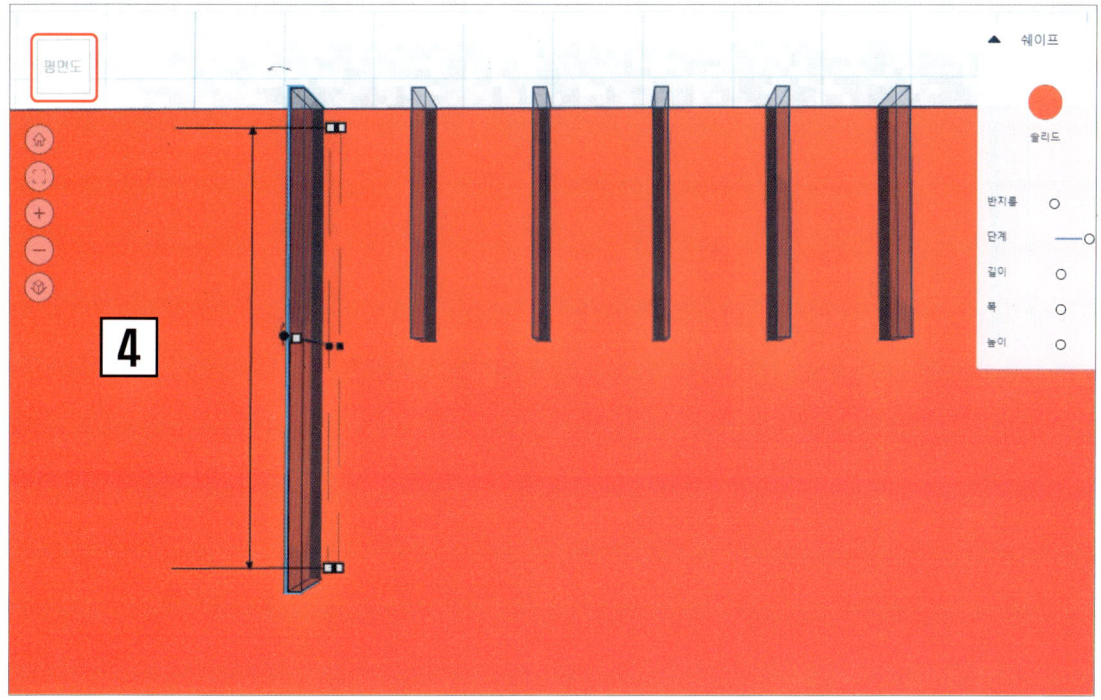

화면을 더 확대하여 가장 왼쪽에 있는 구멍 상자의 세로 크기를 4로 바꾸어 줍니다.

가장 왼쪽 구멍 상자에서부터 6번째에 위치한 구멍 상자의 세로 크기를 "3(mm)"로 바꾸어 줍니다.

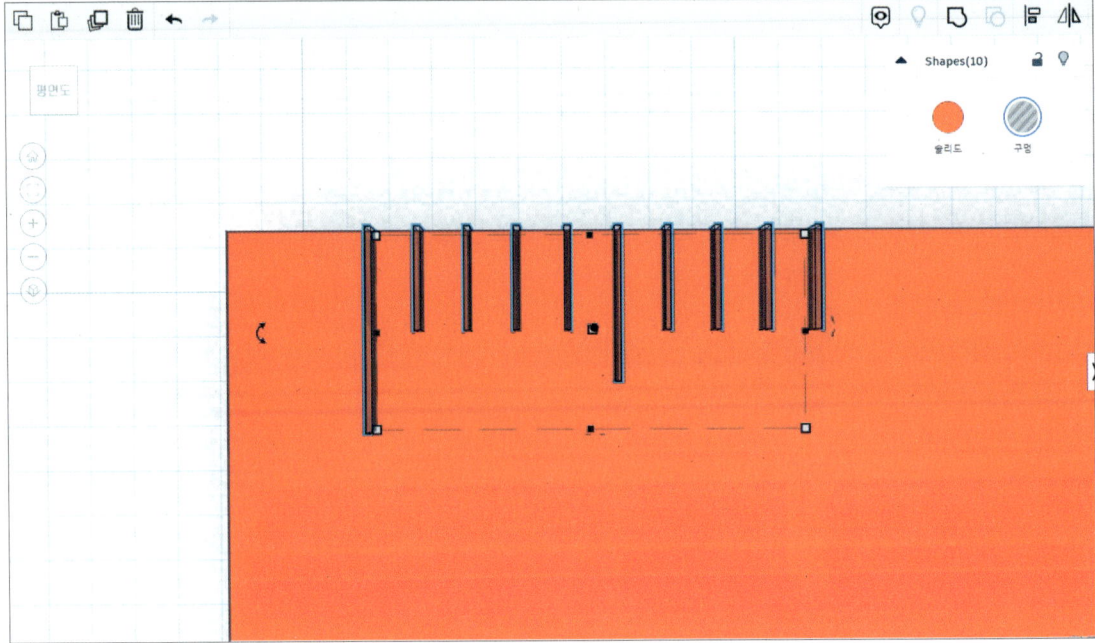

10개의 구멍 상자를 선택해 줍니다.
(Shift 키를 누른 채로 구멍 상자 하나씩 클릭하여 모두 선택합니다.)

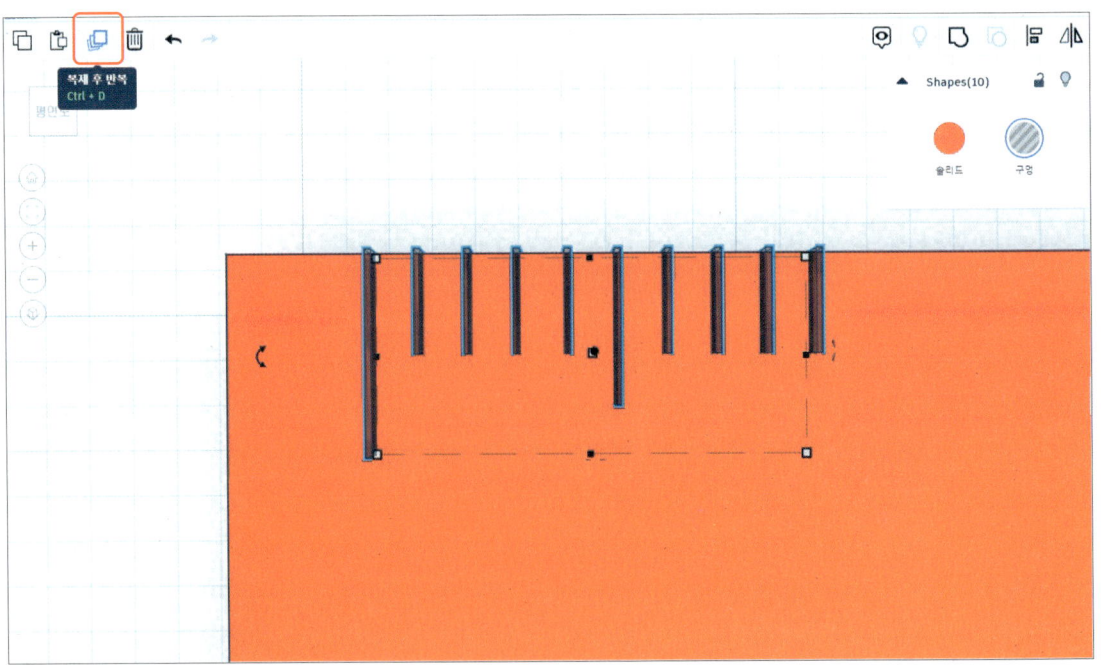

복제하기를 선택하여 복제합니다.

TINKERCAD DESIGN For 3D PRINTING _____ SECTION 09

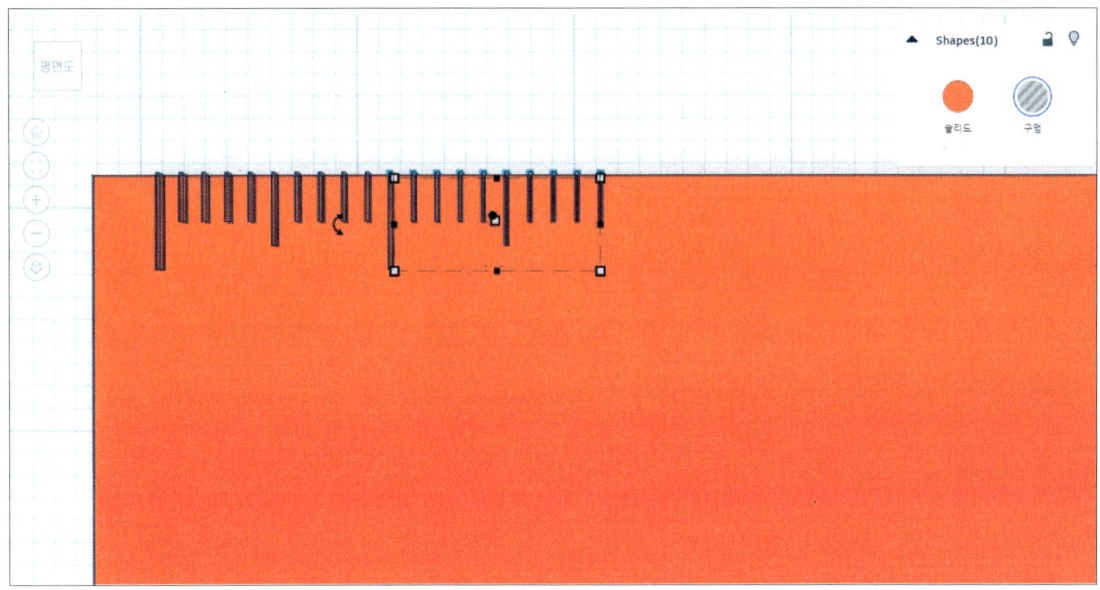

복제된 눈금들을 키보드 방향키 ⬆⬅⬇➡ 를 이용하여 오른쪽으로 "10(mm)"만큼 이동해 줍니다.
(오른쪽 화살표를 10회 눌러줍니다.)

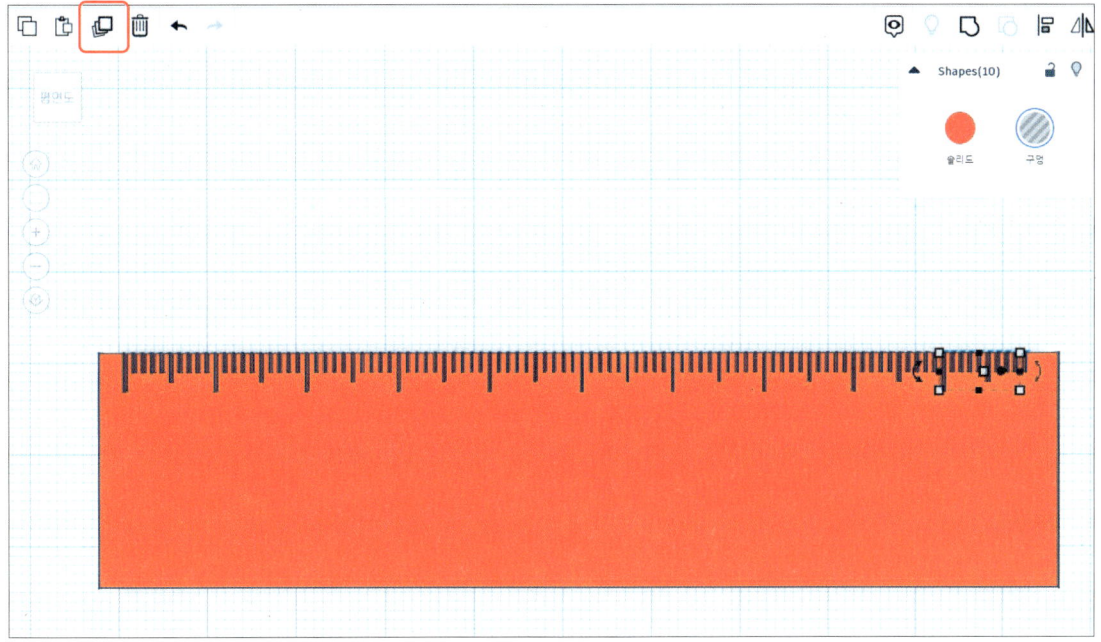

복제하기를 8회 더 해주어 그림과 같이 눈금을 만들어 줍니다.
(복제 버튼을 8번 눌러주면 됩니다.)

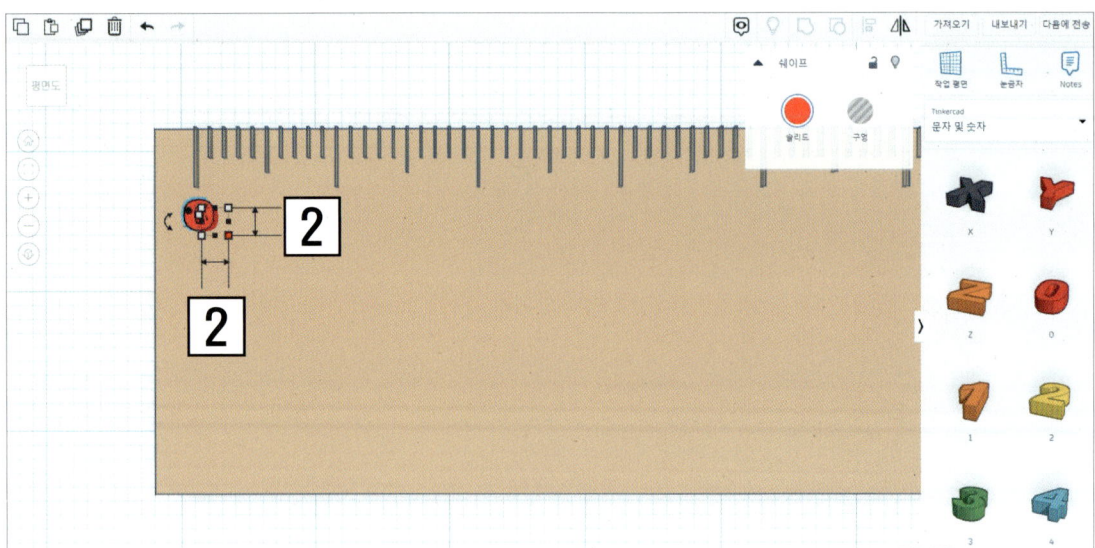

쉐이프 생성기 중 문자 및 숫자에서 숫자 0을 선택하여 가장 왼쪽 구멍 상자 아래에 놓은 후 치수를 조절합니다.

예 0 : 가로 2, 세로 2, 높이 3

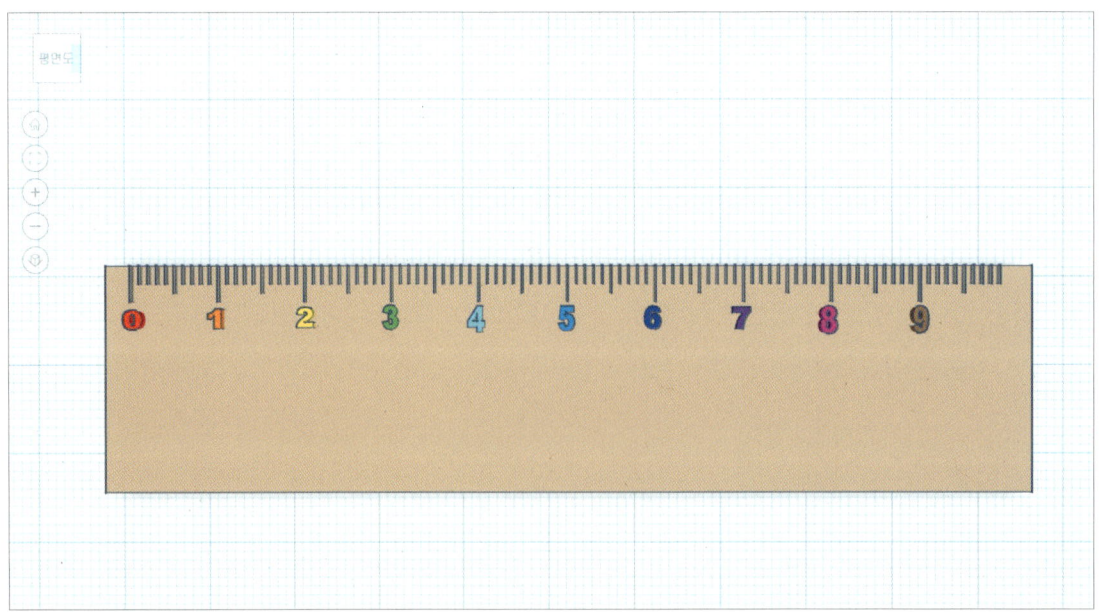

눈금 10칸 간격으로 그림과 같이 0부터 9까지 긴 눈금 아래에 숫자를 놓습니다.
숫자의 크기는 숫자마다 모양이 달라서 보기 좋은 사이즈로 조절하면 됩니다.
(단, 높이만 3mm를 맞추어 주세요.)

TINKERCAD DESIGN For 3D PRINTING   SECTION 09

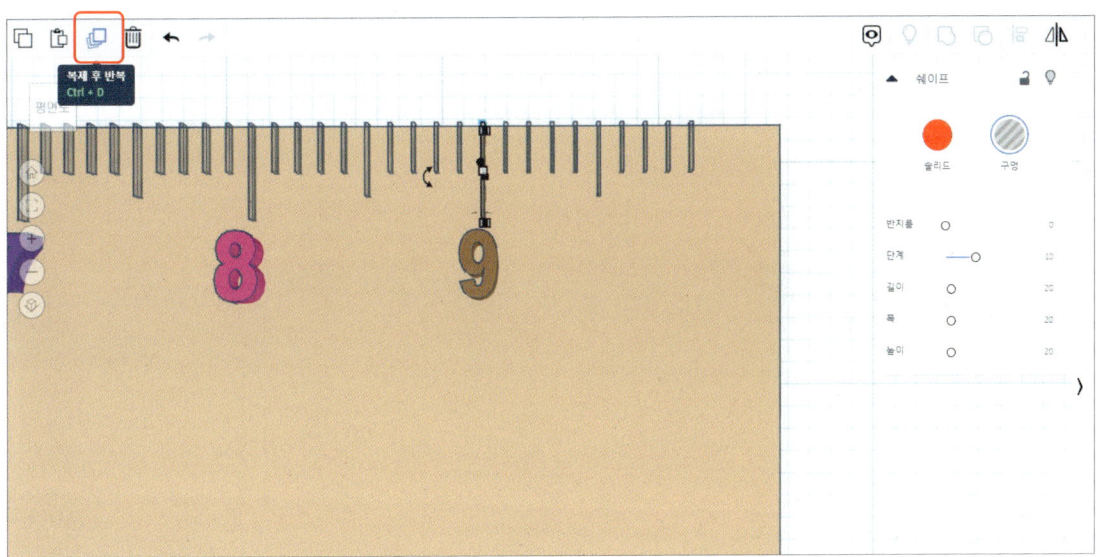

화면을 다시 확대하여, 숫자 9 위치에 있는 긴 눈금을 선택하고, 복제하기를 클릭해 줍니다.

복제한 구멍 상자를 키보드 방향키 오른쪽 화살표 →를 이용하여 오른쪽으로 "10(mm)"만큼 이동해 줍니다. (오른쪽 화살표를 10번 누르면 됩니다.)

TINKERCAD DESIGN For 3D PRINTING

SECTION 09

쉐이프 생성기 중 문자 및 숫자에서 숫자 1과 0을 선택하여 가장 오른쪽에 만든 구멍 상자 아래에 숫자 10을 만들어 줍니다.
치수는 적당하게 조절하고, 높이는 3으로 조절합니다.

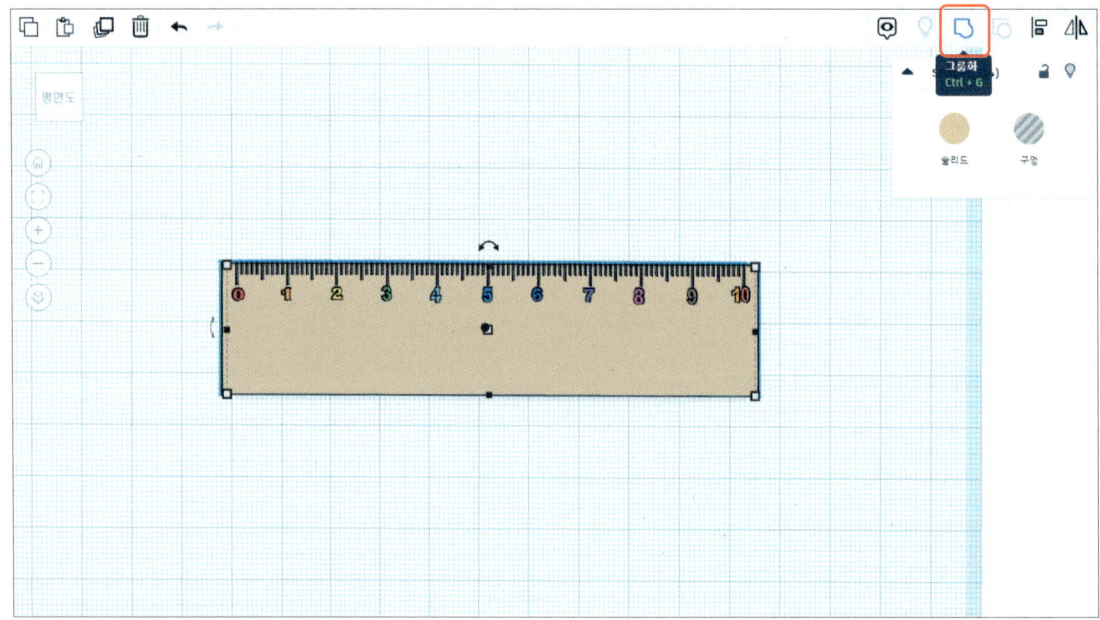

모든 도형을 선택한 후 그룹화합니다.

TINKERCAD DESIGN For 3D PRINTING _____ SECTION 09

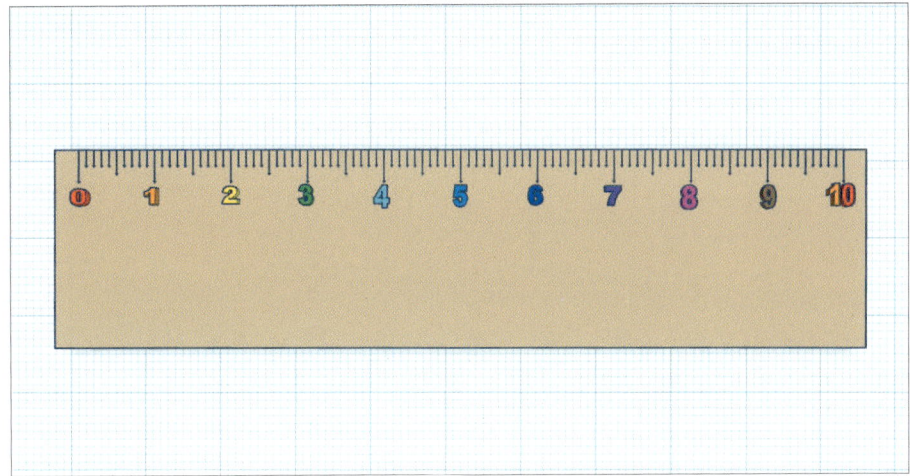

눈금자 완성!

TINKERCAD DESIGN For 3D PRINTING SECTION 09

도|전|과|제

- 다양한 디자인의 눈금자를 모델링해 봅시다.

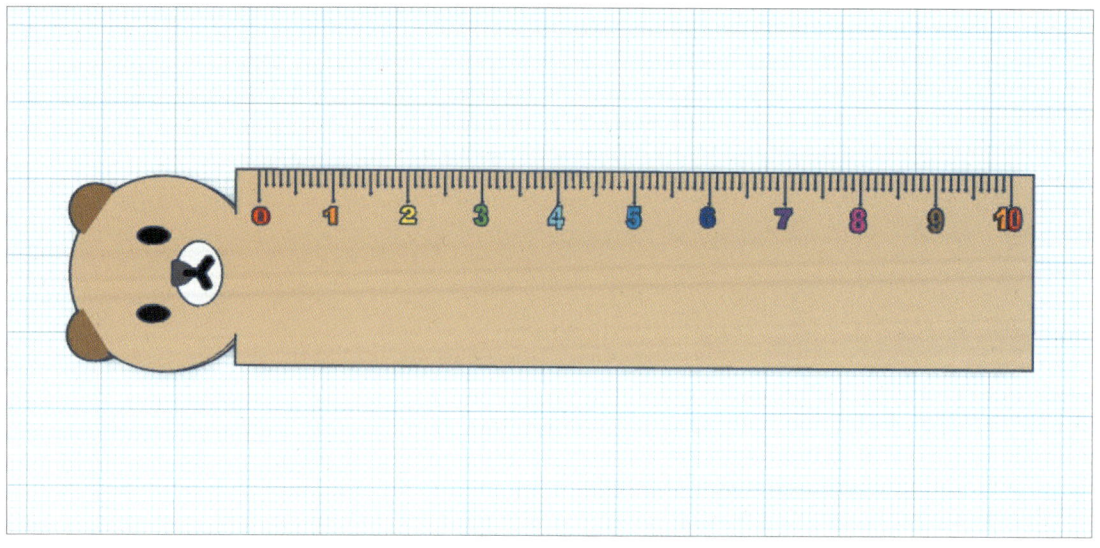

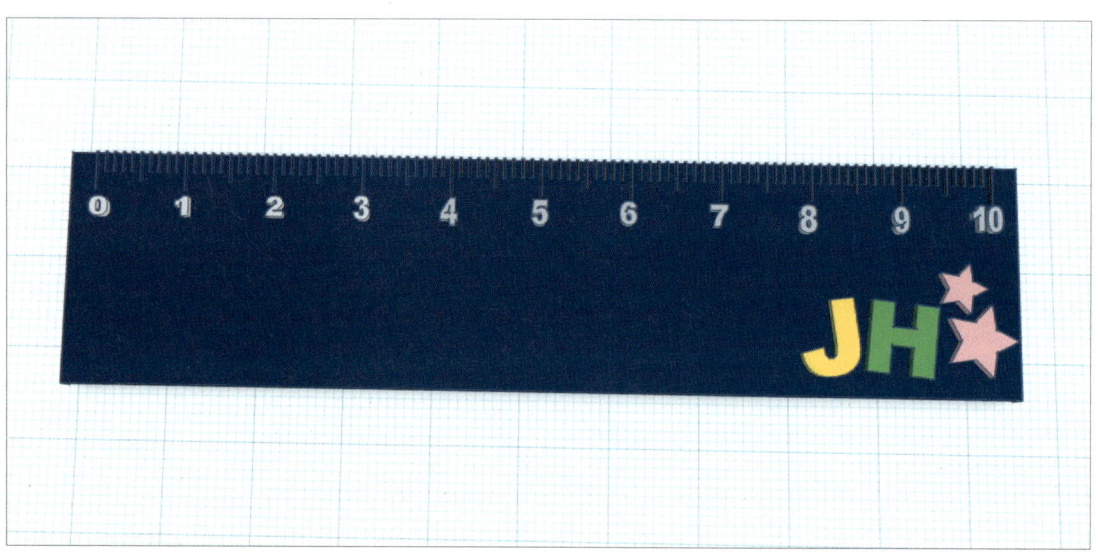

SECTION 10
폰 거치 키링 만들기

폰 거치 키링 만들기
예쁜 동물 모양의 거치대 겸 키링을 모델링 해보고, 실생활에 활용해 봅시다.

TINKERCAD DESIGN For 3D PRINTING   SECTION 10

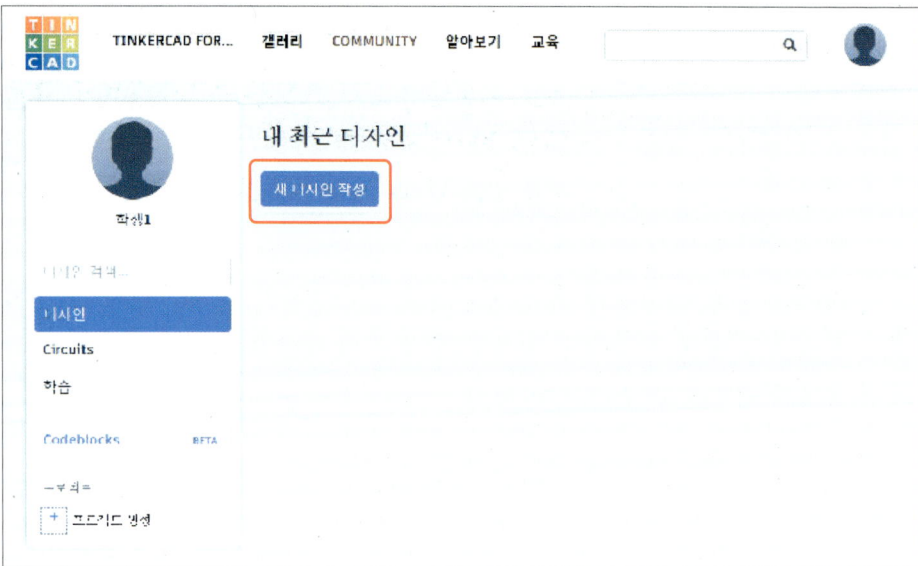

구글크롬 에서 틴커캐드 웹사이트(www.tinkercad.com)에 접속합니다.
로그인 후 대시보드의 새 디자인 작성 을 클릭합니다.

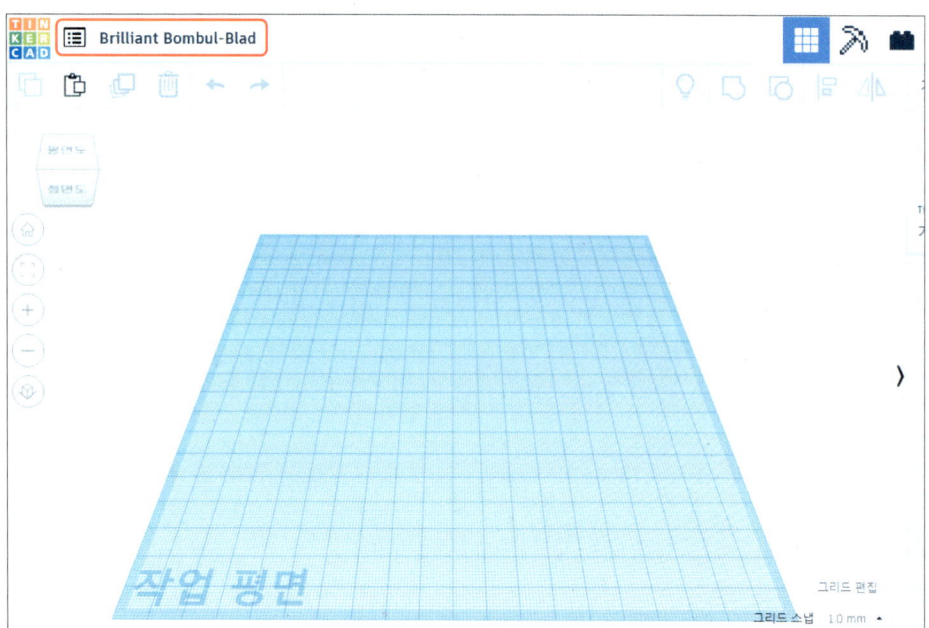

틴커캐드는 저장 버튼이 따로 없으며 웹에서 작업하고 모델링 작업파일 역시 인터넷 저장 공간에 자동으로 저장됩니다. 임의로 주어진 영어이름을 클릭하면 파일명을 수정할 수 있습니다.

TINKERCAD DESIGN For 3D PRINTING _____ SECTION 10

파일명을 "**폰 거치 키링 만들기**"로 수정하고 엔터키 또는 화면의 빈 공간 아무 곳이나 클릭합니다.

 동물 모양의 거치대 만들기

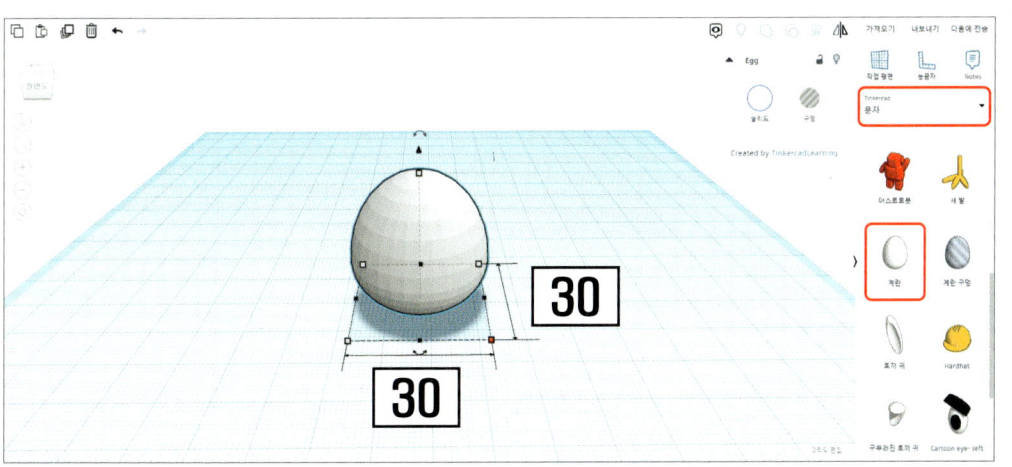

쉐이프 생성기 문자에서 계란을 선택하여 작업 평면에 놓은 후 치수를 조절합니다.
예 가로 30, 세로 30, 높이 30

TINKERCAD DESIGN For 3D PRINTING

SECTION 10

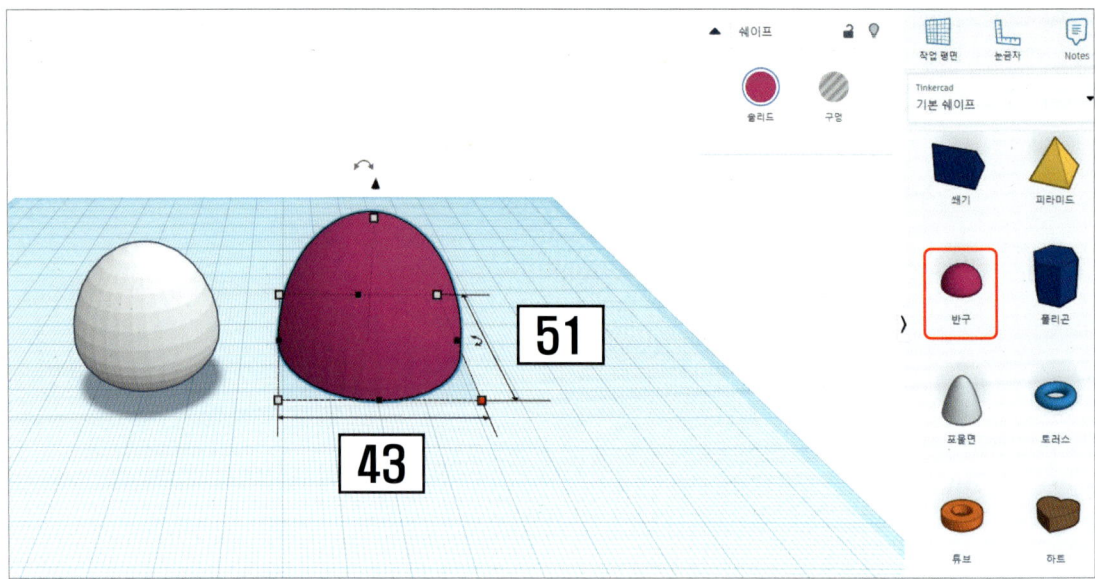

기본 쉐이프에서 반구를 선택하여 작업 평면에 놓은 후 치수를 조절합니다.
예 가로 43, 세로 51, 높이 29

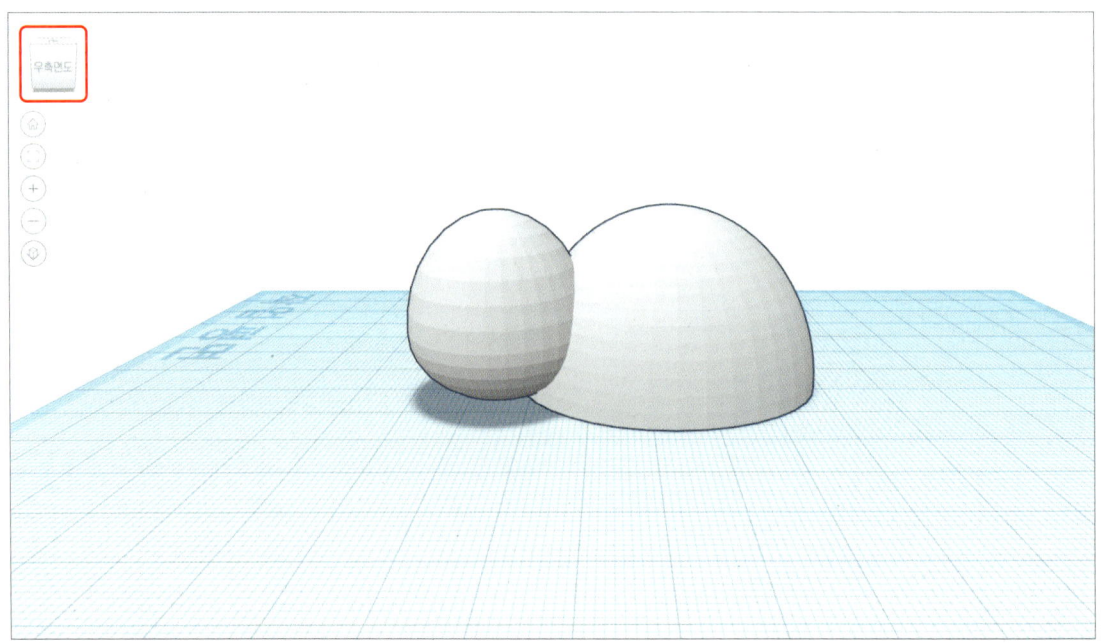

화면을 우측면도로 돌려줍니다.
그림과 같이 토끼 머리와 몸통을 겹치게끔 이동합니다.

TINKERCAD DESIGN For 3D PRINTING   SECTION 10

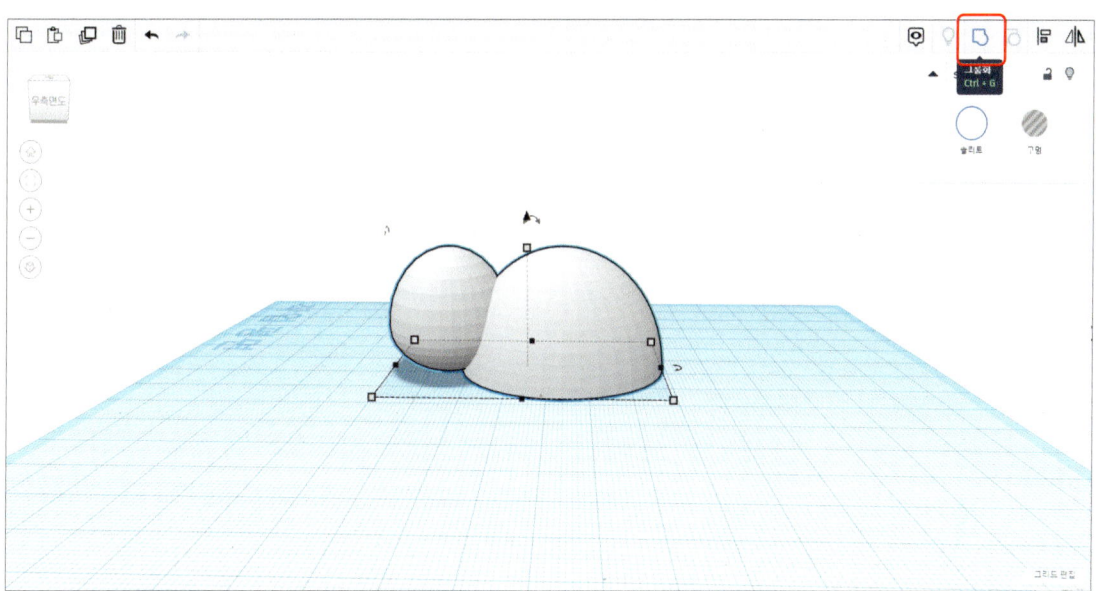

토끼 머리와 몸통을 모두 선택하여 그룹화합니다.

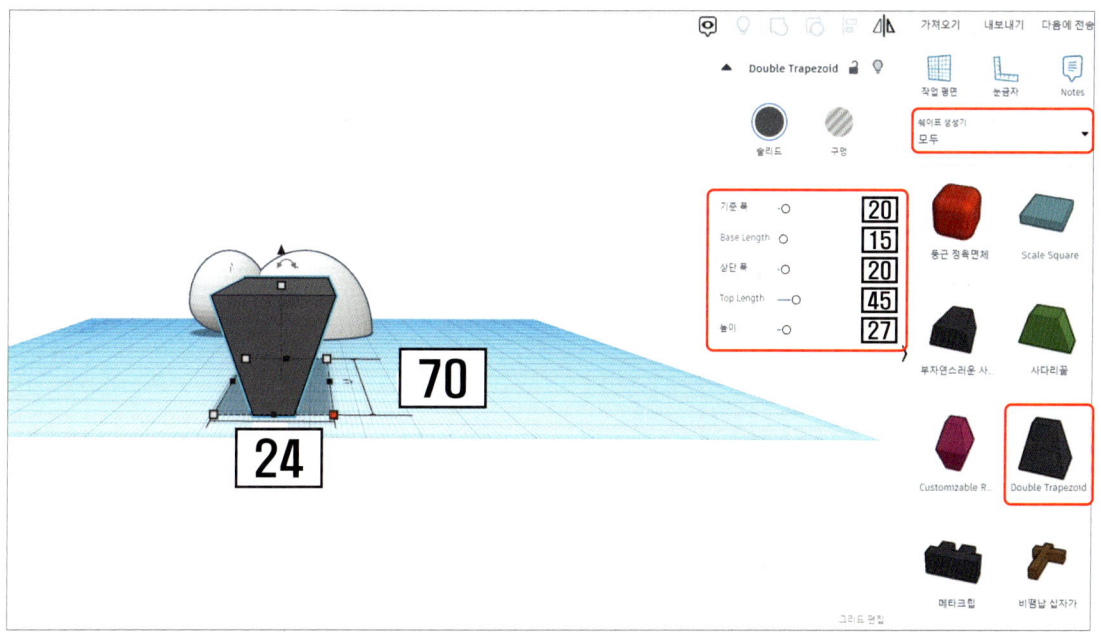

쉐이프 생성기 모두에서 "Double Trapezoid"를 선택하여 작업 평면에 놓은 후 치수를 조절합니다.

예 도형을 클릭하여 가로 24, 세로 70, 높이 23으로 조절합니다. 조절 후, Double Trapezoid : 기준 폭 20, Base Length 15, 상단폭 20, Top Length 45, 높이 27 수치를 입력합니다.

TINKERCAD DESIGN For 3D PRINTING   SECTION 10

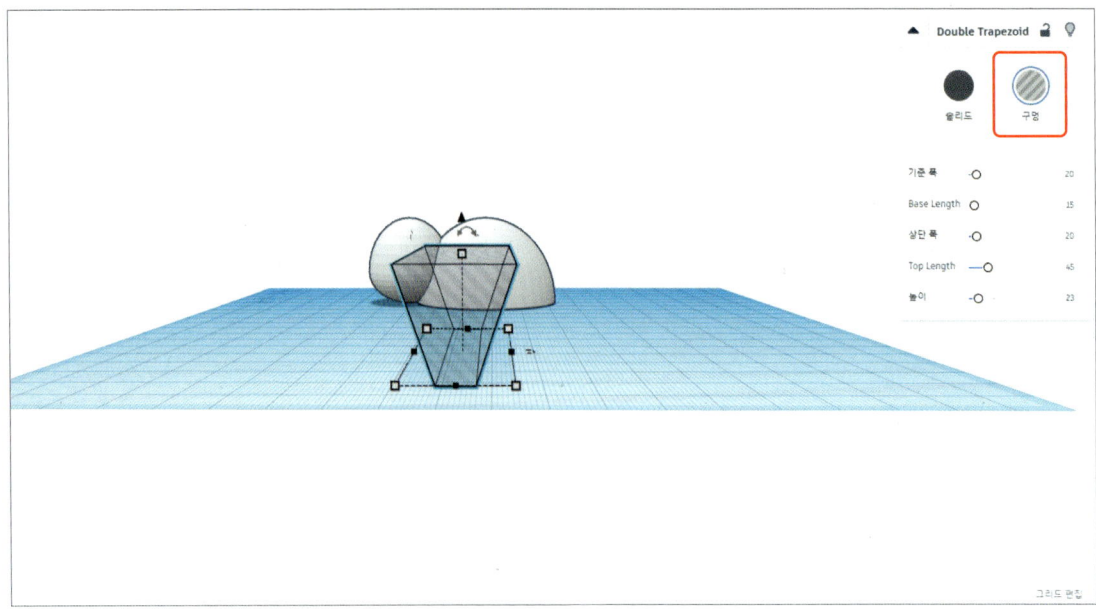

Double Trapezoid 도형을 선택하여 구멍 도형으로 바꾸어 줍니다.

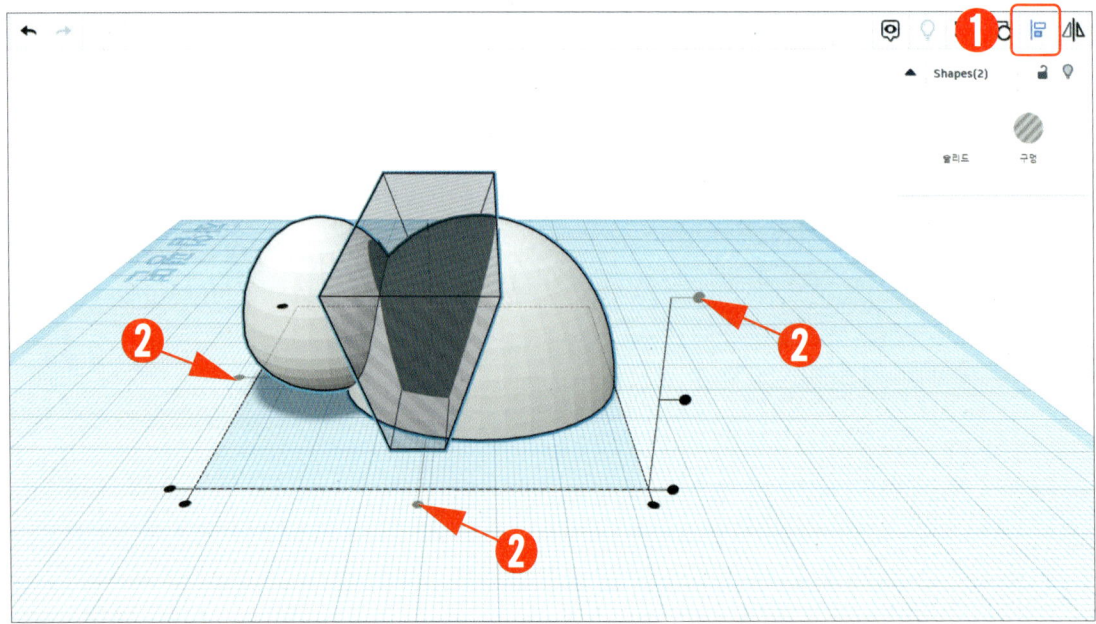

도형을 모두 선택하여 ❶ 정렬 버튼을 클릭한 후 ❷를 클릭하여 가운데 정렬합니다.

TINKERCAD DESIGN For 3D PRINTING　　　　　　　　　　　　　　SECTION 10

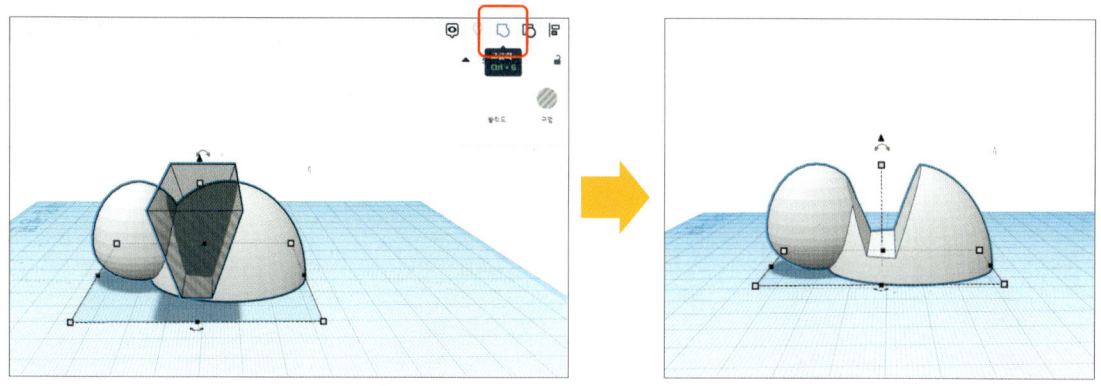

도형을 모두 선택한 후 그룹화합니다.

토끼 모양 꾸미기　　03

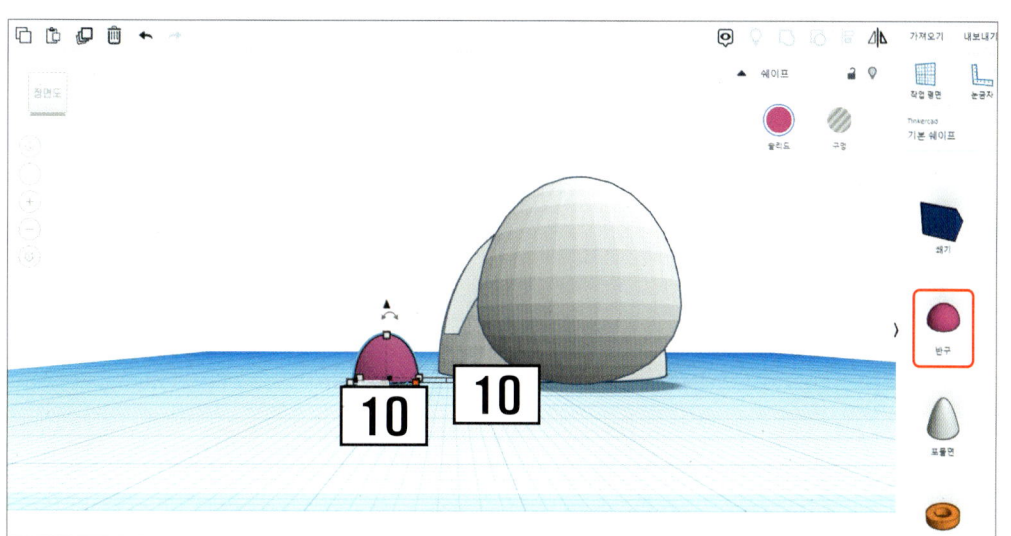

기본 쉐이프에서 반구를 선택하여 작업 평면에 놓은 후 치수를 조절합니다.
예 가로 10, 세로 10, 높이 7

TINKERCAD DESIGN For 3D PRINTING　　　　　　　　　　　　　　　　　　SECTION 10

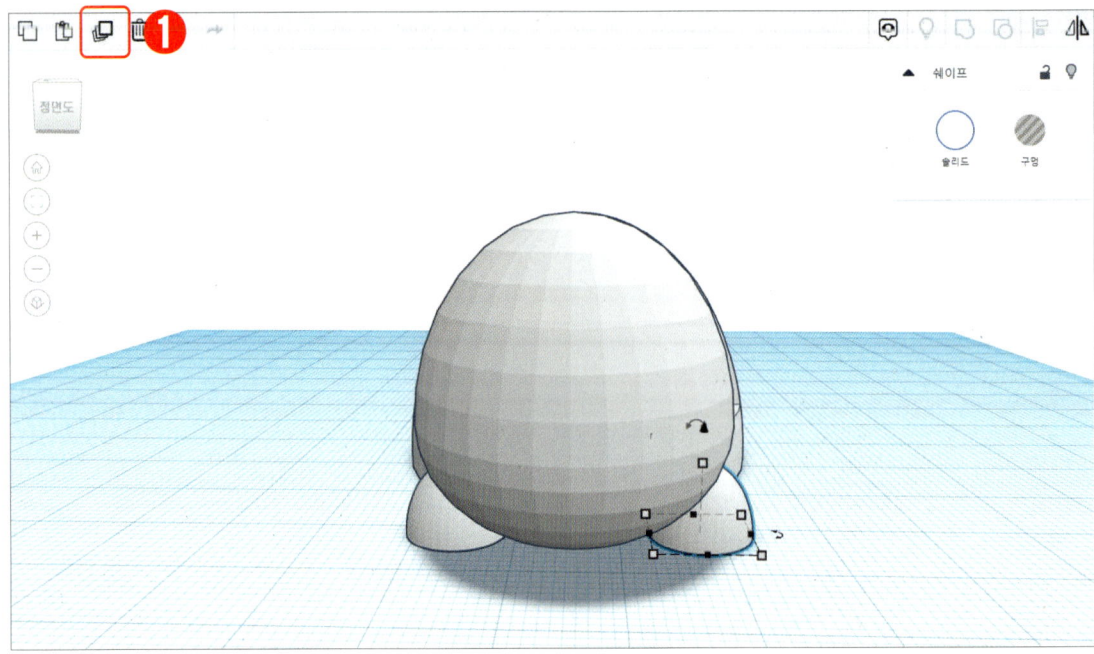

반구를 선택하여 ❶ 복제하여 앞발 위치를 적당하게 이동합니다.

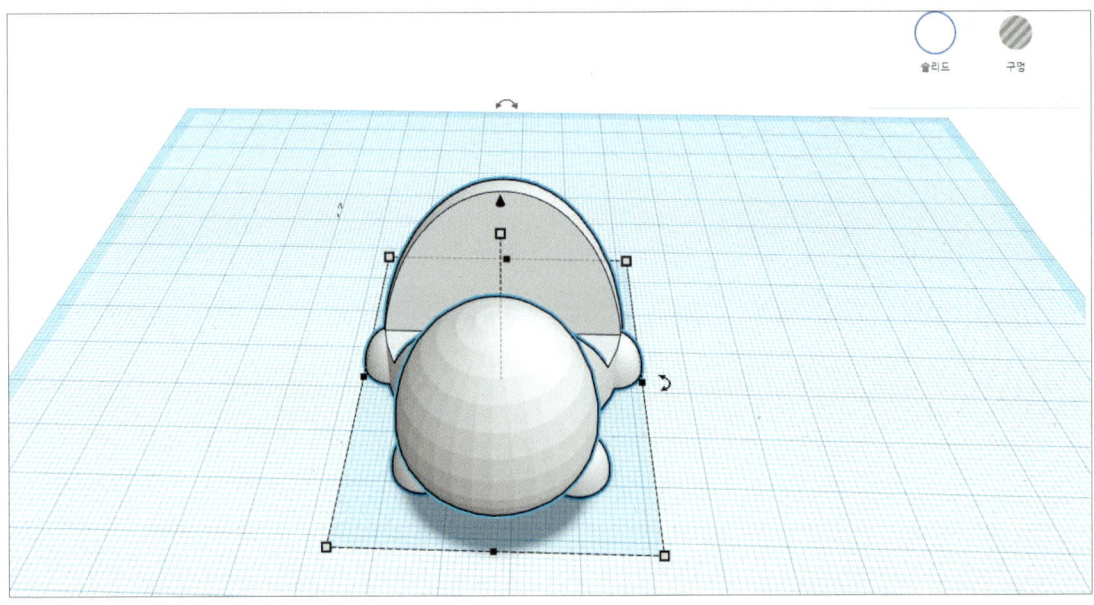

앞발을 복제하여 뒷발도 만들어 줍니다.

TINKERCAD DESIGN For 3D PRINTING   SECTION 10

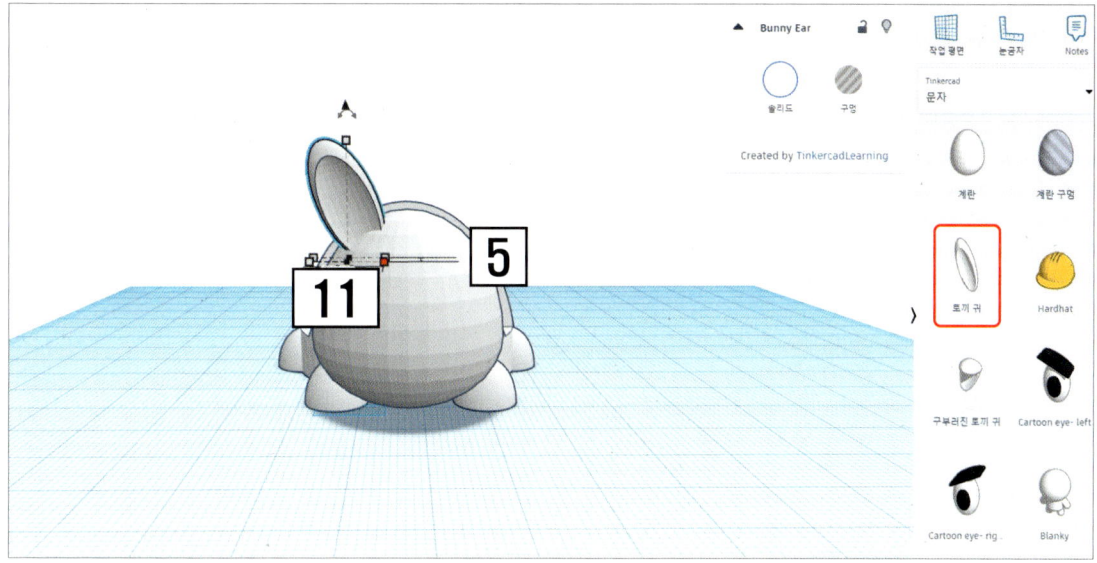

쉐이프 생성기 중 문자에서 토끼 귀를 선택하여 작업 평면에 놓은 후 치수를 조절합니다. 적당한 위치로 이동합니다.

예 가로 11, 세로 5, 높이 17

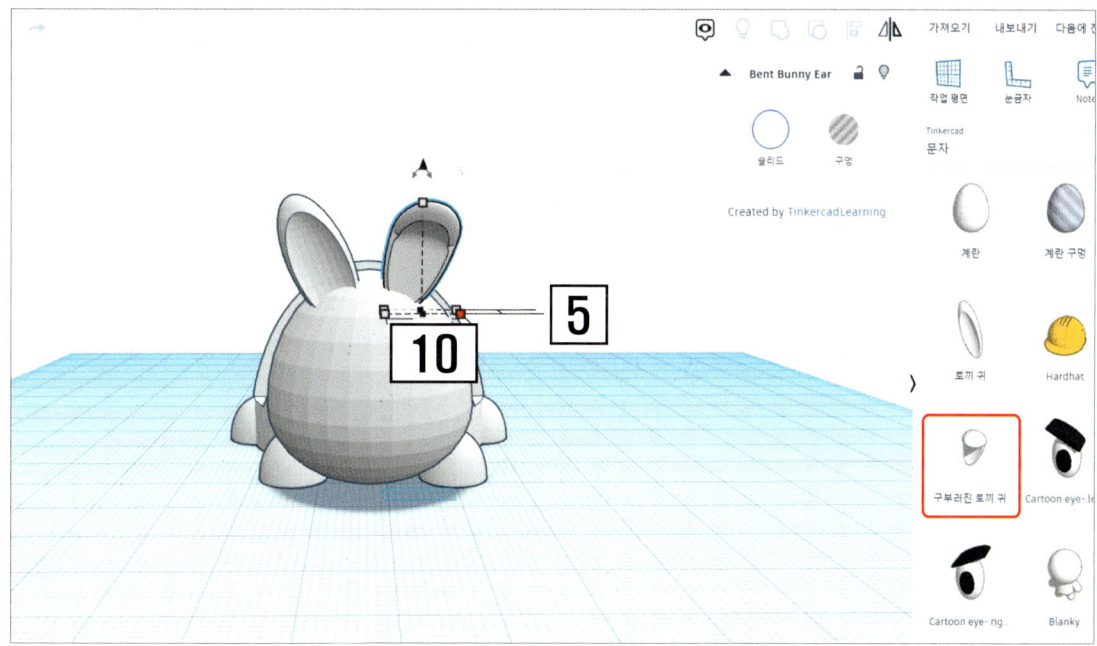

쉐이프 생성기 중 문자에서 구부러진 토끼 귀를 선택하여 작업 평면에 놓은 후 치수를 조절하여 반대쪽 귀를 만들어 줍니다.

예 가로 10, 세로 5, 높이 14

TINKERCAD DESIGN For 3D PRINTING   SECTION 10

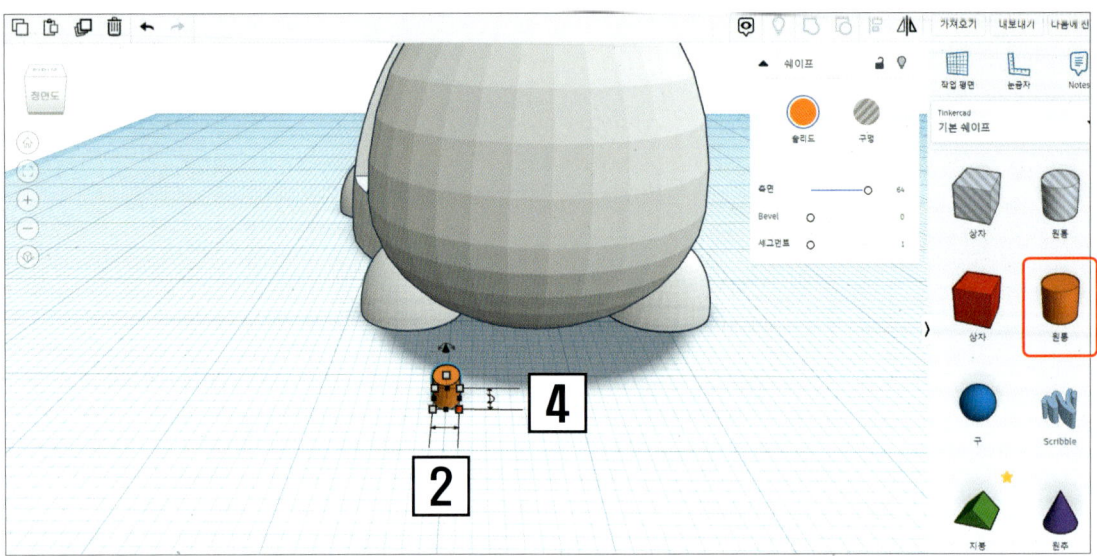

기본 쉐이프에서 원통을 선택하여 작업 평면에 놓은 후 치수를 조절하여 눈을 만들어 줍니다.
예 가로 2, 세로 4, 높이 3

화면을 우측면도로 돌리고, 원통을 그림과 같이 90° 회전합니다.

TINKERCAD DESIGN For 3D PRINTING SECTION 10

화면을 홈뷰로 돌리고, 눈을 적당한 높이로 올려서 배치합니다.
복제하기를 하여 눈을 하나 더 만들어 줍니다.

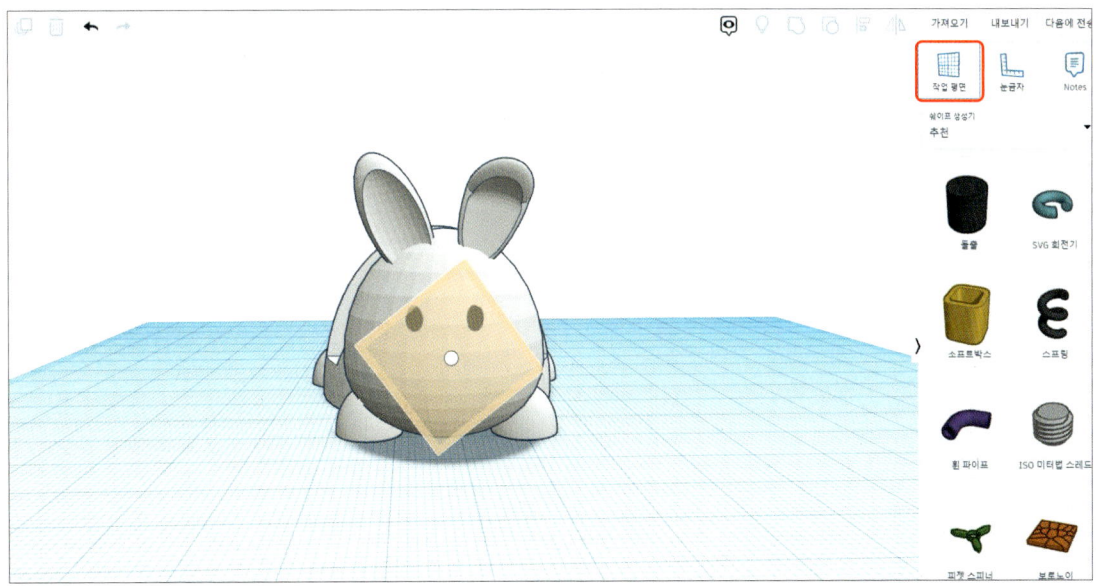

작업 평면을 클릭하여, 얼굴을 클릭하고 임시 작업 평면을 만들어 줍니다.

TINKERCAD DESIGN For 3D PRINTING

SECTION 10

쉐이프 생성기 중 추천에서 돌출을 선택하여 작업 평면에 놓은 후 그림과 같이 조절하여 코를 만들어 줍니다.
예 가로 3, 세로 2

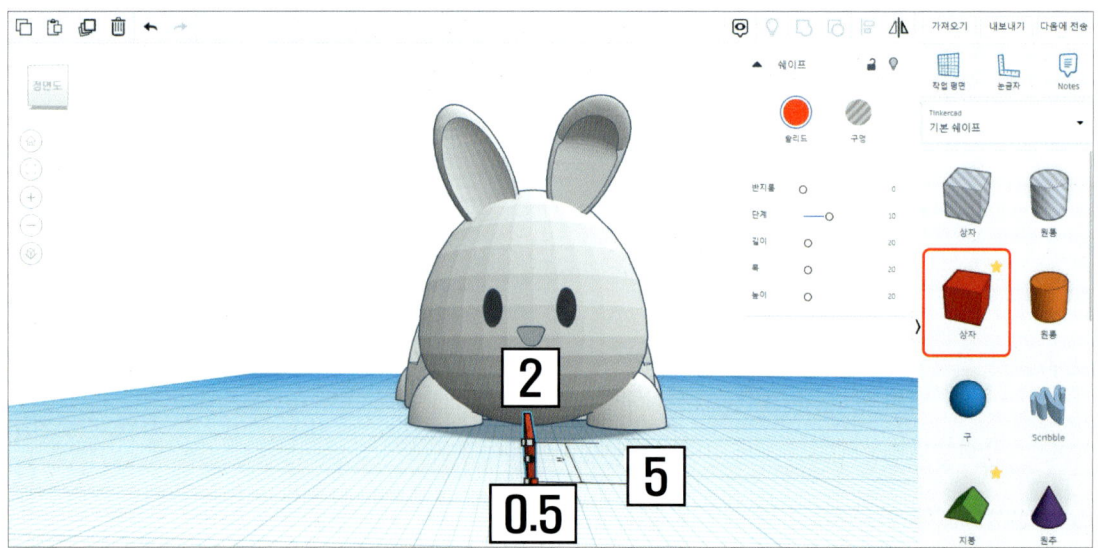

기본 쉐이프에서 상자를 선택하여 작업 평면에 놓은 후 그림과 같이 조절해 줍니다.
예 가로 0.5, 세로 5, 높이 2

TINKERCAD DESIGN For 3D PRINTING _____ SECTION 10

상자를 선택하여 위로 올려서 코 밑으로 이동합니다.

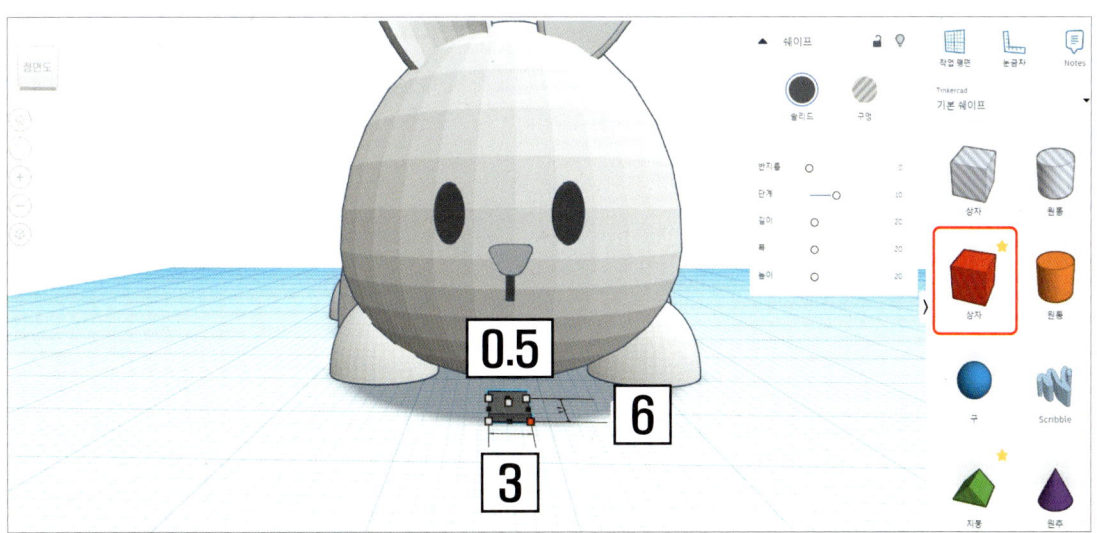

기본 쉐이프에서 상자를 선택하여 작업 평면에 놓은 후 치수를 조절합니다.
예 가로 3, 세로 6, 높이 0.5

TINKERCAD DESIGN For 3D PRINTING _____ SECTION 10

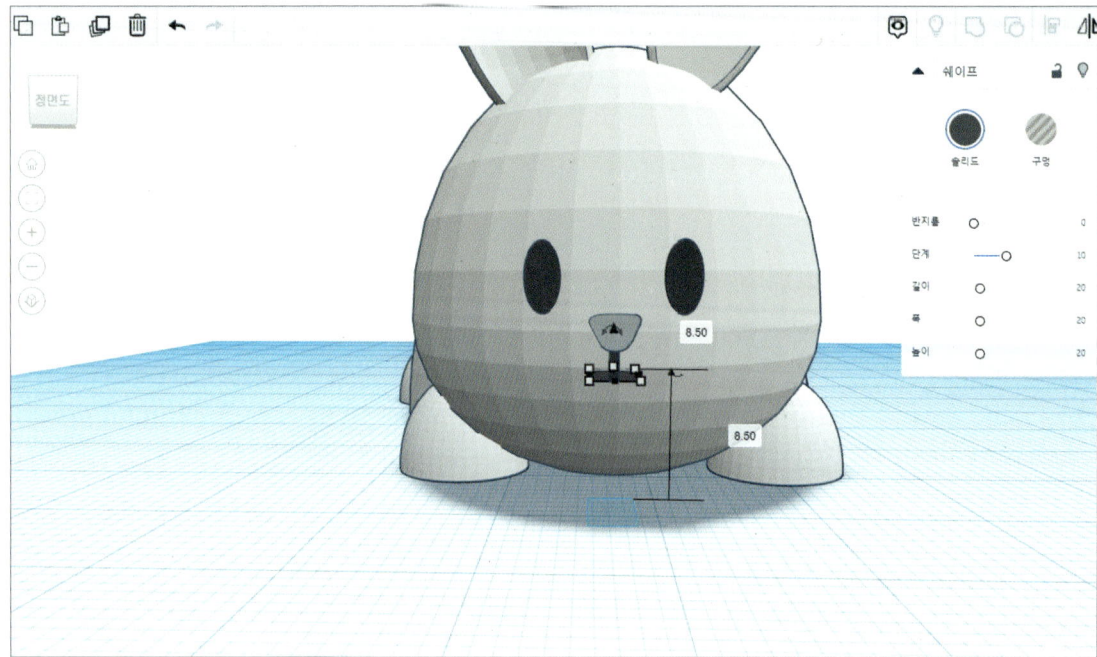

상자를 선택하여 위로 올린 후 적당하게 위치를 잡아서 입을 완성해 줍니다.

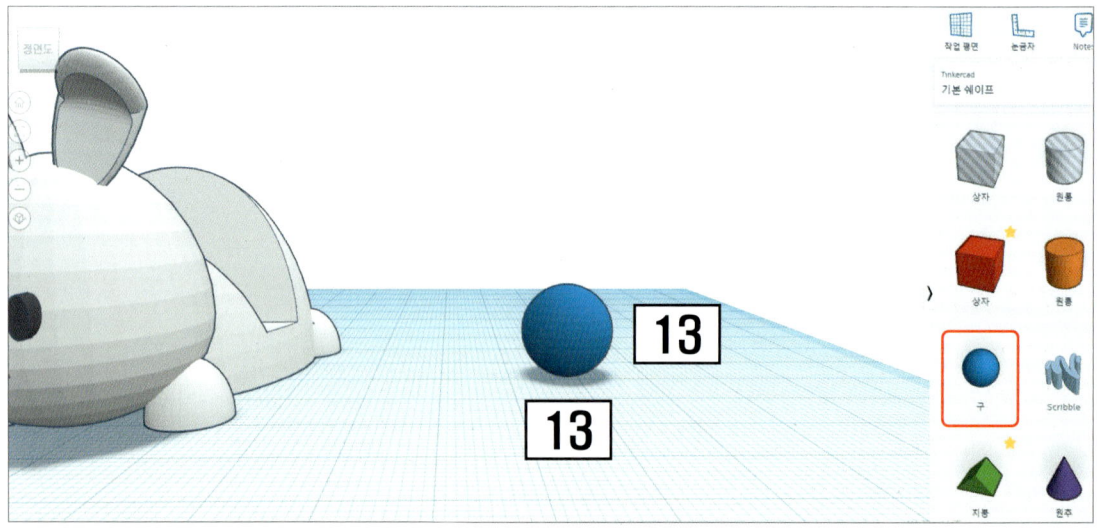

기본 쉐이프에서 구를 선택하여 작업 평면에 놓은 후 치수를 조절합니다.
토끼의 꼬리를 만들어 줍니다.
예 가로 13, 세로 13, 높이 13

TINKERCAD DESIGN For 3D PRINTING

SECTION 10

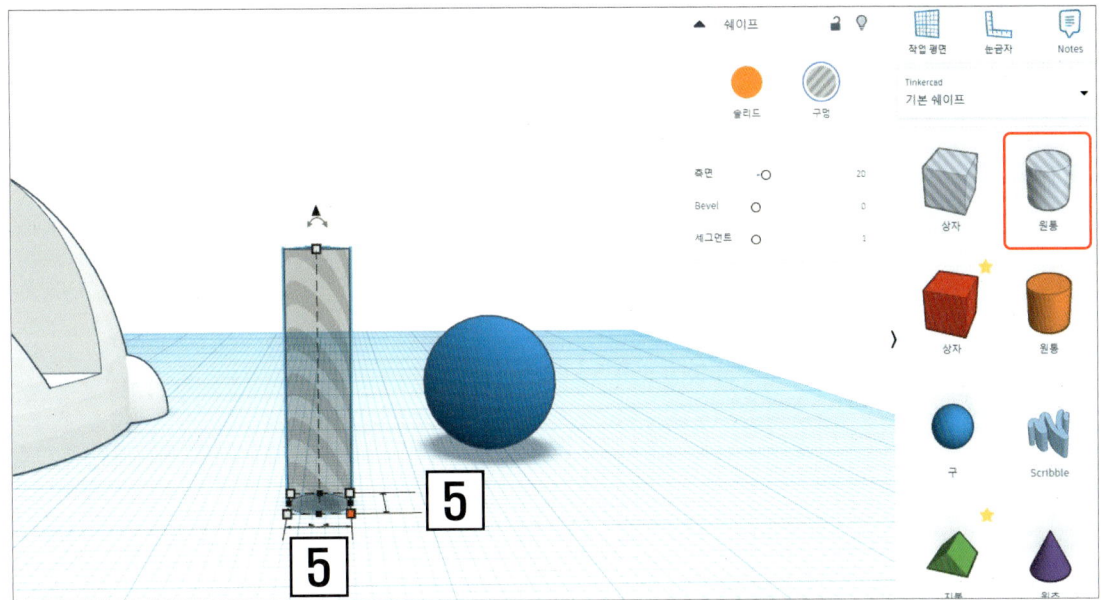

기본 쉐이프에서 구멍 원통을 선택하여 작업 평면에 놓은 후 치수를 조절합니다.
예 가로 5, 세로 5, 높이 20

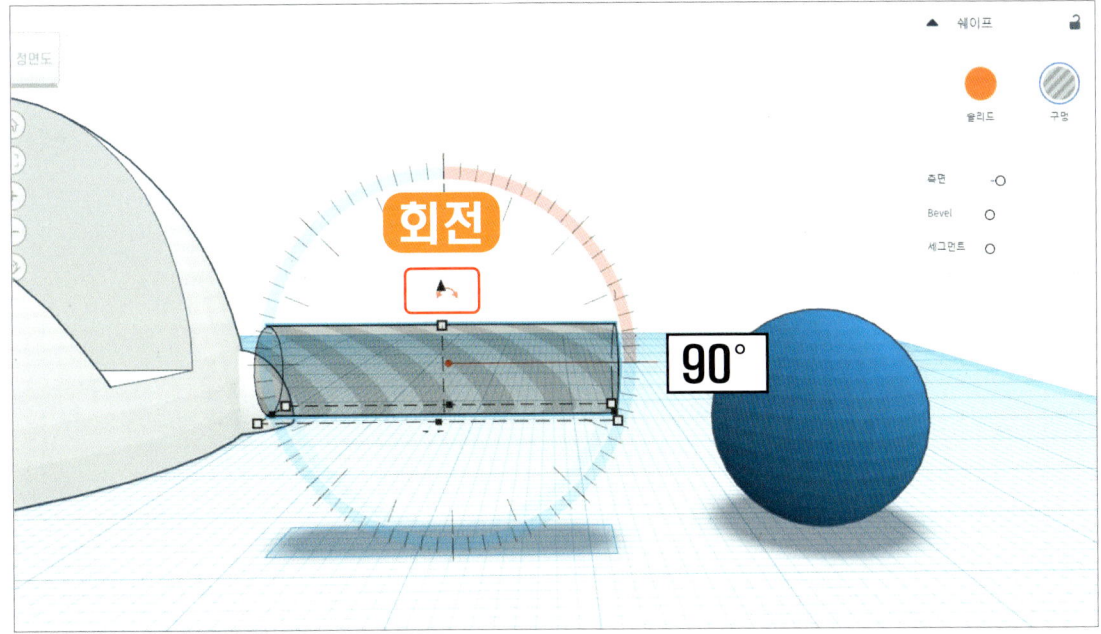

구멍 원통 도형을 그림과 같이 90° 회전합니다.

TINKERCAD DESIGN For 3D PRINTING　　　　　　　　　　　　SECTION 10

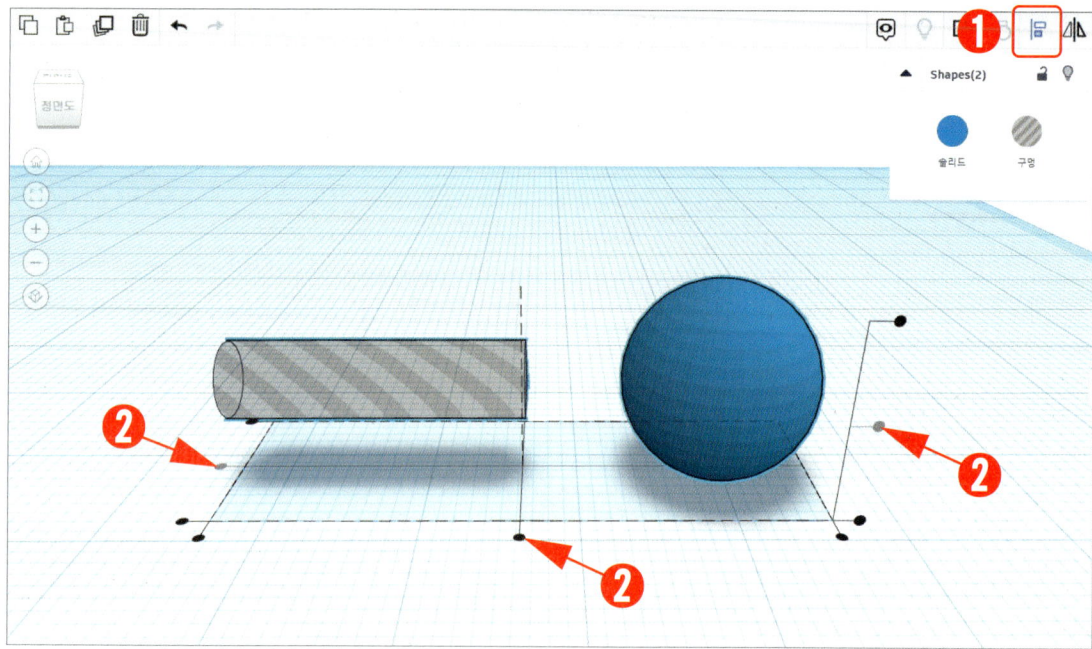

구멍 원통과 구를 선택하여 ❶ 정렬 버튼을 클릭한 후 ❷를 클릭하여 가운데 정렬합니다.

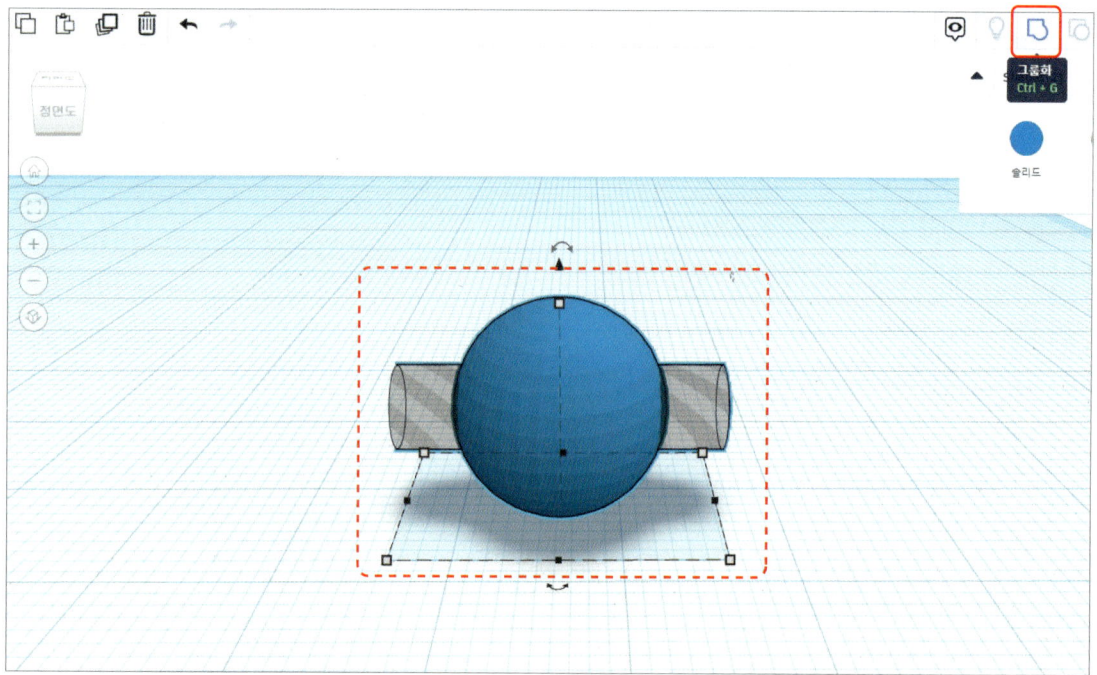

두 도형을 선택한 후 (Shift 키를 누른 상태로 두 도형을 클릭) 그룹화합니다.

화면을 우측면도로 회전하고, 구 도형을 토끼의 꼬리 위치에 이동시켜 줍니다.

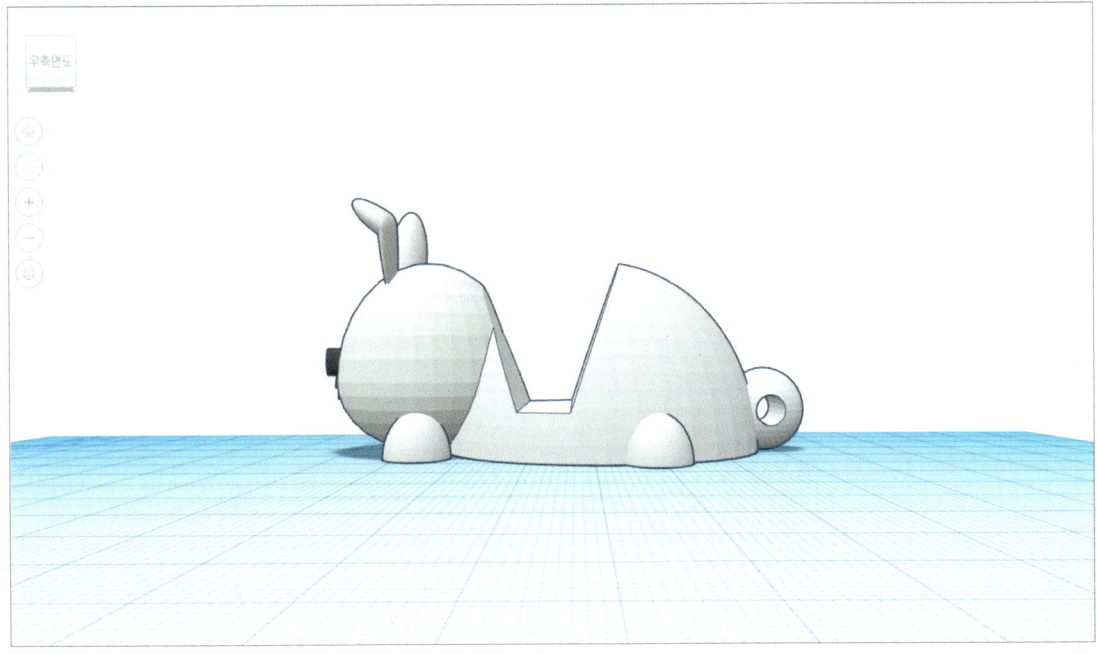

토끼 거치대 키링 완성!

TINKERCAD DESIGN For 3D PRINTING — SECTION 10

토끼 거치대 키링 완성!

TINKERCAD DESIGN For 3D PRINTING　　　　　　　　　　　　　　　　　SECTION 10

도|전|과|제

- 다양한 디자인의 동물 모양의 거치대 겸 키링을 모델링해 봅시다.

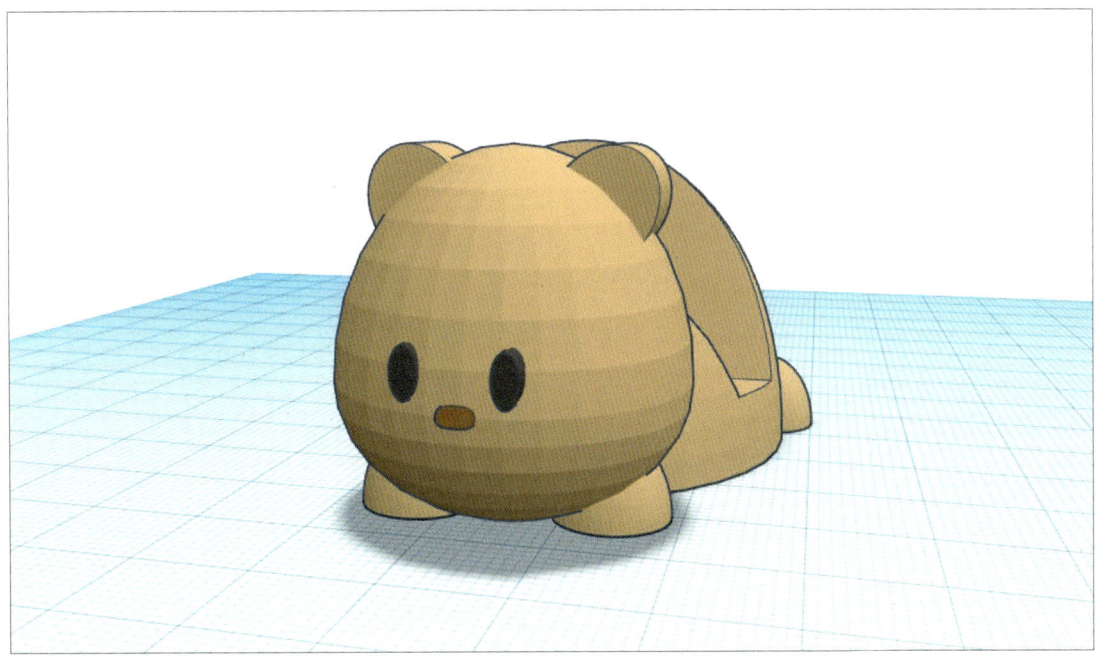

SECTION 11

LED 눈사람 만들기

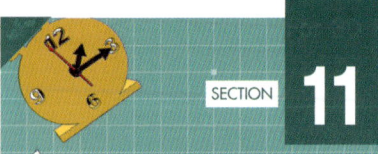

- ### LED 눈사람 만들기
  LED등이 조립되는 구멍 도형에 유의하여 LED 눈사람 무드등을 만들어 봅시다.
  나만의 LED 눈사람 무드등을 모델링해 봅시다.

TINKERCAD DESIGN For 3D PRINTING

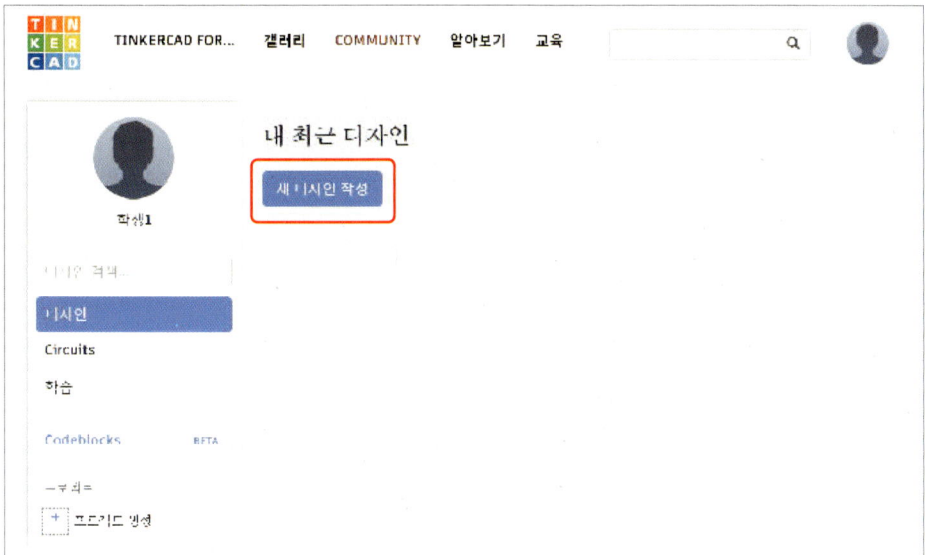

구글크롬 에서 틴커캐드 웹사이트(www.tinkercad.com)에 접속합니다.
로그인 후 대시보드의 [새 디자인 작성] 을 클릭합니다.

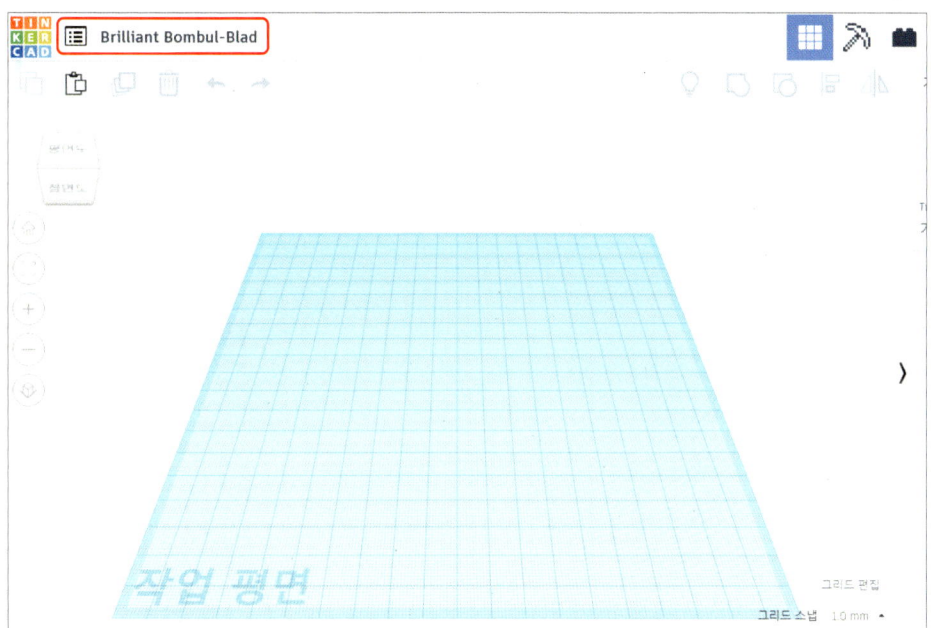

틴커캐드는 저장 버튼이 따로 없으며 웹에서 작업하고 모델링 작업파일 역시 인터넷 저장 공간에 자동으로 저장됩니다. 임의로 주어진 영어이름을 클릭하면 파일명을 수정할 수 있습니다.

TINKERCAD DESIGN For 3D PRINTING

파일명을 "LED 눈사람 만들기"로 수정하고 엔터키 또는 화면의 빈 공간 아무 곳이나 클릭합니다.

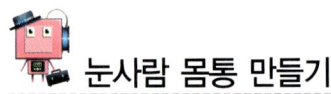 눈사람 몸통 만들기

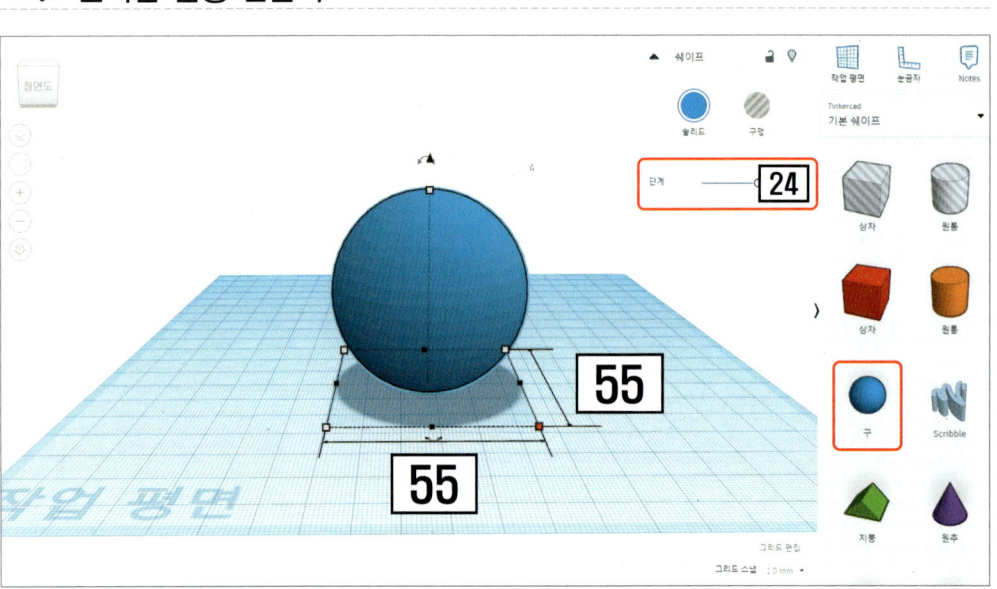

기본 쉐이프에서 구를 선택하여 작업 평면에 놓은 후 치수를 조절합니다.
예) 가로 55, 세로 55, 높이 55, 단계 24

TINKERCAD DESIGN For 3D PRINTING

SECTION 11

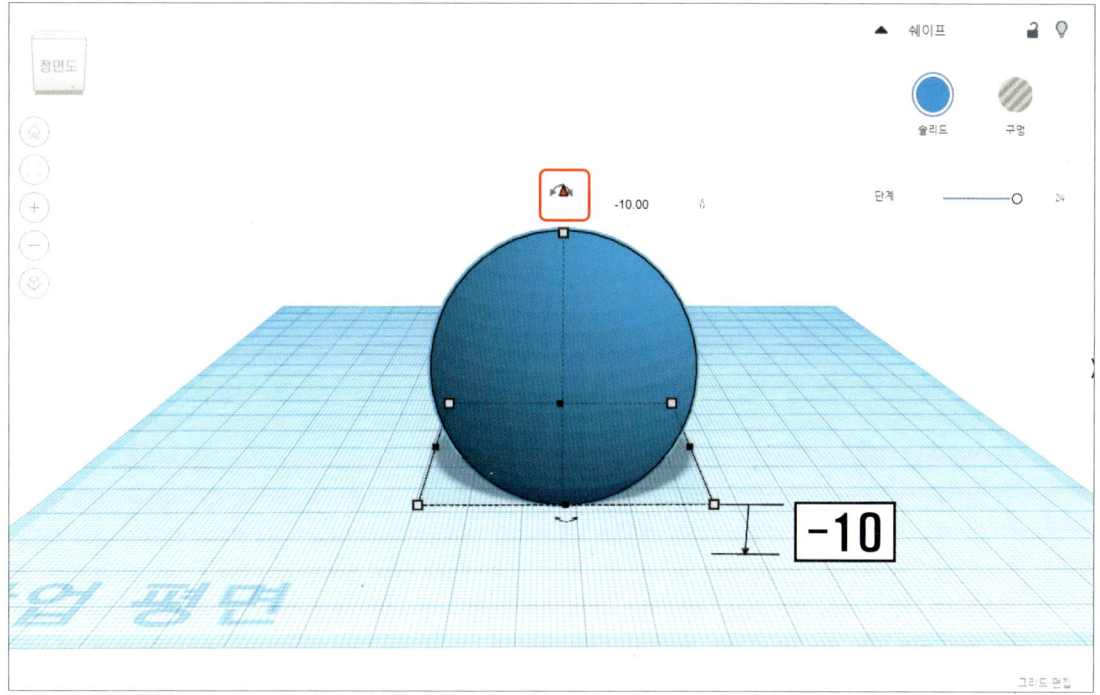

구를 아래로 "-10"만큼 내려줍니다.

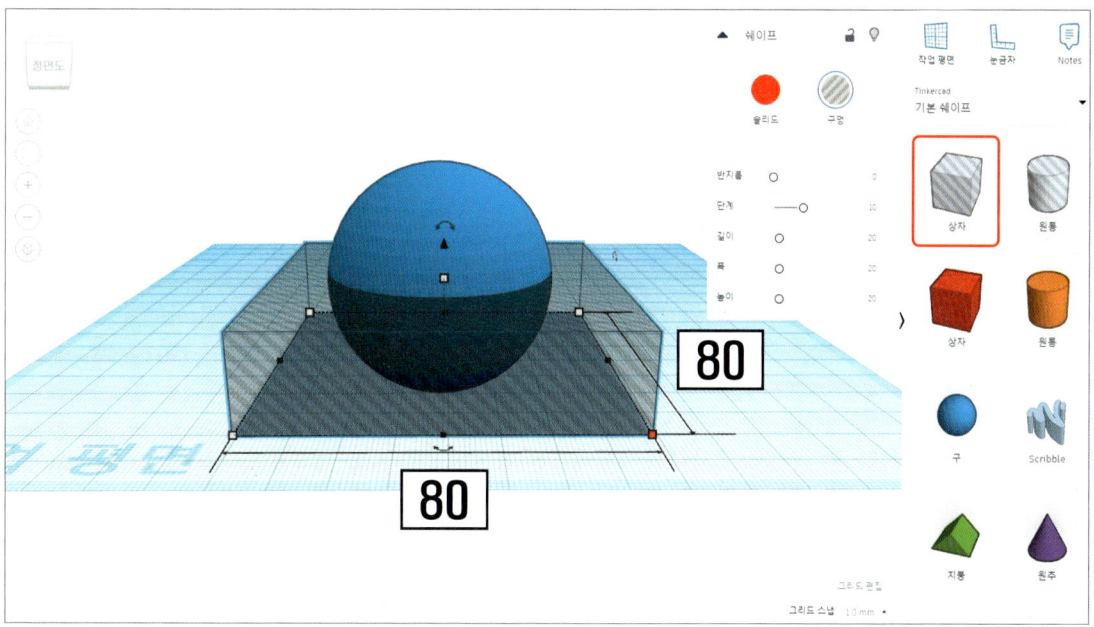

기본 쉐이프에서 구멍 상자를 선택하여 구 도형과 겹치도록 작업 평면에 놓은 후 치수를 조절합니다.
예 가로 80, 세로 80, 높이 20

TINKERCAD DESIGN For 3D PRINTING

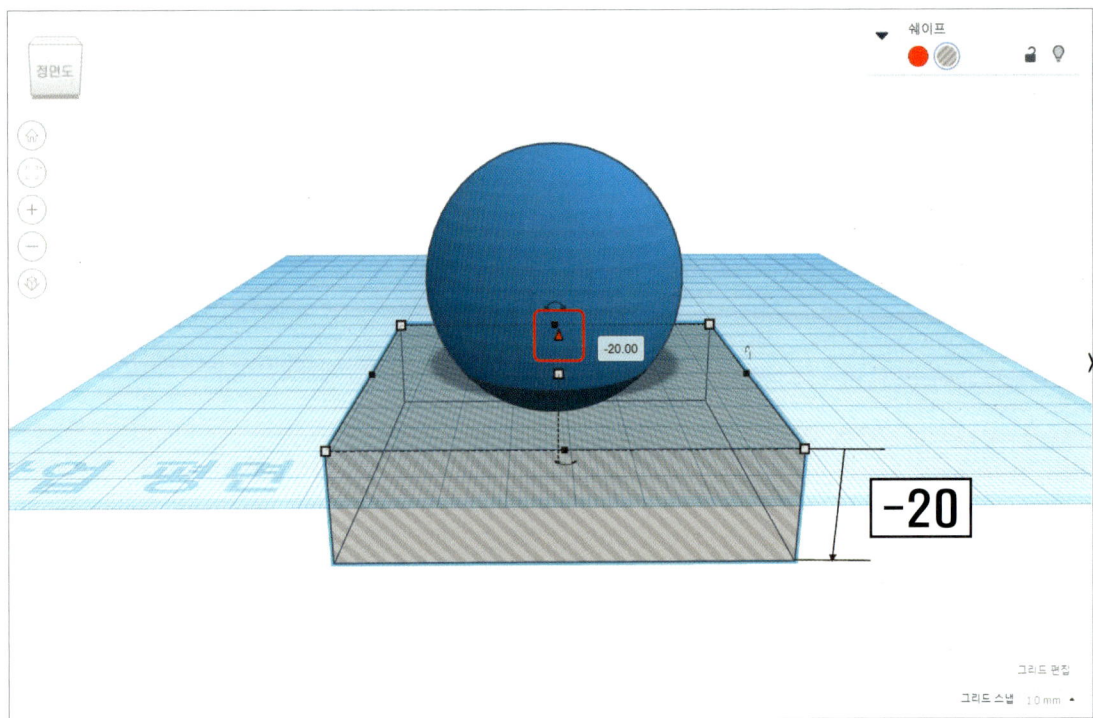

구멍 상자를 아래로 "-20"만큼 내려줍니다.

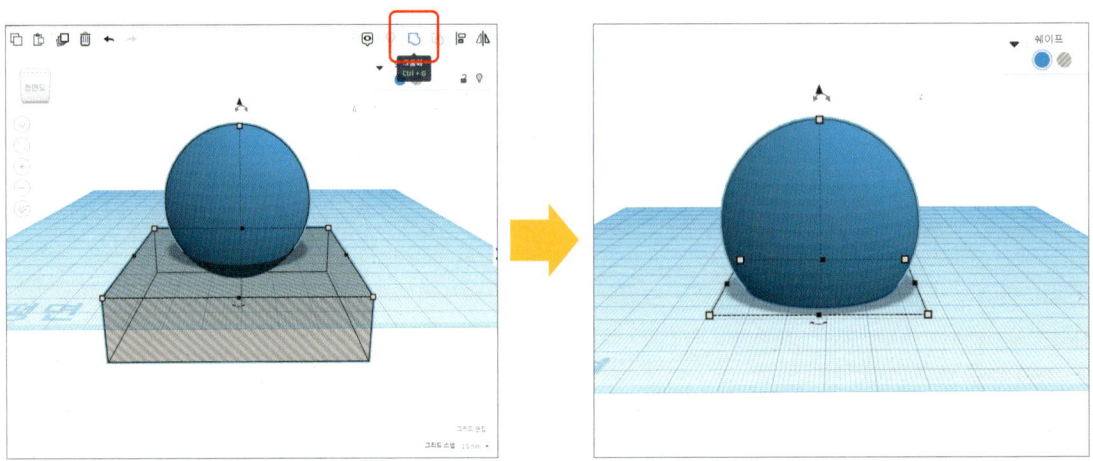

도형을 모두 선택한 후 그룹화합니다.

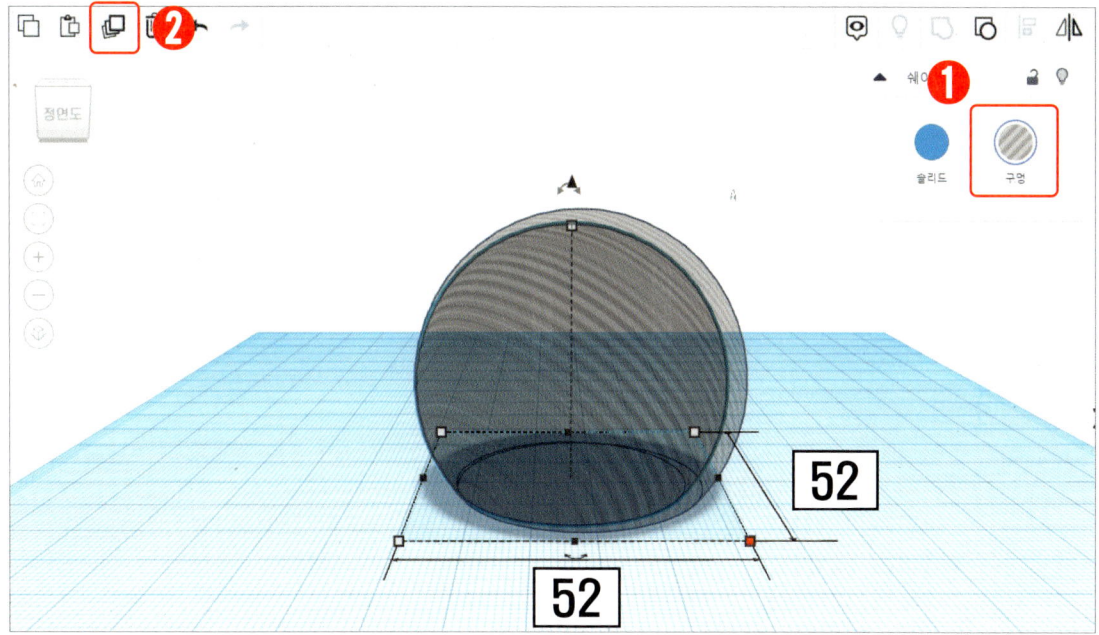

도형을 ❶ 구멍 도형으로 바꾼 후 ❷ 복제합니다. 복제한 도형의 치수를 조절합니다.
예 가로 52, 세로 52, 높이 42.5

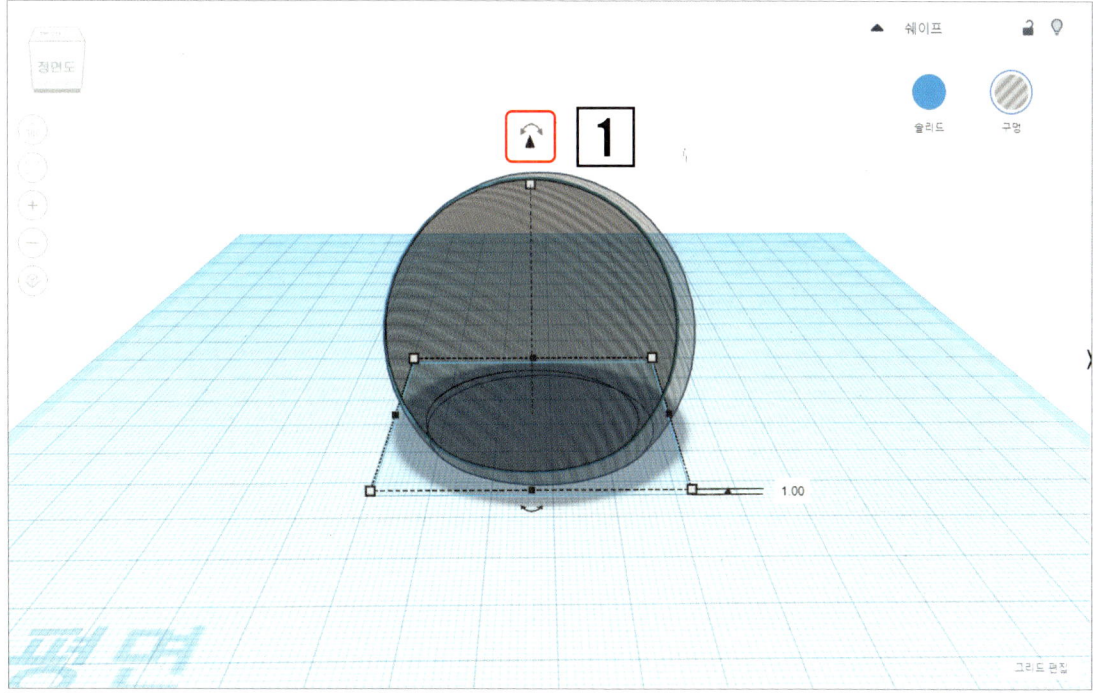

안쪽 구멍 도형을 위로 "1"만큼 올려줍니다.

TINKERCAD DESIGN For 3D PRINTING

SECTION 11

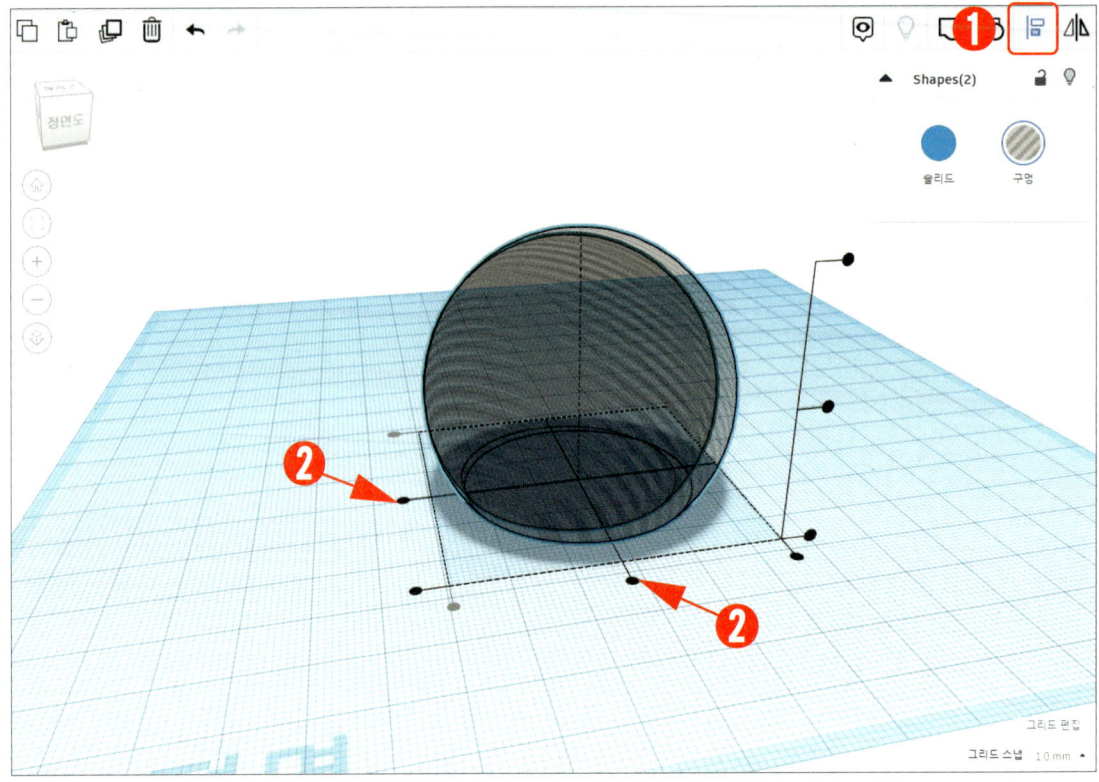

두 도형을 모두 선택한 후 ❶ 정렬 버튼을 클릭한 후 ❷를 클릭하여 정렬합니다.

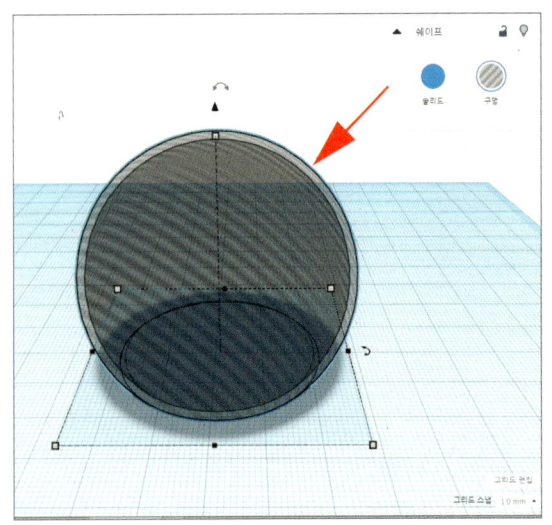

바깥쪽 구는 솔리드 색상으로 바꿔줍니다.
(안쪽 구는 구멍을 뚫기 위해 구멍 도형으로 둡니다.)

TINKERCAD DESIGN For 3D PRINTING

SECTION 11

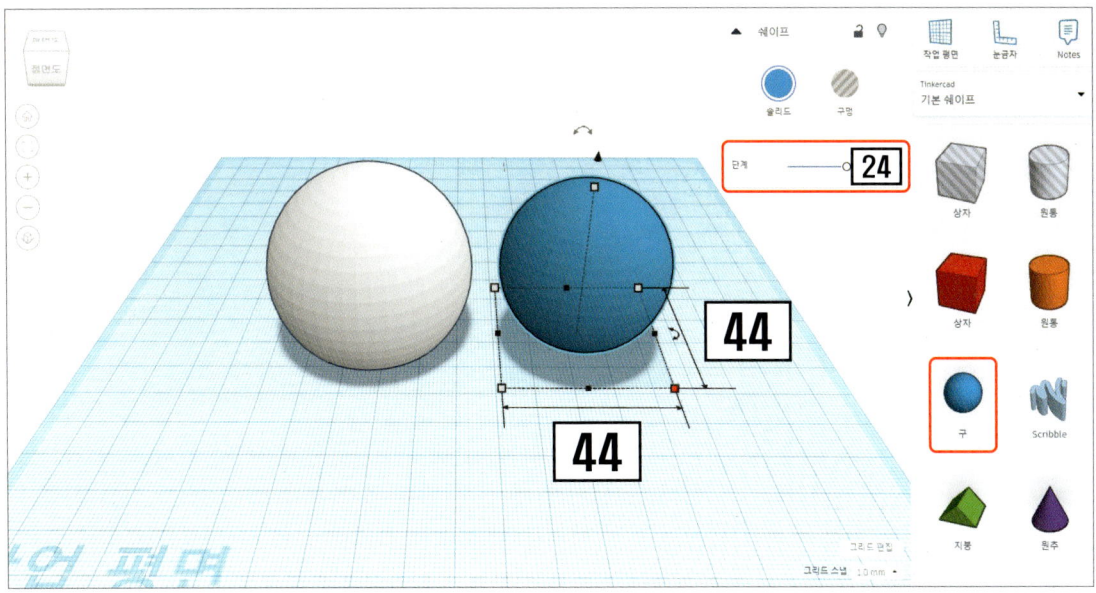

기본 쉐이프에서 구를 선택하여 작업 평면에 놓은 후 치수를 조절합니다.
예 가로 44, 세로 44, 높이 44, 단계 24

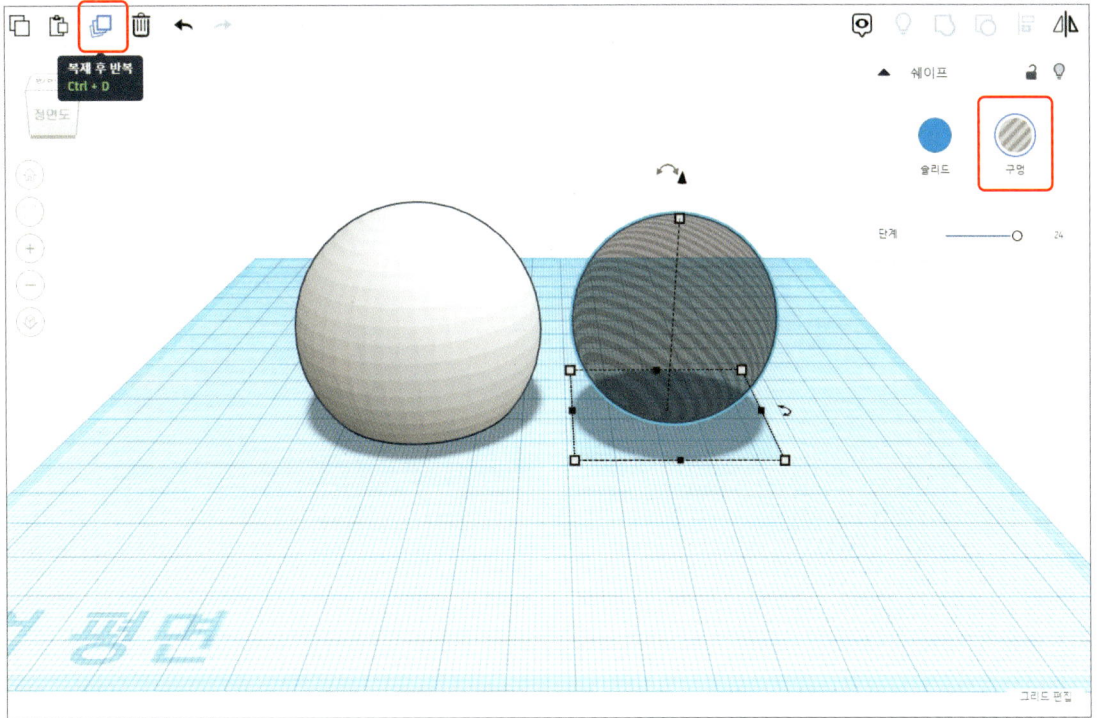

구를 구멍 도형으로 바꾼 후 복제합니다.

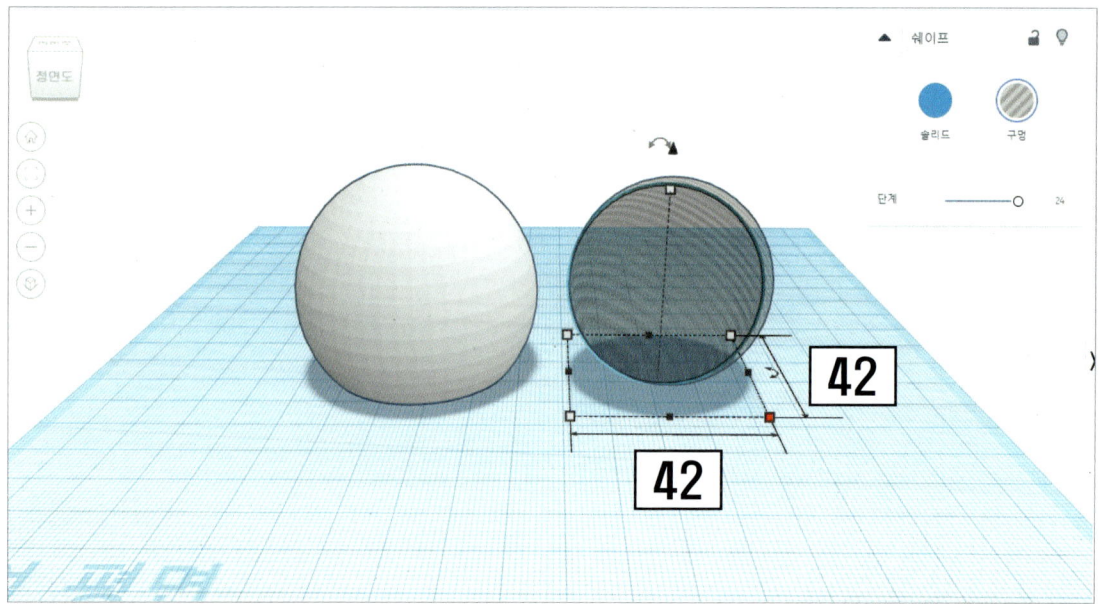

복제된 구의 치수를 조절합니다.
예 가로 42, 세로 42, 높이 42

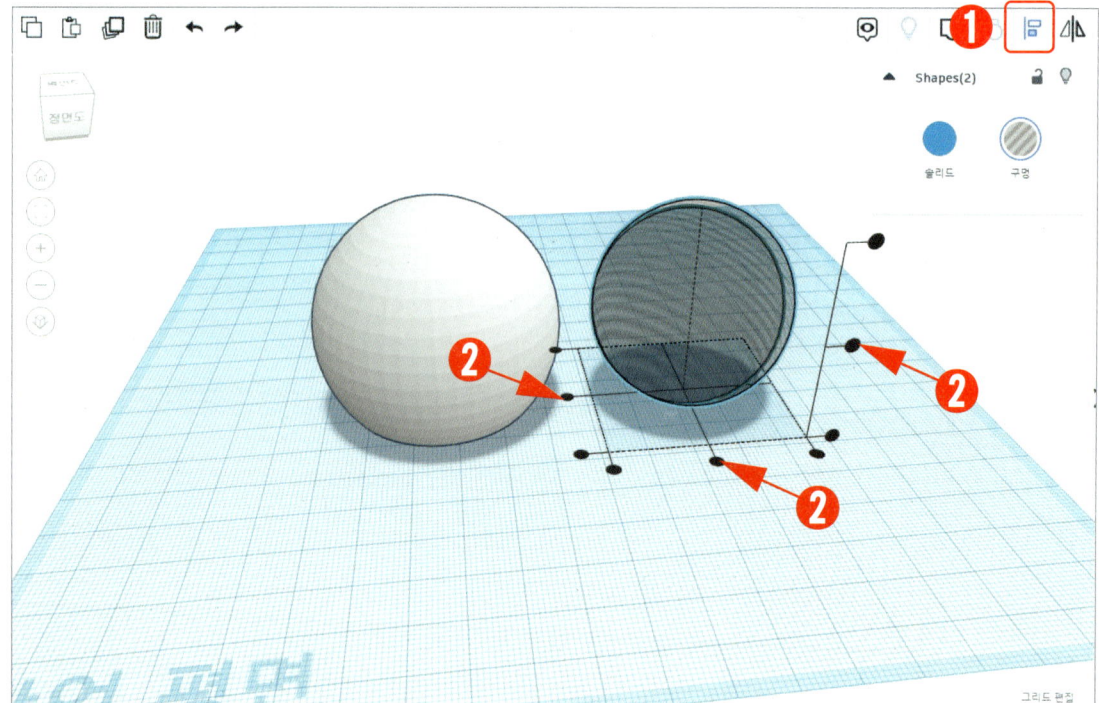

두 도형을 모두 선택한 후 ❶ 정렬 버튼을 클릭한 후 ❷를 클릭하여 정렬합니다.

TINKERCAD DESIGN For 3D PRINTING   SECTION 11

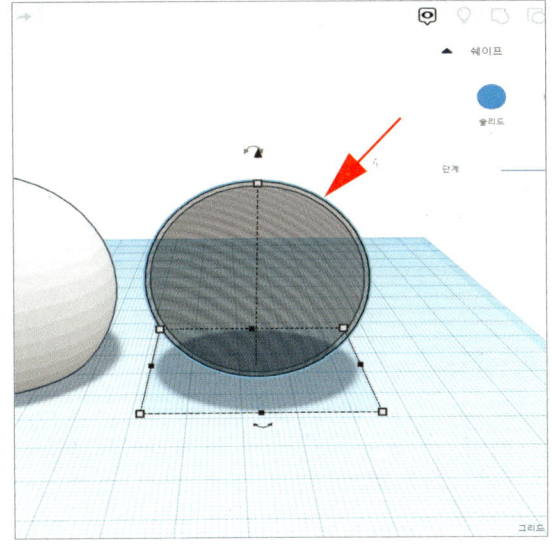 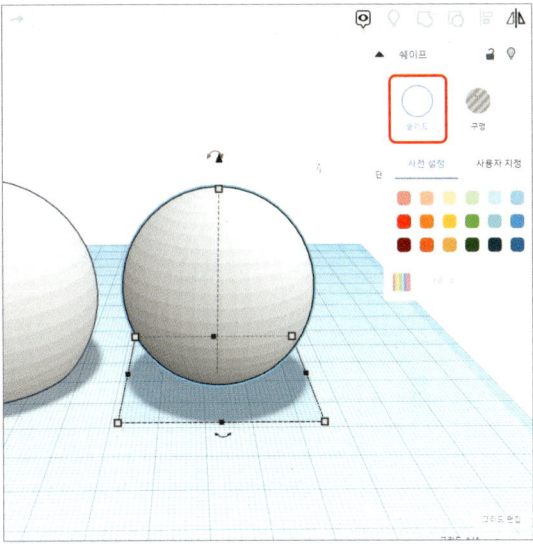

바깥쪽 구는 솔리드 색상으로 바꿔줍니다.
(안쪽 구는 구멍을 뚫기 위해 구멍 도형으로 둡니다.)

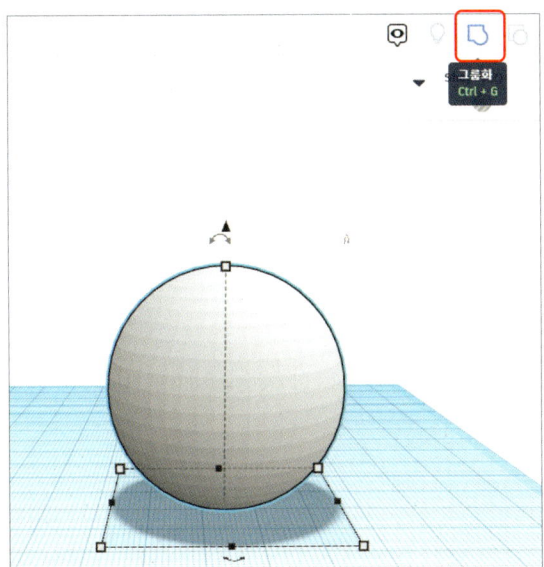 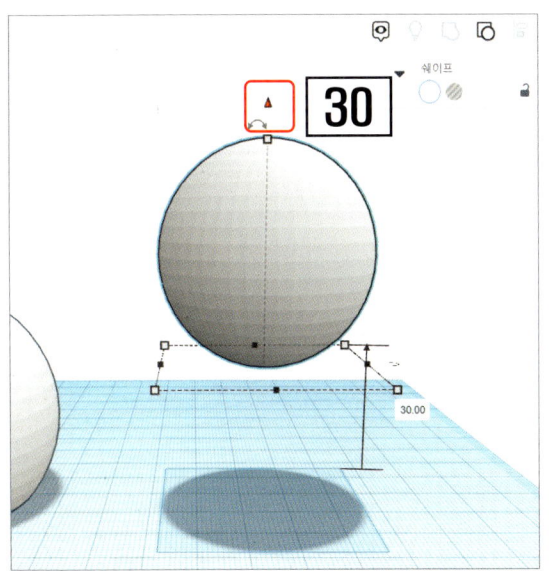

두 도형을 그룹화합니다.   작은 구 도형을 위로 "30"만큼 올려줍니다.

TINKERCAD DESIGN For 3D PRINTING SECTION 11

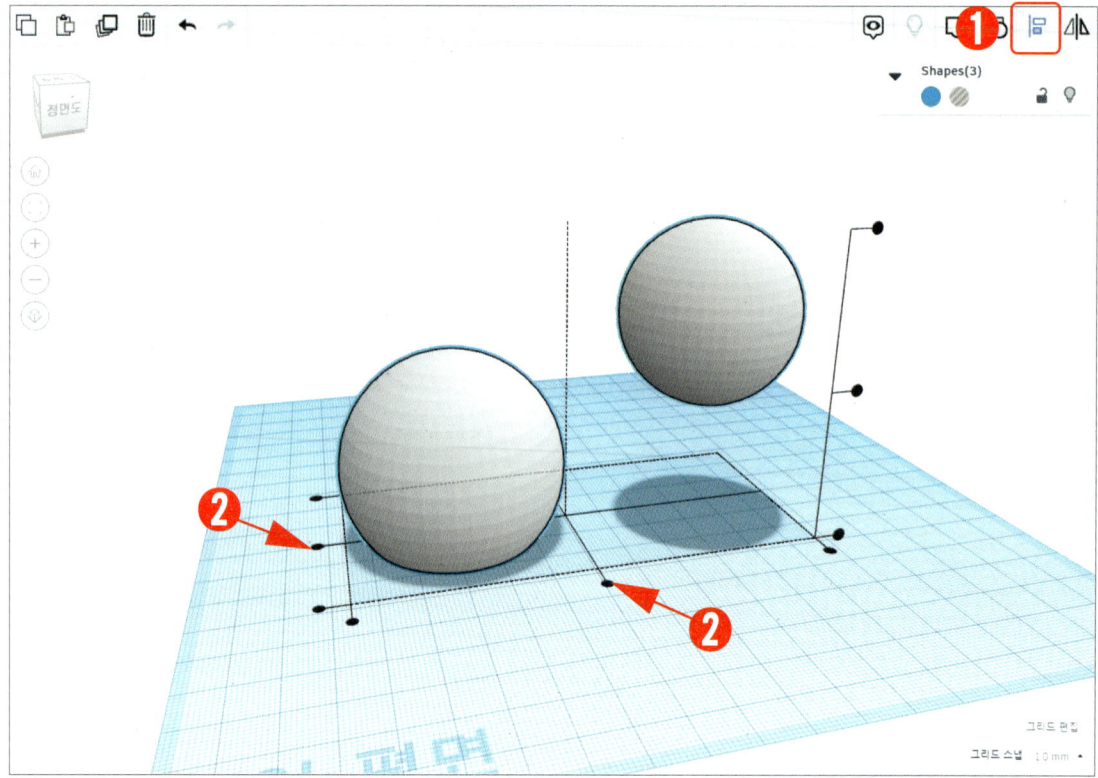

두 도형을 모두 선택한 후 ❶ 정렬 버튼을 클릭한 후 ❷를 클릭하여 정렬합니다.

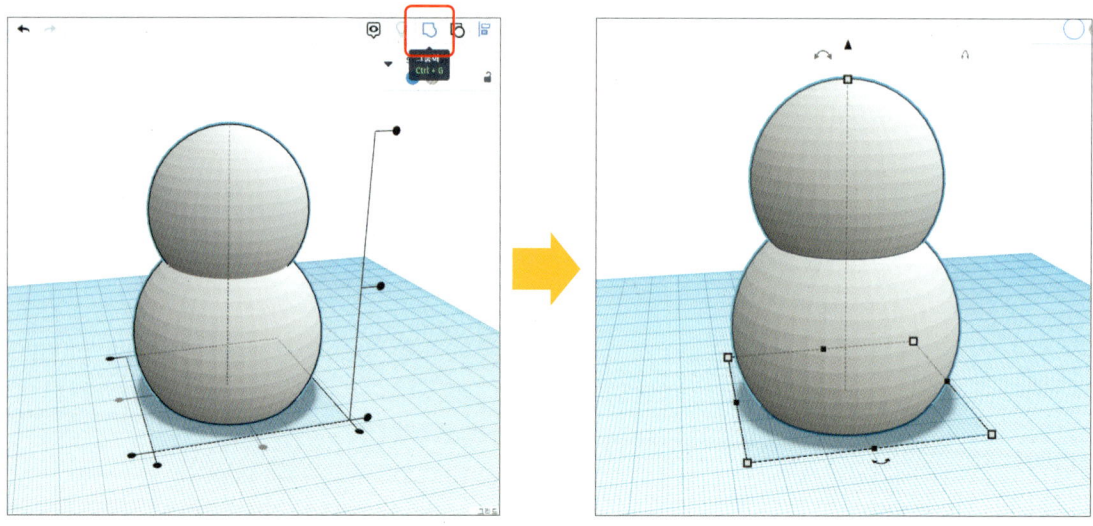

두 도형을 모두 그룹화합니다.

TINKERCAD DESIGN For 3D PRINTING　　　　　　　　　　　　　　　　　　　　SECTION 11

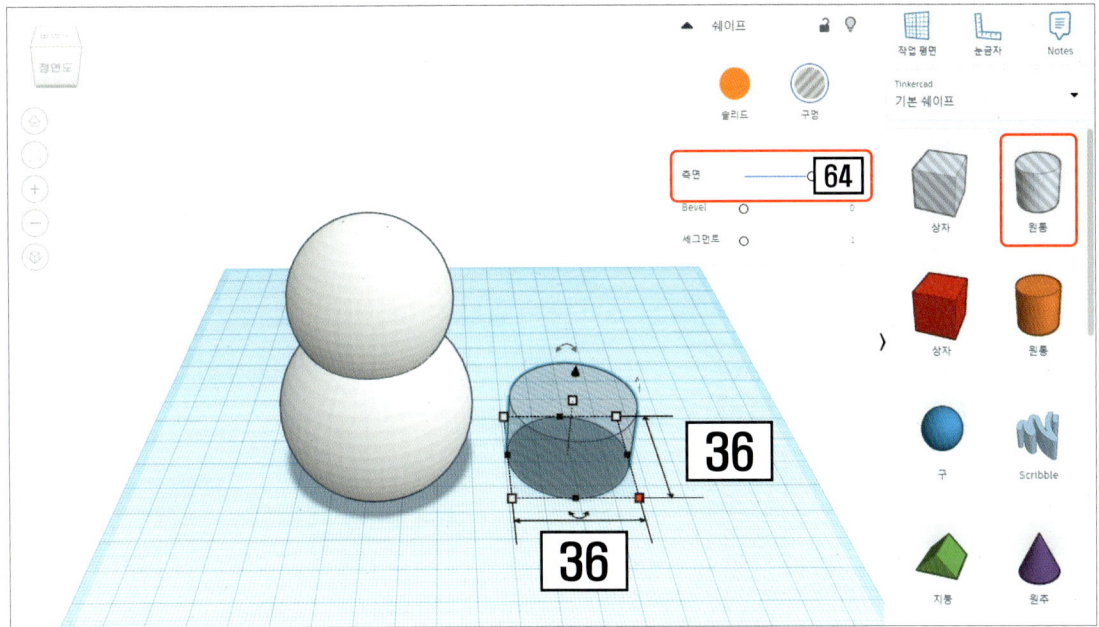

기본 쉐이프에서 구멍 원통을 선택하여 작업 평면에 놓은 후 치수를 조절합니다.
예 가로 36, 세로 36, 높이 20, 측면 64

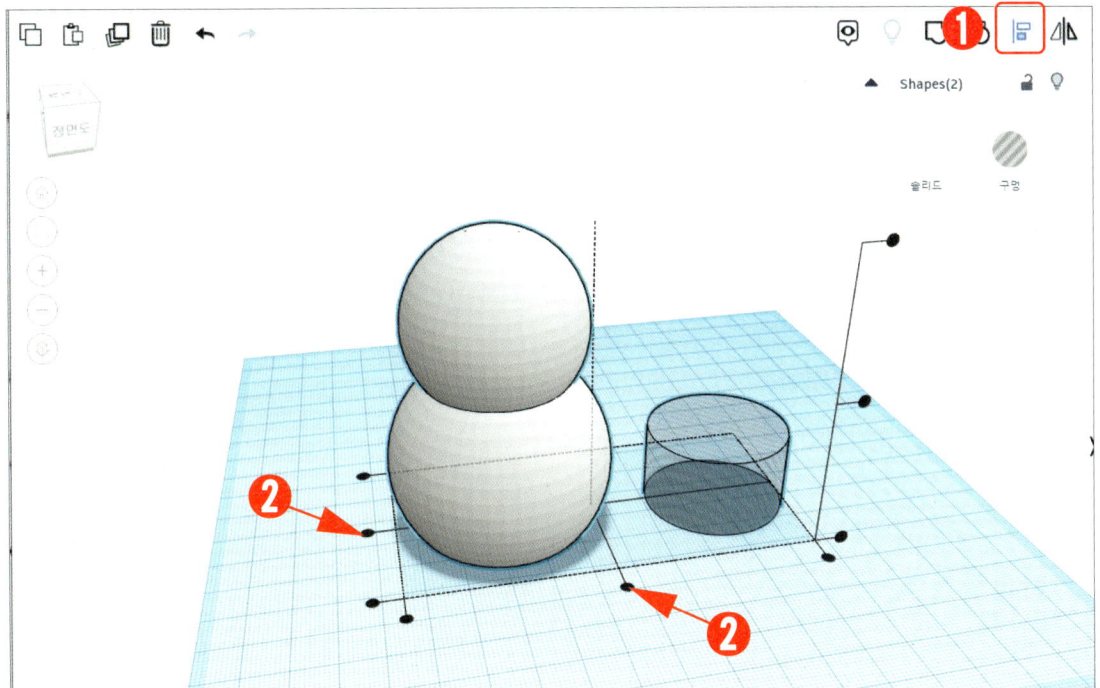

두 도형을 모두 선택한 후 ❶ 정렬 버튼을 클릭한 후 ❷를 클릭하여 정렬합니다.

TINKERCAD DESIGN For 3D PRINTING   SECTION 11

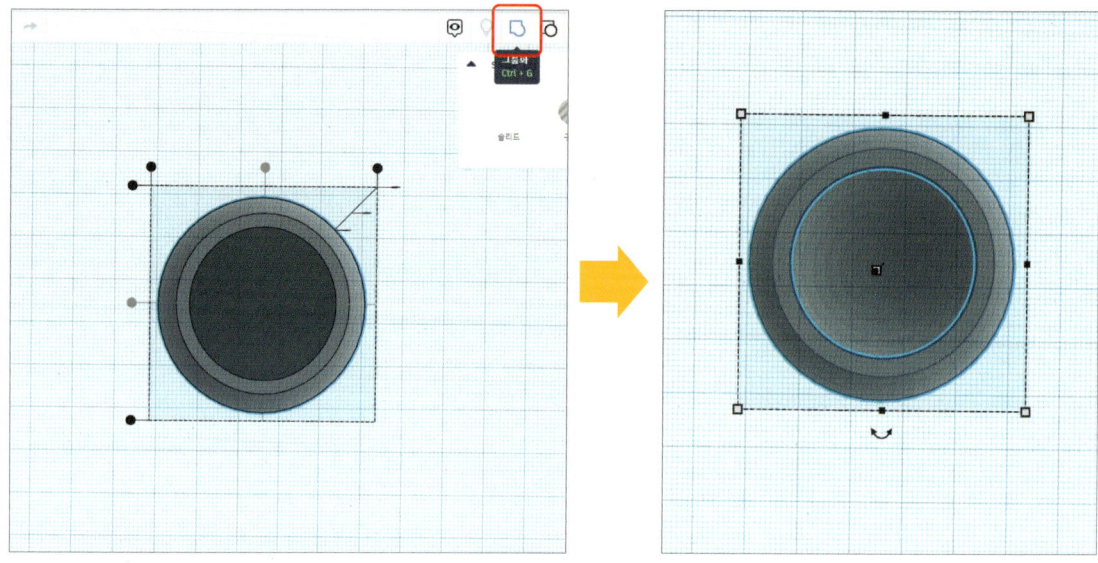

정렬된 도형을 그룹화합니다.

 눈사람 모자 만들기

03

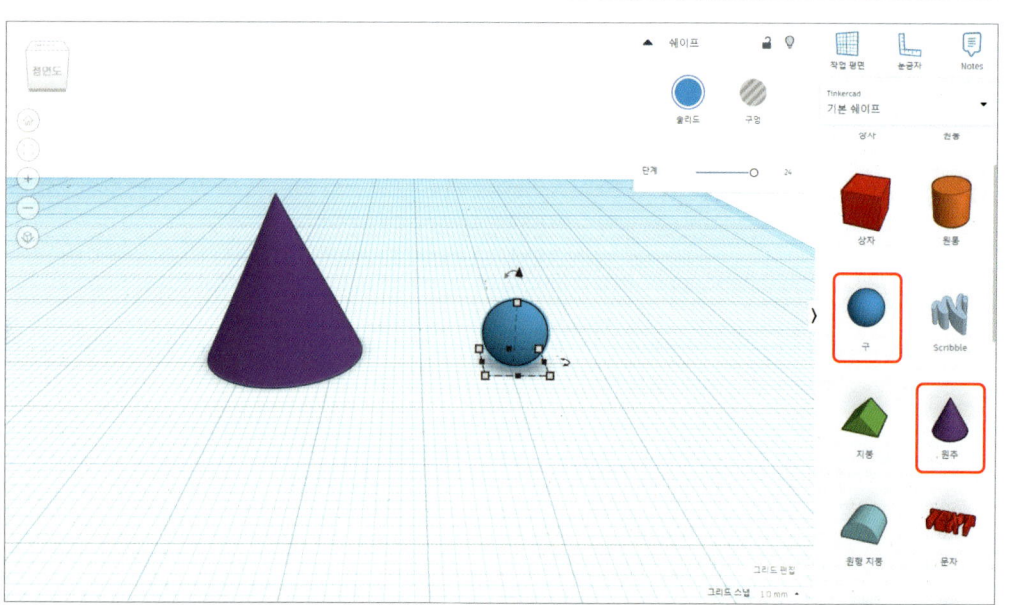

기본 쉐이프에서 구와 원추를 선택하여 작업 평면에 놓은 후 치수를 조절합니다.
예 구 : 가로 7, 세로 7, 높이 7
   원추 : 가로 18, 세로 18, 높이 18

TINKERCAD DESIGN For 3D PRINTING　　　　　　　　　　　　　　　　SECTION 11

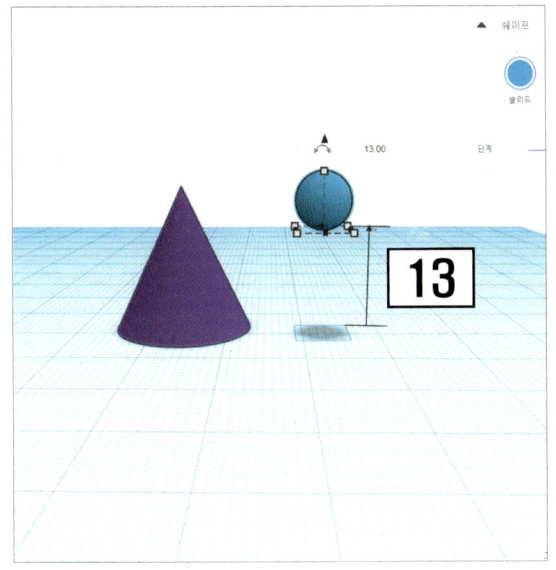

구를 위로 "13"만큼 올려줍니다.　　　　　두 도형을 가운데 정렬합니다.

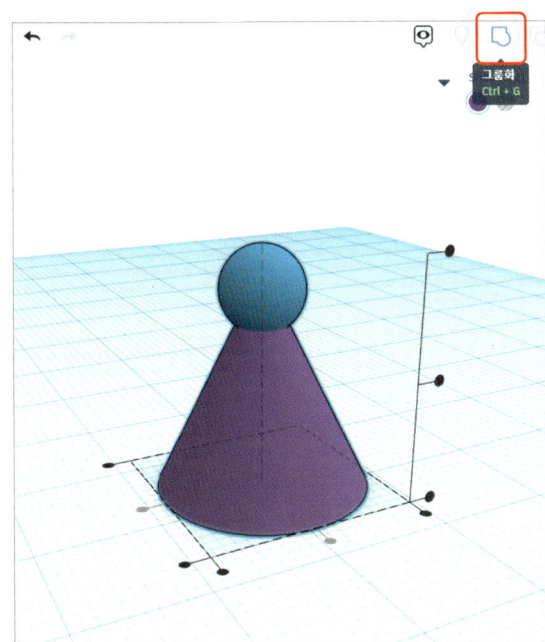
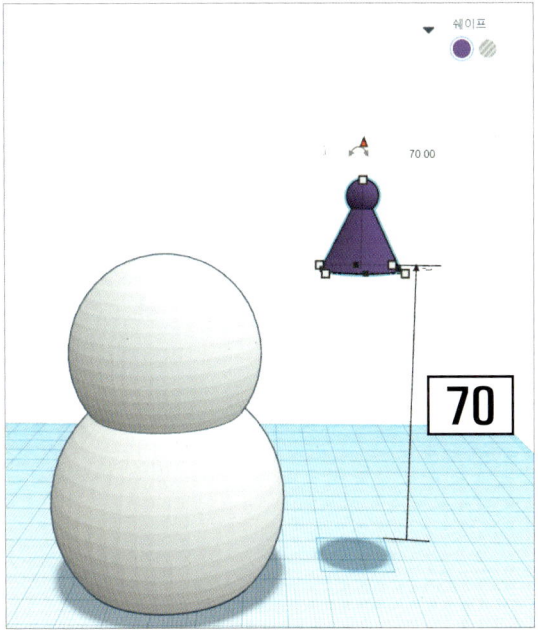

정렬된 도형을 그룹화합니다.　　　　　모자를 위로 "70"만큼 올려줍니다.

TINKERCAD DESIGN For 3D PRINTING

SECTION 11

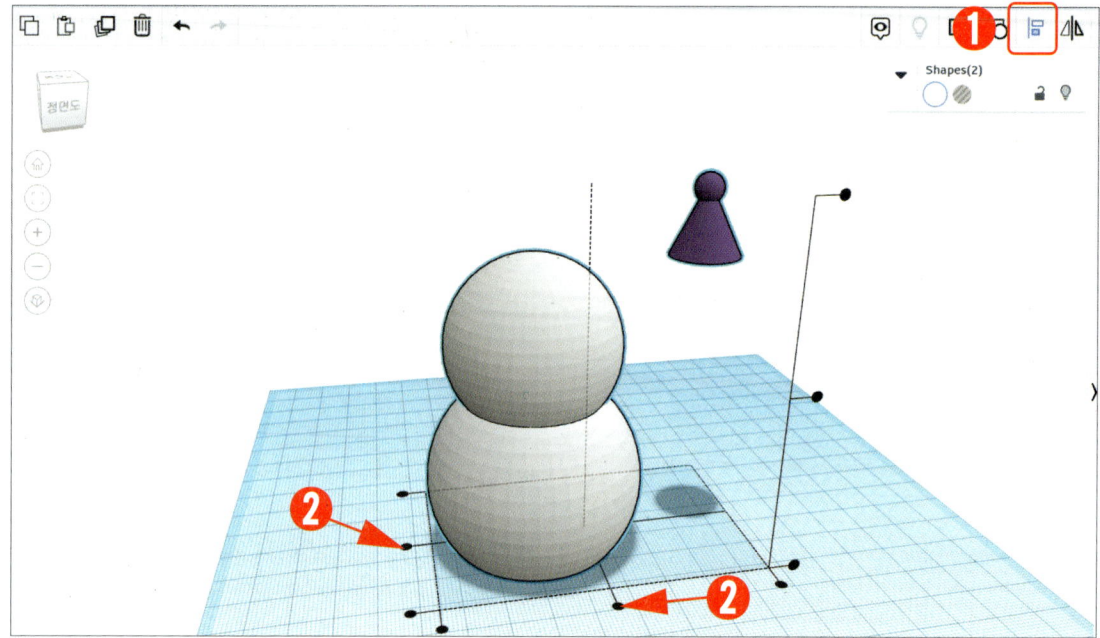

눈사람과 모자 도형을 선택한 후 ❶ 정렬 버튼을 클릭한 후 ❷를 클릭하여 정렬합니다.

눈사람 얼굴 꾸미기

04

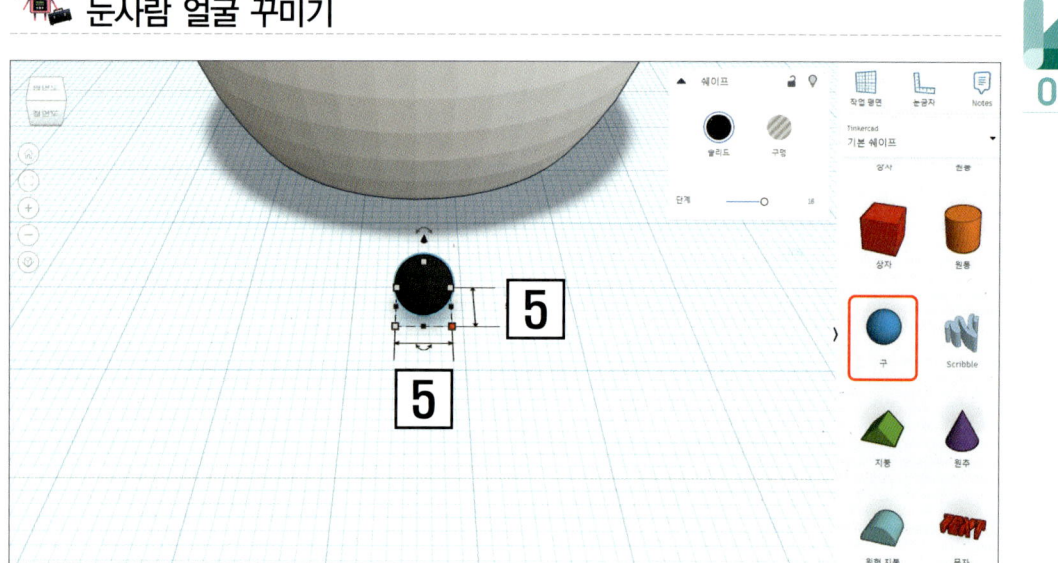

기본 쉐이프에서 구를 선택하여 작업 평면에 놓은 후 치수를 조절합니다.
예 가로 5, 세로 5, 높이 5

TINKERCAD DESIGN For 3D PRINTING _____ SECTION 11

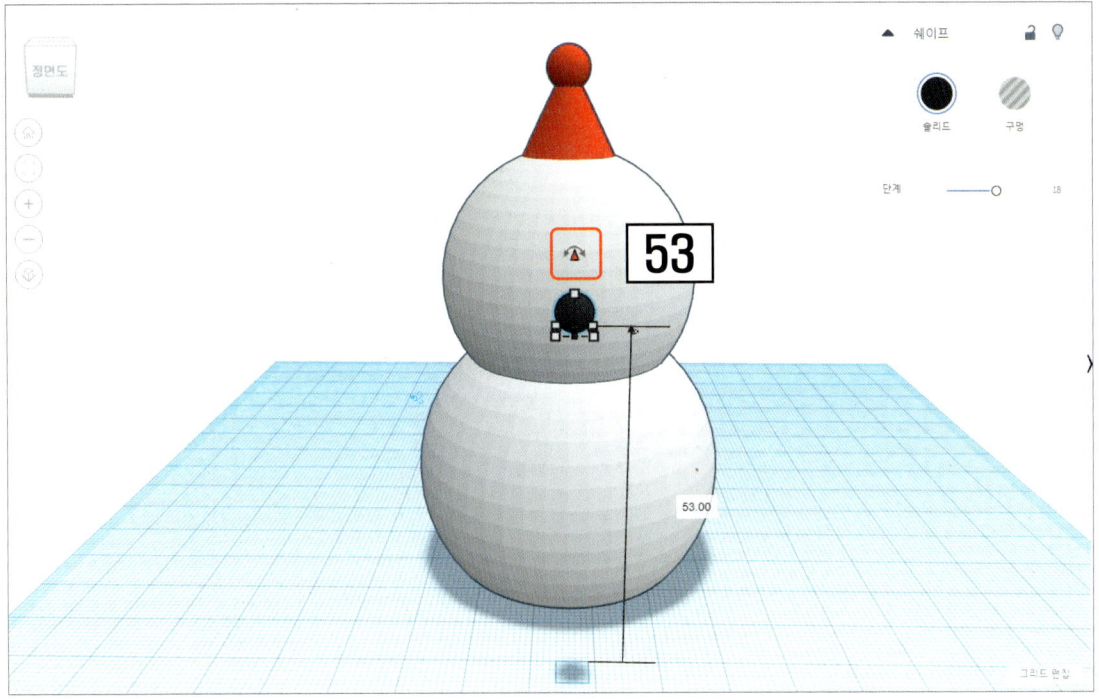

안쪽 구멍 도형을 위로 "53"만큼 올려줍니다.

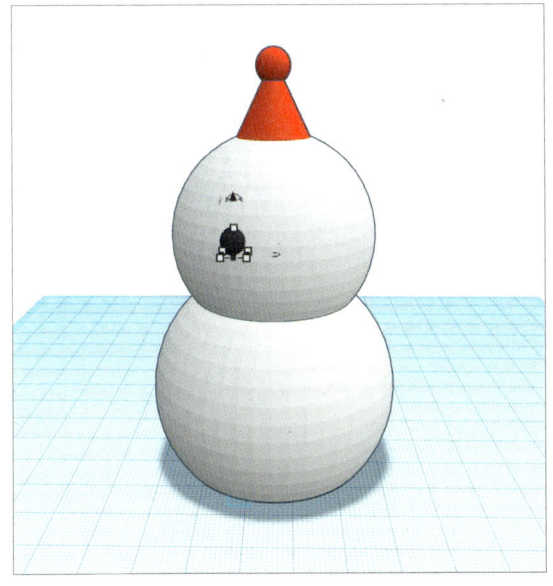

몸통과 겹치도록 키보드 방향키 ⬆⬅⬇➡ 로 로 눈모양을 배치합니다.

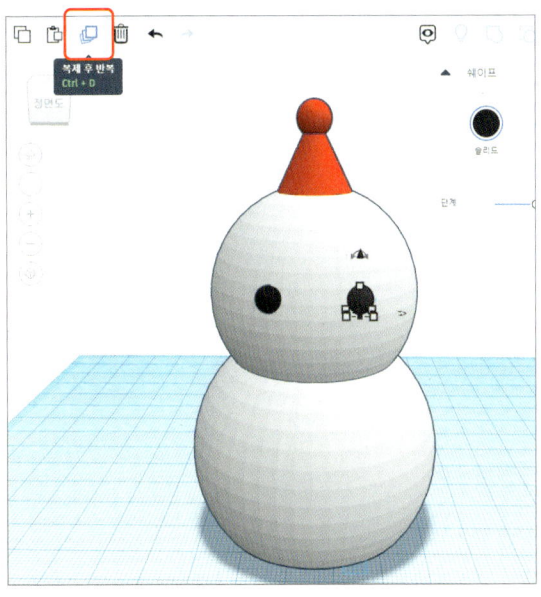

구를 복제한 후 키보드 방향키 ⬆⬅⬇➡ 로 이동하여 배치합니다.

SECTION 11_ LED 눈사람 만들기

TINKERCAD DESIGN For 3D PRINTING

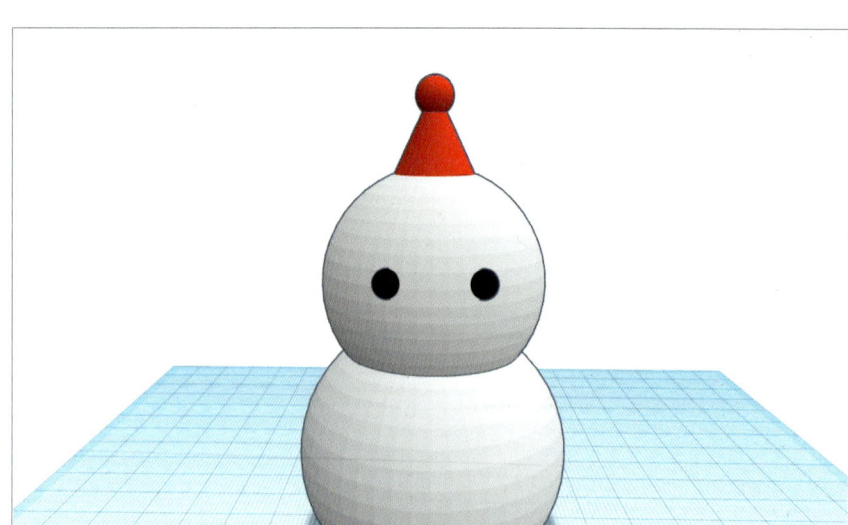

그리드 스냅 눈사람 기본 모양 완성!

응용하여 꾸미기

05

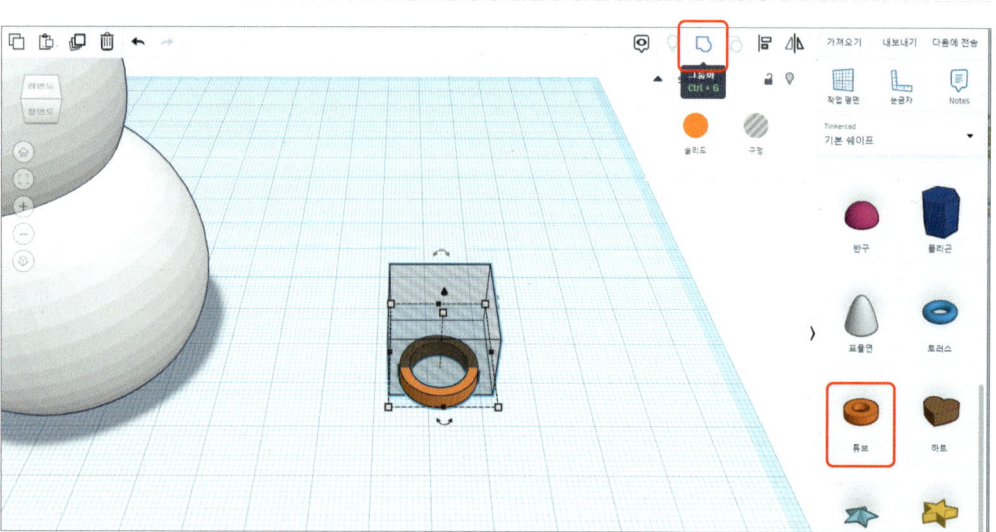

기본 쉐이프에서 튜브와 구멍 상자를 선택하여 치수를 조절합니다.
예) 튜브 : 가로 15, 세로 15, 높이 3 / 구멍 상자 : 가로 20, 세로 20, 높이 20
구멍 상자가 튜브 도형과 반 겹치도록 배치한 후 그룹화합니다.

224

TINKERCAD DESIGN For 3D PRINTING SECTION 11

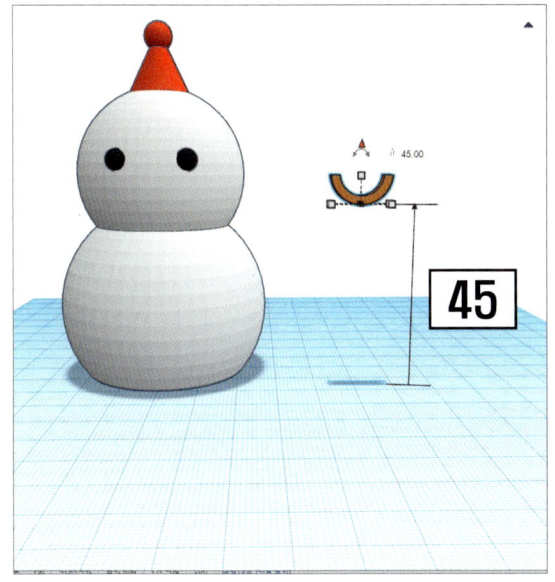

입 모양을 90° 회전하여 세운 뒤 도형을 위로 "45" 만큼 올려줍니다.

키보드 방향키로 그림과 같이 배치합니다.

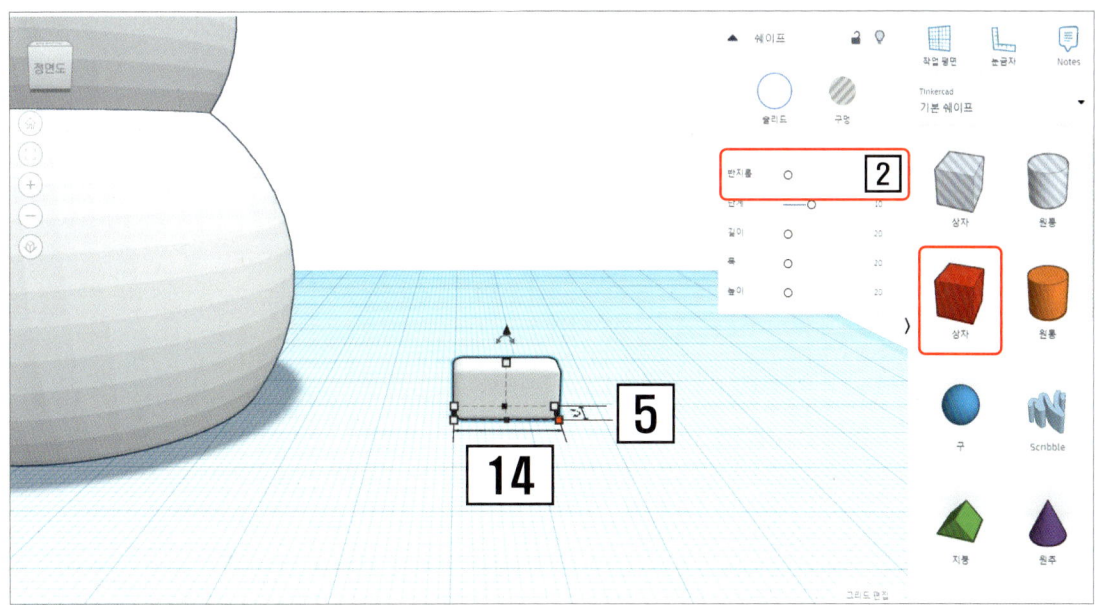

기본 쉐이프에서 상자를 선택하여 치수를 조절합니다.
예 가로 14, 세로 5, 높이 7, 반지름 2

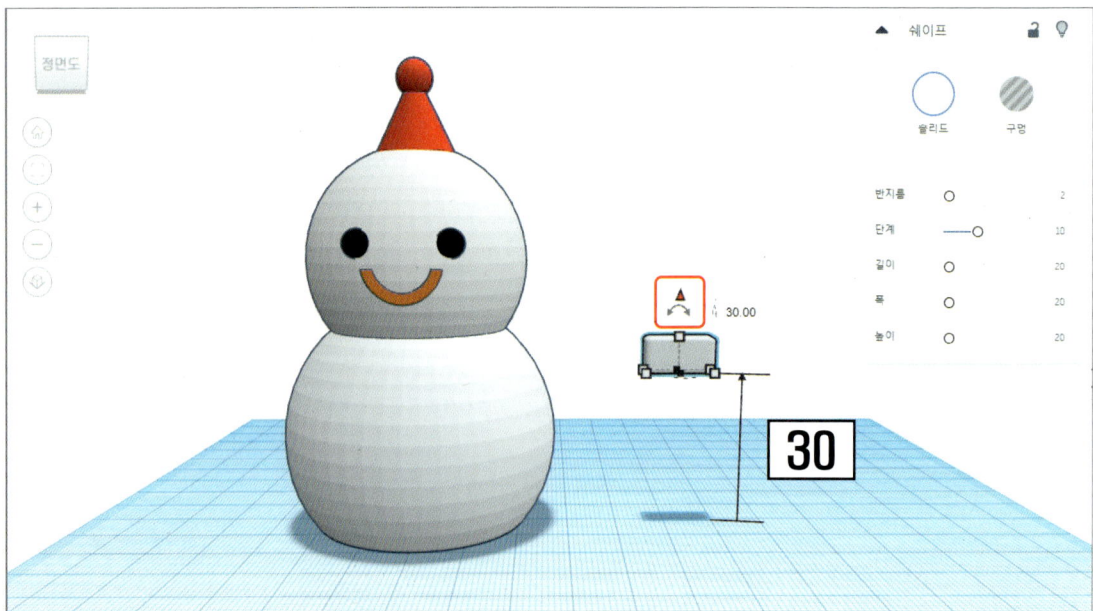

상자를 위로 "30"만큼 올립니다.

상자 도형을 30° 회전합니다.

TINKERCAD DESIGN For 3D PRINTING

SECTION 11

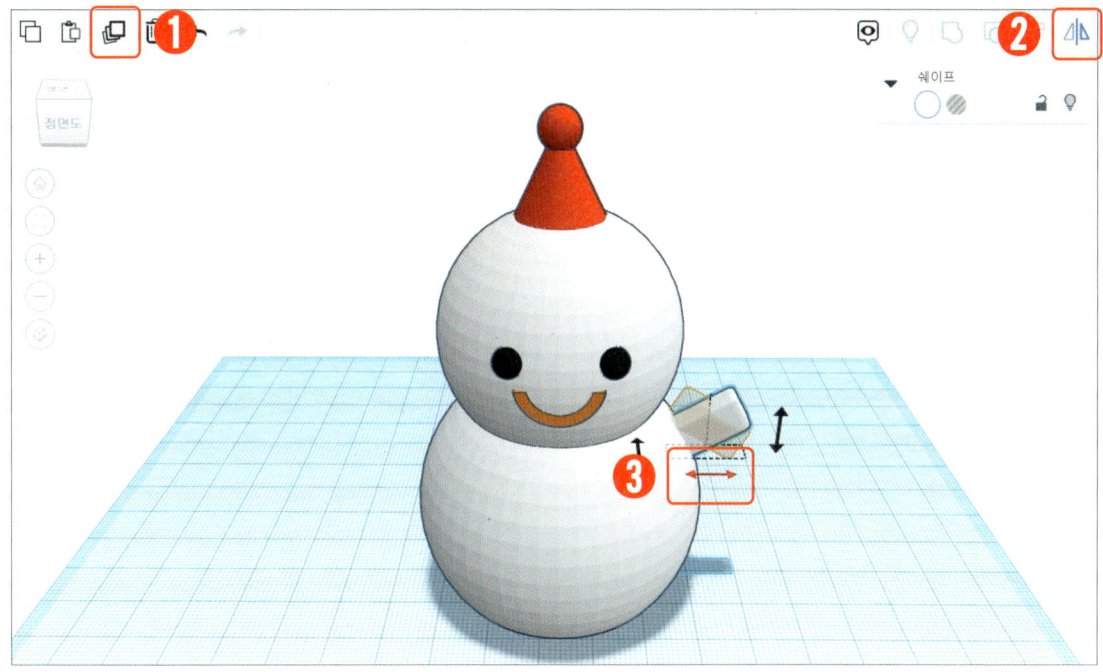

눈사람 팔 도형을 ❶ 복제한 후 ❷ 대칭 버튼으로 ❸ 가로 대칭합니다.

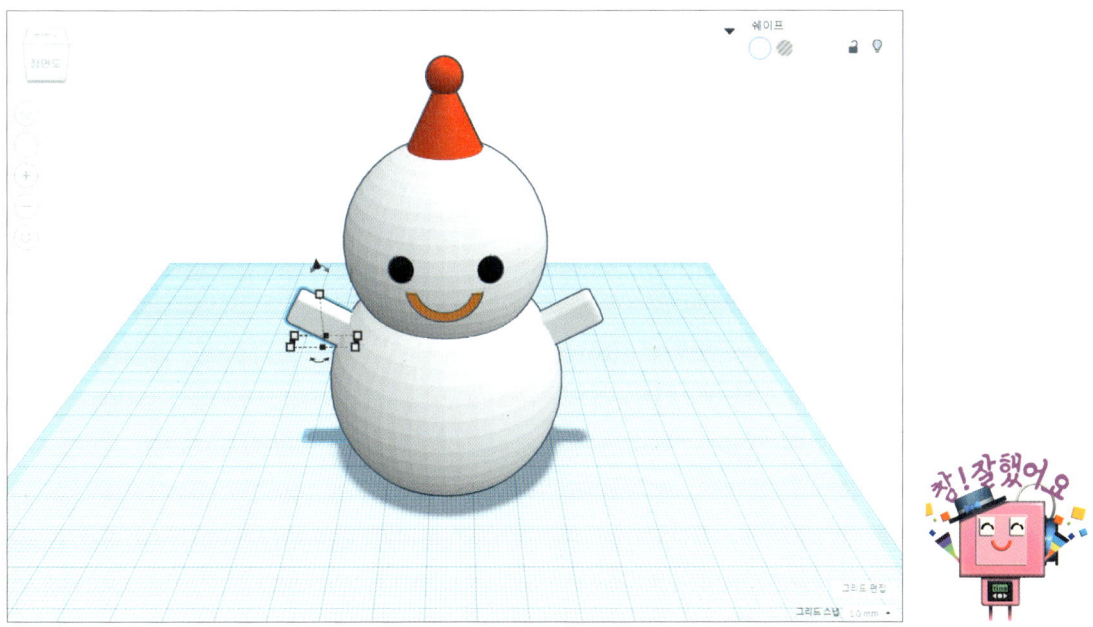

복제된 팔도형을 키보드 방향키 ←↑↓→ 로 그림과 같이 배치합니다.

눈사람 꾸미기 완성!

도|전|과|제

- 눈사람을 자유롭게 디자인하여 모델링해 봅시다.

SECTION 12

틴커캐드 코드블럭 활용하기

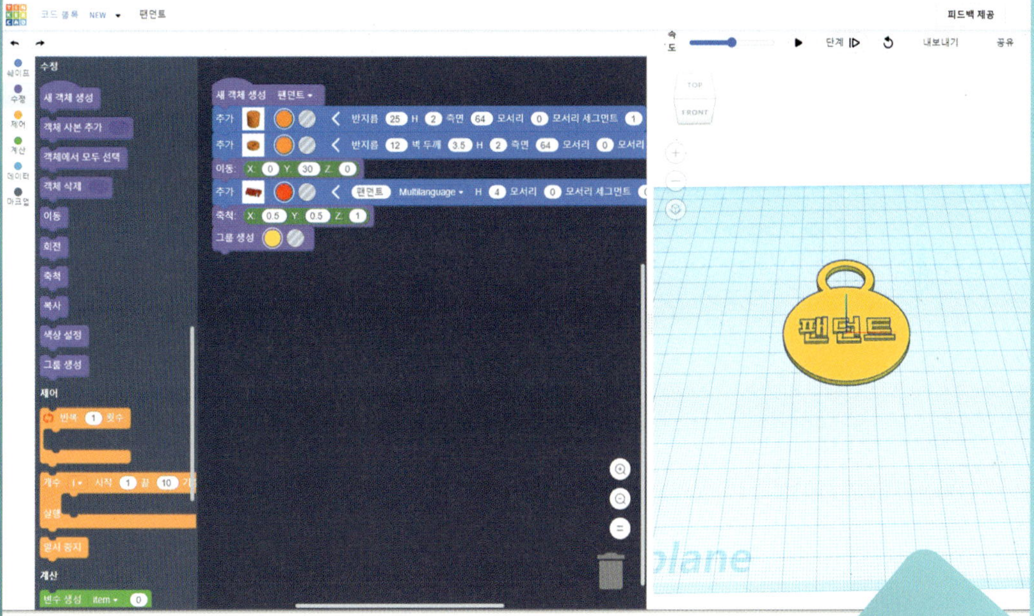

● **코드블럭 활용하여 팬던트 모델링하기**

틴커캐드의 코드블럭 사용법에 대해 알아봅시다.
코딩을 하듯이 명령어로 3d 모델링을 만들어 봅시다.
1권의 팬던트 모델링을 코드블럭을 활용하여 모델링해 봅시다.

TINKERCAD DESIGN For 3D PRINTING

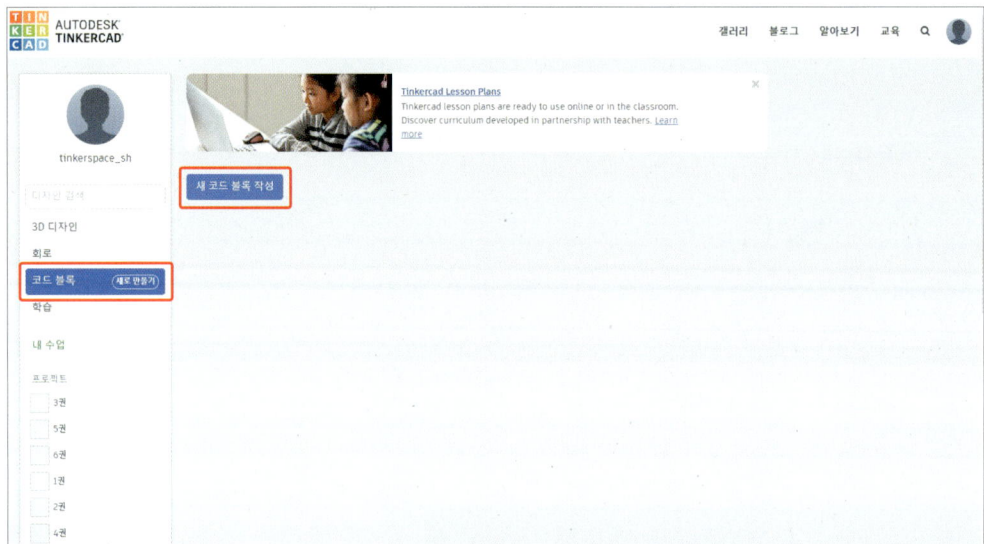

로그인 후 대시보드에서 코드블록을 클릭한 후 새 코드 블록 작성을 클릭합니다.

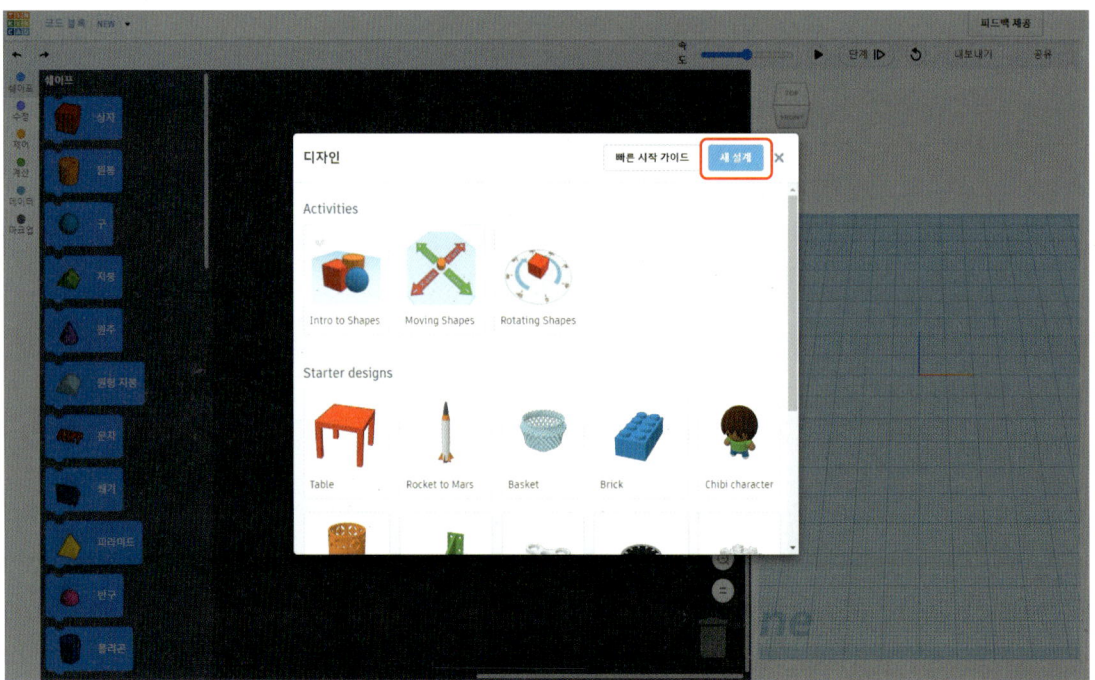

새 설계를 클릭합니다.

TINKERCAD DESIGN For 3D PRINTING _____ SECTION 12

새 설계를 클릭하면 코드블럭으로 모델링할 수 있는 창이 뜹니다.
파일명을 "팬던트"로 바꿔줍니다.

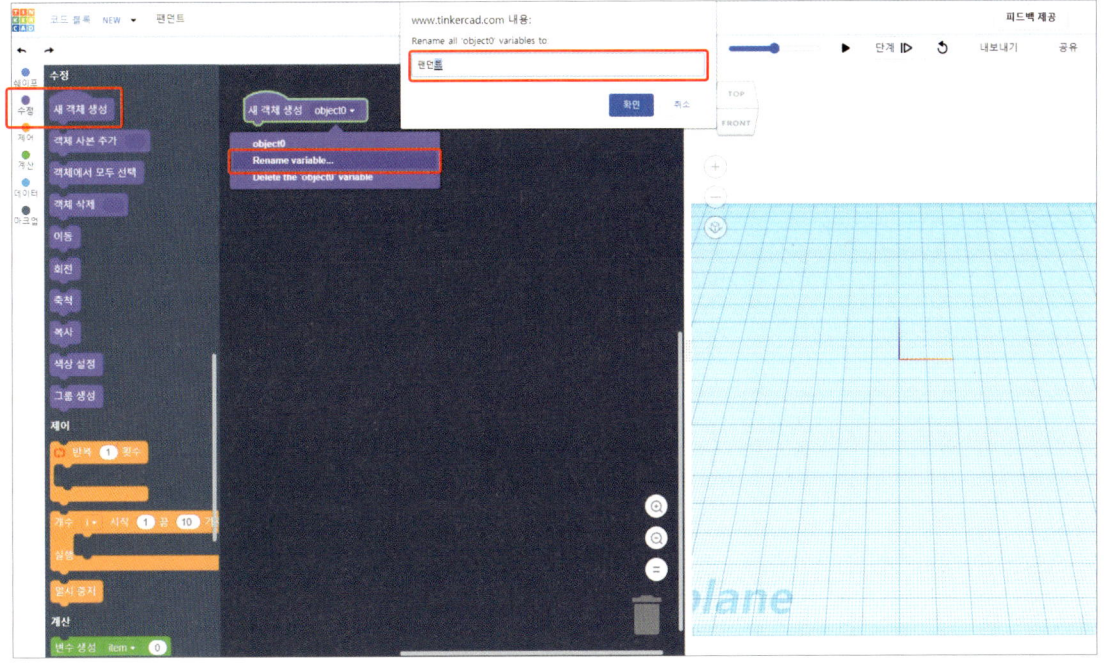

수정 창에서 새 객체 생성을 블록 창으로 가져온 후 파일 이름을 적어줍니다.

쉐이프에서 원통을 블록창으로 가져온 후 새 객체 생성 창과 연결해 줍니다.

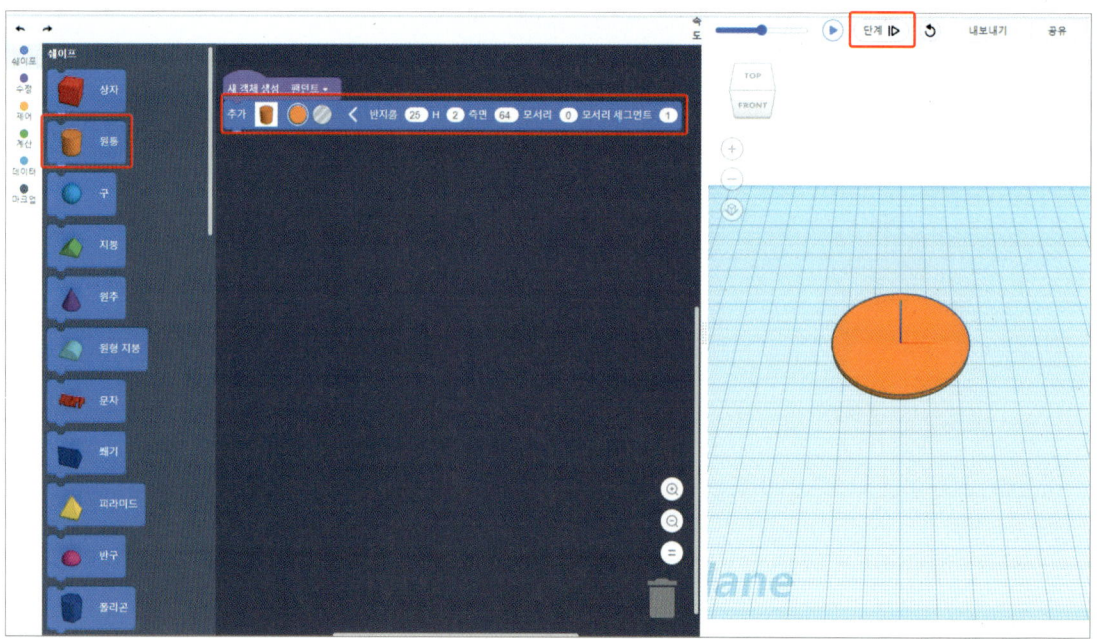

원통의 블록 창에 값을 입력해 준 후 단계 버튼을 클릭합니다.
입력값 – 반지름 25, H 2, 측면 64

TINKERCAD DESIGN For 3D PRINTING

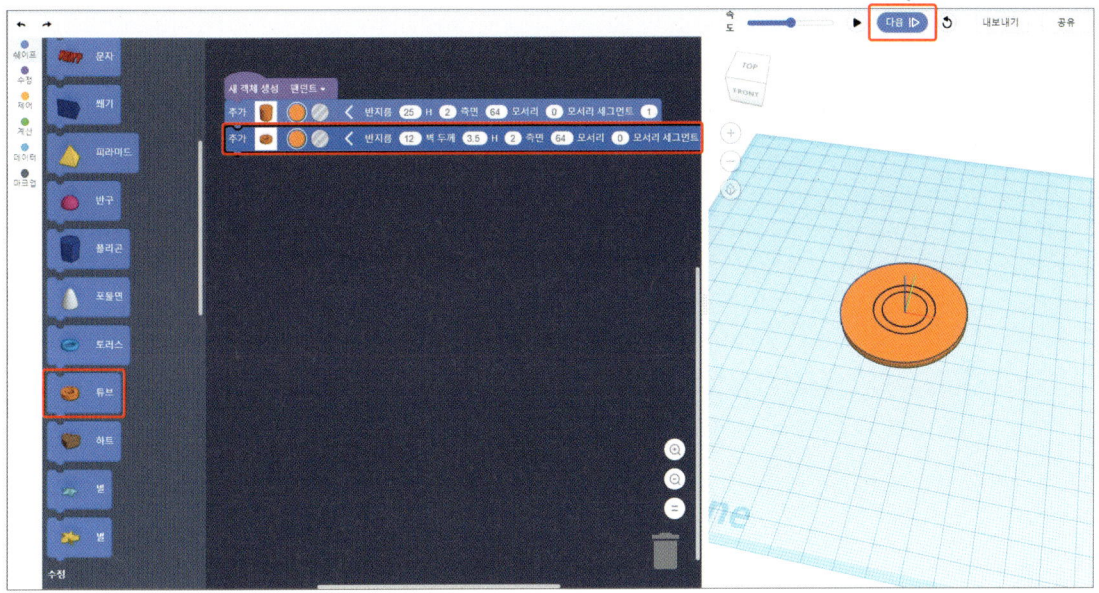

쉐이프에서 튜브를 블록 창으로 가져온 후 원통 창과 연결해 줍니다.
튜브의 블록 창에 값을 입력해 준 후 단계 버튼을 클릭합니다.
입력값 - 반지름 12, 벽두께 3.5, H 2, 측면 64

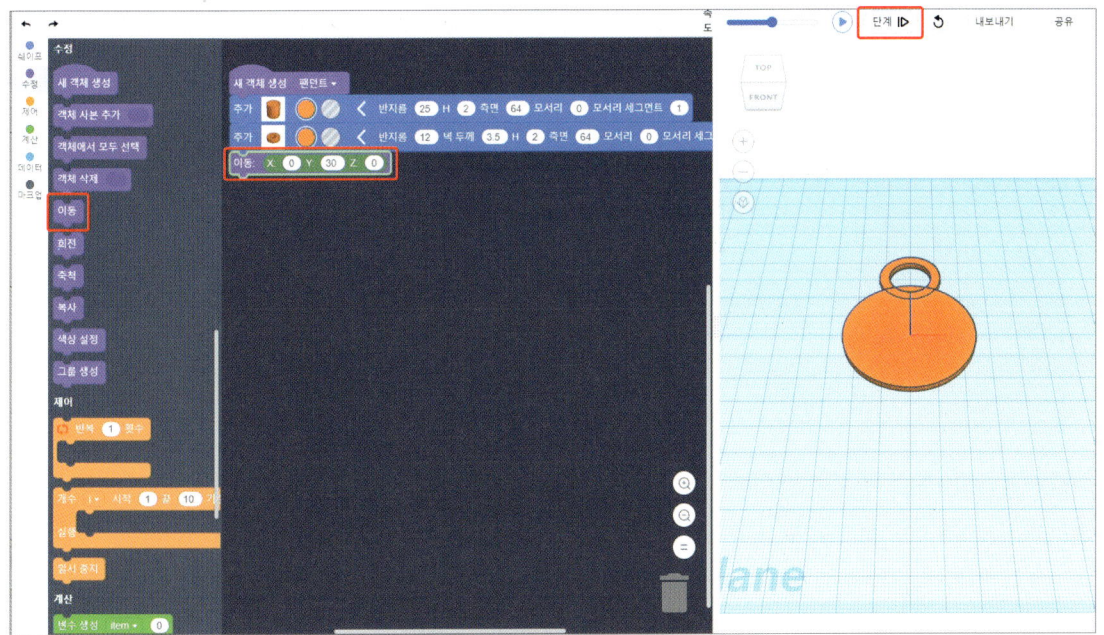

수정에서 이동 창을 블록 창으로 가져온 후 튜브 창과 연결해 줍니다.
이동 창에 값을 입력해 준 후 단계 버튼을 클릭합니다.
입력값 - X:0, Y:30, Z:0

TINKERCAD DESIGN For 3D PRINTING

SECTION 12

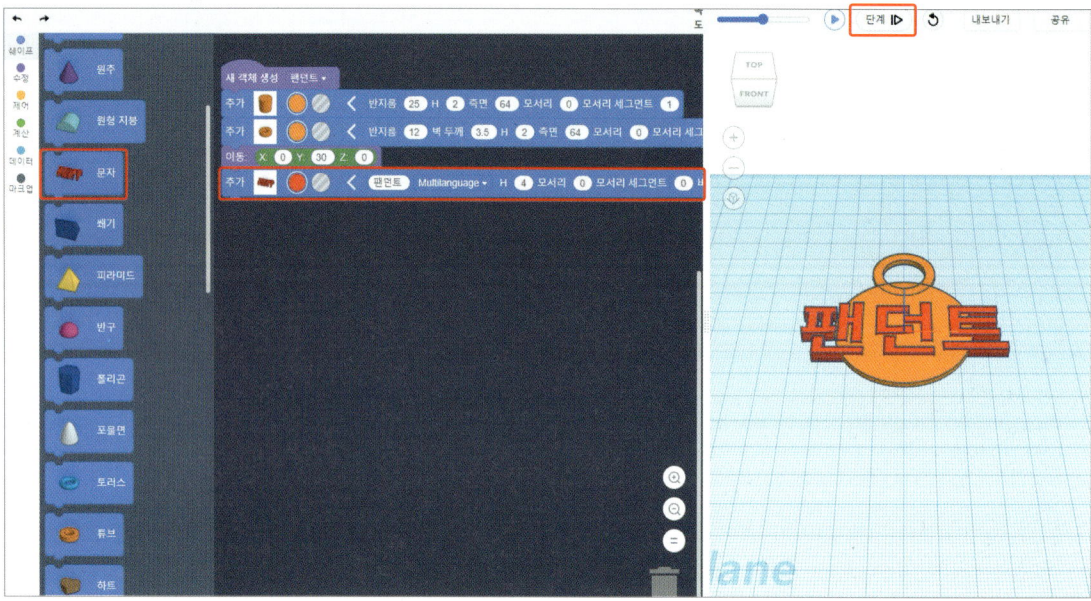

쉐이프에서 문자를 블록 창으로 가져온 후 이동 창과 연결해 줍니다.
문자의 블록 창에 값을 입력해 준 후 단계 버튼을 클릭합니다.
입력값 – TEXT = 팬던트, H 4

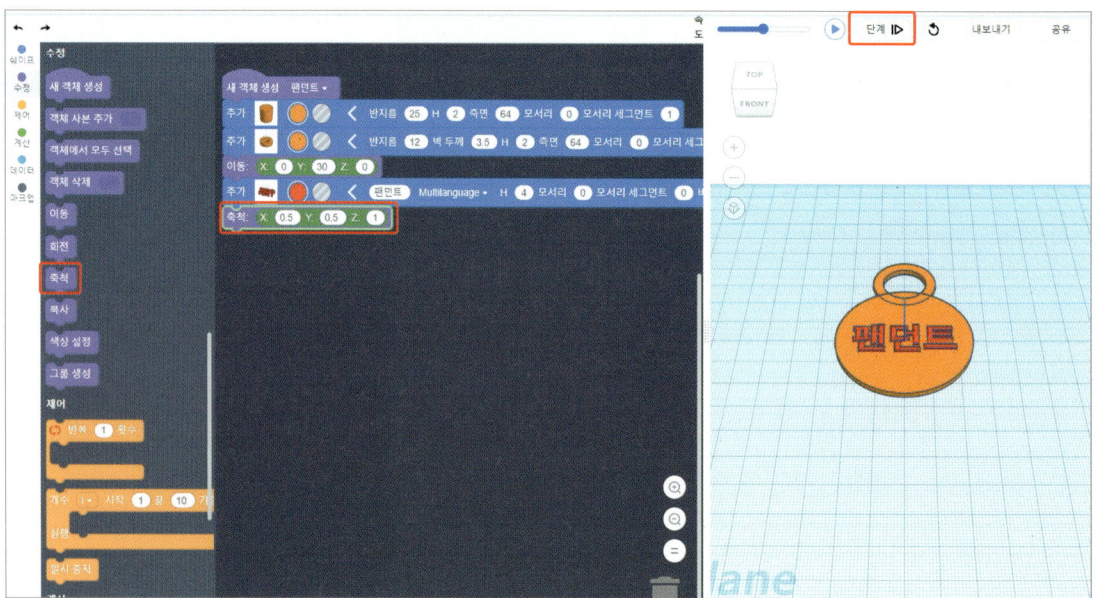

수정에서 축척 창을 블록 창으로 가져온 후 문자 창과 연결해 줍니다.
축척 창에 값을 입력해 준 후 단계 버튼을 클릭합니다.
입력값 – X:0.5, Y:0.5, Z:1

TINKERCAD DESIGN For 3D PRINTING

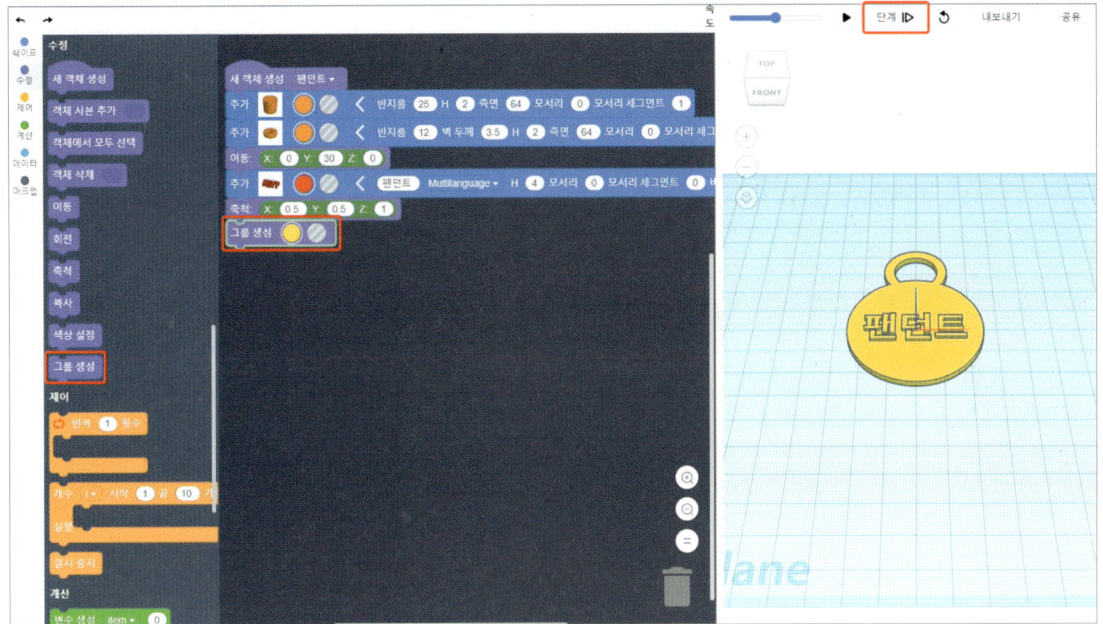

수정에서 그룹 창을 블록 창으로 가져온 후 축척 창과 연결해 줍니다.
그룹 생성 창에서 원하는 색상으로 변경한 후 단계 버튼을 클릭합니다.
코드블럭으로 팬던트 만들기 완성!

지금까지 우리는
「3D 프린팅 수업을 위한 틴커캐드 디자인」 7권 교재로
3D 모델링을 재미있게 배웠습니다.
다음 차시는
「3D 프린팅 수업을 위한 틴커캐드 디자인」 8권으로
연결됩니다.